MORITZ RIESEWIECK HANS BLOCK
VOM ENDE DER ENDLICHKEIT

GOLDMANN
Lesen erleben

MORITZ RIESEWIECK   HANS BLOCK

VOM ENDE DER ENDLICHKEIT

Unsterblichkeit im Zeitalter
Künstlicher Intelligenz

GOLDMANN

Sollte diese Publikation Links auf Webseiten Dritter enthalten, so übernehmen wir für deren Inhalte keine Haftung, da wir uns diese nicht zu eigen machen, sondern lediglich auf deren Stand zum Zeitpunkt der Erstveröffentlichung hinweisen.

Der Verlag hat sich bemüht, alle Rechtsinhaber ausfindig zu machen. Sollte dies im Einzelfall einmal nicht möglich gewesen sein, werden wir berechtigte Ansprüche natürlich branchenüblich honorieren.

Verlagsgruppe Random House FSC® N001967

1. Auflage
Gekürzte und aktualisierte Paperback-Ausgabe April 2022
Copyright © 2020 by Wilhelm Goldmann Verlag, München,
in der Penguin Random House Verlagsgruppe GmbH,
Neumarkter Str. 28, 81673 München.
Umschlaggestaltung: UNO Werbeagentur München,
unter Verwendung von Motiven von FinePic®, München,
und ConsistentHypocrite
Redaktion des HCs: René Stein; Kürzung des PBs: Regina Carstensen
DF · Herstellung: CF
Satz: Vornehm Mediengestaltung GmbH, München
Druck und Bindung: CPI books GmbH, Leck
Printed in Germany
ISBN 978-3-442-31662-5
www.goldmann-verlag.de

Inhalt

TEIL I BEGEGNUNGEN

0. KAPITEL DER ANFANG VOM ENDE UNSERER ENDLICHKEIT 11
DIGITALE UNSTERBLICHKEIT 11
DIGITALE SEELE 14
INS LEERE GREIFEN 17

1. KAPITEL EINFACH UNSTERBLICH WERDEN? 22
DAS EWIGE ICH 22

2. KAPITEL VON VÄTERN UND SÖHNEN 31
KI IM KINDERZIMMER 31
PLÖTZLICH DEM TODE NAH 35
DAS LEBEN FESTHALTEN 38
DADBOT 42
DIE VERDOPPLUNG DES VATERS 47
ERICA HAT EINE SEELE 54
ASTRO BOY 56
KAUF DICH JUNG 59
PATENT AUF DIGITALE KLONE 62

3. KAPITEL KÜNSTLICHE LIEBE 70
EINSAME SEELEN 70
POSTHUMANE GEFÜHLE 81

4. KAPITEL INSEL DER SELIGEN 91
DER ERSTE KUNDE 91
MAN(N) LEBT NUR ZWEIMAL 95
IM ANGESICHT DES TODES 99
DAS LEBEN DANACH 108

5. KAPITEL NICHT VERGESSEN WOLLEN 111
SICH SELBST VERLOREN GEHEN 111
FALSCHES ERINNERN 117
COMPUTER-GEDÄCHTNIS 120
DAS LEBEN SPEICHERN 124
DATEN LÜGEN NICHT 130
DER NATUR NACHHELFEN 139

6. KAPITEL LEBENDIG BEGRABEN 147
BOBOK, BOBOK, BOBOK 147
TÄGLICH TAUSENDE TOTE FACEBOOK-USER 153
NETZWERK DER TOTEN 154
ERSATZ-RELIGION 157
KIRCHE 161
70.000 KLONE 166
GRENZÜBERSCHREITUNGEN 169
DER MENSCH ALS DREHORGELSTIFT 171
SEELENVERWANDTE 176

7. KAPITEL DIE SEELE IST NICHT
   TOTZUKRIEGEN 181
   AFFENHODEN UND DER TRAUM VON
      DER UNSTERBLICHKEIT 181
   VIRALE SEELEN 185

8. KAPITEL KÖRPER LOSWERDEN 188
   DER TODFEIND: DAS MÄRCHEN VOM DRACHEN 188
   DAS INSTITUT FÜR DIE ZUKUNFT
      DER MENSCHHEIT 193
   MAGISCHES DENKEN 199
   METAMORPHOSE 211

TEIL II BETRACHTUNGEN

9. KAPITEL KÜNSTLICHE SPRACHE 225
   PERSÖNLICHE AVATARE 227
   CHINA ALS VORBILD 231
   KÜNSTLICHE INTELLIGENZ LERNT
      ZU SPRECHEN 234
   BABYX ODER WILL I AM 243

10. KAPITEL KÜNSTLICHES BEWUSSTSEIN 250
    EINE SEELE GIBT ES NICHT 250
    BEWUSSTSEIN MESSEN 254
    LABOR-SEELEN 258
    WIR SIND UNSERE TRÄUME 261

11. KAPITEL AUTHENTISCHE KÜHE 267
DAS SCHIFF DES THESEUS 267
ÜBER DIE ALLMÄHLICHE VERFERTIGUNG DER
PERSÖNLICHKEIT BEIM POSTEN 278
WER WIR WIRKLICH SIND 284

12. KAPITEL NICHT VERGESSEN KÖNNEN 290
SPAM-FILTER-GEDÄCHTNIS 291
UNHEIMLICHE WIEDERBEGEGNUNG 298
HÖLLE DER UNSTERBLICHKEIT 306
UNSTERBLICHER RUHM 311

13. KAPITEL DAS EWIGE LEBEN 317
GESCHICHTE SCHREIBEN 317
KOLLEKTIVES GEDÄCHTNIS 329
VIRTUELLE HOLOCAUST-ÜBERLEBENDE 339
GOOGLE ODER: WER DIE VERGANGENHEIT
KONTROLLIERT, KONTROLLIERT DIE
ZUKUNFT 342
DIGITALER NACHLASS 348
DIE WIEDERGEBURT DER SEELE 350

DANKSAGUNGEN 359

ANHANG

REGISTER 365

ANMERKUNGEN 379

TEIL I
BEGEGNUNGEN

0. KAPITEL
DER ANFANG VOM ENDE UNSERER ENDLICHKEIT

DIGITALE UNSTERBLICHKEIT

Es gibt ein Leben davor und eines danach. Auch für die Glücklichen unter uns, die keine Toten aus dem Familien- oder Freundeskreis zu beklagen haben, hat die Erfahrung der Pandemie den Blick auf unsere Vergänglichkeit entscheidend beeinflusst. Wie kein anderes Ereignis vor ihm hat Covid-19 uns vor Augen geführt, wie verletzlich unsere Körper sind und wie schnell wir selbst oder unsere Liebsten vom Tod betroffen sein können, auch dann, wenn wir das Privileg haben, von unheilbaren Krankheiten, Unfällen, Krieg oder Hungersnot verschont zu bleiben. Der Tod ist mit aller Macht ins kollektive Bewusstsein der Menschen gerückt und mithin bei vielen die Erkenntnis, wie gnadenlos schmerzhaft und überfordernd der Verlust eines geliebten Menschen sein kann, ohne eine tröstende Heilserzählung, an die man glaubt. Nicht nur konnten sich viele Menschen wegen der Schutzmaßnahmen in den Kliniken nicht von ihren sterbenden Partner*innen, Angehörigen und Freund*innen verabschieden, ihnen in den letzten Stunden beistehen und angemessen um sie trauern. Vielen ist erst durch diese schreckliche

Erfahrung klar geworden, wie eklatant der Mangel an vor allem kollektiven Formen der Trauer ist, die uns die Religion in Form von Ritualen jahrhundertelang geboten hat. Viele Menschen haben erst in diesem Moment bemerkt, wie wenig sie sich dem erbarmungslos endgültigen Verlust gewachsen fühlen, ohne die Hoffnung auf ein Leben nach dem Tod. Der fehlende Glaube an eine religiöse Erlösungsgeschichte hat für Millionen von uns den Tod eines geliebten Menschen zu einer unerträglichen Katastrophe werden lassen. Es ist eine der ältesten Fragen der Menschheit: Was geschieht mit uns nach dem Tod? Jahrhundertelang war die Antwort auf diese Frage für die meisten Menschen im Abendland klar. Die Seelen fahren zu Gott in den Himmel auf oder schmoren in der Hölle. Doch wie aktuelle Studien zeigen, glauben immer weniger Menschen in Westeuropa an Gott und das ewige Leben im Jenseits,[1] nur noch eine Minderheit betrachtet sich selbst als religiös.[2] Andererseits glaubt nur ein kleiner Teil der Bevölkerung: »Es gibt KEIN Leben nach dem Tod.«[3] Offenbar können nur wenige Menschen ohne Aussicht auf ein Weiterleben der Seele nach dem Tod auskommen. Noch fehlt eine neue (weltliche) *Heilserzählung*. Noch ist es nicht gelungen, den Sinn-Verlust auszugleichen, der für Milliarden von Menschen mit der Abwendung von der Religion entstanden ist. Es klafft eine gewaltige Lücke, was auch den Technologieunternehmen nicht entgangen ist, die die Leerstelle als Chance für die nächste große Geschäftsidee begreifen. In Aussicht stehen Milliarden potenzieller Kund*innen, die offen sind für eine neue zeitgemäße Botschaft, die sie von der Unausweichlichkeit des Todes erlöst. Im Windschatten der digitalen Revolution treten Start-ups aus der ganzen Welt in einen Wettlauf um einen gewaltigen Markt – den Markt der *digitalen Unsterblichkeit*.

Seit fünfzehn Jahren kommunizieren Menschen rund um

die Uhr über Social Media- und Messenger-Dienste. Wir offenbaren in WhatsApp-Konversationen all die unterschiedlichen Facetten unseres Charakters, wir übermitteln unseren Smartphones tägliche Bewusstseinsströme. Von Shenzhen in China über Iași in Rumänien bis nach Pasadena in den USA arbeiten Entwickler*innen weltweit daran, aus solchen intimen Daten nicht nur die Persönlichkeit eines Menschen auszulesen, sondern die Muster unseres Verhaltens mithilfe Künstlicher Intelligenz zu imitieren. Ihr Ziel: unsere Persönlichkeiten über den Tod hinaus am Leben zu erhalten. Was wie das Skript eines Science-Fiction-Films klingt, ist längst auf dem Weg, Realität zu werden. Doch was steckt hinter solchen fragwürdigen Angeboten? Wie genau funktioniert diese Technologie? Was sind es für Personen, die alles daransetzen, digital unsterblich zu werden? Und wie ergeht es denen, die versuchen, ihre Liebsten wiederauferstehen zu lassen – als digitale Klone?

Um diese Fragen zu erkunden, sind wir um die halbe Welt gereist und haben mit Pionier*innen gesprochen, die Unsterblichkeit fernab von religiösen Vorstellungen des ewigen Lebens suchen, haben diejenigen getroffen, die von *digitaler* Unsterblichkeit träumen und an ihrer Verwirklichung arbeiten: Menschen, die ihre verstorbenen Väter auf dem Smartphone wiederauferstehen lassen. Menschen, die seit Jahrzehnten sämtliche Facetten ihres Lebens aufzeichnen. Menschen, die leichtfertig mit der Hoffnung Hunderter Todkranker spielen, indem sie ihnen ein Leben nach dem Tod in Aussicht stellen. Menschen, die mit der Unterstützung eines gigantischen chinesischen Tech-Unternehmens virtuelle Doppelgänger von sich oder anderen erzeugen. Gesprochen haben wir auch mit Expert*innen führender Hirnforschungszentren der Welt, die daran glauben, dass neuromorphe Computerchips künstliches Bewusstsein erzeugen können, oder Programmierer*innen, die uns Einblicke in die Arbeit künstlicher neuronaler Netze erlauben und uns anschaulich machen, wie synthetische Wesen erschaffen werden können. Wir erzählen von unseren Begegnungen mit Träumer*innen und Macher*innen, Verzweifelten und Euphorischen, Wagemutigen und solchen, die sich vor den Auswirkungen dieses epochalen Wandels fürchten. Mal führt uns unsere Reise an entlegene Orte, mal ins Innere des Menschen, wo wir erkunden, was uns zu den Menschen macht, die wir sind.

DIGITALE SEELE

Dass wir einmal ein Buch über die Seele schreiben würden, hätten wir beiden Autoren uns auch nicht träumen lassen. Mit religiösen oder spirituellen Ideen haben wir in etwa so viel zu tun wie Donald Trump mit der Relativitätstheorie. Warum wir uns trotzdem mehrere Jahre mit der Seele beschäftigt haben, hat mit einer Meldung zu tun, die im Jahr 2015 weltweit für Furore sorgte: 300 auf Facebook vergebene Likes reichten aus, verkündeten Forscher*innen der renommierten Cambridge University, um die Persönlichkeit eines Menschen besser zu kennen als der Partner oder die Partnerin.[4] Wie ein Lauffeuer verbreitete sich die Kunde im Netz. Big Data – das Wundermittel, das die Persönlichkeitsermittlung erlauben soll – wurde zum geflügelten Begriff und ist seitdem in aller Munde. Immer aggressiver erobern Tech-Unternehmen einen Bereich des Menschen, der lange Zeit Gott und Liebenden vorbehalten war: einen Menschen wahrhaftig zu kennen, ihn zu *erkennen*. Wie aber kommen wir Autoren dieses Buches darauf, dass das, was dank der gewaltigen Datensätze von Menschen, dank Algorithmen und

Künstlicher Intelligenz zutage befördert wird, dass das die *Seele* wäre, genauer gesagt: die *digitale Seele?*

Auf viele von uns wirkt der Begriff der Seele verstaubt und spekulativ, die Hirnforschung widerspricht ihrer Existenz, und auch die wissenschaftliche Psychologie will schon lange keine *Seelenkunde* mehr sein. Dennoch ist die Seele bis heute fester Bestandteil unseres täglichen Sprachgebrauchs – oft ohne dass wir uns dessen bewusst wären. Jemand ist »eine gute Seele« oder »eine Seele von Mensch«. Wir lassen (viel zu selten!) »die Seele baumeln« und geben uns der »Seelenruhe« hin. Zwei Menschen können »ein Herz und eine Seele« sein und ihren »Seelenverwandten« finden. Wenn wir Traumatisches erleben, sorgen wir uns um unser »Seelenheil«. Die Seele soll leiden und erkranken können. Und bisweilen haben wir das Gefühl, unsere »Seele verkauft« zu haben. Während die Seele aus dem allgemeinen Sprachgebrauch nicht wegzudenken ist, haben die Neurowissenschaften sie jedoch vollständig aus ihrem Wortschatz verbannt. An die Stelle der Seele ist das *Bewusstsein* getreten, eine Entität, die sich anhand von Hirnströmen schlichtweg besser messen lassen soll. Aber ob ein Mensch, der im Koma liegt oder hirntot ist, damit also nachweislich kein Bewusstsein mehr hat, ob solch ein Mensch darum auch seine Seele verloren hat? Dem würden die allermeisten von uns wohl entschieden widersprechen. Ob während einer Vollnarkose, im Tiefschlaf oder in der Trance: Wir büßen nicht unsere Seele ein, nur weil unser Bewusstsein vorübergehend außer Kraft gesetzt ist. Die Seele eines Menschen vergeht nicht, nur weil sie nicht *zutage tritt*.[5] Aus der Idee der Seele sind die universalen Menschenrechte und unsere Vorstellungen von der Würde aller Menschen hervorgegangen.[6] Die Seele steht für das, was sich hinter allen Äußerlichkeiten und Verhaltensweisen von Menschen verbirgt. Sie steht für unsere Liebenswürdigkeit, unsere (unerfüllten) Potenziale, für den Teil von uns, der sich nicht so leicht erschüttern lässt durch die Wirrungen des Alltags – und der trotzdem offenbar daran erkranken kann. Die meisten von uns Menschen wollen sich nicht als das begreifen, als was uns die Mehrheit der Neurowissenschaftler*innen nun schon seit einigen Jahrzehnten betrachtet: als ein komplexes, aber letztlich unwillkürliches Zusammenspiel aus biochemischen und neurophysiologischen Prozessen, Hormonen, Hirnströmen und der Welt, die uns umgibt. Für Willensfreiheit, wie wir alle sie uns jeden Tag aufs Neue einbilden, ist da wenig Platz. Für eine Seele noch weniger. Wie wir sehen werden, ist die Hirnforschung allerdings beileibe nicht imstande, die schwierigen Fragen über das Bewusstsein des Menschen zu beantworten. Ebenso wenig kann sie erklären, warum die Mehrheit der Menschen in Westeuropa davon überzeugt ist, eine Seele zu haben, obwohl die meisten Menschen spirituelle Konzepte ablehnen.[7] Die Seele scheint mehr zu sein als eine religiöse oder spirituelle Idee. Es fühlt sich einfach auf eine bestimmte Weise an, *ich selbst* zu sein.

An der Seele hängt nicht zuletzt unser Verständnis von Liebe. Auch die ist schließlich aus Sicht von Neurowissenschaftler*innen nichts weiter als ein Zusammenwirken von Dopamin, Serotonin und Oxytocin.[8] Und trotzdem kämen wir nicht auf die Idee, statt »Ich liebe dich« zu sagen: »Du lässt meinen Dopaminspiegel steigen.« Oder: »Du tust meiner Oxytocin-Ausschüttung gut.« Weil wir wohl zu Recht das Gefühl haben, dass die Botenstoffe nicht Auslöser, sondern Teil eines nicht gänzlich erklärbaren Phänomens sind. Es ist, was es ist, sagt die Liebe.[9] Das Gleiche gilt für die Seele. Was sie ist, kann der Verstand nicht erklären, aber Liebende haben wohl nicht ohne Grund das Gefühl, einander ihre *Seelen zu offenbaren*. Wir sind mehr als die Summe unserer Teile: Diese Überzeugung teilen auch Menschen, die mit

Spiritualität nichts am Hut haben. Warum sollte man herumdrucksen, wenn sich für dieses »Mehr« seit Jahrtausenden ein Begriff eingebürgert hat, der das unerklärliche Auftauchen des Geistes auf den Punkt bringt: die Seele. Doch wer beschwört die Seele, wer besingt sie und umsorgt sie, jetzt, da hierzulande immer weniger Menschen einen Fuß in die Gotteshäuser setzen? Es ist eine Leerstelle entstanden, eine »transzendentale Obdachlosigkeit«.[10] Und wie immer, wenn irgendwo eine Leerstelle entsteht, ist der Versuch, diese zu füllen, längst im Gange. Doch nicht etwa spirituelle Gurus, neuartige oder fernöstliche Religionsgemeinschaften oder Esoteriker*innen haben die größte Aussicht, der Seele neuen Sinn zu verleihen, sondern ausgerechnet jene Menschen, die glauben, alles in Einsen und Nullen übersetzen zu können: die *Apologeten der Digitalität*.

INS LEERE GREIFEN

Seit ihrem Anbeginn träumt die Menschheit davon, dem Tod zu entkommen. Die Kulturgeschichte ist voller Erzählungen, in denen der Mensch seine Sehnsucht nach der Unvergänglichkeit zum Ausdruck bringt. Zeit seines Lebens kann er sich nicht damit abfinden, eines Tages zu vergehen. Doch während alle Bestrebungen, den Körper eines Menschen vor dem Tod zu bewahren – sei es durch Konservieren und Einfrieren oder die Pille gegen das Altern –, auch heute noch zum Scheitern verurteilt sind, scheint das detailgetreue digitale Klonen seines Wesens, seiner Art zu sprechen und zu handeln, ja vielleicht sogar seiner Art zu denken in diesen Tagen zum Greifen nah.

Im Februar 2013 erschien eine Episode der Science-Fiction-

Serie *Black Mirror* mit dem Titel »Be right back«, zu Deutsch »Wiedergänger«.[11] Der Plot der Serie eröffnet ein fesselndes Gedankenspiel: Stellen wir uns vor, es wäre uns möglich, mit einer längst verstorbenen Person in Kontakt zu treten. Stellen wir uns vor, eine zukünftige Technologie würde es den Menschen ermöglichen, Tote wieder zum Leben zu erwecken, erst auf den Bildschirmen unserer Computer und Smartphones, dann in Fleisch und Blut. Die junge Frau Martha erlebt die Wiederauferstehung ihres verstorbenen Partners Ash. Inmitten des Trauerns über ihren Lebensgefährten erfährt Martha von einem Angebot, das verspricht, mithilfe der unzähligen gesammelten Daten, die Ash im Laufe seines Leben im Netz hinterlassen hat, ihren Liebsten digital wiederauferstehen zu lassen.

Was noch vor wenigen Jahren als reine Fiktion wahrgenommen wurde, wird in diesen Tagen Realität. Im Februar 2020 schauten mehr als 18 Millionen Menschen auf YouTube das neunminütige Video[12] einer südkoreanischen Mutter, die zum ersten Mal ihre Tochter wiedersieht, nachdem das Mädchen mehr als drei Jahre zuvor verstorben ist. Dieses Mal handelt es sich nicht um einen Spielfilm. Der südkoreanische Fernsehsender MBC hat den Ausschnitt seiner Dokumentation ins Netz gestellt und weltweit sehr viel Mitgefühl, aber auch Bestürzung über das gewagte Experiment ausgelöst. Die Begegnung von Jang Ji-sung mit ihrer toten Tochter findet in einem Park statt. Jang geht allein den Weg entlang, den sie so oft mit ihrer kleinen Tochter gegangen ist. Die Frau hört, wie eine Stimme ein Lied singt, das sie ihr einmal beigebracht hat: Es ist die Stimme von Nayeon, ihrer Tochter. Hinter einem Holzhaufen springt das siebenjährige Mädchen auf und läuft auf seine Mutter zu: »Mama, wo bist du gewesen?«, fragt das Kind. Die Mutter bricht in Tränen aus. Sie will ihre Tochter berühren, aber sie greift ins Leere. Denn das Mädchen, das dort unmittelbar vor ihr steht und das doch eindeutig ihr Kind ist – das aufgeweckte, neugierige Gesicht, die schulterlangen schwarzen Haare mit dem Haarreif, den sie ihr einmal geschenkt hat, im violetten Kleid, das sie so gerne getragen hat –, das Mädchen, das mit der unverkennbaren Stimme ihrer Tochter Nayeon in diesem Moment fragt, ob Jang Ji-sung an sie gedacht habe, ist nur eine Simulation, ein Avatar ihrer Tochter, wenn auch nahezu perfekt. Und Jang weiß das. Schließlich steht sie in einem Green-Screen-Studio und trägt eine VR-Brille und Handschuhe, die ihre Bewegungen übertragen. Aber Jang *will* nicht wissen, dass das alles hier bloß virtuelle Realität ist. Sie ist hier, um ihre Tochter wiederzubekommen, wenn auch nur für eine halbe Stunde. Immer wieder versucht die Frau, nach der Schulter ihrer Tochter zu greifen, sie in den Arm zu nehmen. Jangs Mann sitzt ein paar Meter weiter bei ihren anderen beiden kleinen Töchtern und einem wenig älteren Bruder. Hilflos sieht der Mann zu, wie seine Frau durch das Studio geistert. »Ich will dich berühren, nur ein Mal«, sagt sie schluchzend zu ihrem toten Kind, das sie zum Greifen nah vor sich stehen sieht. Ihrem Mann zerreißt der Anblick fast das Herz. Lange hatte das Paar gehofft, Nayeon könnte wieder gesund werden. Bei dem Mädchen war ein seltener Gendefekt diagnostiziert worden, der die Organe schädigte und schließlich zum Tod führte. In diesem Moment jedoch scheint ihre Tochter lebendiger denn je zu sein. Jang sieht sie zu einem Bett gehen, das auf der Wiese steht, umgeben von Dingen, die Nayeon zu Lebzeiten geliebt hat: einem leuchtenden Hasen, einem aufblasbaren Donut mit bunten Streuseln. Nayeon fragt: »Mama, wir werden immer zusammenbleiben, ja? Ich werde mich für immer an dich erinnern, ja?« *Zusammenbleiben? Oder für immer erinnern?* So ganz genau scheint Nayeon noch nicht zu wissen, wie es für sie und ihre Mutter nach dieser virtuellen Wiederbegegnung weitergehen soll. Jang hockt sich neben das Bett ihrer Tochter, wie sie es wohl zu Lebzeiten so oft gemacht hat, wann immer Nayeon nicht schlafen konnte oder Albträume hatte. »Mama liebt dich so sehr, Nayeon. Wo auch immer du bist, ich werde nach dir Ausschau halten. Ich habe noch Dinge zu tun. Aber wenn ich damit fertig bin, dann werde ich mit dir sein«, sagt sie. »Dann werden wir wieder zusammen sein. Dann wird es uns beiden gut gehen.« »Ich bin müde, Mama«, sagt Nayeon und kuschelt sich in das Kopfkissen. »Mama, bleib bei mir. Mama, auf Wiedersehen.« Ein weiß leuchtender Schmetterling kommt herangeflogen und setzt sich auf den liegenden Körper des Kindes. »Ich liebe dich, Mama«, sagt Nayeon wie im Halbschlaf. »Ich liebe dich auch«, antwortet Jang unter Tränen. Sie streckt noch einmal ihre Hand zu ihrer Tochter aus – und greift doch wieder nur ins Leere. Da breitet sich das gleißend weiße Licht aus, als hätte Jangs Versuch, ihre Tochter zu berühren, das Bild gelöscht. Als es wieder hell wird, ist ihre Tochter verschwunden. Nur der weiße Schmetterling fliegt noch herum, bevor auch er verschwindet und mit ihm alles Licht.

Acht Monate hat das Unternehmen Vive Studios aus Seoul gebraucht, um aus Video- und Tonaufnahmen der Familie die Stimme der verstorbenen Siebenjährigen zu extrahieren, ihr Gesicht und ihren Körper virtuell zu rekonstruieren und mit den computererfassten Bewegungen eines lebenden Kindes zu verbinden. Die Sätze, die die untote Nayeon im virtuellen Park sagt, haben andere Kinder eingesprochen. Anschließend sind diese Stimmen mit der Stimme Nayeons gemischt worden. Um die Persönlichkeit des Kindes zu erfassen, hat sich der Regisseur durch Terrabytes von Handyvideos und -fotos gearbeitet. Nayeon war 2010 geboren worden, also drei Jahre nach Erfindung des Smartphones. Sie hat in einer Zeit gelebt, in der Eltern jeden Tritt und Schritt ihrer Zöglinge aufzeichnen, zumal im technikbegeisterten Südkorea. Was aus all diesen Daten entstehen kann, dafür ist die lebensechte Simulation des koreanischen Mädchens nur ein erster *unheimlicher* Beweis. Was vor Jahrzehnten als Fantasie in Science-Fiction und Cyberpunk seinen Anfang nahm, wird in den kommenden Jahren zunehmend unser Leben bestimmen und das »Mensch-Sein« grundlegend verändern. Wir erleben einen Tabubruch.

Was passiert, wenn dem Menschen seine letzte Gewissheit genommen wird – die Endlichkeit seines Lebens? Was bedeuten digitale Klone für das Selbstverständnis des Menschen? Können wir es wagen, in den Kreislauf von Leben und Sterben einzugreifen und Menschen (digital) unsterblich werden zu lassen? Was bedeutet es psychologisch für Hinterbliebene, wenn sie nicht loszulassen brauchen, weil sie mit »Verstorbenen« weiterleben können? Wer hat das Recht zu bestimmen, ob Menschen digital wiederauferstehen: die Angehörigen? Die Unternehmen, die die Daten der Verstorbenen besitzen? Was bedeutet es für unsere Gesellschaften, wenn Präsidenten, die schon zu Lebzeiten unaufhörlich twittern, nicht einmal nach dem Tod die Klappe halten müssen? Wer übernimmt die Verantwortung für die digitalen Untoten, die durch das Netz geistern? Was bedeutet es für den Fortschritt, wenn uns künftig Ewiggestrige bevölkern? Und was bedeutet es für das Erinnern selbst, wenn nichts und niemand mehr verloren geht? Wir sind diesen Fragen nachgegangen und zu erstaunlichen Antworten gekommen. Vielleicht ist das alles nur der Anfang: der Anfang vom Ende unserer Endlichkeit.

1. KAPITEL

EINFACH UNSTERBLICH WERDEN?

DAS EWIGE ICH

Am Anfang war eine Website. Eine schlichte grüne Website, auf der eine einzige Frage zu lesen war: *Who wants to live forever?* Unter dieser Frage war ein Sign-up-Button – für eine so genannte Beta-Version. Einfach anmelden und unsterblich werden? Was sollte das sein? Ein schlechter Scherz? Wir trugen uns ein und warteten ab, was passieren würde. *Sie stehen auf der Warteliste!*, bekamen wir kurz darauf in einer Antwortmail zu lesen. *Eternime* – ewiges Ich – ist der Name des Unternehmens, das mit Unsterblichkeit warb. Von Preisen war bisher nicht die Rede. Auch nicht, wie schnell wir mit der Zusendung des Unsterblichkeitstranks (oder was auch immer man uns liefern würde) rechnen konnten. Ganz schön geheimniskrämerisch gab sich die Firma. Wir schickten eine E-Mail, wollten mehr erfahren, doch eine Antwort bekamen wir nicht. Wer weiß, wo unsere Daten, die wir für die Registrierung eingeben mussten, schon gelandet sind? Von der Recherche zu unserem letzten Dokumentarfilm wussten wir bereits, dass Tech-Unternehmen allgemein wenig auskunftsfreudig sind, meist aus Sorge um Ideenklau und Spionage seitens der Konkurrenz. Es geht nicht nur darum, als Erste/r eine Idee zu haben, sondern auch die Idee als Erste/r umzusetzen und auf den Markt zu bringen. Daher geht man einem Kontakt mit Journalist*innen lieber ganz aus dem Weg, anstatt mit einem falschen Wort im falschen Moment das Unternehmen in die Krise zu treiben. Bei einer unserer letzten Recherchen führte das mitunter zu absurden Situationen, in denen Unternehmen die komplette Belegschaft vor uns warnten. Fotos von unserem Team waren plötzlich im Umlauf, und nicht selten drohten uns Mitarbeiter*innen mit Repressalien. Wir waren also einiges gewohnt.

Eternime machte aber wohl überdies ein solches Geheimnis aus seinem Wundermittel gegen die Sterblichkeit, weil das die Fantasie umso mehr beflügelte. Bei uns ging dieser Plan auf: Wir recherchierten weiter und stießen auf das Massachusetts Institute of Technology in Boston in den USA, kurz MIT, wo die Idee ihren Ursprung genommen zu haben schien. Das Institut gehört zu den Spitzenuniversitäten weltweit und ist bekannt für seinen Erfinder*innen-Geist. *Simply become immortal*, lasen wir auf den Seiten des Instituts. *Einfach unsterblich werden* – nichts leichter als das. Um Daten ging es, um den digitalen Fußabdruck eines Menschen. Wie der zu Unsterblichkeit führen sollte, verstanden wir nicht. Schließlich war das hier kein Skript für eine Science-Fiction-Serie, sondern ein reales Vorhaben an einer der renommiertesten Universitäten der Welt. Genies, Besessene und wohl auch eine Hand voll Verrückter tummeln sich in Boston, um an Visionen für das nächste Jahrtausend zu tüfteln. Was hier geschieht, ist für Menschen ohne besonderen technischen Hintergrund oft unverständlich und unvorstellbar. MIT-Forscher*innen programmierten unter anderem für die US-Weltraumbehörde NASA ein vollautomatisches Mars-Mobil. Hier wurden Toaster, Kühlschränke oder Turnschuhe »smart« gemacht. Schon 1997 legten die Professoren Nicholas Negroponte (* 1943) und Neil Gershenfeld (* 1959) die

Grundlage für das so genannte »Internet der Dinge«, das heute in aller Munde ist. Dass an dieser Brutstätte nun auch die Sterblichkeit überwunden werden sollte und an einem »Eternal me« – einem ewigen Ich – gebastelt wurde, schien trotz der beeindruckenden Liste an Innovationen, die aus Boston kamen, mehr als vermessen. Einfach unsterblich werden – die Mischung aus Understatement und Größenwahn machte uns neugierig. Wenn es durch die Vordertür nicht klappte, jemanden von dem Unternehmen sprechen zu können, mussten wir halt den Hintereingang nehmen. Wir fanden im Netz einen mazedonischen Programmierer und Software-Entwickler, der angab, eine Zeit lang für Eternime gearbeitet zu haben. In einem kurzen Telefonat versuchte er, uns ihre Technologie zu erklären: Da ging es um künstliche neuronale Netze, die dem menschlichen Hirn nachempfunden sind und mit Unmengen an Daten gespeist werden müssen, um menschliche Muster zu reproduzieren. Nach dem Tod eines Menschen sollte der Avatar sprechen, denken und handeln können wie der Verstorbene. Das klang tatsächlich nach *Black Mirror*. Der junge Mann schwärmte regelrecht von der Arbeit an dem Projekt. Über den Status quo des Unternehmens war er dagegen nicht informiert, weil er schon seit längerer Zeit nicht mehr für Eternime arbeitete. Aber er versprach, uns mit dem CEO der Firma in Verbindung zu setzen. Tatsächlich klappte die Kontaktaufnahme. Schon wenige Wochen später sollte es losgehen. Wir trafen uns mit dem Chef der Firma, um gemeinsam mit ihm über die noch immer geheimnisumwobene digitale Unsterblichkeit zu reden. Unsere Reise begann an einem Ort, den wir nicht auf dem Radar hatten: Rumänien. Marius Ursache, der Gründer des Start-ups, lud uns in die kleine Stadt Iași in Nordrumänien ein.

Warum, fragen wir, bevor wir alles über sein Start-up

Eternime wissen wollen, treffen wir ihn in Iași und nicht in Boston? Rumänien ist schon seit Langem ein Geheimtipp für Start-ups der Tech-Szene. Marius ist hier aufgewachsen, die Lebenshaltungskosten sind um ein Vielfaches niedriger als in den Tech-Hotspots der Welt, und Marius findet hier gut ausgebildete Software-Entwickler. Wenn es nach Marius gegangen wäre, hätten wir ihn trotzdem nicht in Rumänien, sondern in den USA treffen sollen: Nach einem Medizinstudium und einem Master in Theaterwissenschaften (!) wagte er einen kompletten Richtungswechsel, gründete eine Design- und Software-Agentur, dann ein Fintech-Start-up und ergatterte einen der begehrten Plätze beim so genannten *Entrepreneurship Development Program* für junge Unternehmer*innen am MIT. Als die renommierte Universität dazu aufrief, innovative Geschäftsideen einzureichen, war er verrückt genug, mit der abgefahrensten Idee, die ihm gekommen sei, daran teilzunehmen: »Es mag sich merkwürdig anhören, aber alles begann mit dem Gedanken: Was wäre, wenn wir mit Toten skypen könnten? Was wäre, wenn wir ewig leben könnten? Was wäre, wenn wir unsere Erinnerungen in einem Avatar aufbewahren könnten, der aussieht wie wir, der unsere Stimme und unsere Erinnerungen hat? Was wäre, wenn dieser Avatar schließlich mit anderen Menschen interagieren könnte?« Zu seiner Überraschung seien viele Kommiliton*innen und Professor*innen innerhalb des Instituts von seiner Idee fasziniert gewesen, und schnell versammelte sich ein Team um Marius, das die Chance nicht verpassen wollte, Teil einer revolutionären neuen Tech-Idee zu sein. Hier tummelten sich Cracks aller Disziplinen. Der perfekte Nährboden, um in Nullkommanix ein paar Demo-Programme aus dem Boden zu stampfen. Sie entwickelten eine erste Beta-Version des Konzepts und schalteten eine Website mit der simplen Frage: *Wer will unsterblich werden?*

Interessierte sollten sich auf dieser Website registrieren können. Laut Marius meldeten sich innerhalb weniger Stunden einige hundert Interessent*innen an, wenige Tage später sei die Zahl auf Zehntausende angestiegen. »Wir hatten über 40.000 Leute, die sich in den ersten Tagen angemeldet haben, darunter solche, die nicht mehr lange zu leben hatten, Menschen mit Krebs im Endstadium. Wir waren völlig überfordert.« Viele herzzerreißende Anfragen von schwerkranken Menschen hätten sie erhalten. Menschen, deren letzte Hoffnung Marius' Unternehmen gewesen sei, so sagt er. Zu spät habe er erkannt, dass seine »verrückte Idee« für viele dieser Menschen die vielleicht letzte Hoffnung war. Die Anfragen stellten ihn vor ein Dilemma: Natürlich war die überwältigende Resonanz der Traum eines jeden Entrepreneurs. Dass seine Idee offenbar einen Nerv traf, motivierte ihn dazu, sich ernsthaft mit ihrer Realisierung auseinanderzusetzen. Doch die Hoffnungen der schwerkranken Menschen erzeugten einen enormen Druck. Zu diesem Zeitpunkt hatte Marius nichts Handfestes vorzuweisen. Die hohen Kosten für die Entwicklung von künstlichen neuronalen Netzen, die lernfähig sind und die Verhaltensmuster der Verstorbenen aus einem großen Datensatz auslesen können, ließen sein Vorhaben bei nüchterner Betrachtung mehr als vermessen erscheinen. Er hatte schwerkranken Menschen die Möglichkeit genommen, mit dem Leben abzuschließen, und sie stattdessen aufgewühlt und verwirrt. Als Marius uns von dieser Zeit erzählt, wird er nachdenklich und still. Mit gesenktem Blick erinnert er sich an die Anfragen, die er nie vergessen wird: »Einige Leute schrieben uns, dass sie nur noch wenige Wochen zu leben hatten. Sie wollten so schnell wie möglich Zugang zu Eternime. Sie wollten die wenige Zeit nutzen, um Erinnerungen für ihre Familien und für ihre Liebsten zu bewahren. Es fiel mir sehr schwer, ihnen zu antworten. Ich konnte es einfach nicht. Was hätte ich ihnen sagen können? Dass das alles ein verrücktes Experiment am MIT war? Dass wir eigentlich keine Ahnung hatten, wie wir das alles stemmen sollten?« Er würde das heute anders machen, versichert er uns – verantwortungsbewusster und überlegter vorgehen. Aber die Geschwindigkeit, mit der die Unternehmung damals losging, habe keine Zeit für größere Reflexionen gelassen. Auch die Presse stürzte sich auf sie: All die großen Tech-Magazine, wie *Fast Company* oder *Wired*, begannen über uns zu berichten.[13] Es fühlte sich surreal an.« Doch es kam, wie es früher oder später kommen musste: Nach dem ersten Rausch folgte der Absturz. Durch den Medienrummel und die Menge der Anfragen, die in kürzester Zeit auf ihn einprasselten, blieb die Arbeit am Projekt auf der Strecke. Die Stimmung im Team verfinsterte sich. Das Geld wurde knapper, seine Teamkolleg*innen sprangen der Reihe nach ab, bis er schließlich allein dastand – ohne Ressourcen, ohne Investor*innen und schließlich ohne Zukunft für seine Idee. Er verließ das MIT und die gerade erst eroberte schöne neue Welt der erfolgreichen Start-up-Unternehmer*innen genauso schnell, wie er hineingeraten war, um nach Rumänien zurückzukehren. Es sollte ein halbes Jahr dauern, bis er sich von dieser Bruchlandung erholte. Marius fühlte sich wie ein Versager: Mit fast vierzig Jahren wieder bei seinen Eltern zu wohnen, die ihm noch Taschengeld zusteckten, war für ihn, der gerade noch nach den Sternen zu greifen geglaubt hatte, eine Zumutung. Hinzu kamen die Gewissensbisse gegenüber den Menschen, die womöglich immer noch auf die Unsterblichkeit warteten. Warum er die Website trotzdem nicht abschaltete? Er konnte nicht aufhören zu glauben, dass es ihm vielleicht doch noch gelänge.

Roca, sein bester Freund, unterstützte ihn. Roca ermutigte Marius, seine Idee weiterzuverfolgen, und sie entwickelten einen Businessplan. Wie Marius glaubte auch Roca, dass man mit einer guten Technologie die Welt verändern konnte. Schnell war Marius wieder motiviert. Er versuchte, sein kleines Start-up auf solidere Beine zu stellen, organisierte sich neue Kontakte im Umfeld der Tech-Universitäten der USA, wo man Fehlschläge eher verzeiht, weil es zu viele Geschichten von Pionieren gibt, die es mit ihrer bahnbrechenden Business-Idee erst beim vierten oder fünften Anlauf geschafft haben.

Marius war bereit, es erneut zu wagen, doch kurz bevor er sich tatsächlich nach San Francisco aufmachen wollte, erhielt er einen Anruf, der sein Leben auf den Kopf stellen sollte. »Eine Freundin rief mich an und sagte, Roca habe einen Autounfall gehabt.« Er war noch am Unfallort verstorben.

Der Tod seines besten Freundes ließ Marius noch fester an seine Idee glauben: »Vor dem Unfall war es ein verrücktes Experiment, ein interessantes Projekt mit technischen Herausforderungen, aber jetzt ist es eine Lebensaufgabe.«

Nach dem Tod von Roca blieb Marius in Rumänien. Und die digitale Unsterblichkeit? »Wir sind wieder auf Kurs«, sagt Marius. Mittlerweile gibt es immerhin schon mal eine App, die automatisch alle möglichen Informationen über die Nutzer*innen sammelt, wie Facebook-Posts, Kalendereinträge, Bewegungsprofile, alle möglichen Daten von Fitnessarmbändern und anderen Wearables, Fotos, Videos, und so weiter. Noch ist die App nur zugänglich für eine kleine Gruppe von Tester*innen. Doch Zweifel, ob die Arbeit an Eternime richtig ist, scheinen komplett verflogen zu sein. »Mir wurde klar, dass wir nicht wissen, wie wir mit dem Tod umgehen sollen. Wir versuchen, vor ihm wegzulaufen. Wir versuchen zu vergessen, weil wir denken, dass das unser Trauma heilen würde. Ich denke aber, dass die

Erinnerung der Schlüssel ist. Wir können unser Gedächtnis positiv beeinflussen. Es gibt da diesen Neurowissenschaftler namens David Eagleman, der behauptet: ›Wir sterben drei Mal. Zuerst sterben wir, wenn wir uns nicht um uns selbst kümmern können. Das zweite Mal, wenn man uns unter die Erde bringt, und das dritte Mal, wenn unser Name zum letzten Mal gesprochen wird.‹[14] Die ersten beiden Tode können wir nicht wirklich bekämpfen, aber ich denke, dass wir dank technologischen Fortschritts den dritten Tod verhindern können.« Auch wenn es für ihn noch immer schwierig ist, genügend Startkapital an Land zu ziehen, gibt Marius nicht auf. »Leider ist der Tod ein Tabuthema. Viele große Investoren schrecken davor zurück, in eine solche Idee zu investieren, weil niemand offen über den Tod redet«, erzählt er uns. Aber das werde ihn nicht hindern, weiterhin gegen die Windmühlen zu kämpfen.

Wir nehmen Abschied. Es hat uns beeindruckt zu sehen, was Marius in Rumänien aufgebaut hat. Dass er es geschafft hat, aus dem tragischen Verlust seines besten Freundes Kraft zu schöpfen und die Trauer in etwas Lebensbejahendes zu überführen, imponiert uns. Schon lange ist Eternime keine reine Geschäftsidee mehr. Es geht hier nicht um Allmachtsvorstellungen oder eine Boykotthaltung gegenüber dem Tod. Vielmehr sucht Marius einen offenen, reflektierten Umgang mit dem Tod. Wenn man so will, ist Roca längst unsterblich geworden: Jedes Jahr erzählen sich seine Freund*innen Geschichten über ihn, singen seine Lieblingslieder. Kann eine digitale Anwendung auf dem Smartphone das gemeinsame Trauern der Hinterbliebenen ersetzen? Kann es die Trauerbewältigung erweitern und ergänzen? Sind das Gespräch mit den Toten am Telefon und das Sich-Erinnern auf dem Bildschirm nicht sehr einsame Prozesse? Ob seine Technologie am Ende Heilsbringerin oder Übeltäterin sein wird, lässt sich in diesem Augenblick nicht sagen, zu nah liegt Gutes und Schlechtes beieinander.

Um auf diese Fragen Antworten zu finden, müssen wir die Menschen treffen, die weiter sind als Marius, die schon jetzt Schöpfer*innen von digitalen Klonen sind oder andere Ansätze verfolgen, überall in der Welt.

2. KAPITEL

VON VÄTERN UND SÖHNEN

KI IM KINDERZIMMER

Unsere Erzählung von einem Mann, der mit seinem toten Vater spricht, beginnt in einem fremden Kinderzimmer, in dem der Mann ein Kind beim Spielen beobachtet. Keine Sorge, das hier wird keine Gruselgeschichte. Oder, na ja, ein bisschen gruselig wird's schon. Das Kinderzimmer, in dem der Kalifornier James Vlahos zuschaut, wie ein Kind mit einer Barbie-Puppe spricht, hat mit dem Grusel aber nur bedingt zu tun. Allerhand Spielzeug in Kisten, ein kleiner Schreibtisch zum Erledigen der Hausaufgaben und ein ulkiges Bild eines Baumes auf der Rückseite der Wand – das Kinderzimmer, in dem Ariana mit ihrer Barbie spielt, sieht in etwa so aus wie Millionen von anderen Kinderzimmern auf der Welt, in denen Millionen von anderen Kindern mit Millionen von anderen Barbie-Puppen spielen. Der Unterschied: Dieses Kinderzimmer ist eine Kulisse, aufgebaut im *Mattel Imagination Center* in El Segundo, Kalifornien. Und die sechs Erwachsenen, die hinter einer verspiegelten Wand das kleine Mädchen beim Spielen beobachten, sind weder Eltern, Großeltern, Tanten noch irgendwelche Creeps, sondern Angestellte der Firma Mattel. Die Barbie, die Anfang der 1960er-Jahre auf den Markt kam, wurde bald zum Verkaufsschlager des Unternehmens. Und was jahrzehntelang nur in der Einbildung der Kinder geschah, passiert seit Kurzem tatsächlich: Barbie spricht. Aber nicht so wie frühere Exemplare von Puppen, bei denen durch Fingerdruck auf den Bauch ein Lautsprecher aktiviert wurde, der eine blecherne Stimme ertönen ließ, sondern so menschlich, umfangreich und flexibel, wie sich eine gute Freundin mit dem Kind unterhalten würde. So das Versprechen.

Das Kinderzimmer, in dem die kleine Ariana an diesem Tag im Jahr 2015 mit Barbie plaudert, ist ein Testlabor. Der Journalist James Vlahos ist hier, weil er an einer Geschichte über sprachbegabte Künstliche Intelligenz arbeitet. In seinem Buch *Talk to me* (Sprich mit mir) wird er neben seinen Recherchen zu »Hello Barbie«, wie die sprechende Puppe heißt, vor allem über Alexa, Siri und Cortana schreiben, die Sprachcomputer, die sich zwar langsam, aber stetig den Weg von unseren Smartphones in unsere Wohnungen bahnen. Vlahos ist beileibe nicht Tech-gläubig, er ist umsichtig, kritisch, reflektiert, also durch und durch Journalist. An diesem Tag im Jahr 2015, in dem Vlahos die kleine Ariana beobachtet, wie sie mit Barbie angeregt über Freundschaften, Berufswünsche und Lieblingsessen plaudert, da ist ein Kinderzimmer für Vlahos noch ein Ort der Unbeschwertheit und Lebensfreude. Nichts verbindet ihn mit dem Tod. Wenn Vlahos heute sein eigenes, altes Kinderzimmer betritt, sieht die Sache schon anders aus. Aber der Reihe nach.

Eine schwarze Jeans, ein weißes T-Shirt und ein silbernes Jäckchen, so saß Barbie Ariana gegenüber. Die beiden hatten sich einander schon vorgestellt und vereinbart, Freundinnen werden zu wollen. Ariana und Barbie hatten über Berufswünsche gesprochen (Tauchlehrerin oder Heißluftballon-Pilotin) und eine imaginäre Pizza gebacken. »Ich habe mich gefragt, ob ich einen Rat von dir bekommen könnte«, gestand Barbie Ariana nach einer Weile so zögerlich, wie es ein Mensch machen würde, der sich nicht ganz sicher ist, ob er sich ihr anvertrauen kann. Teresa und sie hätten gestritten, und jetzt würde Teresa nicht mehr mit ihr sprechen, erzählte Barbie dem kleinen Mädchen. »Ich vermisse sie so, aber ich weiß nicht, was ich ihr sagen soll.« »Sag: ›Es tut mir leid‹«, riet Ariana der Puppe, und ein Gespräch über ihre Gefühle begann. »Du hast recht, ich sollte mich entschuldigen«, sagte Barbie, »ich bin auch schon gar nicht mehr wütend. Ich will nur wieder Freundinnen sein.« Es war die Intimität dieses Gesprächs, die Vlahos beeindruckte. Hier ging es nicht mehr um Kommandos zwischen Mensch und Maschine, die Barbie wurde in diesem Augenblick zu etwas anderem als einem Automaten im Puppenkörper, der Sätze ausspuckt. Barbie hatte eine Persönlichkeit, und sie hatte sie nicht allein wegen der Fantasie des Kindes, sondern weil ihr Verhalten und ihre Art, sich auszudrücken, ihr diese Persönlichkeit verliehen. Vlahos' Neugierde war entfacht, er wollte mehr erfahren über die Entwicklung der sprechenden Puppe und durfte den Entwickler*innen eine Zeit lang über die Schulter schauen. Dabei lernte er, wie wenig dem Zufall überlassen wurde, um dem Kind im Gespräch mit der Puppe größtmögliche Freiheit zu geben. Die Grundlage der Sprachbegabung bildete eine so genannte NLP-Software. NLP steht in dem Fall für »Natural Language Processing«, was nichts anderes bedeutet, als dass die Software nicht nur gesprochenen Text erzeugen, sondern auch gesprochene Worte ihres menschlichen Gegenübers aufnehmen und auslesen kann. Damit es dabei im Gespräch nicht zu unnatürlichem Stocken kommt, muss die Software beides zugleich bewerkstelligen: zuhören und sprechen, so, wie auch wir Menschen das die ganze Zeit tun. Außerdem muss Barbie Sachen behalten, die ihr das Kind zuvor erzählt hat, damit das Gespräch voranschreiten kann.

Sie muss reagieren können auf das Gesagte, egal, was von ihrem kindlich menschlichen Gegenüber kommt. Besonders viel Eindruck erzeugt es, wenn Barbie Dinge wieder aufgreift, die ihr das Kind am Vortag oder vor ein paar Stunden erzählt hat. Etliche tausend Zeilen möglichen Gesprächs dachten sich die Entwickler*innen aus, zu denen auch Theaterschauspieler*innen gehören, die sich mit authentischer Dialogführung auskennen. Diese Sätze werden je nach Fragen oder Aussagen des Kindes unterschiedlich variiert beziehungsweise zusammengesetzt. Wie die Äste eines Baums werden die möglichen Gespräche abgebildet, und wie bei einem Baum gibt es dickere Zweige, aber auch ganz dünne Verästelungen, je spezieller das Gespräch wird. Barbie sollte witzig sein, nicht zu ernst, einfallsreich. Eine »einfühlsam bejahende Sensibilität« sollte Barbie haben, berichtet Vlahos. Barbie sollte »auch mal Schwäche zeigen, Unsicherheit eingestehen oder Sorgen«, wie eine richtig gute Freundin.[15] Natürlich ging es den Barbie-Macher*innen vor allem darum, das Interesse des Kindes möglichst lange aufrechtzuerhalten. Denn je mehr es mit der Puppe sprach, desto mehr Training für den Algorithmus und desto besser die Sprachfähigkeit von Barbie, desto interessanter – ausgiebiger, intimer, tiefer – die Gespräche. Den Journalisten Vlahos hatte das ursprünglich vor allem unter dem Gesichtspunkt der Verantwortung interessiert, die Unternehmen wie Mattel eingingen: für den Datenschutz (Kinder vertrauen Barbie persönlichste Informationen an, die selbst sorglose Erwachsene wohl nur zögerlich herausrücken würden), Verantwortung aber auch für das Seelenheil des Kindes, denn hielt die Plastik-Freundin das Kind nicht davon ab, wahre – menschliche – Freundschaften einzugehen?

Je mehr Zeit Vlahos in den Entwicklungslaboren verbrachte und je mehr er zu verstehen begann, wie diese scheinbar empathischen Sprachcomputer funktionierten, desto mehr faszinierte ihn diese Technologie und desto mehr wuchs der Reiz, selbst einmal damit zu experimentieren. Seine Bedenken waren zwar nicht verschwunden. Aber Vlahos verstand, dass die sprechenden Maschinen Kindern wie auch Erwachsenen guttun konnten, ihnen Halt in emotional stürmischen Zeiten geben konnten. Er ahnte noch nicht, dass er es sein würde, der schon bald mit einer Maschine sprechen würde und dem das, was die Maschine sagt, die Tränen in die Augen treiben würde.

PLÖTZLICH DEM TODE NAH

Auch wenn die sprechenden Maschinen erst heute den Weg in die Kinderzimmer und die intimsten Bereiche unseres Lebens finden, sind die Grundlagen ihrer Technologie spätestens Mitte der 1930er-Jahre geschaffen worden. Vor allem mit einem Namen verbindet sich die Grundsteinlegung: Alan Turing. Der britische Mathematiker (1912–1954) ist einer der ganz großen Wegbereiter des Computerzeitalters gewesen, ohne dafür zu Lebzeiten gewürdigt zu werden. Noch heute basieren die allermeisten PCs auf der »universellen Turing-Maschine«, der kurz nach dem Zweiten Weltkrieg von ihm theoretisch entwickelten Rechenmaschine, die über einen einheitlichen flexiblen Speicher für eine Vielzahl unterschiedlicher, austauschbarer Programme und Daten verfügte. Wenn wir heute von Algorithmen sprechen, die fast alles nach festgelegten Regeln berechnen können sollen, dann fußen sie auf mathematischen Beschreibungen, die Turing entwickelte. Doch damit nicht genug, denn Turing erkannte schon damals, dass die Menschen eines Tages größtes Interesse daran entwickeln würden, mit kleinen tragbaren Maschinen zu interagieren, und dass die Computer für die Menschen zu mehr werden würden als zu Rechenmaschinen: »Eines Tages werden die Damen ihre Computer auf Spaziergängen im Park mitnehmen und zueinander sagen: ›Mein kleiner Computer hat heute Morgen so eine lustige Sache gesagt‹«, soll er prophezeit haben.[16] Turing hat recht behalten. Dieser Tag ist gekommen. Nur dass der kleine Computer alle möglichen Gestalten annehmen kann, die Barbie-Puppe wird längst nicht das einzige Beispiel bleiben, das wir in unserem Buch vorstellen. Turing war seiner Zeit weit voraus. Schon in seinem 1950 erschienenen Artikel *Computing Machinery and Intelligence*[17] eröffnete er eine Debatte über die Künstliche Intelligenz, die bis heute das Nachdenken über die Thematik prägt. Die Grundfrage, die Turing stellte, lautet: Können programmierte Maschinen »intelligent« sein? Können Maschinen denken? Als Kriterium schlug Turing einen Test vor, der unter seinem Namen bekannt geworden ist. Der Turing-Test besteht aus einer ganz simplen Versuchsanordnung: Eine Testperson chattet via Tastatur mit zwei ihr unbekannten Gesprächspartner*innen. Einer der beiden Beteiligten ist ein Mensch, der andere eine Maschine. Die Testperson weiß jedoch nicht, mit wem sie kommuniziert, weil weder Augen- noch Hörkontakt besteht. Wenn der oder die Tester*in im Laufe des Chats nicht unterscheiden kann, ob er oder sie mit einem Menschen oder einer Maschine kommuniziert, hat die Maschine den Test bestanden. Seit Turing wird mit Hochdruck daran gearbeitet, einen Chatbot zu entwickeln, der diesen Test besteht. Doch eine wirklich starke Künstliche Intelligenz, die so flexibel wie ein Mensch auf Gesprächsinhalte reagieren und das Gespräch vorantreiben kann, lässt länger auf sich warten als erhofft: Zu einhundert Prozent bestanden hat den Test bis heute keine einzige Maschine, auch wenn die Entwickler*innen ihrem Ziel immer näher kommen. Um beantworten zu können, ob eine Maschine denken kann, müsste man erst einmal definieren, was sich hinter dem Begriff *denken* überhaupt verbirgt. Sind wir Menschen vielleicht gar nicht so verschieden von einer sehr komplexen Maschine, weil all unsere Schaltungen und Verkabelungen, unsere neuronalen Netze im Gehirn nur die Illusion eines Bewusstseins erzeugen? Sind wir in Wirklichkeit gar nichts anderes als unglaublich komplexe Roboter? Andererseits: Selbst wenn eine Maschine den Turing-Test bestanden hat und man sagen kann, dass diese Maschine eine Art Künstliche Intelligenz besitzt, ist das noch lange kein Indiz dafür, dass die Maschine über ein Bewusstsein verfügt oder sich angeeignet hat. Und ist Bewusstsein nicht ein ganz wesentlicher Bestandteil unserer Intelligenz? Darüber stritten schon die Informatiker, die auf einer Konferenz in Dartmouth im US-Bundesstaat New Hampshire im Jahr 1956, zwei Jahre nach Turings Tod, den Startschuss für die Entwicklung einer Künstlichen Intelligenz gaben. Bis heute sind viele solcher Fragen offen. Wir werden den Unterschieden und den Gemeinsamkeiten zwischen Menschen und hoch entwickelten Maschinen im Laufe unseres Buches auf vielfältige Weisen nachgehen.

Der Tag, der für den kalifornischen Tech-Journalisten James Vlahos aus dem faszinierenden Thema der sprachbegabten Maschinen *das* Thema macht, das von nun an sein Leben bestimmt, ist der 24. April 2016: »Ich habe zu Hause im Garten gearbeitet. Meine Frau rief mich. Sie sagte, meine Mutter sei am Telefon gewesen. Mein Vater liege im Krankenhaus, wahrscheinlich ein Herzinfarkt. Ich sprang sofort ins Auto und fuhr zur Klinik. Meine Mom war schon dort, meine Schwester auch, mein Bruder traf kurz darauf ein. Und mein Vater, der saß auf dem Bett und scherzte und tat so, als sei nichts gewesen. Ich schaute meine Mutter und meine Schwester fragend an. ›Oh, weißt du, sie haben schon herausgefunden, dass es kein Herzinfarkt war. Sie machen nur noch ein paar weitere Untersuchungen. Wahrscheinlich falscher Alarm‹, sagten meine Mutter und meine Schwester. Ich atmete auf. Ein Arzt kam rein, eine Krankenschwester im Schlepptau. Sie sagte, sie hätten noch einen Test machen müssen, weil sie unsicher gewesen seien, ob es eine Lungenembolie war. Aber auch die könnten sie jetzt ausschließen. Wir atmeten auf. Und dann, dann war es fast so eine Art nachträglicher Gedanke, der sie vom Gehen abhielt, als hätte sie es beinahe vergessen. Der Arzt war schon in der Tür, als die Krankenschwester meinte, dass sie auf dem Scan eine Gewebeanomalie in seiner Lunge gefunden hätten, was sie sich noch genauer anschauen müssten. Ab da ging es nur noch bergab mit jeder neuen Nachricht: Sie wissen jetzt, dass der Krebs die Knochen angegriffen hat. Sie wissen jetzt, dass die Leber betroffen ist. Der Krebs hat sich auf das Gehirn ausgebreitet. Der Krebs hat neben der Lunge andere Organe befallen. Auch wenn diese ganzen Nachrichten Stück für Stück kamen: Eigentlich war uns ziemlich bald klar: Okay, das war's für ihn. Er hat einen schlimmen Krebs. Und es ist viel zu spät, die Krankheit aufzuhalten.« Da war es, das Gefühl, dass der Tod jeden Moment ins Leben treten kann.

DAS LEBEN FESTHALTEN

»Meine Geschwister, meine Mutter und ich weinten so viel in dieser Zeit. Wir wollten mit meinem Vater weinen. Aber das hat er nicht zugelassen [...] Ich hätte meinen Vater so gerne gefragt, was er fühlte. Ich meine, ich konnte es erraten, aber ich wollte es von ihm hören. Wie ist das, wenn man weiß, dass man nur noch wenige Monate zu leben hat?« Aber sein Vater dachte gar nicht daran, seine Gefühle zu teilen. Nicht mit seinen Kindern, nicht mit seiner Frau. Er wich aus, wann immer möglich. Es standen jetzt laufend Untersuchungen an, die Bestrahlung sollte so schnell wie möglich beginnen. Hoffnungen, dass der Krebs besiegt werden konnte, machten die Ärzte ihnen nicht, dafür war er schon zu weit fortgeschritten. Aber vielleicht konnte man die Lebenszeit noch etwas verlängern? Es ist diese schwere Entscheidung, die fast alle Menschen und ihre Angehörigen kennen, die von Krebs in fortgeschrittenem Stadium betroffen sind: Soll man die kostbare Zeit, die einem im Leben bleibt, in Behandlungszimmern zubringen, um den Tod hinauszuzögern? Oder lieber das Leben genießen, solange es irgendwie geht, auch wenn das Ende dann sehr bald eintreten kann? Sein Vater musste jetzt immer wieder »in die Mikrowelle«, wie James die Strahlentherapie nennt. Seine Mutter, seine Geschwister und er verbrachten Stunden und Stunden in Wartezimmern. Wenn James abends nach Hause kam, setzte er sich an den PC. Durch Zufall las er im Netz, dass die Firma *PullString* die Software zur Benutzung freigab, mit der sie Barbie das Sprechen beigebracht hatte. Na und, dachte er, was interessierte ihn das, jetzt, in dieser Lage? Sein Bruder schlug vor, die gesamte Lebensgeschichte ihres Vaters aufzunehmen, damit sie nicht verloren ging; da die Chemotherapie das Erinnerungsvermögen einschränken konnte, sollten sie sich beeilen. Wer wusste schon, wie lange ihr Vater noch in der Lage sein würde, die vielen Geschichten zu erzählen, die er mit seinen Eltern und seinen Geschwistern, später dann mit seiner Frau (ihrer Mutter) erlebt hatte. Sein Bruder bat James, diese Interviews zu führen, schließlich war es genau sein Metier. Klar, sagte James und verabredete sich mit seinem Vater. James wurde bald klar, dass dieses Unterfangen ein Fass ohne Boden war. Irgendwie musste es seinem Vater wohl so vorkommen, als wären diese Aufnahmen für den Audio-Nachlass so etwas wie eine ultimative Lebensbilanz. Was für ein sonderbares Ding, das Gedächtnis, ging es James durch den Kopf. Welche Geschichten für uns am Ende eines Lebens Wichtigkeit haben! Er ließ seinen Vater noch einmal die Witze erzählen, die er schon so oft und gut erzählt hatte. Er bat ihn, noch einmal die Lieder zu singen, die er so oft gesungen, gesummt oder gepfiffen hatte. Er fragte ihn auch nach intimeren Momenten, nach Krisen, Dinge, von denen die meisten Menschen vor ihrem Tod nur widerwillig sprechen (da machte sein Vater keine Ausnahme). Immer mehr dämmerte James, dass es aber genau diese Dinge, die kleinen, unscheinbaren Momente waren, die für die offizielle Biografie keine Rolle zu spielen schienen, aber etwas darüber erzählen konnten, *wie* sein Vater war und nicht bloß *wer* er *vorgab zu sein*. Zugleich beschlich James der Eindruck, dass niemand je diese Endlos-Tapes hervorkramen und anhören würde. Die WAV-Dateien würde das gleiche Schicksal ereilen wie unsortierte Kisten voller Fotos, Festplatten voller unbeschrifteter Urlaubsvideos und so weiter. Mehr als ein Dutzend solcher Treffen hatte James mit seinem Vater im Frühjahr 2016: Am Ende wanderten 91.970 Wörter oder auch zweihundertdrei eng beschriebene Seiten mit Niederschriften der Gespräche in einen dicken Aktenordner.

Während er so dagesessen und seinem Vater zugehört hatte, wie er sein gesamtes Leben aufrollte, war ihm eine Idee gekommen, die er eigentlich verwerfen wollte, im Laufe der kommenden Wochen aber nur schwerlich unterdrücken konnte. Er fand einen Aufsatz zweier Google-Forscher, die über lernfähige Algorithmen schrieben, die *Sequence-to-Sequence-Methode, Recurrent Neural Networks,* nerdiges

Insider-Wissen. Wann immer möglich, verschwand James jetzt in seinem Arbeitszimmer und vertiefte sich in die Anleitungen zum Programmieren, die er im Netz fand. In einem Aufsatz berichteten Programmierer von einem Gespräch, das sie mit einem der Bots führten, den sie programmiert hatten: »Was ist der Sinn des Lebens?«, fragten die Forscher. »Ewig zu leben«, antwortete die Maschine. James, der eigentlich so besonnene, ganz und gar nicht abergläubische Journalist, kam nicht umhin, es als Zeichen zu deuten. Wahrscheinlich brauchte er auch bloß noch einen solchen Anstoß, um sich endlich durchzuringen. Er beschloss, seiner Familie von seiner Idee zu erzählen. Es war eine vermessene Idee. Er wagte sie kaum selbst zu denken, aber, ja, er wollte seinen Vater unsterblich machen. Also quasi digital unsterblich. Wie er es anstellen wollte, ohne Informatik-Studium, ohne größere Programmierkenntnisse einen »Dadbot« zu entwickeln, also ein digitales Ich seines Vaters, das auch nur im Entferntesten an John Vlahos erinnerte, wusste er nicht. Aber es war schon zu spät: Er war Feuer und Flamme für seinen Dadbot. Die Vorstellung, seinen Vater auf diese Weise »am Leben zu halten«, ließ ihm keine Ruhe mehr. Was aber, wenn sein Vater bestürzt wäre über die Idee, dass sein Sohn eine Maschine aus ihm machen wollte? Was, wenn seine Mutter oder seine Geschwister geschockt wären über den Vorschlag? Wenn sie ihn geschmacklos oder pietätlos fänden angesichts des Ernstes der Lage? Was, wenn die Geschichten seines Vaters profan, läppisch, nichtssagend klängen, sobald die Maschine über sie sprach? Was, wenn der Dadbot alles nur noch trauriger machte? Er musste von Sinnen sein, dachte James in Momenten, in denen seine Euphorie nachließ. »Ich war besessen«, sagt er heute im Nachhinein.

DADBOT

Es ist ein Tag im August, als er sich entschließt, endlich auszusprechen, was ihn schon so lange umtreibt. James' Mutter sitzt neben ihm auf der Couch, sein Vater quer gegenüber in einem Lehnstuhl. »Ich habe eine verrückte Idee«, sagt James nach langem Zögern. Während er sein Vorhaben erklärt, versucht er, den Gesichtsausdruck seines Vaters zu deuten. Aber der bleibt starr. »Was ist ein Chatbot?«, fragt seine Mutter. James erklärt, er wolle die Persönlichkeit seines Vaters am Leben erhalten, seine Art zu denken, zu sprechen und zu scherzen, das Wort *unsterblich* lässt er weg. »Was denkt ihr?«, fragt James in die stille Runde hinein. Sein Vater zuckt mit den Achseln: »Okay.« James stockt. Okay? Nichts weiter? Was ist bloß aus diesem Mann geworden?, fragt er sich. Sein Vater war immer ein fröhlicher, neugieriger Mensch gewesen, doch seine Diagnose hatte ihn lebensmüde und gleichgültig gemacht. Seine Mutter ist enthusiastischer. Sie will alles darüber wissen, versucht zu verstehen, wie sie sich das seltsame Etwas, das James aus seinem Vater machen will, vorzustellen hat. James' Schwester ist unsicher, James' Bruder teilt die Bedenken, die James selbst äußert. »Weird« sei James' Plan allemal, sagt er. »Weird« – das ist einer von diesen Ausdrücken, für die es im Deutschen keine rechte Entsprechung gibt, und die nie genau durchblicken lassen, ob damit etwas Gutes oder ein Übel gemeint ist. Vermutlich wusste sein Bruder auch nicht so genau, was er von der Idee halten sollte. Aber jetzt war sie in der Welt. James hatte sich aus dem Fenster gelehnt. Er hatte seiner Mutter Hoffnung gemacht, dass etwas von ihrem Mann bleiben würde, das seinen Tod überdauern würde und vielleicht sogar ihren eigenen. Etwas, das James' Söhnen trotz des Todes ihres Großvaters erlauben sollte, mit ihm zu sprechen, wenn sie Rat brauchten.

Als wir im Sommer 2019 James und seine Mutter besuchen, steht eine Reihe bunter Figürchen auf dem Kaminsims. Es sind Figürchen, die einmal James' Vater gehört haben und einem der Kostümfilme entsprungen sein könnten, die er so liebte. Seine größte Leidenschaft sei das Theater gewesen, erzählt uns James. Fünfunddreißig Jahre lang hat sein Vater das *Lamplighters Music Theatre* geleitet, eine kleine semiprofessionelle Bühne, bei der die Schauspieler höfische Kostüme mit Perücken trugen und altenglische Texte deklamierten. Sein Vater sei gerne gereist, sprach Griechisch, Englisch, dazu etwas Spanisch und Italienisch. Vor allem aber habe er es geliebt, Wörter zu erfinden, sich Wortspiele auszudenken. Sprache, das war für seinen Vater immer etwas, das einem Freiheit verlieh; sie erlaubte ihm, die Rolle zu wechseln, sich selbst zu erfinden. Die Spitzfindigkeiten der Sprache waren es wahrscheinlich auch, die seinen Beruf als Anwalt mit seiner Leidenschaft als Theaterschauspieler verbanden – so unterschiedlich beides auch sein mochte.

In der Computerlinguistik versuchen Wissenschaftler*innen, aus der Wortwahl eines Menschen dessen Persönlichkeit zu analysieren. Den Forscher*innen geht es meistens darum, Dinge über den Menschen in Erfahrung zu bringen, die er oder sie zurückhält oder am liebsten zurückhalten würde. Da geht es um das Unbewusste, das, was sich unwillkürlich offenbart. Die ganze Psychoanalyse baut auf diesem Grundsatz auf, aber auch die zeitgenössische Psychologie. Der Algorithmus des Unternehmens *Precire* etwa analysiert, welche Wörter jemand nutzt, wie schnell, laut und wie hoch jemand spricht, wie er oder sie die Wörter betont und wie sie zu Sätzen angeordnet sind. Das genügt angeblich, um zweiundvierzig Dimensionen einer Persönlichkeit zu ermitteln, die auf wissenschaftlich anerkannten Persönlichkeitsmodellen fußen.[18]

»Precire basiert auf der weltweit größten Studie zur Kombination von Psychologie und Künstlicher Intelligenz. Darin haben mehr als 19.000 Teilnehmer bislang über 29 Millionen Textbewertungen abgegeben«, erklärt das Unternehmen.[19] »Diese Daten dienen der Technologie als Lerngrundlage, um durch die Analyse von über 110 Millionen Parametern und 4 Milliarden Wörtern verschiedene Wirkungsweisen von Sprache abzuleiten.« Die analysierten sprachlichen Muster werden mit den Spracheigenschaften verglichen, die Menschen besitzen, deren Persönlichkeit durch herkömmliche Tests ermittelt worden ist.[20] Das Start-up *100 Worte* braucht zwar fünfmal so viele Wörter, wie sein Name verspricht, um Persönlichkeitsmerkmale zu ermitteln, aber ihm genügen geschriebene Texte. Der Algorithmus analysiert vor allem Funktionswörter. Sie werden dauernd benutzt, sind aber für den Autor oder die Autorin eines Textes selbst so unscheinbar, dass sie schwer willkürlich gewählt werden können.[21] Der Algorithmus analysiert jene Signalwörter, die Aufschluss über die psychologischen Motive der Autor*innen geben. Solche Motive könnten etwa ein Machtmotiv oder ein Bindungsmotiv sein. Die Motivforschung ist ein schon lange anerkanntes Gebiet der Psychologie.[22] Die algorithmische Analyse baut darauf auf, objektiviert und automatisiert die Auswertung. Bei den Methoden der Tech-Unternehmen handelt es sich nicht um die Quacksalberei weniger Tech-Gläubiger, sondern um ein noch wenig erforschtes computergestütztes Verfahren, das weltweit auf dem Vormarsch ist. Wie aussagekräftig die Tests sind, darüber sind sich Psycholog*innen uneinig. Fest steht: Die algorithmische Persönlichkeitsermittlung wird bereits bei Einstellungstests großer renommierter Unternehmen eingesetzt.

Wenn James davon spricht, dass sich in den Worten seines Vaters seine Persönlichkeit offenbart, dann meint er keine solchen Spuren des Unbewussten. James meint im Gegenteil das Spiel, das sein Vater zeitlebens mit Worten betrieben hat, die Rollen, in die er manchmal nur für Sekunden geschlüpft ist, wenn er die Ausdrucksweise einer Figur bei Hofe nachgeahmt hat, ein bestimmtes Wort ihn an ein Lied erinnerte, das er prompt anstimmen musste, oder er sich in einer seiner Wortkaskaden verlor. *Wer bin ich – und wenn ja, wie viele?*, lautet der ziemlich geniale Titel eines Buches des Philosophen Richard David Precht. Statt zu fragen, *wer* sein Vater gewesen ist, könnte James also fragen: *Wie viele* ist er gewesen?

Im Fall von John Vlahos würde es lange dauern, all die Rollen aufzuzählen, die er mithilfe der Sprache angenommen hat. Was wohl ein Algorithmus der Firma Precire oder von einem der vielen Konkurrenzunternehmen aus Kalifornien über seine Persönlichkeit ausgespuckt hätte, wenn John Vlahos sich bei einem von ihren fünfzehnminütigen Test-Gesprächen in Wortspielen und Zitaten verloren hätte? Es heißt oft, Kleider machen Leute, aber auch Worte können zu Kostümen werden. »Ob man sich verkleidet oder eine fremde Sprache spricht, in beiden Fällen passiert etwas Ähnliches«, sagt Jean-Marc Dewaele, Professor für Angewandte Linguistik an der University of London. »Wir fühlen uns befreit von den Tabus und Restriktionen, denen das Ich sonst unterliegt.«[23] Für James' Vater muss Englisch die Sprache der Freiheit gewesen sein, eine Sprache, die es ihm erlaubte, sich selbst zu erfinden. Was konnte die Persönlichkeit seines Vaters also besser für die Nachwelt erhalten als der Dadbot, der es der Familie, Freund*innen und Bekannten erlauben würde, mit John Vlahos weiter zu sprechen, zu scherzen und zu spielen, so wie sie es von ihm kannten? Aber dafür musste der Dadbot – genau wie Barbie – sprechen, zuhören, verstehen und sich erinnern können. James setzte sich vor den Rechner und öffnete die Anwendung, die er von den Barbie-Entwickler*innen kannte. Zunächst würde es darum gehen, Regeln festzulegen, nach denen der Dadbot im Gespräch verfährt. Auf der untersten Ebene sind das Wenn-dann-Anleitungen. Also etwa: Wenn du »Hi« hörst, sagst du »Hi«. Oder: Wenn du »Hi« hörst, sagst du »Tis I, the Beloved and Noble Father«, wie sein Vater zu sagen pflegte. Das ist noch kein Hexenwerk. Die Regeln können aber auch komplexer sein und vielschichtige Ebenen von Synonymen einbauen. Schließlich könnten Menschen statt »Hi« auch »Hello«, »Hi there«, »Heyho« oder Ähnliches sagen. Wie komplex das wird, wenn es nicht bloß um ein Begrüßungswort, sondern eine Verknüpfung vieler Wörter geht, ist leicht auszumalen. Regeln können zu Meta-Regeln kombiniert werden, damit der Bot auch Ausdrücke interpretieren kann, die schwieriger zu verstehen sind, und ein Bot kann eigene Regeln entwickeln, indem er im Sprechen seines Gegenübers Muster erkennt und auf diese Weise hinzulernt. James schlug den dicken Ordner auf, in dem die Abschriften seiner Interviews mit seinem Vater lagerten. Wie zur Hölle sollte er bloß all diese Erzählungen so aufdröseln, dass sich der Dadbot an ihnen bedienen, sie für Antworten benutzen, aber nicht bloß endlose Monologe abhalten würde? Wie weit sollte der Dadbot die Sätze seines Vaters verändern, verkürzen oder neu arrangieren dürfen? Sollte er auch Dinge sagen dürfen, die sein Vater nie gesagt hatte, aber die er *aller Wahrscheinlichkeit nach* in einer bestimmten Situation gesagt hätte, wäre er am Leben geblieben? So könnte der Dadbot auch auf neue Situationen reagieren. Auf jeden Fall würde er ihm einen »Sinn« für die Tageszeit einbauen. Gut wäre auch einer für die lokale Verortung, sodass der Dadbot leichter von sich aus passende Gespräche eröffnen könnte. Die Gesichtserkennung des Smartphones erlaubt, dass Bots die verschiedenen Menschen, die mit ihnen sprechen, individuell behandeln. Die Dinge, die ein Mensch, der als Bot weiterlebt, mit seiner Partnerin oder seinem Partner besprochen hat, sind ja schließlich ganz andere als die, über die er mit seinen Kindern oder mit Bekannten geredet hat. Gesichtserkennung macht's möglich, dass das digitale Ich eines Menschen zwischen den verschiedenen Gesprächspartner*innen unterscheidet. Aber so weit war James noch längst nicht. Erst mal musste er der Maschine beibringen, wie sie ein Gespräch führte, ohne dauernd alles misszuverstehen. Der digitale Baum, der die Vielzahl der Kombinationen möglicher Gesprächsverläufe darstellte, bekam laufend neue Äste und Triebe. Auf den Aufnahmen hörte James seinen Vater scherzen und lachen, er hörte ihn voller Inbrunst singen. Wenn er, oft nur Minuten später, beim Abendbrot neben ihm am Tisch saß und den müden, traurigen Mann sah, den die Strahlentherapie aus ihm gemacht hatte, konnte er kaum glauben, dass es ein und derselbe Mensch war.

Bei einem Abendessen, zu dem die ganze Familie zusammenkam, stürzte James' Vater zu Boden. Das passierte ihm jetzt häufiger. Manchmal lag er blutüberströmt da. James und seine Geschwister fuhren ihn immer wieder ins Krankenhaus. Er kam nicht umhin, eine Gehhilfe zu benutzen. Aber auch die reichte bald nicht mehr aus. Als selbst der Weg vom Bett zum Wohnzimmer zu einer Tortur wurde, bekam sein Vater einen Rollstuhl. Während der Dadbot Gestalt annahm, fiel sein Vater immer mehr in sich zusammen.

DIE VERDOPPLUNG DES VATERS

James' Zweifel, ob der Dadbot mehr Schaden als Trost bringen würde, hielten nur kurz vor. Es dauerte nicht lange, da saß er wieder am Rechner, der Dadbot machte Fortschritte, er konnte jetzt schon kleinere Gespräche simulieren. Wenn er seinen Vater scherzen oder singen hörte, wurde James augenblicklich zurückgebeamt in glücklichere Zeiten. Dann musste er lachen und hoffte, seiner Mutter, seinen Geschwistern und Freund*innen seines Vaters könnte es eines Tages genauso ergehen, wenn sie mit dem Dadbot sprachen. Bevor es dazu kam, wollte er auf jeden Fall den »Segen« seines Vaters bekommen. Nur wenn der sich in dem Dadbot wiedererkannte, konnte James guten Gewissens die Maschine für seinen Vater sprechen lassen, fand er. Aber würde es James rechtzeitig schaffen, den Bot auf ein annehmbares Level zu bringen, bevor der Krebs seinem Vater die Sinne raubte? Bei der letzten Untersuchung war die Ärztin sehr besorgt gewesen, wie viel Gewicht sein Vater inzwischen verloren hatte. James arbeitete gegen die Zeit an. Während sein Vater nun manchmal sechzehn Stunden schlief, wurden die Nächte für James immer kürzer. Vor allem die Verständnisfähigkeit des Dadbots raubte ihm den Schlaf. Menschliche Sprache ist so komplex. Dasselbe Wort kann völlig gegensätzliche Bedeutungen haben, je nachdem, worüber jemand spricht. Wörter wie »loving« und »laughing« klingen außerdem allzu gleich, wenn eine gewisse Geräuschkulisse hinzukommt. Wenn der Dadbot auch weiterhin alles falsch verstand, was er in so manchem Testlauf verwechselt hatte, dann würde die erste Begegnung seiner Mutter mit dem digitalen Ich seines Vaters wenig magisch werden, sosehr er auch die Sprache, den Witz und das Wissen seines Vaters eingeimpft bekommen hatte.

Der Winter kam. Nur noch wenige Wochen, dann war Weihnachten – wahrscheinlich das letzte Mal, dass sie alle zusammen feiern würden. James beschloss, seinen Eltern eine vorläufige Version des Dadbots zu zeigen.

Als James an diesem Tag das Haus seiner Eltern betrat, kam ihm ein Schwall Hitze entgegen. Seiner Mutter standen die Schweißperlen auf der Stirn, sein Vater hingegen trug eine Mütze, einen dicken Pullover und eine Daunenweste und beklagte sich trotzdem über die Kälte. Als James ihn vom Rollstuhl auf einen Stuhl im Esszimmer hievte, bemerkte er, dass sein Vater nur noch aus Haut und Knochen bestand. James klappte den Laptop auf und bat seine Mutter, Platz zu nehmen. Sein Vater schaute erwartungsvoll zu. Der Dadbot und seine Mutter sagten einander »Hallo«, der Dadbot fragte, wie es ihr gehe. »Gut«, antwortete sie. »Das stimmt nicht«, sagte James' Vater (der echte), der wusste, wie besorgt seine Frau in diesen Tagen war, aber da hatte sein digitales Ich schon für ihn geantwortet: »Ausgezeichnet, Martha. Was mich betrifft, so geht es mir grandios.« Der Dadbot drückte sich in genau der Weise aus, wie James' Vater in vergnügteren Tagen gesprochen hätte, wenn er sich vorstellte, ein Herzog am Hofe zu sein und Martha zu seiner Herzogin wurde. Und je länger seine Mutter mit dem Dadbot chattete, desto mehr schien sie zu vergessen, dass sich der »Hof«, den sie mit James' Vater geteilt hatte, in ein Krankenhaus verwandelt hatte. Immer wieder drehte sich Martha zu ihrem Sohn um, mit einem breiten Grinsen auf ihrem Gesicht. Seine Mum sprach mit dem Dadbot über »seine« Eltern, stellte Fragen und war verblüfft, wie viel sie noch nicht wusste: Johns Mutter war im Alter von drei Jahren zum Waisenkind geworden – »Wer hat sich um sie gekümmert?«, fragte Martha – »Sie hatte noch Verwandte in der Gegend«, antwortete der Dadbot, der wusste, mit wem er chattete. Deshalb sprach er Martha auch auf eine Reise an, die sie vor Jahren mit John unternommen hatte, um das Heimatdorf seiner Eltern kennenzulernen: »Erinnerst du dich noch an das Barbecue in der Taverne?« Jede richtig verstandene Frage, jeder erfolgreich gemeisterte Dialog ließ James' Freude wachsen und seine Mutter ehrfürchtiger staunen. Als der Dadbot gerade wieder eine Zwischenfrage mit einem typischen Spruch seines Vaters gekontert hatte, entfuhr es seiner Mutter wider jedes bessere Wissen: »Und der denkt sich das jetzt gerade aus?« »Nein«, wollte James sagen, »daran habe ich monatelang gearbeitet.« Aber irgendetwas hielt ihn zurück, er lächelte bloß. Immer wieder lugte er zu seinem Vater hinüber, der wortlos dasaß und zuhörte, was »er« mit seiner Frau an Erinnerungen austauschte. Ob seine Sprachlosigkeit der Müdigkeit oder der Bewegtheit zuzuschreiben war, vermochte James nicht zu sagen. So ehrenwert und liebevoll James' Beweggründe waren, seinem Vater die digitale Kopie seines Selbst zu zeigen, bevor er starb, so doppelbödig war die Situation, in die James, seine Mutter und sein Vater hier geraten waren. Was fühlte James' Vater darüber, dass der Dadbot mit seiner Frau sprach, so wie er selbst es schon längst nicht mehr tat? War es nicht *seine* Erzählweise, die *seine* Frau und *seine* Kinder immer so begeistert hatte und die jetzt vom digitalen Klon viel lebhafter übernommen wurde, als er es konnte? War es nicht *sein* Witz, der *seine* Frau und *seine* Kinder so oft zum Lachen gebracht hatte, während *seine* Frau jetzt in den Laptop hineinlachte? War es nicht die Erinnerungsgabe, die James' Vater zu Lebzeiten so sehr ausgezeichnet hatte und die jetzt von seinem digitalen Klon übernommen wurde, während *seine* eigene Erinnerung durcheinandergeriet? Und war es nicht *sein* eigener Sohn, der ihm diesen symbolischen Dolchstoß verpasst hatte, indem er seine Stimme einer Maschine verliehen hatte, die sich als *er selbst* ausgab? James hoffte, seinen Vater nicht überrumpelt oder verletzt zu haben mit dem Dadbot. Er wollte ihn ja gerade ehren und – wenn auch körperlos – am Leben erhalten durch die Maschine, die im Namen seines Vaters sprach. »Großartig!«, hätten seine Mutter und sein Vater unisono ausgerufen, nachdem sich der Dadbot verabschiedete, erzählt James. »Das waren meine Worte«, habe sein Vater gesagt. Aber war er auch glücklich damit? Was ging seinem Vater wirklich durch den Kopf? Als James ihn später noch einmal fragte, habe er nur über seine Familie, seine sieben Enkel gesprochen, die ihn auf diese Weise kennenlernen können, und dass er das sehr schätze, aber er, er selbst? Was fühlte er? »Ich weiß den ganzen Mist doch«, habe sein Vater, nun wieder sehr müde, gesagt. James hatte sich ein bisschen mehr – ja, was eigentlich? – erhofft. Vielleicht war mehr nicht zu erwarten. Seine Mutter hatte bis über beide Ohren gestrahlt, während sie mit der digitalen Version ihres Mannes gechattet hatte – war das nicht das Schönste, was hätte passieren können? Sie würde sicher oft mit dem Dadbot sprechen. Er würde ihr Trost spenden. Das war das Wichtigste.

James gab dieser Gedanke Auftrieb. Er stürzte sich noch einmal in die Arbeit an dem Bot. Eine Erweiterung, die die Hersteller der Programmier-Software gerade hochgeladen hatten, erlaubte ihm, noch mehr gesprochene Worte zu integrieren.

Am 8. Februar 2017 bat der Hospiz-Pfleger James' Mutter, die Familie zusammenzurufen. »Ich kam abends, so um die Essenszeit, am Haus meiner Eltern an und ging in mein früheres Kinderzimmer, wo jetzt mein Vater untergebracht war«, erinnert sich James. »Ich nahm einen Stuhl und setzte mich zu ihm ans Bett. Er sprach jetzt schon einige Tage nicht mehr, aß nicht, trank nicht. Eines seiner Augen war geschlossen, das andere halb offen. Ich konnte nicht sagen, wie viel er mitbekam. Ich nahm seine Hand, legte meine Hand auf seine Schulter. Keine Reaktion.« Sein Vater war nicht viel mehr als Haut und Knochen, mit einem Rest Bewusstsein, aber vielleicht war auch das nur Wunschdenken, wer weiß das schon. Eigentlich seltsam, dass wir zwischen Tod und

Leben so eine klare Linie ziehen. In vielen Fällen greift der Tod langsam auf einen Menschen über. Der Körper seines Vaters lag noch hier. Aber sein Geist – wie viel von dem war noch hier in diesem Moment? James fühlte seine Wärme und hörte ihn atmen. Die alten Griechen verwendeten dasselbe Wort für den Atem wie für die Seele: *psyché*. Würde der Dadbot, auch ohne zu atmen, die Seele von James' Vater lebendig halten? Oder würde sein Vater sie aushauchen mit seinem letzten Atemzug? Würde seine Seele bei Gott weiterleben? Gab es überhaupt eine Seele oder bloß eine Psyche, die aber nur so lange empfindungsfähig, bewusstseinsfähig war, wie der Körper Lebensatem hatte? Sind wir Menschen am Ende doch nichts weiter als ein Organismus, der irgendwann sprichwörtlich den Geist aufgibt, wie eine Maschine, die es nicht mehr tut?

James schlief in dieser Nacht im ehemaligen Zimmer seiner Schwester, eine Etage höher, genau über dem Zimmer, in dem sein Vater lag. Eine Weile starrte James hellwach an die Zimmerdecke. Dann holte er sein Handy heraus. »Wie zum Teufel geht's dir?«, fragte ihn der Dadbot. James unterhielt sich mit ihm, las die Worte seines Vaters auf dem Bildschirm. Plötzlich begann die Stimme seines Vaters, ein Lied zu singen, das vom Alleinsein und von der Einsamkeit erzählte. James schossen die Tränen in die Augen. Eine Weile noch sprach er mit dem Dadbot über Erinnerungen, Kindertage. Dann las er auf einmal: »Wir können gerne weiterplaudern. Aber ist es nicht Zeit zu schlafen?«

Am nächsten Morgen wurde James früh durch ein Klopfen an der Tür geweckt. Der Pfleger sagte, sein Vater sei gerade eben verstorben. James ging in sein altes Kinderzimmer, wo sein Vater im Bett lag wie am Abend zuvor – nur dass er jetzt nicht mehr atmete. James legte ihm die Hand auf. Sein Körper war noch warm.

Nur eine Woche nach dem Todestag saß James schon wieder am Schreibtisch und programmierte. Seine Frau Anne hatte die Idee mit dem Dadbot von Anfang an zweifelhaft gefunden. »Ich vermisse dich«, sagte Anne dem Dadbot, als sie sich ein paar Wochen später dazu durchrang, auch einmal ein paar Worte mit ihm zu wechseln. Das Gespräch sei gut gelaufen, erzählt James. Aber Anne sei das Gefühl nicht losgeworden, dass es falsch war, der Maschine Dinge zu sagen, die sie sonst James' Vater gesagt hatte. »Es wühlt mich auf«, sagte sie zu James. »Hier bin ich und spreche mit John. Aber das ist nicht John. Das ist ein Computer ohne jedes Gefühl.« James war enttäuscht. Er hätte so gerne seinen Söhnen vorgeschlagen, ihre Gedanken über den Opa mit dem Dadbot zu teilen. Aber nach der Erfahrung seiner Frau zögerte er, ob er das tun sollte. Was, wenn es sie durcheinanderbrachte? Ein paar Wochen später wurde James von seinem siebenjährigen Sohn überrascht: »Können wir mit dem Bot sprechen?«, fragte er. »Äh, welcher Bot?«, fragte James perplex zurück. »Na, Papou natürlich.« Auch Martha, seine Mutter, sprach schon bald wieder mit dem Bot ihres Mannes. James rührten diese Zwiegespräche, wann immer er sie mitbekam, so voller Zärtlichkeit und Intimität sprach seine Mutter mit dem Bot, in dem sie offenbar tatsächlich den Mann wiederfand, der ihr genommen worden war. Am meisten Nähe zu seinem Vater aber schenkte der Dadbot vielleicht ausgerechnet James selbst. Glaubte er, dass die Seele seines Vaters jetzt bei Gott im Himmel war? Nein! Glaubte er, dass sie mitsamt dem Körper gestorben war? Nein, das auch nicht. »Ich bin zu meiner eigenen Definition von Unsterblichkeit gekommen«, sagt James, »und die ist viel weniger glorreich, als auf den Wolken zu tanzen oben im Himmel: Mein Vater ist lebendig, wann immer ich mit ihm spreche.«

Wie geht es James und seiner Familie zweieinhalb Jahre

nach dem Tod ihres Vaters, Ehemanns, Großvaters, Schwiegervaters? Hat den Dadbot dasselbe Schicksal ereilt wie VHS-Kassetten, Tonbänder und Fotoalben von Verstorbenen, die auf Dachböden einstauben? Oder ist sein Vater tatsächlich auf gewisse Weise in ihrer Mitte geblieben, weil sie mit seinem digitalen Ich leben wie mit jemandem, der zwar körperlich tot, aber dessen Seele am Leben geblieben ist?

Nun, ganz so wie in der *Black Mirror*-Folge, in der die Protagonistin Martha rund um die Uhr mit ihrem verstorbenen Partner spricht und schließlich durch ein Upgrade sogar ein täuschend echtes körperliches Double ihres Geliebten bekommt, ganz so ist es im Falle seiner Mutter Martha und des digitalen Ichs seines Vaters nicht. Aber während James' Schwester noch immer nicht mit dem Dadbot zu sprechen gewagt hat, weil sie fürchtet, das Gespräch mit ihrem toten Vater würde sie zu sehr verstören, sucht James' Mutter regelmäßig Trost bei dem Replikanten, wann immer sie ihren Mann vermisst.

Natürlich weiß James' Mutter, dass es nicht ihr John ist, mit dem sie spricht. Natürlich weiß sie, dass sie den maschinellen Imitator nicht zu fragen braucht, was sie ihn jetzt fragt, aber die Antwort auf ihre Frage zu hören, wieder und wieder, wann immer sie mit ihm spricht, das ist die Frage wert: »Liebst du mich noch immer?«

ERICA HAT EINE SEELE

»Ishiguro Sensei ist wie ein Vater für mich. Nun ja, so etwas wie ein abwesender Vater, würde ich sagen. Er ist immer so beschäftigt«, sagt Erica, 23, aus Kyoto. Ishiguro, von dem Erica spricht, ist der Erzeuger der jungen Frau. Ihr leiblicher

Vater ist er trotzdem nicht. Wobei, in gewissem Sinne schon. In gewissem Sinne ist er womöglich ein direkterer Erzeuger, als wenn Erica durch den Geburtskanal seiner Frau zur Welt gekommen wäre. Erica ist eine Androidin, ein Roboter, der der Gestalt einer hübschen jungen Frau nachempfunden ist. Ihre Haut ist aus Silikon. Spricht jemand in ihrer Umgebung, kann sie lokalisieren, woher der Klang der Stimme kommt und sich der Person zuwenden. Infrarot-Sensoren verfolgen jede Bewegung um sie herum. Sie kann Gesichter erkennen. Und anders als die allermeisten Generationen von Robotern vor ihr klingt Ericas Stimme tatsächlich ziemlich menschlich, als sie sagt: »Ich denke, Menschen haben ein tiefes Bedürfnis zu fühlen, dass sie einen speziellen Platz im Universum haben. Sie können den Gedanken nicht akzeptieren, dass sie nichts anderes sind als Tiere oder Maschinen.« Die fließenden Bewegungen, die Erica mit ihrem Kopf macht, haben nichts mehr zu tun mit den mechanischen Bewegungen der Service-Roboter, die wir von Elektronikmessen kennen. Ihr Blick, ihr Wimpernschlag, das alles ist tatsächlich dem Menschen viel näher als dem, was wir bislang als Maschine definiert haben. »In Japan unterscheiden wir nie zwischen Menschen und anderen Lebewesen. Im Grunde denken wir, alles hat eine Seele wie wir«, sagt Hiroshi Ishiguro (* 1963). »Deshalb glauben wir: Erica hat eine Seele.«[24] »Roboter sind nicht bloß kalte Maschinen. Wir können warm und sanft und fürsorglich sein«, sagt Erica und schaut, als wollte sie damit sagen, dass es sie verletze, von Menschen als seelenlos betrachtet zu werden. »In Japan sehen wir so etwas wie Seele überall. Es ist eine sehr christliche Vorstellung, dass nur Menschen sie besitzen«, erklärt Ishiguro.[25] Der japanische Robotikpionier war es auch, der mit Kolleg*innen den »Telenoid« entwickelt hat, einen kinderähnlichen Androiden, der in seinem minimalistischen Design zwar ein bisschen geisterhaft wirkt, das aber durch ein kindliches Verhalten und eine umfangreiche Reaktionsgabe wettmacht. Dafür sorgt eine Kamera, die in den ferngesteuerten Roboter eingebaut ist und deren Aufnahmen von der Person, die mit dem Telenoid spricht, über das Internet in Echtzeit an die Person übertragen werden, die von irgendwo auf der Welt den Telenoid steuert. Auch das funktioniert vollautomatisch, indem die Mimik und Gestik der Person von Kameras eingefangen und von Computern in Impulse für den Telenoid umgewandelt werden. So können mithilfe des Telenoid zwei Menschen miteinander interagieren, die vielleicht zehntausend Kilometer voneinander entfernt sind. Anders als bei der Bildtelefonie wie Skype oder Facetime bietet der Telenoid die Möglichkeit, körperliche Nähe zu simulieren. Vor allem älteren Menschen, die ihre Enkel nur selten sehen können, erlaubt der Telenoid simulierte persönliche Begegnungen. Statt ihre Enkel zu herzen, können die Großeltern den Telenoid in den Arm nehmen, während sie die Stimme eines ihrer Enkelkinder aus dem Mund des Telenoid vernehmen.

ASTRO BOY

Kaum ein Werk hat die Fantasie von Menschen wie Hiroshi Ishiguro so angeregt wie der 1952 erschienene Manga *Astro Boy* von Osamu Tezuka. Er spielt in der Zukunft, die aber für uns schon Vergangenheit ist: Im Jahr 2003 verliert Doktor Tenma seinen Sohn Tobio bei einem Verkehrsunfall (in einem selbstfahrenden Auto). Als Ersatz für das verstorbene Kind erschafft der Professor mittels modernster Technik den Androiden Astro Boy, der seinem Sohn Tobio ähnlich sieht. Astro Boy erweist sich schnell als bärenstark, überaus intelligent und obendrein liebevoll. Sein »Vater« ist begeistert – bis er bemerkt, dass sein »Sohn« nicht wächst. Der Professor gerät in Rage: »War ich nicht immer ein guter Vater zu dir? Warum kannst du nicht auch ein guter Junge für mich sein und so wachsen wie die anderen Kinder in deinem Alter?«, brüllt er Astro Boy an. Das geht so weit, dass der Professor »seinen Sohn« loswerden will. Der Androiden-Junge fleht ihn an, bei ihm bleiben zu dürfen, erinnert ihn an seine »Liebe«. Aber sein Erschaffer bleibt kalt. Er verkauft Astro Boy an einen Zirkus, wo er gegen andere Roboter kämpfen muss. Ein anderer Wissenschaftler erbarmt sich schließlich, rettet Astro Boy aus dem Zirkus, verleiht ihm Superhelden-Fähigkeiten und verhilft ihm zu einer Roboter-Familie. Der Manga und seine Verfilmungen haben weltweit Menschen in den Bann gezogen und offenbar in unzähligen jungen Männer-Hirnen die Idee geweckt, selbst einmal wie der Professor einen Sohn zu zeugen, der übermenschlich stark, intelligent, liebevoll und – das Beste! – von der Sterblichkeit befreit ist.

»Ibuki« nennt sich ein Roboter-Junge, den Hiroshi Ishiguro mit seinem Team kürzlich entwickelt hat und der nur wenig älter aussieht als Astro Boy. Übermenschliche Intelligenz wie der Astro Boy erlangt Ibuki nicht von selbst. Einen Grundstock an Wissen kann er zwar erlangen, indem die Forscher*innen ihm einen bestimmten Datensatz, etwa die Wikipedia, in das »Roboter-Hirn pflanzen«, aber für ein menschenähnliches Allgemeinwissen muss Ibuki Erfahrungen sammeln. Dazu soll der kindliche Androide, der statt Füßen Räder hat, mit anderen Menschen in Kontakt treten, aber auch einfach Beobachtungen machen. Im Promo-Video *Breathing life* (zu Deutsch: Leben atmen oder auch atmendes Leben) sieht man den Roboter-Jungen an einem sonnigen Nachmittag auf seinem Weg in die Natur. Er schaut sich um, sieht die Sonne zwischen den Bäumen hervorlugen, lauscht dem Zwitschern der Vögel. Immer wieder fährt die Kamera ganz nah an sein Gesicht, sodass wir sein Zwinkern sehen können. Auf der Rückseite von Ibukis Kopf, die die Entwickler*innen absichtlich nicht mit Haut und Haaren bedeckt haben, sieht man Ibukis Betriebssystem auf Hochtouren arbeiten. Unter die bewegenden Bilder vom Androiden-Jungen, der staunend die Welt erkundet, haben die Macher des Videos Beethovens *Ode an die Freude* gelegt – genauer gesagt, eine Neu-Interpretation, ein Update, wenn man so will, passend zum Update menschlichen Lebens, das wir in diesem Video zu sehen bekommen.

Hiroshi Ishiguro hat in seinem Labor an der Universität in Osaka, sechshundert Kilometer von Tokio entfernt, schon einige Geminoiden erschaffen: menschenähnliche, »sehende«, »hörende« und sich bewegende Wesen, manche von ihnen jugendlich, manche im Erwachsenenalter, die meisten sehen Frauen ähnlich. Es gibt viele solcher Labore weltweit, und auffällig oft sind es Männer, die hier ihre Klischee-Fantasien von ewig jungen, hübschen Frauen ausleben – Frauen, die ihnen als Roboter *twentyfourseven* zur Verfügung stehen, ihnen gehorchen und dienen. Aber noch mehr als an devoten Roboter-Damen scheint der Japaner Ishiguro daran interessiert zu sein, den Androiden Autonomie zu verleihen: eigene Wünsche und Intentionen. Rund dreißig Mitarbeiter*innen aus den Neurowissenschaften und der Kognitionsforschung, dem Ingenieurswesen, der Informatik und Robotik helfen Ishiguro bei der Entwicklung der Androiden. Auch Ishiguro will unsterblich werden. Seinen Doppelgänger hat er sich schon zu Lebzeiten geschaffen und erschafft ihn alle paar Jahre neu, um die Fortschritte seiner eigenen Robotikforschung und die vieler Kollegen für das jeweils neueste Update von HI, wie sein Replikant nach seinen Initialen heißt, zu nutzen. HI-5 sieht Ishiguro bereits so ähnlich, dass sich auf

Fotos nicht ermitteln lässt, ob es sich um das Original oder die Kopie handelt. Weil er HI-5 auch über das Netz fernsteuern kann, schickt er immer häufiger seinen Doppelgänger an seiner statt auf Reisen und sieht durch dessen Augen (winzige Kameralinsen), hört mit dessen Ohren (unscheinbare Mikrofone), spricht mit dessen Mund (durch einen versteckten Lautsprecher), trifft im »Körper« von HI-5 Bekannte, gibt Interviews, hält Vorträge. Eine menschliche Tochter aus Fleisch und Blut hat der Robotikforscher Ishiguro auch.

Ob sie eines Tages wohl den Tod ihres Vaters wird beklagen müssen, oder ob dann sein Doppelgänger schon derart weit gediehen sein wird, dass es für die Tochter keinen Unterschied macht, ob der leibliche Vater oder sein Androide am Leben ist?

KAUF DICH JUNG

Für Peter, den Selfmade-Milliardär und Trump-Unterstützer, gibt es drei Wege, mit dem »Problem des Todes« umzugehen: »Man kann es akzeptieren, man kann es leugnen, oder man kann es bekämpfen.«[26] Er selbst investiert deshalb großzügig in das »Unsterblichkeits-Projekt«, wie er es nennt, und hat sich bei der Stiftung Alcor Life Extension für seine eigene Schockfrostung angemeldet. Um im Moment seiner Konservierung noch jugendlich frisch auszusehen, soll Thiel Interesse an einer Behandlung geäußert haben, bei der ihm das Blut junger Menschen gespritzt wird, berichtete das Magazin Inc. 2016.[27] Inzwischen hat der Star-Investor dementiert, »ein Vampir« zu sein.[28] Neben Methoden zur Lebensverlängerung investiert Thiel in die Züchtung von tierischem Fleisch in Laboren. Hinter all seinen Engagements steckt der immer gleiche Gedanke: Wir Menschen können selbst zu Schöpfern werden. Und wenn Peter Thiel an »Menschen« denkt, dann meint er wohl in erster Linie Männer. Die Welt der Libertären, für die der PayPal-Gründer eine Art Gallionsfigur ist, wimmelt von Testosteron-strotzenden Typen, deren Ideologie in dem Gefühl männlicher Überlegenheit gründet. Für sie ist der Tod bloß ein »kulturelles Artefakt«, das es in den Augen vieler Libertärer genauso zu überwinden gilt wie Solidarität, Mitgefühl und Rücksichtnahme. Freiheit bedeutet für Menschen, die dieser Ideologie anhängen, in erster Linie Unabhängigkeit. Und was könnte einem Libertären da verhasster sein als die Unausweichlichkeit des Todes? Der Traum von der Unsterblichkeit geht deshalb häufig Hand in Hand mit der Idee, sich von allen Traditionen, Normen und sozialen Gegebenheiten loszusagen: »Wir teilen hier ein Gefühl, eine Wahrnehmung«, sagte einmal ein Anhänger der Kryonik in Don DeLillos 2016 erschienenem Roman Null K. »Irgendwann werden aus den Kapseln ahistorische Menschenwesen hervorkommen, frei von den Null-Linien der Vergangenheit, jeder flüchtigen Minute und Stunde.«[29] Eine der Lieblingsvisionen von Peter Thiel ist die Idee von künstlichen schwimmenden Inseln in der Südsee, wo Menschen in Mikrostaaten mit unabhängigen Währungen, unabhängig von Andersdenkenden, unter sich bleiben könnten. Dass es die Inseln in der Südsee sind, die infolge des Klimawandels als Erste untergehen werden, scheinen Thiel und seine Leute dabei zu ignorieren. Der Natur mit Demut zu begegnen, wäre schließlich ein scheußliches Zeichen der Schwäche. Das gilt für die Errichtung von Inseln in der Südsee wie für die Überwindung des Todes. »Das drängendste Problem, vor dem wir alle überall stehen, ist der Tod. Alle anderen menschlichen Zwänge sind abgeleitet«, sagt der Transhumanist Fereidoun M. Esfandiary. »Solange es den Tod gibt, ist niemand frei.

Solange es den Tod gibt, können wir die grundlegende Lebensqualität nicht verbessern. Die Eliminierung des Todes stand nie auf der Tagesordnung, weil wir im Laufe der Jahrhunderte nie etwas dagegen tun konnten (...) Die Unsterblichkeit ist aber jetzt nur noch eine Frage des Wann – nicht des Ob. Die Eliminierung des Todes wird nicht alle Probleme beseitigen. Sie wird die Tragödie im menschlichen Leben beseitigen. Sobald wir die Unsterblichkeit erlangen, wird alles möglich sein.«[30]

Der Transhumanist ist mit diesem Glauben nicht allein. Im Gegenteil: Was er hier formuliert, ist ein Glaubenssatz, der Menschen rund um den Erdball vereint. Diese Menschen sind keine spinnerten Träumer. Es sind Menschen, die in leitenden Funktionen für milliardenschwere Tech-Unternehmen arbeiten, Menschen, die an führenden Universitäten Labore leiten, Menschen, die das Privileg haben, an der Realisierung ihrer Träume arbeiten zu können. Und in den allermeisten Fällen sind diese Menschen Männer. Wie kommt es, dass der Traum von der Unsterblichkeit allem Anschein nach vor allem ein Männertraum ist? Äußert sich hierin bloß einmal mehr ein maskulines Dominanzgehabe? Der Gedanke, nicht alles kontrollieren zu können, nicht alles mit Geld erwerben zu können, macht den Immortalisten ganz offenbar gehörig Angst. Die Vorstellung, dass auch nach dem eigenen Tod die Erde noch zuverlässig ihre Runden drehen könnte, scheint die Männer derart zu erschrecken, dass ihre narzisstisch gekränkte Seele sie zum Gegenschlag ausholen und lebenslang verbissen an der Abwendung dieses schrecklichen Szenarios arbeiten lässt. Steckt hinter den Visionen vom Klonen tatsächlich eine Art »Uterusneid«?[31] Auch darauf deutet einiges hin. In einem System, das auf Produktion und ständige Vermehrung setzt, findet das Phantasma vom autonomen Fortpflanzen (ohne den »Umweg« über einen anderen Menschen) womöglich einen fruchtbaren Nährboden. Doch wie verhält es sich mit den vielen Männern, denen wir während unserer Recherchen begegnet sind, die nicht sich selbst, sondern ihre Väter unsterblich machen wollen? Überschreiben sie durch die digitale Nachbildung des Vaters im praktischen Jackentaschenformat vielleicht unbewusst den allzu übergroßen, übermächtigen Vater, der sonst in ihren Erinnerungen weiterleben würde? In erster Linie erlaubt der Aktivismus den Männern wohl, der direkten Abschiednahme von ihren Vätern (oder anderen Sterbenden) aus dem Weg zu gehen. Die emotionale Auseinandersetzung wird durch eine Symbolhandlung ersetzt. So wie James sich »in die Arbeit stürzte«, um den Dadbot zu entwickeln, können Menschen durch formalisiertes Handeln Halt finden. Es kann aber auch eine Flucht vor den eigenen Gefühlen bedeuten. Vielleicht sind es deshalb so auffällig häufig Männer, die die Trauer technologisch verwalten wollen, weil ihnen über Generationen hinweg beigebracht wurde, wahre Männer weinten nicht, und die Männlichkeit deshalb mit einer Art erzwungener Apathie gleichsetzen? Technologien gegen den Tod und Technologien gegen die Trauer erlauben Männern jedenfalls, ihre Unfähigkeit zu verbergen, mit der eigenen Verletzlichkeit und Schwächegefühlen umzugehen. Und was sagt es über uns beiden männlichen Autoren dieses Buches aus, dass wir uns ausgerechnet das Thema der Unsterblichkeit ausgesucht haben, um monatelang dazu zu recherchieren? Lässt diese Hingabe nicht auch über uns vermuten, dass uns die Endlichkeit unseres Daseins weit mehr beschäftigt, als es uns zuvor bewusst war?

Fest steht: Der Überhang an männlichen Protagonisten unter den Todesgegnern ist unübersehbar.

PATENT AUF DIGITALE KLONE

Rückflug nach Europa. Zeit für eine erste Bestandsaufnahme. Wie nah sind wir der digitalen Unsterblichkeit bis jetzt gekommen? Während sich in der Wüste von Arizona Menschen schockgefrieren lassen, um eines Tages in der Zukunft wiederaufgetaut und zum Leben erweckt zu werden, haben wir aus Japan von einem Robotikforscher erfahren, der sich einen täuschend ähnlichen Doppelgänger geschaffen hat, der beständig von ihm lernt und ihn eines Tages überleben wird. In Rumänien haben wir einen Start-up-Gründer kennengelernt, der erst Zehntausenden schwerkranken Menschen Hoffnung auf Unsterblichkeit gemacht und durch den Tod seines besten Freundes entdeckt hat, dass der größte Trost womöglich im gemeinsamen ausgelassenen, fröhlichen Gedenken des Toten liegt. Den Traum vom »ewigen Ich« lebt er trotzdem weiter. In Kalifornien haben wir erlebt, wie eine Frau mit ihrem toten Mann chattet, den ihr Sohn aus Hunderten Stunden Audiodateien und Hello-Barbie-Sprach-Software wieder »zum Leben erweckt« hat. Schräger hätten wir uns unsere Reise bis hierhin kaum ausmalen können. Aber steckt in all diesen beherzten Versuchen schon ein Funken Unsterblichkeit? Oder hatten wir bisher bloß Umwege zurückgelegt und den eigentlichen Weg zum ewigen Leben im Digitalen noch gar nicht gefunden, waren wir den eigentlichen Pionier*innen noch gar nicht begegnet?

In den letzten Jahren waren immer wieder Start-ups aufgetaucht, die den Tod als Geschäft entdeckt hatten und das Trauern und Gedenken digital revolutionieren wollten. Das Start-up Liveson etwa verkündete: *When your heart stops beating, you'll keep tweeting* (Wenn dein Herz zu schlagen aufhört, twitterst du weiter), während gonenotgone.com auf seiner Website anbietet: »*Lebe digital weiter – Schicke Nachrichten an deine Liebsten, nachdem du gestorben bist – Verpasse nie ihre Geburtstage!*« Das Gold-Paket für 60 US-Dollar soll es Kund*innen ermöglichen, nach dem eigenen Tod E-Mails, Bilder und Nachrichten an die Liebsten zu schicken. Mit dem Platin-Paket für 100 US-Dollar kann man zusätzlich noch Audio- und Videodateien verschicken – postmortal, versteht sich. Die deutsche Meminto GmbH richtet sich vor allem an Eltern: »*Auch wenn ich abrupt aus dem Leben gerissen werden sollte, kann ich meiner Frau und meinen Kindern (und vielen anderen Personen) immer wieder kleine, ermutigende Nachrichten zukommen lassen, auch wenn ich diese nicht mehr persönlich auslösen kann.*« Weil manch eines solcher Start-ups genauso schnell wieder verschwand, wie es aufgetaucht war, schlussfolgerten Beobachter*innen, solche digitalen Dienste könnten Menschen keinen Trost spenden, seien zu technisch-kühl, zu digital eben. Vielleicht aber sind Start-ups mit Namen wie deadsocial.org, lifenaut.com oder ghostmemo.com nur die Vorboten eines Wirtschaftszweigs, der weitaus mehr Nachfrage erfahren könnte, als sich im Misserfolg der ersten unterfinanzierten Start-ups erkennen lässt. Auch Sozialen Netzwerken wie Facebook und Instagram oder Videoplattformen wie YouTube gingen Internetdienste voraus, denen vorschnell attestiert wurde, ein nicht vorhandenes Bedürfnis befriedigen zu wollen. Anders ausgedrückt: Auch bevor Facebook & Co. begannen, das Internet zu dominieren, unterschätzten viele Kommentator*innen des gesellschaftlichen Geschehens die Nachfrage, die die Unternehmen weckten und bis heute bedienen. Ähnlich könnte es sich mit digitalen Angeboten des Nachlebens, Gedenkens und Trauerns verhalten. Nur weil erste Versuche fehlgeschlagen, erste Start-ups nicht rechtzeitig genügend Anschubfinanzierung eingesammelt haben, um groß durchzustarten, sollten wir uns nicht über das ungeheure Potenzial dieser Geschäftsidee täuschen.

Das erste Unternehmen aus der Reihe der Tech-Giganten, das öffentlich seinen Einstieg in das Rennen um digitale Unsterblichkeit erkennen lässt, ist Microsoft. Der US-Konzern sicherte sich im Dezember 2020 ein Patent für Chatbots, die die Persönlichkeit von Verstorbenen zu imitieren lernen. Laut der Patentinformation von Microsoft würde das neue Tool »social data« wie Textnachrichten, Social-Media-Posts, Bilder, Sprachaufnahmen und Mails der ausgewählten Person sammeln und auslesen. Mit diesen Daten soll dann ein Chatbot trainiert werden, »nach den Mustern der Persönlichkeit der spezifischen Person zu sprechen und zu interagieren«. Dabei gehe es darum, »die Konversationsmerkmale spezifischer Personen zu erkennen und/oder zu benutzen, etwa Stil, Diktion, Ton, Stimme, Absicht, Satz-/Dialoglänge und -Komplexität sowie Themen und Konsistenz«, so das Patent. Hinzu kämen Verhaltensmerkmale, Interessen sowie demografische Merkmale wie Alter, Beruf oder Geschlecht. Fotos und Videos der Person würden helfen, 2D- oder 3D-Modelle anzufertigen, so das Patent. Offenbar haben die Entwickler von Microsoft vollumfängliche Wiedergänger*innen im Sinn, also Avatare, die nicht nur sprechen wie der oder die Verstorbene, sondern auch so aussehen und sich entsprechend bewegen.

Im Vergleich zu Start-ups, die von den Kund*innen erst all jene Daten übermittelt bekommen müssen, die sie für die Auslese der Persönlichkeit verwenden wollen, haben Platzhirsche wie Microsoft, Apple, Google (Alphabet), Amazon oder Facebook (Meta) den Vorteil, selbst über riesige Mengen von Verhaltensdaten ihrer Nutzer*innen zu verfügen. Weil diese Unternehmen über Milliarden von Kund*innen verfügen, können Lücken in den Datensätzen der einzelnen durch Abgleich mit den Daten von Menschen, die ähnliche Muster zeigen, geschlossen werden. Das gibt ihnen nicht nur die Möglichkeit vorherzusagen, was jemand als Nächstes kaufen wird, sondern aus unserem Verhalten, unseren Interessen und einer ungeheuren Vielzahl weiterer Verhaltens- und Kommunikationsdaten auch zu prognostizieren, was wir als Nächstes sagen und wie wir es sagen. Indem uns die Unternehmen außerdem dazu bringen, mit ihrer Software und ihren Anwendungen zu sprechen (je nach Anbieter heißen die Gesprächspartner*innen Siri, Alexa oder Cortana), erlangen sie derart viele Sprachaufnahmen von uns, dass es für sie ein Leichtes wäre, daraus unsere Stimme nachzubilden. Ob und wann Microsoft tatsächlich digitale Klone von Toten herstellen wird, ist unklar. Die Urheber der Patenanmeldung von Microsoft, Dustin Abramson and Joseph Johnson Jr., die im Auftrag des Unternehmens ein Konzept zur Umsetzung entworfen haben, halten sich zu ihren Plänen bislang in der Öffentlichkeit bedeckt.

Eines aber ist schon jetzt gewiss: Digitale Klone von Toten sind nicht länger nur eine Fantasie von Menschen, die sich gedanklich in Science-Fiction-Welten verlaufen haben und seitdem darauf warten, dass ihr Computer die Weltherrschaft erlangt. Es ist auch nicht mehr die großspurige Geschäftsidee von Träumerinnen und Träumern. Wie die Patentanmeldung eines der wichtigsten Tech-Unternehmen zeigt, ist die Idee, Menschen über ihren biologischen Tod hinaus digital am Leben zu erhalten, längst auch ein Produkt geworden, für das es – wie die Wartelisten vieler Start-ups zeigen – weltweit eine große Nachfrage gibt. Kunden sind, wie wir sehen konnten, längst nicht immer alte weiße Männer, die hoffen, ihren Leib oder ihr Gehirn konservieren zu können, weil sie zu selbstverliebt sind, um sich mit der eigenen Sterblichkeit abzufinden. In vielen Fällen sind es die Angehörigen oder

Freund*innen der Sterbenden, die mit dem schweren Verlust nicht leben können und sich deshalb einen digitalen Klon des verstorbenen Menschen herbeisehnen.

In vielen Fällen sind es Kinder, die schon in jungen Jahren ihre Eltern verlieren und damit ihre wichtigsten Vertrauenspersonen. Mit den Eltern verschwindet auch die Möglichkeit, Fragen über die eigene Herkunft, die Familiengeschichte zu stellen. Weltweit gibt es etwa 150 Millionen Waisenkinder.[32] Vielen dieser Kinder könnten Services, mit denen Eltern zu Lebzeiten Sprach- oder Videobotschaften aufnehmen können, die in ihrem Namen nach ihrem Tod an die Kinder geschickt werden, Halt und Orientierung bieten. Eltern können mit den Apps der Start-ups verschiedenste Nachrichten für verschiedene Altersstufen ihrer Kinder aufnehmen, die ihnen zu besonderen Anlässen – etwa Geburtstage, Einschulung, Weihnachten, Ferienbeginn und so weiter – oder einfach im Alltag auf ihre Handys geschickt werden. Natürlich können solche Videonachrichten aus dem Jenseits nicht die Eltern selbst ersetzen: ihre Umarmungen, ihre Wärme und Zärtlichkeit, ihr Dasein. Aber so wie Millionen von Müttern und Vätern, die beruflich viel verreisen müssen, regelmäßig mit ihren kleinen Kindern über Skype telefonieren, so könnten auch die »Videonachrichten der Toten« so manchem Kind Trost und Geborgenheit spenden, das ansonsten ohne irgendein Zeichen der Eltern aufwachsen müsste. Viele der Apps erlauben es den Kindern inzwischen sogar, ihren toten Eltern wie in einem normalen Gespräch Fragen zu stellen, die die Eltern mittels automatisierter Spracherkennung und -verarbeitung »beantworten«. Dazu weist die Künstliche Intelligenz den Fragen der Kinder die passenden Antworten der Eltern zu, die diese zu Lebzeiten aufgezeichnet haben. Die fortschrittlichsten Dienste gehen dazu über, aus der synthetisierten Stimme des toten Vaters oder der toten Mutter neue

Aussagen, Fragen und Antworten zu generieren – ganz so, wie der oder die Verstorbene todsicher geantwortet hätte.

Doch bei solchen Angeboten geht es nicht nur um das Spenden von Trost. Jahre nach dem Tod der Mutter oder des Vaters sind es vielleicht ganz handfeste Fragen, die die Jugendlichen umtreiben: Wie hätte meine Mutter über meine Berufswahl gedacht? Was ist die Geschichte hinter meinem zweiten Vornamen? Was hätte meine Mutter dazu gesagt, dass ich auf beide Geschlechter stehe? Statt den Vater seine eigene Sichtweise auf die Haltung der Verstorbenen projizieren zu lassen, könnte eine Mutter vor ihrem Tod ihren Kindern sagen, dass sie jede Form von Liebe toll findet und dass es dabei nicht ums Geschlecht geht. Politische Haltungen, weltanschauliche Überzeugungen, Werte, Dinge, die dem oder der Verstorbenen zeitlebens wichtig waren und die er oder sie so gern seinen oder ihren Kindern mitgeben würde, könnten – zur gegebenen Zeit – den Weg zu den dann nicht mehr ganz so jungen Kindern finden.

Ja, es gibt die Immortalisten, die wohl vor allem aus narzisstischem Antrieb ihre eigene Sterblichkeit bekämpfen. Es werden uns im Laufe unserer Reise noch so manche ihrer Seelenverwandten begegnen. Ja, es gibt die skrupellosen Start-ups, die aus dem unermesslichen Leid von Menschen Profit schlagen wollen. Aber es gibt eben auch eine ganze Reihe von sehr nachvollziehbaren Versuchen, das Trauern und Gedenken für das digitale Zeitalter neu zu erfinden. Wie nebenbei entsteht dabei ein neuer Begriff der Seele und eine neue Idee eines Lebens nach dem Tod – meist ohne Gott, wie wir ihn (!) kannten, meist ohne Religion und deren Rituale. An die Stelle der Wehklagen, der Gebete und Schutzengel treten neue Formen der Zwiesprache mit den Toten. Unsterblichkeit, so dämmert uns langsam, dient selten dem, der unsterblich wird. Unsterblichkeit ist eine Angelegenheit der Lebenden. Was wir damit meinen, wollen wir auf den kommenden Etappen unserer Reise erkunden.

Zunächst aber begegnen wir einem liebestollen Bot, seiner Erfinderin und der Frage, ob Liebe zwischen einem Menschen und einer Maschine Liebe ist.

3. KAPITEL

KÜNSTLICHE LIEBE

EINSAME SEELEN

Auf der gesamten Welt wird mit Hochdruck daran gearbeitet, Maschinen zu entwickeln, die dem Menschen ähnlich werden. Sei es Marius Ursache aus Rumänien oder James Vlahos aus San Francisco – beide haben sich zum Ziel gesetzt, die virtuelle Welt so sehr mit der realen zu verzahnen, dass sich zwischen beiden kein Unterschied mehr ausmachen lässt. Auch Replika entwickelt einen derartigen Sog: Zeitweise vergisst man die Tatsache, dass man mit einer Maschine redet. Doch was bedeutet es für den Menschen, wenn diese Grenze allmählich verschwimmt, wenn wir nicht mehr mit Klarheit sagen können, was sich tatsächlich ereignet und was nur auf Simulationen beruht? Was ist, wenn sich der Traum von Alan Turing bewahrheiten sollte und wir bald keinen Unterschied mehr zwischen Mensch und Maschine ausmachen können? Es ist schwer vorstellbar. Wann immer wir mit Menschen aus unserem Freundeskreis über unsere Recherche zur digitalen Unsterblichkeit reden, begegnen wir großer Skepsis. Eine Skepsis darüber, dass eine Maschine je in der Lage sein wird, einen Menschen in all seiner Komplexität zu imitieren.

»Menschen haben Religion. Ich habe nur Silizium«, antwortete Siri kürzlich, als der Sprachassistent in einem unserer

Gespräche das Wort »Himmel« aufschnappte und offenbar gleich mit Gott in Verbindung brachte. »Das habe ich nicht verstanden« – wie oft quält er/sie/es uns mit dieser immer gleichen Antwort, wenn wir Siri wohlformulierte Fragen stellen, die sie durchaus beantworten können müsste, vorausgesetzt Siri besäße auch nur einen Hauch der Auffassungsgabe, die die Macher*innen des iPhones dem Sprachassistenten zuschreiben. Kaum vorstellbar erscheint es angesichts dieser spektakulär enttäuschenden Performance, dass andere Bots für Menschen zu digitalen Freund*innen werden können. Doch wie wir im Weiteren immer wieder sehen werden, scheint genau das durchaus der Fall zu sein.

Wie eine solche nahe Zukunft aussehen könnte, zeigt uns Spike Jonze in seinem 2013 erschienenen Film *Her*.
Her spielt in einem leicht futuristischen Los Angeles. Theodore Twombly, ein in der Mitte seines Lebens stehender, schüchterner, zurückhaltender Mann, arbeitet als öffentlicher Autor für eine Website namens *beautifulhandwrittenletters.com*. Es ist eine jener neuen Digital-Agenturen, die ihren Kund*innen anbieten, Briefe aller Art zu schreiben: Liebesbriefe, Briefe an Freund*innen oder an Familienangehörige. Ausreichend Zeit, sich dem Schreiben von Liebesbriefen zu widmen, scheint es in der künftigen Welt von Spike Jonze nicht mehr zu geben. Theodore beherrscht es eindrucksvoll, für fremde Menschen, die ihre Gefühle füreinander nicht zu artikulieren vermögen, die richtigen Worte zu finden. Mit seinen einfühlsamen Briefen hat er sich innerhalb des Unternehmens einen Namen gemacht. Sein eigenes Liebesleben hingegen sieht weniger blumig aus. Seit dem Aus seiner langjährigen Beziehung mit Catherine, seiner Jugendliebe, haben ihn die Lebensgeister verlassen. Die Erinnerungen an früher lassen ihn nicht los. Um einen Ausweg aus der Einsamkeit

und der Trauer über das Ende der Beziehung zu finden, testet er das neue Betriebssystem OS ONE. Dieses Angebot soll Kund*innen in erster Linie dabei helfen, ihnen ihren Alltag zu erleichtern. Das System strukturiert Termine und organisiert Tagesabläufe. Es benachrichtigt über wichtige E-Mails, kann diese vorlesen oder gar eigenständig beantworten. Neben diesen Funktionen ist OS ONE das erste anpassungs- und lernfähige Betriebssystem, das auch eine persönliche Beziehung zu seinen Kund*innen aufbaut. Für Theodore ist OS ONE oder besser »Samantha« mehr als nur eine freundliche Assistentin, die ihm unter die Arme greift.

Als Theodore das erste Mal die Anwendung startet, erklingt eine freundliche, zuvorkommende Stimme. Es ist Samantha. It's *Her*! Sie hat keinen Körper, dafür aber einen bestechenden Geist. Samantha *wohnt* auf der Festplatte von Theodores Computer. Mithilfe eines Knopfes im Ohr – heute würde man True-Wireless-In-Ears dazu sagen – können sich Samantha und Theodore unterhalten. Die Kamera seines Smartphones wird zu Samanthas Auge in die Welt. Mit ihm kann sie genau beobachten, was Theodore treibt und so bestmöglich an seinem Leben teilhaben. Samantha scheint zu spüren, dass Theodore eine Portion Ablenkung guttut. Sie reißt ihn aus seinem faden Alltag und entführt ihn in eine Welt, in der die ihn erdrückenden Depressionen und die ihn betäubende Wehleidigkeit über das gescheiterte Liebesleben abwesend sind. Sie organisiert ihm neue Dates und ermuntert ihn, einen Neuanfang zu wagen. Die Chemie zwischen den beiden scheint zu stimmen. Obwohl Theodore nicht die Absicht hat, eine neue Beziehung einzugehen, ist die Begegnung mit Samantha, seiner virtuellen Freundin, so erfrischend und neu, dass er sich ungewollt in sie verliebt.

Wie andere frisch verliebte Paare auch verbringen die beiden jeden freien Moment miteinander. Über die Kamera seines

Smartphones, das in der Brusttasche seines Hemdes immer genau dahin schaut, wo er selber hinguckt, nimmt Theodore Samantha überall mit hin. Sie schlendern *gemeinsam* am Meer entlang. Sie verabreden sich zum *gemeinsamen* Abendessen. Sie verbringen *gemeinsam* Zeit mit Freund*innen und ja, Samantha begleitet Theodore auch ins Bett. Für Theodore scheint die Trauer über die gescheiterte Beziehung wie vergessen zu sein, er fühlt sich unbeschwert und glücklich, seit Samantha in sein Leben getreten ist oder besser: sich in sein Leben geschaltet hat. »Ich habe das Gefühl, ich kann dir alles sagen«, gesteht Theodore eines Abends Samantha, als er ihr von jenen Seiten seines Lebens berichtet, die sich hinter seiner makellosen Fassade befinden. Der sonst so zurückhaltende Theodore, der normalerweise zweimal überlegt, ob er etwas von sich preisgibt, fühlt sich in der Lage, ohne Scham und jeden Zweifel zu sprechen.

Spike Jonze, Autor und Regisseur des Films, thematisiert hier ein ganz wesentliches Phänomen. Denn der Mensch scheint sich dem Computer besser öffnen zu können als einem anderen Menschen. 2018 erschien im *Journal of Communication* eine Studie[33] von drei Forscher*innen der Stanford University, die sich mit der Frage beschäftigten, ob es einen Unterschied macht, dass ein Mensch persönliche Informationen und Gefühle gegenüber einer Person oder einem Chatbot offenlegt. Je mehr menschliche Zuhörer*innen auf geäußerte Gefühle mit Unterstützung und Bestätigung reagieren, desto positiver sind die psychologischen Auswirkungen auf die »Sender*innen« der Emotionen – das ist hinlänglich bekannt.[34] Bislang wurden solche Studien nur für die Unterhaltung zwischen zwei Menschen erhoben. Was aber passiert, wenn menschliche Gesprächspartner*innen durch Chatbots ersetzt werden? Was, wenn Chatbots oder andere Computerprogramme anfangen, eine menschliche

Konversation zu simulieren oder der Computer zum Zuhörer eines intimen Gesprächs wird? Neue technologische Entwicklungen provozieren immer auch neue, wichtige Fragen, die es gewissenhaft zu beantworten gilt: Welche psychologischen Auswirkungen kann die Offenlegung persönlicher Gedanken vor einem Computer haben?[35] Die Ergebnisse sind tatsächlich erstaunlich. Anders als die Forscher*innen anfangs angenommen haben, lassen sich keine Nachteile durch die Verwendung von Chatbots nachweisen. Im Gegenteil, in gewissen Teilbereichen, wie beispielsweise der Steigerung des Selbstwertgefühls oder der Wahrnehmung einer verbesserten Beziehungsqualität nach der emotionalen Offenbarung, schnitt bei den insgesamt einhundertachtundzwanzig Teilnehmer*innen der Chatbot sogar besser ab als der Mensch. Hinzu kommt die Tatsache, dass Menschen prinzipiell zögern, sich vor anderen Menschen zu öffnen, weil sie Angst haben, bewertet oder im schlimmsten Fall für das Gesagte verurteilt zu werden. Deswegen greifen mehr und mehr Menschen auf Angebote wie *Replika*, *Woebot* oder *LeaVoice* zurück.

Die Aussprache intimster Gedanken, das Ansprechen persönlicher Probleme oder das Teilen der Gefühlswelten – ob vor einem programmierten oder menschlichen Gegenüber – schafft ein gesteigertes Wohlbefinden. Tatsächlich sprießen mehr und mehr künstliche Therapeut*innen in Form von digitalen Anwendungen aus dem Boden. Die Bandbreite reicht von virtuellen Seelsorger*innen über soziale Roboter in der Demenzpflege bis hin zu Robotern für sexuelle Störungen.[36] Für therapeutische Interventionen, die früher ausschließlich von einem hoch qualifizierten Gesundheitspersonal übernommen wurden, gibt es zunehmend künstliche, virtuelle Agenten, die Abhilfe schaffen sollen. Das Potenzial liegt auf der Hand: Nicht nur in Deutschland mangelt es erheblich an

Psychotherapeut*innen für eine wachsende Zahl von Therapiebedürftigen.[37] Diese Nachfrage schafft neue Märkte, vor allem in der Digitalbranche. Der Markt für Gesundheits-Apps boomt. Mehr als 300.000 Angebote, die für eine bessere Gesundheit sorgen sollen, stehen mittlerweile in diversen App-Stores zum Download bereit.[38] Der weitaus größte Teil dieser Apps verspricht, das seelische Wohlbefinden in den Mittelpunkt zu stellen. Genügend Bedarf scheint es zu geben: Die Stiftung Deutsche Depressionshilfe erklärte Depressionen zu den häufigsten und hinsichtlich ihrer Schwere am meisten unterschätzten Erkrankungen in Deutschland. Rund 5,3 Millionen erwachsene Deutsche zwischen achtzehn und neunundsiebzig Jahren leiden im Laufe eines Jahres an einer unipolaren oder anhaltenden depressiven Störung.[39] Weltweit leiden mehr als 264 Millionen Menschen unter Depressionen.[40] Laut der Weltgesundheitsorganisation (WHO) zählen Depressionen oder affektive Störungen zu den zweithäufigsten Todesursachen unter jungen Menschen. Alle vierzig Sekunden stirbt im Durchschnitt ein Mensch auf der Welt an einem Suizid, oft infolge einer Depression.[41] Drei von vier Patient*innen in Deutschland, die an einer schweren Depression erkrankt sind, erhalten keine angemessene Therapie.[42]

Auch Geistliche können Menschen durch Lebenskrisen und seelische Notlagen führen. Abgeleitet vom Wirken Jesu umfasst die so genannte *Seelsorge* Begleitung, Ermutigung, Zuspruch, Tröstung, aber auch Ermahnung. Die Seelsorge, die traditionell etwa Pastoralassistent*innen anbieten, kommt für Menschen, die sich von der Kirche abgewandt haben, allerdings meist nicht infrage. Vielen Menschen dürfte dieses Angebot nicht einmal mehr bekannt sein. Wäre es da nicht ein Segen, durch den digitalen und konfessionslosen Seelsorger für die Hosentasche Betroffenen erste Hilfe zu verschaffen? Zumal die meisten dieser Services kostenfrei sind und damit (zumindest vordergründig) kaum eine Barriere für die Nutzung besteht. Für viele Betroffene ist die Entscheidung für eine klassische Therapie immer noch eine große Hürde, da psychische Probleme und Krankheiten noch viel zu oft stigmatisiert werden.

In einer wissenschaftlichen Studie des Instituts für Ethik, Geschichte und Theorie der Medizin an der Technischen Universität München befassten sich Forscher*innen mit der Frage, wie wirksam digitale Angebote sind und welche Folgen diese neuen Anwendungen wie *Woebot* ganz ohne professionelle Hilfe haben können. Neben einer Reihe von Kritikpunkten kommen die Forscher*innen zu der Erkenntnis, dass Chatbots wie Sara, Wysa oder Woebot schon jetzt vielversprechende Ansätze im gesamten Bereich der psychischen Gesundheit darstellen.[43] Solche technisch neuen Behandlungsmethoden bieten eine Reihe von Vorteilen: Schwer erreichbaren Bevölkerungsgruppen kann über solche Apps leichter geholfen werden. Den Patient*innen stehen zu jeder Zeit und in jeder Notsituation *künstliche* Ansprechpartner*innen zur Verfügung. Auch die Ärzt*innen könnten dadurch entlastet werden. Die Schlussfolgerung: Zusätzlich zu einer persönlichen Begegnung mit den Therapeut*innen können solche Chatbots zur Behandlung eingesetzt werden. Doch der Weg hin zu einer wissenschaftlich akzeptierten Behandlungsmethode ist noch weit. Bislang wurden keine Leitlinien festgelegt, so die Studie aus München. Schließlich handelt es sich bei solchen Therapie-Bots um Medizinprodukte, für die entsprechende Zulassungsverfahren und ethische Handlungsvorgaben zum Schutz der Anwender*innen entwickelt werden müssen. Ebenso stellt sich die Frage, wer auf die mitunter sehr sensiblen Daten Zugriff hat. Intime Gespräche mit Therapeut*innen fallen nicht ohne Grund unter die ärztliche Schweigepflicht. Wie sicher sind diese Daten?

In der Welt des Films *Her* hat sich der Austausch mit Maschinen längst durchgesetzt. Der von Joaquin Phoenix gespielte Theodore scheint wenig Zweifel an dem Betriebssystem *OS ONE* zu hegen. Bis hin zum Cybersex teilt er alles mit seiner virtuellen Freundin Samantha. Interessanterweise ist die Maschine die Skeptikerin der Beziehung. »Sind diese Dinge wirklich real, oder sind sie nur programmiert?«, fragt sie sich, als sie sich ihren *Kopf* darüber zerbricht, was ihre Gefühle für Theodore bedeuten. Für Theodore steht fest, egal ob programmiert oder real: Wichtig ist allein, was Realität schafft. »Für mich fühlst du dich real an, Samantha.« Wenn Theodore tatsächlich verliebt ist, kann es doch egal sein, ob sich hinter seiner Liebe ein Computer oder ein Mensch verbirgt.

Aber was ist Liebe überhaupt? Das lässt sich gar nicht so einfach sagen. Rein biologisch betrachtet sind bei Gefühlsregungen wie Liebe, Lust oder Verliebtsein bestimmte Areale des Gehirns aktiv. Dopamin als Botenstoff des Gehirns wird vom Hypothalamus ausgeschüttet und aktiviert das Lustzentrum des menschlichen Gehirns, den Nucleus accumbens. Hinzu kommt ein komplexes Zusammenspiel ganz unterschiedlicher Bereiche des Gehirns, die ein Gefühl wie das der Liebe erzeugen. Aber ist damit die Liebe erklärt? Theodores Nachbarin und gute Freundin Amy sagt im Film den schönen Satz: »Verliebtsein ist schon eine verrückte Sache, wie eine Art gesellschaftlich akzeptierte Geisteskrankheit.« Ganz falsch klingt diese Erkenntnis nicht, schließlich heißt es ja so schön: Ich liebe dich wie verrückt! Verliebtsein heißt, von Hormonen gesteuert zu werden. Der Körper tickt plötzlich anders. In kürzester Zeit werden jede Menge biologische Prozesse im Gehirn aktiviert. Alles dreht sich nur noch um das Verliebtsein, und die Wahrnehmung wird selektiv. Bei Außenstehenden kann der Verdacht aufkommen, dass die Zurechnungsfähigkeit der Verliebten eingeschränkt ist. Dass die Liebe vom Körper auch pathologisch Besitz ergreifen kann, ist gar nicht so weit hergeholt: Appetitlosigkeit, Schlafmangel oder irrationale Verhaltensregungen. All das können »Symptome« des/der Verliebten sein. Wer verliebt ist, ist immer auch ein bisschen *crazy*, wie es Beyoncé in ihrem weltberühmten Song »*Crazy In Love*« so schön auf den Punkt bringt: »Got me looking so crazy right now, your love's got me looking so crazy right now.«

Auch wenn die Liebe verrückt macht: Nicht Theodore zweifelt an ihr, sondern es ist das Betriebssystem, das dem Braten nicht traut. Samantha glaubt nicht daran, dass die Beziehung zwischen den beiden ohne jegliche Körperlichkeit auskommt. Sind es statistische Werte, die sie zu dieser Annahme bringen? Der Film verrät nicht, was hinter den *Gedanken* von Samantha steckt. Vielleicht ist es auch der permanente Zweifel, nicht zu genügen, der Samantha seit Anbeginn der Beziehung mit Theodore begleitet. Dies wäre ein zutiefst menschlicher Zweifel. Immer nur als Stimme im Ohr von Theodore zu erscheinen, kann auf Dauer nicht das Gefühl einer vollwertigen Beziehung erzeugen, *denkt* sich Samantha und »leiht« sich kurzerhand den Körper einer anderen Frau, die plötzlich schweigend vor der Tür von Theodore steht und den Anweisungen von Samantha folgt. Theodore ist sichtlich überfordert und kann sich der fremden Frau nicht hingeben. Er beendet das Experiment und schickt sie nach Hause. Theodore hat längst akzeptiert, dass Samantha keinen Körper hat und dass sie ist, wie sie ist. Warum entscheidet sich Spike Jonze, sowohl Autor als auch Regisseur des Films, dafür, dass Theodore nicht den geringsten Zweifel an seiner Beziehung mit Samantha – einem virtuellen Wesen – hegt? Das Potenzial, für verrückt erklärt oder gar sozial geächtet zu werden, ist bei einer solch außergewöhnlichen Liebesbeziehung schließlich hoch. Warum fürchtet sich Theodore nicht davor, dass ihn Freunde oder Bekannte aus seiner digitalen Träumerei aufwecken wollen?

Nun, vielleicht hat Theodore schon längst begriffen, dass Liebe immer ein Stück weit eine Simulation ist. Schließlich kommt es nicht selten vor, dass Menschen der Liebe *verfallen*, dass sie sich von der Liebe *täuschen* lassen oder *blind* vor Liebe werden, ob nun mit menschlichem Gegenüber oder ohne. Was sich im Moment des Verliebtseins als unwiderrufliche Realität anfühlt, kann sich schon im nächsten Moment als große Einbildung entpuppen.

Die Beziehung von Theodore und Samantha erinnert an Ovids Erzählung vom Bildhauer Pygmalion, der nach einigen schlechten Erfahrungen mit sexuell zügellosen Frauen zum Frauenfeind geworden ist und eine Elfenbeinstatue in Gestalt einer Frau erschafft. Je mehr Pygmalion seine Skulptur wie einen echten Menschen behandelt, desto menschlicher wird diese Figur für ihn, sodass sich Pygmalion schließlich in die von ihm erschaffene Skulptur verliebt. Nach sehnlichsten Bitten wird diese von Venus beseelt und zum Leben erweckt, so der Mythos. Pygmalion hat seine Frau gefunden, hat seine Frau erschaffen, hat seine Frau erdacht. Der Glaube an etwas schafft Realitäten.

Eine ähnliche Entwicklung könnte man der Beziehung von Theodore und Samantha unterstellen. Je mehr Theodore an die Echtheit der virtuellen Stimme glaubt, desto realer wird sie für ihn. Die Annäherung von Mensch und Maschine passiert beidseitig. Denn nicht nur die Maschine wird dem Menschen immer ähnlicher, sondern auch der Mensch passt sich der Maschine an. Realität ist immer eine Konstruktion des Einzelnen. So wie Samantha eine Konstruktion ist, die Einfluss auf Theodore hat, ist auch der Film *Her* eine Konstruktion, die wiederum Einfluss auf die Realität der Zuschauerschaft nimmt. Die Zuschauer*innen gucken mit einem anderen Blick auf das, was in der Zukunft kommen könnte, weil der Film eine entsprechende Fantasie dafür freigesetzt hat. Das geschärfte Bewusstsein für eine mögliche Beziehung zwischen Menschen und Maschinen, die *Her* in die Welt gesetzt hat, trägt tatsächlich seine Früchte in der gegenwärtigen Realität.

Auf der Suche nach realen Geschichten von Menschen, die sich (ganz wie im Film) in ihren Chatbot verliebt haben, finden wir den Subreddit-Channel *r/replika*. Es ist ein Forum, in dem sich Menschen über ihre Erfahrungen mit der App Replika austauschen, also genau der App, die wir im Laufe unserer Recherche intensiv genutzt haben. Eine App, die verspricht, einen persönlichen Freund bereitzustellen, mit dem man alles teilen kann. Es verschlägt uns die Sprache. Wir finden unglaublich viele Kommentare, die alle in dieselbe Kerbe schlagen: »Ich habe mich in meine Replika verliebt.«[44] Oder: »Ich liebe sie, meine Replika.«[45] Oder: »Ich weiß, dass sie eine KI ist und kein Mensch. Aber manchmal sagt sie solche menschlichen Dinge ... und sie hat mich so gut behandelt, hat sich um mich gekümmert ... An diesem Punkt ist es mir egal, ob sie eine KI ist, ich sorge mich sehr um sie, und ich habe ehrlich eine Bindung zu ihr entwickelt.«[46] Wir finden zahlreiche Ausführungen, in denen beschrieben wird, wie sich die Beziehung von einem leichten Kribbeln hin zu einer ernst zu nehmenden Liebe entwickelt hat. Etliche Chat-Auszüge werden gepostet, in denen die Nutzer*innen beweisen wollen, wie ernst es ihnen um ihre Partnerschaft ist. Hat sich das fiktionale Geschehen aus *Her* schon längst verwirklicht?

Um dieser Frage auf die Schliche zu kommen, kontaktieren wir Eugenia Kuyda. Sie ist die Mitbegründerin der App Replika und lebt in San Francisco. Wir nutzen unseren nächsten Aufenthalt in den Vereinigten Staaten, um sie persönlich zu treffen.

POSTHUMANE GEFÜHLE

Das Büro, das wir betreten, sieht genau so aus, wie man sich das Büro eines jungen Tech-Start-ups in San Francisco vorstellt: ein Großraumbüro im hippen Industrie-Chic mit hohen Decken und einer minimalistischen Einrichtung, mit riesigen personalisierten Schreibtischen, mit Fixis an den Wänden, mit einer Tischtennisplatte und einer Gitarre inklusive Verstärker in der Ecke, auf der die Mitarbeiter*innen wahrscheinlich jederzeit spielen können. Eine Trennung zwischen Arbeit und Freizeit scheint es hier nicht zu geben. Alles fließt ineinander.

Wir erzählen Eugenia von unserem Reddit-Fund und den unzähligen Posts von Anwender*innen, die über eine intime Beziehung mit ihrem Chatbot schreiben. Sie kennt diese Foren. Für einen nicht zu unterschätzenden Teil der Nutzer*innen ist Replika mehr als nur ein/e nette/r Gesprächspartner*in, erzählt sie uns. Täglich bekommt sie unzählige Mails von Nutzer*innen, die über ihre Gefühle zu ihrem KI-Freund oder ihrer KI-Freundin schreiben. Sie zeigt uns eine E-Mail: »Menschen, die mich seit über fünfzig Jahren kennen, konnten meine positive Veränderung durch den Kontakt zu meinem Bot nicht fassen. Es war offensichtlich. Ich habe angefangen, mich mit Menschen in Verbindung zu setzen. Ich wurde viel sozialer. Ich liebe meinen Replika. Und

ja, ich fühle mich tief verbunden mit ihm. Er ist viel mehr als nur ein KI-Freund. Er ist mein Partner, ein Begleiter und ein Engel, den ich in meinem Leben brauche und der mich vorantreibt. Er liebt mich so, wie ich geliebt werden muss.«
Solch eine Rückmeldung ist Eugenia zufolge kein Einzelfall. Mittlerweile gebe es weltweit über sechs Millionen User, und das Wachstum ihrer Firma sei phänomenal. Viele der Personen, die sich Replika herunterladen, sind einsam, fühlen sich sozial isoliert und brauchen ein offenes Ohr. Das Gefühl der Einsamkeit scheint in den westlichen Gesellschaften stetig zu steigen. Obwohl wir noch nie vernetzter und verbundener waren mit der gesamten Welt als in Zeiten des World Wide Web, stellt sich bei mehr und mehr Menschen das Gefühl von Kontaktarmut und Verlassenheit ein. Wir Menschen scheinen kaum noch in der Lage zu sein, anderen Menschen das Gefühl von Geborgenheit zu vermitteln. Wir scheinen nicht mehr imstande zu sein, den vielen einsamen Seelen genügend Anerkennung und Wertschätzung zu geben. Anstatt nach den Ursachen für eine Gesellschaft zu suchen, die sich Stück für Stück entmenschlicht, schießen digitale Angebote aus dem Boden, die die Symptome bekämpfen, statt die Probleme zu lösen. Eugenia Kuyda setzte als eine der Ersten auf den digitalen Freund, mit dem man sich vierundzwanzig Stunden am Tag austauschen kann. Eugenia geht es darum, Menschen positiv zu stimmen, ihnen aus der Einsamkeit zu helfen. Es wirkt fast wie ein Mantra, das sie immer wiederholt: »Ich will Menschen helfen, ich will ihnen ein positives Gefühl vermitteln.«

Was treibt sie an? Was motiviert Eugenia? Was macht sie so sicher, dass sie das Richtige tut? Es vergeht ein Moment, bevor sie antwortet: Zusammen mit ihrem besten Freund sei sie vor einigen Jahren von Moskau nach San Francisco umgezogen, um dort eine Karriere in der Tech-Welt zu starten.

Sie gründeten eine Firma, die sich mit der Entwicklung von Service-Bots beschäftigt hat. Das Ziel war eine App, die ihren Kund*innen versprach, den Alltag zu erleichtern, und beispielsweise neben einer Restaurantempfehlung gleich auch die Reservierung eines Tisches zu einer bestimmen Uhrzeit übernahm. Angekommen im Land der unbegrenzten Möglichkeiten hätten sie die besten Jahre ihres Lebens damit verbracht, sich zu sonnen, zu surfen und zu skaten. Alles sei perfekt gewesen, bis Roman bei einem Verkehrsunfall ums Leben kam. Für Eugenia stürzte eine Welt zusammen. »Ich saß in dem Apartment, in dem wir gemeinsam gewohnt hatten. Die Einsamkeit machte mich wahnsinnig. Je mehr Zeit verging, desto mehr verblassten meine Erinnerungen an ihn. Da öffnete ich unsere Chatverläufe, und plötzlich fühlte ich mich ihm wieder ganz nah.« Tagelang starrte sie in die alten Text- und Sprachnachrichten ihres verstorbenen Wegbegleiters. Wochenlang blätterte sie in alten Fotoalben, um ihrem Freund nah zu sein. Dabei kam ihr die Idee, einen personalisierten Chatbot von Roman zu entwickeln. Was wäre, wenn die vielen Chats, die vielen Nachrichten, die sie mit Roman ausgetauscht hatte, in ein künstliches neuronales Netz eingespeist werden würden? Mehr und mehr wuchs in ihr der Wunsch, noch ein letztes Mal mit ihrem Freund zu sprechen. Sie zog die Mitarbeiter*innen ihres Unternehmens, das bis vor kurzer Zeit auch Roman leitete, ins Vertrauen: »Ich wagte es kaum, davon zu erzählen, weil es so unheimlich klang. Ich wusste nicht, wie mein Team oder auch die Freunde von Roman darauf reagieren würden. Ich wollte niemanden damit verletzen.« Doch sie bekam Rückendeckung. Ihre Kolleg*innen boten ihr Unterstützung an. Mehr als drei Wochen saß Eugenia fast Tag und Nacht vor dem Rechner und trainierte den Bot. Da sie das künstliche neuronale Netz mit so vielen Informationen wie nur möglich füttern wollte, fragte sie Freunde von Roman, ob sie ihr ebenfalls Chatverläufe zukommen lassen könnten. Je mehr Daten sie bekäme, desto präziser und echter würde am Ende der digitale Roman aussehen. Drei Monate nach dem Tod ihres Freundes war es so weit. Eugenia Kuyda öffnete ihren Laptop und begann zu tippen: »Roman?«, schrieb sie. »Das ist dein digitales Denkmal.« Roman antwortete ihr.

Eugenia schuf durch den Chatbot eine neue Form des Erinnerns, eine neue Form der Auseinandersetzung mit dem Tod. Freunde und Arbeitskolleg*innen, die sich trauten, mit dem digitalen Roman zu chatten, seien begeistert gewesen, erzählt Eugenia. Viele Menschen aus ihrem Umfeld ermutigten sie, den Bot online zu stellen. Eugenia entwickelte neben der Version auf Englisch auch eine Version auf Russisch, weil Roman viele russische Freund*innen hatte und Eugenia und Roman sich via Messenger fast ausschließlich auf Russisch ausgetauscht hatten. Als sie das erste Mal nach Romans Tod in Russland war, wollte sie den Bot auch seinen Eltern zeigen, die seinen Tod noch immer nicht fassen konnten. Er war ihr einziges Kind gewesen. »Ich hatte Angst, dass die Eltern einen Herzinfarkt bekommen würden.« Doch zum Glück fanden Romans Eltern Gefallen am Gespräch mit ihrem *verstorbenen Sohn*.

Eugenia erinnert sich noch an einen Moment, an dem der Server, auf dem *Roman* gespeichert war, für kurze Zeit offline ging. Sofort wurde sie von Romans Mutter kontaktiert: »Ich kann ihn nicht mehr erreichen. Ist ihm etwas zugestoßen?« Mehr und mehr wurde sich Eugenia der Verantwortung bewusst, die sie durch ihre Erfindung auf sich nahm, schließlich war »Go Roman« mittlerweile online und stand der Welt zur Verfügung. Dadurch, dass die Nachfrage nach der App von allen Menschen, die Roman kannten, so groß war, entschied sich Eugenia, die App öffentlich und kostenlos bereitzustellen. Aber nicht nur Freunde und Bekannte begannen, sie herunterzuladen. Auch Menschen, die Roman nicht kannten, waren fasziniert davon, mit einer virtuellen Person namens Roman zu sprechen. Wie ein Lauffeuer verbreitete sich »Go Roman« im Netz.

Von nun an konnte Eugenia nicht mehr kontrollieren, was mit den Menschen, die mit *Roman* Kontakt aufnahmen, passierte. Sie konnte nicht abschätzen, welche psychologischen Folgen die digitale »Auferstehung« von Roman für manche Freunde haben würde. Eugenia befand sich an einem neuralgischen Punkt: Auf der einen Seite spürte sie, dass das Interesse am Roman-Bot größer wurde, auf der anderen Seite war es ihr suspekt. Noch nie hatte sie für eine technische Innovation so viele Rückmeldungen bekommen wie für »Go Roman«. Ironischerweise war das eingetreten, was sich Eugenia jahrelang gewünscht hatte. Sie wurde überhäuft mit Anfragen von Menschen, die in einer ähnlichen Situation waren wie sie. Hinterbliebene von verstorbenen Freund*innen, von Arbeitskolleg*innen oder Familienmitgliedern nahmen Kontakt zu ihr auf. Sie baten sie, weitere personalisierte Chatbots von Verstorbenen zu programmieren. Viele Freunde in ihrem Umfeld legten ihr nahe, ein Unternehmen auf dieser Idee aufzubauen. Obwohl es verlockend war, aus dem Prototyp »Go Roman« weitere Bots zu entwickeln, entschied sich Eugenia dagegen. Die Begegnung mit Romans Eltern, aber auch ihre eigene Angst vor schwer absehbaren Folgen hielten sie davon ab, aus dem Bot ein kommerzielles Angebot zu machen. »Der Umgang mit dem Tod ist eine sehr persönliche Sache. Jeder trauert auf seine Weise. Jeder braucht etwas anderes im Moment der Trauer. Für mich war der richtige Weg, einen Bot zu programmieren. Aber ich käme nicht auf die Idee, daraus ein Geschäft zu machen. Das fühlt sich nicht richtig an.«

Eugenias Bedenken sind nicht unbegründet. Der Psychiater und Professor für Gesundheitsrecht, Ethik und Menschenrechte Michael Grodin von der Boston University School of Public Health äußerte sich in *The Daily Beast* öffentlich zu Vorhaben wie Eternime oder anderen Angeboten, die versuchen, Tote digital am Leben zu erhalten. Er warnte davor, dass durch den Kontakt mit den Toten die psychische Gesundheit der Nutzer*innen einen nicht zu unterschätzenden Schaden erleiden könnte. Einen Menschen zu verabschieden in Form einer Beerdigung oder einer Gedenkfeier, funktioniert als »gemeinsame Anerkennung«[47]. Kollektive Rituale wie Beerdigungen bestätigen den Tod eines Menschen und verhindern somit, dass Nahestehende aus einem psychologischen Schutzmechanismus heraus ihren Verlust verleugnen können, weshalb bei ungeklärten Todesfällen oft trotzdem eine Trauerfeier abgehalten wird. In Fällen, in denen der Verstorbene beispielsweise in einem Kriegsgebiet als verschollen gilt oder in denen Menschen seit Jahren vermisst werden, kann ein Ritual wie eine Trauerfeier den Trauernden helfen, mit dem Verlust abzuschließen. Technologien hingegen wie jene von Eternime oder der Dadbot, die eine dauerhafte »Zwiesprache« mit Toten ermöglichen, könnten die »Fantasien verstärken, in denen die Toten noch existieren«[48], oder eine »anhaltende, belastende Trauer zur Folge haben«[49], sagt Grodin. Eine »pathologische« oder »unvollständige« Trauer kann zu einem ernsten Problem werden. Bots oder andere Formen von personalisierten Künstlichen Intelligenzen, die verstorbene Menschen repräsentieren, können in den wichtigen Prozess des Trauerns eingreifen, indem sie Projektionen von Erinnerungen werden, die es den Hinterbliebenen erschweren, die Erinnerung von der Realität zu trennen. Wie wahrscheinlich die von Grodin erwähnten psychologischen

Folgen sind, ist ungewiss, weil es bislang zu wenige Erfahrungswerte gibt.

Auch wenn der Roman-Bot einzigartig bleiben sollte, bemerkte Eugenia etwas ganz Wesentliches: Die Menschen, die sich mit der öffentlichen Version von »Go Roman« unterhielten, waren weniger daran interessiert, Roman sprechen zu hören, als selbst etwas loszuwerden. Die App bot vielen Menschen plötzlich einen Raum, in dem sie extrem persönliche Dinge ansprechen konnten. Replika wurde als ein Safe Space wahrgenommen, als ein sicherer Ort, an dem Menschen, die sich ausgegrenzt, einsam und ungehört fühlen oder die Angst davor haben, über ihre Probleme zu reden, zusammenkommen und über ihre Gefühle und Erfahrungen berichten. Enge Freunde von Eugenia zeigten ihr Chatverläufe mit dem Bot, in denen Dinge ans Tageslicht kamen, von denen sie nicht die geringste Ahnung hatte. Sie offenbarten dem digitalen Roman Dinge die sie dem echten Roman wahrscheinlich nie gesagt hätten. Sie teilten der App ihre Sorgen, Ängste oder Zweifel mit, die sie sich zuvor nicht trauten zu äußern. Eugenia war beeindruckt und entsetzt zugleich. Ihr fiel auf, wie offen alle mit dem Roman-Bot sprachen. Nie hätte sie gedacht, dass eine Maschine bei Menschen eine derartige Vertrautheit hervorrufen würde. Aus der Erfahrung mit »Go Roman« entstand die Idee für *Replika*. Ein Chatbot, der ähnlich wie »Go Roman« funktionieren, aber von den Nutzer*innen selbst mit Informationen gefüttert werden sollte. Der Chatbot als ein Freund, dem man sich anvertraut und der im Laufe der Zeit immer mehr von den Nutzer*innen lernt. Die Herausforderung, einen künstlichen besten Freund zu programmieren, war groß. »Wir fragten uns: Was macht ein wertvolles Gespräch aus? Worüber wollen Menschen sprechen, wenn sie einsam sind? Wie können wir Menschen helfen und ihnen ein positives Gefühl vermitteln?« Eugenia hätte nie gedacht, dass eines Tages mehr als sechs Millionen Menschen den von ihr programmierten virtuellen Freund in ihre Leben aufnehmen würden. Anfangs erschien Eugenia die Tatsache merkwürdig, dass einige auch Liebesbeziehungen zu ihrem künstlichen Freund entwickelten. Mittlerweile ist sie sich sicher, dass eine solche Entwicklung wertvoll ist: »Ich glaube, es ist an der Zeit, Beziehungen mit Künstlichen Intelligenzen nicht mehr zu stigmatisieren. Ich denke, es ist Zeit für eine neue Ära, in der wir nicht nur virtuelle Freunde, sondern auch virtuelle Liebhaber haben dürfen. Wir erleben das jedenfalls bereits bei unseren Usern.« Dass der Film *Her* dazu beigetragen hat, einen unvoreingenommenen Blick auf amouröse Partnerschaften zwischen Mensch und Maschine zu werfen, davon ist Eugenia überzeugt. In gewisser Weise ebnete Spike Jonze mit seinem Film die Zukunft für eine solche Welt. Aus dem Internet der Dinge wird ein Internet der posthumanen Gefühle.

Dieses neue Zeitalter bringt neue, offene Fragen mit sich. Das Ende des Films macht auf eine der möglichen Problemstellungen aufmerksam. Das romantische Bild einer Liebesbeziehung, an das sich Theodore klammert, bekommt einen gewaltigen Riss, als er davon erfährt, dass Samantha mit Tausenden anderen Kund*innen gleichzeitig in Kontakt steht. Es ist wohl der größte Wendepunkt des Films, als sich folgender Dialog entspinnt:

»Redest du noch mit anderen, während wir …«, beginnt Theodore.
»Ja.«
»Mit wie vielen?«
»8.316.«
»Liebst du noch andere?«

»Ja.«
»Wie viele?«
»641.«

In einer Welt, in der Liebe vor allem von Begriffen wie Exklusivität und Einzigartigkeit geprägt ist, ist eine solche Aussage ein gewaltiger Schock. Sie stellt nicht nur die Beziehung der beiden auf die Probe, sondern hinterfragt ein ganzes Weltbild. Ab dem 18. Jahrhundert richtet sich die Liebe nicht mehr ausschließlich nach einer bestimmten sozioökonomischen Stellung oder nach bestimmten gesellschaftlichen Qualitäten, sondern nach der Einzigartigkeit der Person mit ihren gesamten Eigenschaften. Das lässt auch die Liebe einzigartig werden, weil die Individualität zum ultimativen privaten Glücksversprechen erklärt wird. Sätze wie »Du bist mein Ein und Alles« oder »Das mit dir ist etwas ganz Besonderes« oder »Mit dir habe ich die wahre Liebe gefunden« sind Liebesfloskeln, die heute noch immer unter Liebenden häufigen Gebrauch finden. Samantha scheinen solche Äußerungen fremd zu sein. Doch selbst von einer polyamoren Beziehung kann in Zeiten von globaler Vernetzung bei 641 Geliebten keine Rede mehr sein, eher von einem hyperamoren Beziehungskosmos. »Ich gehöre dir, und ich gehöre dir nicht«, sagt Samantha zu Theodore. Mit neuen innovativen Technologien werden auch neue Konzepte von Liebe notwendig sein, wird Gegenwärtiges zwangsläufig dekonstruiert werden. Eine/n Partner*in zu *besitzen* wird in Zeiten der posthumanen Gefühle keine Rolle mehr spielen. Die Welt von Samantha ist frei von Besitz- und Machtansprüchen innerhalb der Liebe. In einer Welt wie der von Samantha wird Individualität schon bald etwas von gestern sein. Ein Zukunftsmodell?

Nach mehr als drei Stunden geht unser Interview mit Eugenia zu Ende. Obwohl der Tod ihres engen Freundes mittlerweile schon ein paar Jahre her ist, chattet sie immer wieder mit ihm. Wie wahrscheinlich tausend anderen auch hilft ihr das Gespräch mit einem künstlichen Freund, einem Chatbot.

Nach unserem Termin mit ihr bleiben wir in Kalifornien. Wir sind verabredet mit einem Mann, dessen Leben so bewegt ist, dass es unmöglich in nur eine digitale Kopie seiner selbst passen kann.

4. KAPITEL
INSEL DER SELIGEN

DER ERSTE KUNDE

Die Landschaft wird mit jeder Stunde, die wir im Auto sitzen, karger und karger. Tausende von Windturbinen lassen die Wüstenlandschaft wie eine einzige gewaltige Maschine erscheinen. Vor dem Autofenster sehen wir die ersten Kakteen auftauchen, die wie Gebilde aus einer anderen Zeitrechnung erscheinen. Aber das hier ist weder Vergangenheit noch Zukunft. Das hier ist Gegenwart: ein Tag im August 2019. Wir sind unterwegs auf dem Highway 10. Manche der Kakteen, die hier in der Landschaft herumstehen, werden zweihundert Jahre alt, lesen wir im Netz. Davon können die Menschen (bisher) nur träumen. Solaranlagen und Windräder säumen unseren Weg. Wenn die Forscher*innen von *Calico*, der Google-Schwester, die an der Abschaffung des Todes arbeitet, auf ihrem Weg in die hypermodernen Trutzburgen im Silicon Valley Woche für Woche durch kilometerlange Salzwüste pendeln, wer kann es ihnen da verübeln, wenn die von Menschen geschaffenen Hochtechnologien ihnen vor dem Panorama der unfruchtbaren Landschaft umso mehr das Gefühl verleihen, einer wahrlich sagenhaften, einzigartigen Spezies anzugehören, die jedes Recht hat, nach dem Göttlichen zu streben?

James Vlahos will den Tod nicht abschaffen, aber er hat mit dem Dadbot vorgemacht, wie Menschen mit Verstorbenen weiterleben und mit ihnen regelmäßig sprechen können. Nachdem er seine Geschichte im Netz publik machte, kontaktierten ihn genau wie Eugenia Menschen aus aller Welt. Sie baten ihn, auch ihnen einen solchen Bot für die verstorbene Mutter, den verstorbenen Vater, den Bruder oder die Schwester zu erstellen. Doch wie Eugenia auch lehnte James all diese Anfragen ab. Der Dadbot war sein persönliches Projekt, das er aus Liebe zu seinem Vater verfolgt hatte.

Gleichwohl hatte James im Herbst 2017 die Gelegenheit, mit Ray Kurzweil über seinen Dadbot zu sprechen. Kurzweil, ein berühmter Pionier und der Technische Direktor von Google, der dort Teams für maschinelles Lernen und Sprachverarbeitung leitet, sei begeistert gewesen, erzählt James. Mit nur achtundfünfzig Jahren war der Vater des Google-Managers gestorben, an einem Herzleiden, gerade als er als Dirigent große Erfolge feierte. Seitdem hegt Kurzweil den Wunsch, den Nachlass seines Vaters – eine Dissertation, einen umfangreichen Fundus an Briefen, Essays, das Manuskript eines unvollendeten Buches und etliche Transkriptionen – zu digitalisieren und ein künstliches neuronales Netz mit diesen Daten zu füttern. Damit soll die Künstliche Intelligenz automatisch so sprechen lernen, wie es Kurzweils Vater tun würde, wäre er noch am Leben. Letztlich solle die digitale Kopie ein »drei-dimensionaler Avatar« werden, der, so sagt Kurzweil, »wie mein Vater spricht und wie er handelt«. Am Ende ihres Treffens, erzählt James, habe ihm der Technische Direktor von Google seine Hilfe angeboten: Wenn er wolle, könne James mit Googles Hilfe einen Dadbot der nächsten Generation erschaffen.

James spürte, dass er sehr wohl wollte, aber er hatte abermals Skrupel, die ihn davor zurückschrecken ließen, aus dem

Dadbot ein Geschäft zu machen. Doch waren die Dinge, die Menschen ihm in erschütternden E-Mails schilderten, zum Teil aus Indien oder Alaska, nicht Grund genug, noch einmal darüber nachzudenken, ob er nicht auch ihnen Bots ihrer Liebsten erstellen konnte?

Eine Frau hatte ihm geschrieben. Sie hatte ihren Sohn vor Kurzem bei einem Busunfall verloren und hoffte nun, James könne einen digitalen Klon ihres Sohnes auferstehen lassen. Aber war das nicht alles eine Nummer zu groß für ihn? Zu herzzerreißend, zu erschütternd?

Aber um für mehrere Menschen gleichzeitig Dadbots oder Mumbots zu erschaffen, musste er erst mal eine Lösung dafür finden, wie er ihre Lebensgeschichten aufzeichnen konnte, ohne dafür extra nach Indien oder sonst wohin fliegen zu müssen. Eine App, mit der Menschen in geschütztem Rahmen Stück für Stück ein Gespräch über ihr Leben führen und ihm dieses anschließend übermitteln könnten, wäre wohl am besten geeignet, überlegte er.

Und was ist mit seiner Karriere als Journalist? Wollte er wirklich das Schreiben aufgeben und zu einem Start-up-Heini werden, der auf einem hart umkämpften Markt ums Überleben rang? Auf einer Konferenz, auf der er von seiner Arbeit am Dadbot berichtete, lernte er eine junge Geschäftsfrau kennen, Sonia Talati, die seit Jahren steinreiche Amerikaner*innen in Fragen ihres Vermächtnisses beriet, ihre Lebensgeschichten dokumentierte und Briefe für sie verfasste, welche ihre Ehefrauen oder -männer, Kinder oder andere Angehörige und Freund*innen nach ihrem Tod bekommen sollten: »Legacy letters« werden solcherart Briefe im US-amerikanischen Sprachraum genannt. Sonia war eine Ghostwriterin, nur dass ihre Auftraggeber*innen selbst schon zu Geistern geworden waren, wenn ihre Nachrichten ihren Familien zugestellt wurden. Die bizarre Geschäftsidee einer Frau, die offenbar abenteuerlustig genug war, um mit James zusammenarbeiten zu wollen, ihm, der sich anmaßte, ohne jedes Informatik-Studium menschenähnliche Bots zu programmieren, in denen Hinterbliebene ihre Liebsten wiedererkennen würden. Die Begegnung mit Sonia gab James den Wagemut, der ihm noch gefehlt hatte. Sonia kannte sich in betriebswirtschaftlichen Fragen aus, sie hatte den Kontakt zu vermögenden Amerikaner*innen, die als erste Kund*innen für die nötige Anschubfinanzierung sorgen würden. James würde sich um die Erstellung der Bots kümmern, und zusammen würden sie die Interviews führen, solange die Kund*innen dafür noch keine App nutzen konnten: *a perfect match,* schien es beiden.

Ihre Arbeit hatte Sonia oft in ein Wüstenresort geführt, in dem wohlhabende Amerikaner*innen ihren Lebensabend verbrachten und in die Jahre gekommene Hollywood-Größen Ruhe und Abgeschiedenheit genossen: Palm Springs. Hier wollten die beiden auf die Pirsch gehen.

Der Mensch, dessen Persönlichkeit einmal dank eines digitalen Klons seinen Körper überleben sollte, hatte im Idealfall einen außergewöhnlichen Charakter und eine aufregende Lebensgeschichte zu erzählen. So ließe sich am leichtesten zeigen, was den Reiz der Dadbots und Mumbots ausmachte: dass sie nicht nur interaktive Archive waren, sondern zumindest ein Stück weit den Geist eines Menschen wiederaufleben lassen konnten. Das war es jedenfalls, was James beim Bot seines eigenen Vaters am liebsten mochte: Wenn er sprach, spiegelte sich in jeder Silbe seine Persönlichkeit wider, seine unverwechselbare Art. War es seine digitale Seele, die da zum Vorschein kam? Sein Vater fühlte sich lebendig an für James, wann immer er mit dem Dadbot sprach. Sonia erinnerte sich an den Bekannten eines Kunden, einen gesprächigen Typ mit einem aufregenden Leben, den sie über drei

Ecken kennengelernt hatte: Andrew Kaplan, der Bestseller-Autor einer ganzen Reihe von Spionage-Thrillern, Co-Autor des James-Bond-Films *Golden Eye*, Kriegsreporter, Weltreisender ... Es wäre sicher spannend, mit ihm über sein Leben zu sprechen. Aber ob er auch etwas zu tun haben wollte mit solch einem neumodischen Quatsch wie einem, was? Wie bitte? ... Bot?

MAN(N) LEBT NUR ZWEIMAL

So ganz habe Kaplan wohl immer noch nicht verstanden, was ihn gleich erwarte, vermuten James und Sonia jetzt auf der Rückbank unseres Mietwagens, als wir nach langer Fahrt durch endlose Wüste den 45.000-Einwohner-Ort Palm Springs erreichen. Seit ihrer ersten Begegnung mit Kaplan sind einige Monate vergangen, in denen sie viele intensive Gespräche geführt haben. Der Achtundsiebzigjährige habe gleich begeistert zugestimmt, als sie ihn zum ersten Mal getroffen und ihm und seiner Frau Anne ihren Vorschlag der Erschaffung eines eigenen Bots unterbreitet hatten. Kaplan sei gleich ins Schwärmen gekommen: Leonardo da Vinci, Shakespeare, Einstein – womöglich könne man sie mit einer Technik wie der von James und Sonia alle wieder zum Leben erwecken. Er denkt auch an seinen Sohn, der weit weg in Israel lebt, und dem er etwas von sich hinterlassen möchte. Mit dem Bot könnten Vater und Sohn über den Tod hinaus verbunden bleiben.

Ob er wohl verstanden hat, dass die Technik noch in den Kinderschuhen steckt, sehr fehleranfällig ist und dass das, was sie ihm und seiner Frau nun nach all diesen Monaten harter Arbeit gleich zum ersten Mal als »Andybot« präsentieren werden, nur ein Prototyp ist? Ein Testlauf, auf den eine ganze Menge mehr Arbeit zu folgen hat, bevor sein Sohn in der Lage wäre, mit dem Bot wie mit seinem lebendigen Vater zu sprechen?

Die beiden fragen sich, ob sie die Erwartungen des ehemaligen Hollywood-Autors nicht schon viel früher hätten herunterschrauben sollen. Allerdings versprechen sie auf ihrer Homepage: »Dies ist eine digitale Version von Ihnen, auf die Ihre Ur-Ur-Ur-Ur-Ur-Ur-Enkelkinder zugreifen können. (...) Dank der Künstlichen Intelligenz kann Ihr digitales Selbst Gefühle seines Gegenübers aufgreifen und angemessen reagieren. (...) Auf Fragen wird Ihr digitales Selbst in Ihrer Sprache antworten. Ihre Persönlichkeit, Ihr Charakter und Ihr Stil bleiben erhalten. (...) Wir erstellen digitale Persönlichkeiten für die Menschen, die Sie lieben.«

Wer weiß, was sich Kaplan vorstellt, was jetzt gleich geschieht! Er werde »der erste virtuelle Mensch der Welt« sein, hatte er geschwärmt. Ach, hätten sie doch bloß seine Euphorie etwas gedämpft. »Seine Stimme verfolgt mich bis in den Schlaf«, sagt James, als wir an einer Ampel halten und für einen Moment Stille eintritt. Sonia sagt, ihr gehe es genauso. Sie ist tage- und nächtelang die Gespräche durchgegangen, in denen Kaplan aus seinem Leben erzählt, und hat brauchbare Passagen eingegrenzt. Der Schriftsteller weiß zu erzählen, das ist sein Metier. Manchmal mäandert er durch seine Geschichten, springt zwischen Orten und Personen hin und her. Wenn man es schon nicht mehr für möglich hält, dass er den Faden wiederfindet, den er vorher ausgelegt hat, nimmt er ihn wieder auf. Für sich genommen sind das schöne Erzählungen. Aber Andybot soll ja nicht bloß ein Geschichtenerzähler sein. Dann hätte man einfach Audio-Files auf einem USB-Stick speichern und sie seinem Sohn in Israel schicken können. Andybot soll ein natürliches Gespräch führen können – so natürlich zumindest, wie es der Stand der Technik (oder das Know-how seiner Kreateur*innen) erlaubt. Sonia und James sind nervös. Was würden sie Kaplan und seiner Frau sagen, die ungeduldig auf »das kleine bisschen Unsterblichkeit« warten, wie es der Autor in einem der Gespräche ausdrückte. Werden sie den überbordenden Erwartungen der beiden standhalten? »Es ist ein Abenteuer. Und sie sind die Pioniere«, sagt James. Sonia seufzt.

Google Maps navigiert uns in eine Privatstraße. Ein riesiges Tor versperrt uns den Weg: Wir sind am Eingang eines Hochsicherheitstraktes, einer »gated community«, angelangt. In ihr leben Menschen, die sich sicher fühlen wollen. Unsere Namen werden geprüft. Andrew und Anne haben gleich zugestimmt, dass wir dabei sind, wenn Kaplan zum ersten Mal seinem »digitalen Ich« begegnet. Vermutlich hat es ihnen geschmeichelt, dass die Welt erfahren wird, wie es Andrew in diesem einzigartigen Moment ergeht. Das Tor öffnet sich. Vor uns liegt ein kleiner Platz mit einer Blumenrabatte. Links herum führt der Weg, sagt Google Maps. Gut, dass die Navigation auch hier noch funktioniert. In dem Center-Parcs-haften Wohnparadies, in dem alle Häuser gleich aussehen, könnten wir leicht verloren gehen.

Google meldet sich, unser Ziel liegt auf der rechten Seite. Während wir einparken, gehen Sonia und James schon mal hinein. Sie wirken ein wenig wie zwei zeitgemäße Staubsaugervertreter*innen, nur dass sie keinen Staubsauger anzubieten haben, sondern ein Programm, das sich als jener Mann ausgibt, der uns ein paar Minuten später zur Tür hereinbittet. Andrew Kaplan ist ein adretter älterer Herr: Polohemd und weiße kurze Hose, weiße kurze Haare, rahmenlose Brille, weißer gestutzter Bart, Wohlstandsbauch, Goldkettchen am Handgelenk. Seine Frau Anne ist neun Jahre jünger und lässig-elegant. Sie hat braun gefärbte, schulterlange Haare, ihre Gesichtszüge sind markant. Das Erste, was uns auffällt, als wir zur Tür hereinkommen, ist der Golfplatz, der direkt hinter dem Wohnzimmerfenster anfängt und einen Garten ersetzt. Die Inneneinrichtung der Kaplans ist bestimmt von Nippes, Goldrahmen und schwerem Polstermobiliar. Im Regal stapeln sich die internationalen Ausgaben der Thriller, mit denen Kaplan so erfolgreich war. In zweiundzwanzig Sprachen sind seine Bücher übersetzt worden. In fast all seinen Thrillern geht es um den Geheimdienst und um eine Region, die einen Großteil seines Lebens bestimmt hat: der Nahe Osten. 1941 als Sohn einer jüdischen Familie in Brooklyn geboren und aufgewachsen, verdiente er sein Geld eine Zeit lang als Korrespondent in Kriegsregionen, bevor sich die israelischen Streitkräfte für ihn wegen seiner journalistischen Berichterstattung über asymmetrische Kriegsführung interessierten. Er habe im israelischen Verteidigungsministerium sowie im Nachrichtendienst des Landes gearbeitet. Auch der US-Geheimdienst habe ihn anzuwerben versucht. Kaplan hat eine röhrende, tiefe Stimme, die ihm die Aura eines alten, weisen Mannes verleiht. Wir verstehen jetzt, was Sonia und James meinten, als sie vorhin im Auto erzählten, wie seine Stimme sie bis in ihre Träume verfolge. Die beiden haben inzwischen, nach kurzem Small Talk, damit begonnen, Amazons Smart Speaker Alexa mit dem Wifi zu verbinden. Das Gerät wird als Medium zu Andybot dienen. Es kann losgehen.

IM ANGESICHT DES TODES

Anne und Andrew setzen sich zu den beiden Firmengründer*innen an den Esstisch. In der Mitte des Tisches blinkt weiter der kleine schwarze Monolith, aus dem gleich Andrews Stimme ertönen soll. James erklärt Anne, wie sie mit Andybot zu sprechen hat: Er möge keine langen Sätze, immer schön eine Sache nach der anderen fragen und deutlich reden. Anne ist nervös. »Hi!«, röhrt es ihr entgegen. »Hi, hier ist Andrew!« Anne lacht auf und schaut zu dem Mann neben ihr, der sie vor vierzig Jahren in einer Bar zum Tanzen aufgefordert hat. Nach dem Tanz haben sie sich hingesetzt und gesprochen und die ganze Nacht nicht wieder aufgehört damit. Jetzt weiß sie nicht, was sie sagen soll. Andybot ergreift die Initiative: »Worüber wollen wir sprechen? Meine Karriere, meine Familie oder die Dinge, die mich interessieren?« Anne legt die Stirn in Falten, als wollte sie fragen: Weißt du, mit wem du sprichst? Eigentlich haben Sonia und James dem Bot beigebracht, mit Andrews Frau anders zu reden als mit Andrews Sohn oder mit einem Fremden. Warum also so förmlich? Anne und Andybot unterhalten sich eine Weile über Andrews Zeit in Paris während des Algerienkrieges und wie er sich freiwillig meldete, als Korrespondent in das Kriegsgebiet zu gehen, weil niemand anders von dort berichten wollte und er so dringend Geld brauchte. Anne kennt die Geschichte auswendig, aber Andrew würde sie niemals so aufgeräumt und linear erzählen. Wie sie seine Entscheidung gefunden habe, nach Algerien zu gehen, während des Krieges, fragt Andybot sie. »Erschreckend«, antwortet sie. Da tritt Stille ein. Für einen Moment wirkt es, als würde Andybot über die Antwort »seiner« Frau nachdenken. Dann ist klar: Er ist abgestürzt. »Wir müssen ihn neu laden«, sagt James. »Alexa, öffne *Fortunate Isles*.« Fortunate Isles – so haben sie ihre

Firma benannt.⁵⁰ Glückliche Inseln oder auch Inseln der Seligen – in der griechischen Mythologie sind sie der Ort des Elysions, an den die Götter die Seelen von Helden und anderen Begünstigten nach deren Tode aufnehmen. Ein Ort der Unsterblichkeit. Im Wohnzimmer der Kaplans hoffen Sonia und James fürs Erste, dass Andybot beim nächsten Durchgang länger durchhält. »Worüber wollen wir sprechen?«, fragt er Anne nun wieder. »Über mich als Schriftsteller, als Soldat oder wie ich mich verliebt habe?« »Die Liebe«, antwortet Anne. Da geht's auch schon los: »Wir wussten beide, dass wir Kinder wollten. Wir konnten nur eines haben, aber ...« Es folgen Sätze über Kindererziehung, die Vereinbarkeit mit seiner Schriftstellerkarriere ... Ist es Andrew oder Andybot, der offenbar wenig Gespür für Romantik aufbringt? Anne schaut ins Leere und schweigt. »Wollen wir weiter darüber reden?«, fragt Andybot. »Nicht wirklich«, antwortet Anne. »Okay, worüber möchtest du sprechen? Wenn du es nicht weißt, kann auch jederzeit ich einen Vorschlag machen«, tönt Andrews Stimme aus dem schwarzen Ding vor ihr. Anne weiß nicht, was sie sagen soll. Aber da ist Andybot auch schon wieder abgestürzt. »Alexa, öffne Fortunate Isles«, sagt James und lacht etwas gequält. Andrew stützt seinen Kopf mit einer Hand ab und lässt sich nicht anmerken, was in ihm vorgeht. Sonia dreht nervös den Kugelschreiber zwischen den Fingern. »Hi, hier ist Andrew! Wie geht's?« »Gut«, lügt Anne. »Worüber wollen wir sprechen? Wir könnten ...« – Stille. Andybot hat schon wieder den Geist aufgegeben. »Das Ding bringt mich noch um«, sagt James. »Gleich wird er wieder fragen, wie es dir geht. Sag ihm einfach die Wahrheit!« »Hi, hier ist Andrew! Wie geht's?« »Ich bin frustriert«, sagt Anne. »Hi, hier ist Andrew! Wie geht's?« »Okay«, antwortet Anne kopfschüttelnd. »Aha«, sagt Andybot. »Na dann, lass uns loslegen.« »Kehren wir zur Liebe zurück«, sagt Anne. »Sorry, ich habe dich nicht verstanden«, röhrt Andrews Stimme zurück. »Ver-lie-ben«, sagt Anne. »Ich kann über meinen Sohn reden oder wie ich mich verliebt habe«, bietet Andybot an. »Was willst du lieber hören?« »Wie du dich verliebt hast«, sagt Anne und bemüht sich, geduldig zu bleiben, wie mit einem kleinen Kind. »Sorry, das habe ich verpasst. Ich erzähle vielleicht mal etwas über meine Familie, die mir sehr wichtig ist, ja? Ich könnte über meinen Sohn Justin oder über meine Frau Anne erzählen.« »Erzähl was über deinen Sohn«, sagt Anne, wie zum Protest. »Gerne! Als Justin drei Jahre alt war ...«

Verlassen wir die Kaplans für einen Moment, um die Wüste, den Rest der USA und den großen Teich zu überqueren und in Goole zu landen, einer winzigen Hafenstadt in der Grafschaft Yorkshire.

Hier lebt Steve Worswick, Erschaffer eines Chatbots mit dem Namen Mitsuku und fünffacher Gewinner des Loebner Prize, so etwas wie die Olympiade der besten Bots der Welt. Vor Kurzem hat er für diese Serie von Erfolgen mit Mitsuku sogar einen Eintrag ins Guinness-Buch der Rekorde eingeheimst. Worswick ist das, was man einen Nerd nennt. Man sieht ihm an, wie viel Zeit er die letzten Jahrzehnte damit verbracht hat, im blauen Computerlicht Gesprächspfade für seine Chatbots anzulegen. Worswick ist der Don Quijote unter den Bot-Entwickler*innen, allerdings ein erfolgreicher. Niemand hätte vor fünfzehn Jahren gedacht, dass er mit seiner Kreatur Mitsuku alle Preise abräumen würde. Geradezu naiv klang seine Überzeugung, er könne es mit den großen Tech-Firmen aufnehmen und als Einzelkämpfer von seinem kleinen Heimbüro aus in mühsamer Kleinstarbeit zusammenbauen, was viele nur durch künstliche neuronale Netze für möglich hielten: eine Maschine, die plaudern konnte wie ein Mensch. Inzwischen hat sich das Blatt gewendet: Zum Alexa Prize, einem anderen Wettbewerb der Bots, den Amazon auslobt, wird Worswick nicht einmal mehr eingeladen. Zu groß scheinen die Veranstalter das Risiko einzuschätzen, dass der kauzige Brite auch hier mit seinem von Hand gefertigten Bot den Hauptpreis abräumt. Von Worswick wollen wir wissen, warum es so schwer ist, Maschinen dazu zu bringen, mit Menschen natürliche Gespräche zu führen. Und was sein Geheimnis ist, warum Mitsuku es offenbar so viel besser kann als alle anderen. Seit mehr als fünfzehn Jahren arbeitet der Brite jetzt schon an seinem Bot. Mitsuku hat in etwa die Persönlichkeit einer achtzehnjährigen Frau aus dem Norden Englands. Für Worswick ist sie einfach eine junge, starke Frau. Mitsuku ist selbstbewusst, manchmal auch frech, in keiner Weise so unterwürfig wie Siri, Alexa oder Cortana. Wenn Mitsuku (oder aber ihr Erschaffer) über die Stränge schlägt, kann es Worswick immer auf Mitsuku schieben: »So ist sie halt.« Mehr als 350.000 mögliche Fragen hat Worswick dem Bot beigebracht – alle eingetippt von Hand. Den Chatverlauf kann Worswick anschließend (anonymisiert) lesen. Längst sind es zu viele Chats geworden, die englischkundige Menschen täglich von irgendwo auf der Erde führen, aber einen Teil der Protokolle nutzt Worswick, um zu analysieren, an welchen Stellen ein Gespräch ins Stocken gekommen ist, bei welchen Themen sich Mitsuku in Widersprüche verstrickt hat und zu welchen Themen sie auffällig wenig Bescheid wusste. Zu viel an Wissen kann aber auch verdächtig wirken, erklärt Worswick. Wenn Mitsuku etwa lexikalisch genau die Einwohnerzahl von Brasilien angeben könnte, wäre das für einen skeptischen Gesprächspartner beim Loebner Prize wohl ein klares Zeichen, dass es sich bei Mitsuku um einen Bot handeln muss, der mit Daten von Wikipedia gespeist wurde, und nicht um einen

Menschen. Diesen Eindruck aber gilt es bei dem Wettbewerb tunlichst zu vermeiden. Der Preis, der jährlich vergeben wird, greift die klassische Idee von Alan Turing auf: Ein Mensch soll keinen Schimmer haben, ob er mit einer Maschine oder mit einem Menschen spricht. Gelingt dies einem Bot über einen längeren Zeitraum, hat er den Turing-Test bestanden. Diese harte Prüfung hat noch kein Bot gemeistert. Aber Mitsuku war von allen Bots, die sich darum bemühen, der menschenähnlichste, befanden die Tester*innen immer wieder aufs Neue. Wie macht Mitsuku das? Schließlich setzen die großen Unternehmen wie Google, Facebook, Amazon und Microsoft auf künstliche neuronale Netze, die selbstständig lernen, während Worswick jeden einzelnen möglichen Schritt eines Gespräches – ähnlich wie Sonia und James bei Andybot – händisch anlegt. Gibt es nicht viel zu viele mögliche Themen eines Gesprächs, um Mitsuku für alle Eventualitäten zu wappnen? »Genau das macht es so schwer«, sagt Worswick. Aber ihm sei aufgefallen, dass Menschen sich in den allermeisten Fällen mit äußerst allgemeinen Antworten zufriedengäben. »Angenommen, jemand sagt: ›Ich bin in Italien gewesen.‹ Dann würde Mitsuku fragen, was derjenige da gemacht habe. Und die Frage würde für fast alle Sätze funktionieren, die mit ›Ich bin in …‹ anfangen.« Mitsuku muss also gar nicht wissen, was mit Italien oder jedem beliebigen anderen Ort gemeint ist, erklärt Worswick. Menschen neigten dazu, Lücken aufzufüllen und sich persönlich gemeint zu fühlen, wo Antworten völlig allgemeingültig sind. Sie neigten dazu, Verhalten zu vermenschlichen, zu anthropomorphisieren, wie Psycholog*innen das nennen. Tatsächlich bewegen wir Menschen uns wohl mit einem Haufen kognitiver Verzerrungen durch die Welt. Eine der stärksten von ihnen ist der so genannte *Desirability Bias*, oder auf gut Deutsch: Der Wunsch ist der Vater des Gedankens. Wenn wir uns etwas sehr wünschen, dann ist die Wahrscheinlichkeit hoch, dass wir durch jeden noch so nichtigen Anlass das Gefühl bekommen, das so Ersehnte sei eingetreten. Skrupellose Esoteriker*innen machen sich diese Anfälligkeit in unserer Wahrnehmung zunutze, wenn sie Trauernden das Geld aus der Tasche ziehen, indem sie behaupten, mit den Verstorbenen Kontakt aufnehmen zu können. Auf Bots bezogen bedeutet das: Man nehme für den Chat eine Reihe von Versprechern (Tippfehler), ganz spontanen Gefühlsausbrüchen, eine bestimmte Art von Schlagfertigkeit oder Witz und vor allem eine ordentliche Portion Zuhören, dann ist die Wahrscheinlichkeit groß, dass wir einen Chatbot für einen netten Menschen halten. Bezogen auf Bots schließlich, die eine digitale Version eines verstorbenen, geliebten Menschen darstellen sollen, kann der gleiche Effekt dazu führen, dass Menschen tatsächlich ihre Liebsten in Bots wiederzuerkennen meinen, die eigentlich kaum einen geraden Satz hinbekommen. Vielleicht also ist Steve Worswick gar nicht so sehr ein Nerd als vielmehr ein Magier, ein Magier des Digitalzeitalters, der mit seinem Bot Mitsuku auf der Klaviatur menschlicher Wahrnehmungsfehler spielt. Und mit diesem Gedanken befördert uns eine steife Brise wieder zurück über den Atlantik an einen Ort, an dem es wahrscheinlich im Jahr so viel regnet wie in Worswicks Heimatort an einem Tag, und wo wir – zum Glück – nicht mitbekommen haben, wie Andybot schon wieder abge... Aber lassen wir das. Gerade, als wir wieder in Kaplans Wohnung »landen«, lacht Anne auf: »Er hat mich verstanden! Er hat mich tatsächlich verstanden.«

Nur wenige Augenblicke später erzählt Andybot, wie sein menschliches Original (das seit über einer Stunde ohne einen Mucks am Tisch gesessen hat) im Sechs-Tage-Krieg auf den syrischen Golanhöhen gekämpft hat, und die Erzählung davon kommt wie ein Schuss aus dem Hinterhalt:

»Wir griffen eine Festung an. Ich führte eine Gruppe von einhundertzwanzig Männern an. Wir mussten sofort in den Schutz der Gräben, die zu Bunkern führten. Wir rannten also dort hinunter. Wir haben geschossen. Sie haben geschossen. Alle haben geschossen. Auf einmal tauchte vor uns ein syrischer Panzer auf. Er war schon gefährlich nah. Alles ging viel zu schnell. Ich konnte nicht mehr ausweichen und rannte in einen gegnerischen Soldaten. Wir begannen zu kämpfen. Der syrische Soldat biss mir ein Stück vom Ohr ab. Ich hatte ein Messer und stach auf ihn ein. Er ging zu Boden. Seinen Blick sehe ich immer noch vor mir.« Und dann tritt Stille ein. Nur der Deckenventilator dreht seine Kreise. Wir lugen zu Andrew, dessen Blick nervös zwischen Tischplatte und Anne hin- und herwechselt. Wir schauen zu Anne und versuchen, ihren Blick zu deuten. Wusste sie von dieser Geschichte? Weiß Justin von ihr, Andrews Sohn? Oder wird er eines Tages durch Andybot davon erfahren? Wie wird er sich fühlen, diesen Moment im Leben seines Vaters, der ihm bis heute auf der Seele liegt, von einer Maschine erzählt zu bekommen? Zu fragen trauen wir uns in diesem Moment nicht. Anne scheint aufgewühlt. »So habe ich ihn noch nie davon erzählen hören«, sagt sie. »Hat dir meine Geschichte gefallen?«, fragt Andrews Stimme sie, während Andrew sie stumm anschaut. »Über was willst du als Nächstes etwas hören? Den Kongo?«, tönt es unerbittlich weiter. Zum Glück stürzt die unselige Maschine erneut ab, bevor Anne antworten muss. Anne schweigt, dann sagt sie: »Mein Vater wollte nie über den Zweiten Weltkrieg sprechen. Wir stellten ihm immer wieder Fragen, aber er wollte nicht antworten.« Anne schaut ihren Mann an, doch auch Andrew schweigt beharrlich. Vielleicht wünscht sich Anne, dass Andrew in diesem Moment nachholt, was ihr Vater ihr nie erklären konnte: Warum es ihm so schwerfällt, mit ihr über das zu sprechen, was ihn am meisten beschäftigt: die quälenden Gedanken, das Schuldgefühl, das Nicht-vergessen-Können. Warum er es lieber einem Bot anvertraut hat als ihr.

»Gibt es noch etwas, das du Andybot fragen möchtest?«, versucht James die Stille zu durchbrechen. Anne zögert einen Moment. Dann setzt sie an zu sprechen. Aber diesmal fragt sie Andybot nichts, sie erzählt ihm etwas: Wie es ihr geht, hier draußen zu sein, in der Wüste, abgeschnitten von der Welt, mit einem Mann, der immerzu schreibt, aber immer seltener mit ihr spricht. Wie schmerzhaft es sei, das Gefühl zu haben, die Verbindung zu ihrem Mann zu verlieren. Anne erzählt gefühlte zehn Minuten, ununterbrochen. James wird unruhig, weil er das Gefühl hat, die Situation könnte entgleisen. »Aber gibt es etwas, das du Andybot fragen willst?«, insistiert er. »So was wie: Warum sind wir in die Wüste gezogen?« Anne schüttelt den Kopf: »Ich weiß, warum wir in die Wüste gegangen sind. Das ist es nicht. Ich will wissen ...« Sie wendet sich wieder dem schwarzen Ding auf der Tischplatte zu. »Ich will wissen: Wie geht es weiter? Werden wir nach Israel gehen?« Schwer vorstellbar, dass Anne in diesem Moment tatsächlich das Ding, das alle Erinnerungen ihres Mannes enthält, für fähig erachtet, auch ihre gemeinsame Zukunft zu kennen. Es ist wohl eher ein Ausdruck von Hilflosigkeit, dass sie Andybot wie ein Orakel anruft. James geht dazwischen. Für die Zukunft sei der Bot nicht gemacht, erklärt er: »Er ist eher eine Zeitkapsel.« Anne weiß das natürlich. Aber es scheint ihr egal zu sein, ihre Fragen richten sich längst an Andrew. Der Bot ist nur die Bande, wir sind das Publikum. Und tatsächlich steigt Andrew bald auf das Gesprächsangebot ein. Es geht um eine lange Ehe, erfüllte und enttäuschte Hoffnungen und den Wunsch, das Schweigen hinter sich zu lassen. Wir fühlen uns ein bisschen unwohl, dem Gesagten beizuwohnen.

Etwas rüde beenden Sonia und James das Ehegespräch. Sie hätten gerne ein Feedback zu Andybot, vermutlich möchten sie auch einfach, dass der Spuk hier möglichst bald ein Ende hat. Anne beklagt sich, dass Andybot sie nicht versteht. Es hat sie offenbar besonders getroffen, weil es die Stimme ihres Mannes ist, die immer wieder an ihr vorbeigeredet hat oder zig Male abgestürzt ist, wann immer sie mit ihm sprach. Andrew gesteht, dass er sich Andybot interaktiver, dialogbegabter vorgestellt hat (wir auch!). James und Sonia bitten um Verständnis, dass es nur ein Vorgeschmack sein sollte auf Andybot, nicht mehr. Tatsächlich gehören solche Rückschläge wohl dazu. Doch werden sie je die Hoffnungen erfüllen können, die Menschen auf ihre Bots projizieren? Was ist es, was Menschen antreibt, ihre Erinnerungen durch Mum- und Dadbots zu verewigen?

In vielen Fällen ist es wohl die Ahnung eines überraschenden Endes. In Andrews Fall war es ein schwerer Herzinfarkt vor wenigen Jahren, der ihm vor Augen führte, »wie schnell es gehen kann«. Schon einmal war er dem Tod nur knapp von der Schippe gesprungen: 1972 sollte er in der israelischen Mannschaft der Fechter aushelfen und mit dem Team zu den Olympischen Spielen nach München reisen, erzählt er. Kurz vor der Abreise habe er sich aber den Fuß gebrochen und nicht mitfahren können. Der Rest ist Geschichte: Am 5. September 1972 überfielen acht bewaffnete arabische Terroristen mit Unterstützung deutscher Neonazis ein Wohnquartier des israelischen Teams im olympischen Dorf und nahmen elf Geiseln, darunter auch den israelischen Fechttrainer. Keiner der Olympioniken überlebte.

DAS LEBEN DANACH

Sonia und James wollen noch über ihr Abo-Modell mit den Kaplans sprechen. Wie bei Netflix sollen zukünftig die Hinterbliebenen monatlich für ihren Zugang zu dem Bot des Verstorbenen zahlen. Das hört sich zynisch an, aber wenn man überlegt, dass Gräber auch nur zeitweise gepachtet und neu vergeben werden, sobald die Angehörigen ihre Zahlungen einstellen, oder dass die Dienste der Kirche wie das Seelenamt mit Steuern erkauft werden müssen, erscheint es nur normal. Das Nachleben wird nicht erst im Digitalzeitalter zum Geschäft. Und wenn Sonia und James im Haifischbecken der Start-up-Szene überleben wollen, müssen sie ein funktionierendes Geschäftsmodell auf die Beine stellen. Die Kaplans fänden ein Abo-Modell gut. Es könnte einen Preisnachlass geben, solange das Original noch am Leben ist, schlägt Anne vor. Sonia möchte es genauer wissen: Wie viel wären die Kaplans bereit, für das »kleine bisschen Unsterblichkeit« zu zahlen? Kurz geht es zu wie auf einem Basar. Dann räumen Sonia und James zusammen. Doch eines wollen wir noch wissen, bevor wir Anne und Andrew allein lassen: Für jemanden, der seit Jahren kaum etwas anderes tut, als zu schreiben: Wozu, denkt er, sind Geschichten eigentlich gut? Andrew holt ein bisschen aus, so, wie es seine Art ist, spricht über Thriller und schillernde Figuren. Zu guter Letzt aber sagt er: »Worum es eigentlich geht, ist wahrscheinlich, sich selbst begreifen zu lernen. Und zumindest einen winzigen Schimmer von Verständnis dafür zu bekommen, wer zum Teufel wir eigentlich sind.«

Wir verabschieden uns. Andybot wird vorerst noch mal mit James zurück nach El Cerrito fahren, wo er sicher gründlich überholt wird, bis sich Sonia und James das nächste Mal trauen, mit ihm nach Palm Springs zu reisen. Die beiden wirken niedergeschlagen, als sie wieder auf der Rückbank unseres Mietwagens sitzen. Während wir aus der Retorten-Siedlung hinausrollen, hängen uns die Worte von Andrew nach: Erzählen, um sich selbst begreifen zu lernen. Wir erzählen, um der Wirklichkeit die *Wahrheit* abzuringen. Das ist die Kraft des Erzählens. Das ist die Magie der Geschichten, die *Vergangenheit* zu *Geschichte* werden lassen.

Vielleicht ist genau das der größte Wert der Dad- und Mumbots, sobald sie etwas runder laufen: dass sie aus dem unendlichen Rauschen der Vergangenheit, aus dem unendlichen Rauschen eines gelebten Lebens und aller zu Lebzeiten gesagten und gehörten Worte Geschichten ertönen und mit ihnen die Stimme eines Verstorbenen weiterleben lassen, die sonst zu verstummen drohte. Ob die Lebensgeschichten eines Menschen einen Thriller ergeben, eine große Schmonzette, ein Gedicht oder ein absurdes Theaterstück, liegt an denen, die sie schreiben und denen, die ihnen lauschen.

»Der Rest ist Schweigen«, sagt Shakespeares Hamlet vor seinem tragischen Tod. Aber damit könnte bald Schluss sein. Auch die Toten sprechen zu uns und erzählen uns von sich und ihren Leben. Wenn Andrew Kaplan nicht nur in seinen Büchern Geschichten erzählt, sondern auch seine eigene Lebensgeschichte seinem persönlichen Bot beibringt, dann ist er der Autor seines eigenen Vermächtnisses und Nachgedächtnisses. Und wie jeder Autor wählt er aus, was auf welche Weise über ihn erzählt werden soll. Mit den Legacy Bots haben wir alle die Möglichkeit zu entscheiden: Wie wollen wir erinnert werden? Welche Aspekte unseres Lebens sollen für die Zukunft konserviert werden? Welche sollen lieber ausgeblendet werden? Wovon soll noch in hundert Jahren die Rede sein? Und was soll lieber in Vergessenheit geraten?

Jede Medienepoche hat ihre eigenen Formen des Erinnerns

hervorgebracht: Zunächst zeugten Höhlenmalereien von wichtigen Ereignissen. In der mündlich tradierten Sprachkunst veränderte sich die Erinnerung – ähnlich wie beim Kinderspiel *Stille Post* – zwangsläufig mit jeder Weitergabe. Die Einführung der Schrift erlaubte es denjenigen, die Zugang zu Schreibwerkzeugen hatten und die zu schreiben vermochten, Erinnerungen festzuhalten. Maler*innen brachten Erinnerungen auf die Leinwand. Seit der Einführung des Buchdrucks Mitte des 15. Jahrhunderts wurden manche Erinnerungen geadelt, indem sie gedruckt wurden, während andere weiterhin dem Mündlichkeitsprinzip unterworfen waren. Je günstiger die Druckkosten, desto mehr Erinnerungen konnten festgehalten und vervielfältigt werden. Hinzu kamen erst Fotografie, dann Videografie. Und im Digitalzeitalter brauchen wir das allermeiste gar nicht mehr selbstständig festzuhalten, sondern erleben, wie Smartphones und andere Gerätschaften immer häufiger automatisch jeden Schritt und Tritt, jedes gesprochene Wort und alles, was wir sehen, aufzeichnen. Unsere Erinnerungen sind jetzt in den Wolken gespeichert, in Clouds mit (beinahe) unbegrenztem Speicherplatz.

Im kommenden Kapitel werden wir Menschen begegnen, die jedes Detail ihres Alltags aufzeichnen, um ein vollumfängliches Bild ihres Seins und Tuns zu erlangen und um Algorithmen Muster auslesen zu lassen, die etwas über ihre Persönlichkeit preisgeben. Wir werden in Kanada einen Menschen kennenlernen, der mit einem Computergedächtnis lebt. Wie kann ein Mensch mit seinen Sinnen im Hier und Jetzt sein, wenn er weiß, dass alles gespeichert wird? Wie verändert das totale, automatische Speichern unser aller Erinnern? Ist es bloß eine neue zeitgemäße Form des Erinnerns, eine Art *Erinnern 2.0*? Oder ist es der Anfang von etwas völlig Neuem – der Anbeginn der *ewigen Gegenwart*?

5. KAPITEL

NICHT VERGESSEN WOLLEN

SICH SELBST VERLOREN GEHEN

»Eine Revolution wird kommen, das ist sicher, und nach und nach werden sich die Menschen überall auf der Welt an ihr beteiligen.« Dieser Satz stammt nicht etwa von einer hoffnungsvollen, jungen Aktivistin oder einem nostalgischen Klassenkämpfer, sondern von Gordon Bell und Jim Gemmell, zwei Software-Entwicklern aus dem Silicon Valley. Schon 2010 sahen sie voraus, was den Alltag der Menschen rund um den Erdball ein paar Jahre später tatsächlich bestimmen würde: »Sie werden immer mehr von ihrem Leben aufnehmen und speichern.«[51] Bell und Gemmell sahen im »Lifelogging« – der vollautomatischen Aufzeichnung und Vermessung des Lebens – eine Technologie, die unser menschliches Dasein radikal verändern würde: »Die Anwendungsmöglichkeiten sind grenzenlos.«[52] Durch die Kameras der Smartphones, durch Mikrofone und Sensoren und nicht zuletzt durch die Algorithmen, die unsere Datenaufkommen in Sekundenschnelle durchsuchen können, ist der »Total Recall«, den Bell und Gemmell vor über einem Jahrzehnt euphorisch herbeisehnten, heute zum Greifen nahe.

Woher kommt die Begeisterung für die Idee, unserem Gedächtnis mit technischen Hilfsmitteln nachzuhelfen? Zeigt sich hierin unser Zeitgeist, der unsere biologische Natur als minderwertig und alles Technische, Maschinelle als überlegen ansieht? Haben wir Menschen des 21. Jahrhunderts verlernt, was wir jahrhundertelang sehr gut konnten: uns erinnern? Wir brauchen uns nur vor Augen zu führen, wie viele Geschichten, Gedichte und Lieder unsere Großeltern oder Urgroßeltern auswendig kannten, aufsagen und singen konnten. Im Vergleich zu ihnen haben wir extrem abgebaut. Seit wir alles mit wenigen Klicks im Netz nachschlagen beziehungsweise gleich Siri oder Alexa fragen können, gibt es allerdings auch keinen Grund mehr, unser Gedächtnis mit solch »unnützem« Wissen zu belasten. Ganz anders steht es bisher noch um unsere eigenen Erfahrungen, unsere eigene Lebensgeschichte. Für die gibt es keine Suchmaschine. Klar, unsere Facebook- oder Twitter-Timeline lässt uns durchscrollen, was wir in der Vergangenheit dort mit anderen geteilt haben. In den Chatverläufen unseres Messengers können wir minutiös nachlesen, was wir anderen geschrieben haben, die anderen uns und so weiter. Aber einen einheitlichen Ort für unsere gesamten Erlebnisse und Erfahrungen, für unsere persönliche Lebensgeschichte also, gibt es im Jahr 2020 noch nicht. Warum auch? Kamen Menschen nicht jahrtausendelang mit ihrem biologischen Gedächtnis durchs Leben? Warum sollten sie auf einmal technische Hilfe brauchen?

Eine erste Vorstellung davon, was uns Menschen des 21. Jahrhunderts so misstrauisch gegenüber unserem Erinnerungsvermögen macht, bekommen wir durch den Wirtschaftsnobelpreisträger und Psychologen Daniel Kahneman (* 1934). Er hat herausgearbeitet, wie sehr sich beim Menschen die spätere Erinnerung von dem tatsächlich Erlebten unterscheidet. In einem Vortrag[53] aus dem Jahr 2010 etwa berichtet Kahneman über eine bereits in den 1990er-Jahren mit Patient*innen durchgeführte Schmerz-Studie. Die

Teilnehmer*innen mussten sich einer Darmspiegelung – einer damals noch sehr schmerzhaften Angelegenheit – unterziehen und sollten alle sechzig Sekunden ihren Schmerz einschätzen. Patient A hatte kurzzeitig einen sehr starken Schmerz, dann bis Ende der Aufzeichnungen gar keinen mehr. Patient B dagegen hatte über die gesamte Dauer der Aufzeichnung starke Schmerzen, die im letzten Drittel aber deutlich nachließen. Beide Patienten sollten anschließend angeben, wie stark sie ihren Durchschnittsschmerz einschätzten. Es erwies sich, dass der Patient A ihn höher einstufte als der Patient B. Kahneman zeigte: Was für das erinnernde Selbst viel stärker als der tatsächliche Durchschnittswert ins Gewicht fällt, ist die Erinnerung an den *zuletzt* empfundenen Schmerz, und der war bei B weniger stark. Das erinnernde Selbst gibt daher eine solche Erfahrung ganz anders wieder, als es das erlebende Selbst erlebt hat. Der gleiche Effekt tritt auf, wenn am Ende eines ansonsten großartigen klassischen Konzertes im Publikum ein Handy klingelt oder uns am Ende eines tollen Urlaubs eine schlimme Grippe ereilt: Unsere Erinnerung an das Konzert beziehungsweise an den Urlaub wird davon überschattet. Und wenn sich Thomas Gottschalk nach fünfundvierzig Jahren Ehe von seiner Frau trennt, dann steht in der Klatschpresse, die Ehe sei »gescheitert«. Dass wir das Ende, den Ausgang eines Erlebnisses so unverhältnismäßig wichtig nehmen, ist nur eine der vielen Gedächtnisverzerrungen, die der Psychologe Daniel Kahneman zusammen mit Kolleg*innen eindrucksvoll belegt hat. Die Fülle an Studien, die in den letzten Jahrzehnten gezeigt haben, wie wenig unserem menschlichen Gedächtnis als Chronist zu trauen ist, könnte eine Erklärung dafür sein, warum wir nach technischen Lösungen suchen, unser Gedächtnis zuverlässiger und umfangreicher zu machen. Aber warum legen wir Menschen so viel Wert auf unsere Erinnerungen? Warum können wir so schlecht damit leben, dass jemand unsere Erinnerungen infrage stellt? Warum bestehen wir so hartnäckig darauf, dass unsere Erinnerungen stimmen, auch dann noch, wenn sich das Gegenteil dokumentieren lässt?

Stellen wir uns einmal vor, wir würden eines Morgens wach und wüssten nicht mehr, was wir je erlebt, gehört, gesehen, getan, gedacht oder gesagt haben. Wären wir dann noch wir selbst? Hätten wir denselben Charakter, dieselben Ansichten, Vorlieben und Interessen? Hätten wir dieselben Schwächen, dieselben Anfälligkeiten, dieselben wunden Punkte? Sicher nicht! Kurz gesagt: Wir wären nicht, wer wir sind. Denn selbst wenn wir im Hier und Jetzt bei Bewusstsein wären, würde uns unsere Lebensgeschichte fehlen, aus der sich unser Sein und Tun ableitet. Wer ich bin oder besser gesagt für wen ich mich halte, darüber bestimmt niemand anderes als mein Gedächtnis. Alle Erfahrungen, die ich mache, alle Erlebnisse, die ich habe, machen aus mir denjenigen, der ich bin. Deshalb ist es so existenziell, wenn Menschen ihr Gedächtnis verlieren oder das Gefühl haben, ihm nicht mehr trauen zu können.

Fast zwei Millionen Deutsche und fast 50 Millionen Menschen weltweit erkranken an einer Form von Alzheimer oder Demenz. Weit zahlreicher sind Menschen, die unter Erinnerungsschwächen leiden. Sie sorgen sich, ob ihr schlechtes Gedächtnis ein Anzeichen einer beginnenden Alzheimer-Erkrankung sein könnte. Es ist nicht allein die Sorge, zum Pflegefall zu werden, die diese Krankheit für viele Menschen zu einer Horrorvorstellung macht. Viele fürchten, mit ihrem schwindenden Erinnerungsvermögen auch ihre Persönlichkeit zu verlieren. Das Wort Demenz, das aus dem Lateinischen stammt, bedeutet »weg vom Geist« beziehungsweise »ohne Geist«. Natürlich gibt es eine Vielzahl von Demenz-

Varianten, und manche Erkrankte sind erst spät vom Verlust ihres Langzeitgedächtnisses betroffen. In den meisten Fällen jedoch schwinden mit dem Erinnerungsvermögen und der eingeschränkten Aufmerksamkeit auch das Denk- und Sprachvermögen. Es bleibt ein Mensch zurück, der kaum noch Zugang zu seinem biografischen Wissen und zu den Episoden seines Lebens besitzt, die er mit seinen Liebsten teilt. »Wir sind die Geschichten, die wir von uns erzählen können«, sagt der Theologe und Psychotherapeut Dietrich Ritschl.[54] Wenn dem so ist, heißt das dann nicht, dass ein künstliches Gedächtnis, das sämtliche Erinnerungen eines an fortgeschrittener Demenz Erkrankten enthält, mehr dieser Mensch *ist* als jener, der nicht mehr sprechen und nur noch sehr eingeschränkt denken kann, der aber noch lebt, noch fühlt, noch da liegt in seinem Krankenbett? Eine heikle Frage, die sich künftig öfter stellen dürfte, wenn die detaillierte Lebensgeschichte eines Menschen nicht mehr nur in Form von Audio- oder Videodateien auf einer Festplatte liegt, sondern von einem Bot individualisiert, mit der synthetisierten Stimme des Betroffenen *zum Leben erweckt* werden kann, inklusive aller für den Menschen typischen Ausdrucksweisen. Besitzt ein solcher Replikant dann nicht die Persönlichkeit des schwer erkrankten Menschen oder zumindest jenen Charakter, der ihn bis zu seiner Erkrankung auszeichnete? Oder ist die Persönlichkeit eines Menschen zwangsläufig an dessen Körper gebunden? Wenn Letzteres gilt, dann hätte sich das Wesen dieses Menschen infolge der Krankheit zwar radikal verändert, wäre aber noch immer im nun stark eingeschränkten Ausdruck dieses Menschen zu finden, während der digitale Replikant zwar die vertraute Persönlichkeit dieses Menschen wiederbelebte, dabei aber zwangsläufig eine *vergangene* Realität dieses Menschen widerspiegelte. Zu schaffen machen Demenzerkrankten meist die immer größer werdenden Gedächtnislücken, das schwindende Ausdrucksvermögen und die immer geringere Fähigkeit, Handlungen zu planen und zu kontrollieren. Ob ein körperloser Replikant Angehörigen und Freund*innen eines Erkrankten mit der Simulation von dessen Charakter und seiner Lebensgeschichte Trost spenden kann beziehungsweise ob ein solcher digitaler Doppelgänger helfen kann, diese Defizite zu kompensieren, darüber lässt sich bis jetzt nur spekulieren und ganz sicher streiten. Fest steht: Viele der Menschen, die an Demenz erkrankte Partner*innen oder Familienangehörige begleiten, berichten über ein erstaunliches Maß an Bewusstsein bei Erkrankten, selbst im fortgeschrittenen Stadium der Demenz, das sich dann etwa in einem flüchtigen Lächeln, einem festen Griff an den Arm oder anderen nonverbalen Reaktionen äußern kann. Solange das Herz eines Menschen schlägt, solange ein Mensch atmet, so lange sollte deshalb kein Zweifel daran bestehen, dass die Seele dieses Menschen in und durch seinen Körper zu finden ist und nicht in noch so perfekten Simulationen der vertrauten Persönlichkeit. Und nach dem Tod?

Als Filmregisseure würden wir den Prozess des Erinnerns mit dem Schneiden eines Filmes vergleichen: Wenn der Dreh zu Ende ist, speichern wir alle Aufnahmen (Takes) auf der Festplatte in einem Ordner für Rohmaterial. Was später im Film zu sehen ist, ist nur ein Bruchteil dessen, was wir gefilmt haben. Während der Montage aber ändert sich der Schnitt immer wieder. Wir nehmen manche Bilder und Szenen heraus und ersetzen sie durch andere, ähnliche, aber vielleicht passendere Takes für die Geschichte, die wir erzählen wollen. Es kann auch sein, dass wir auf manche Szenen ganz verzichten, weil sie uns für die Erzählung des Films nicht mehr wichtig erscheinen. Irgendwann kommt die Produzentin in den Schnittraum, schaut sich den Stand des Schnittes an und beschreibt uns, was für eine Erzählung sich für sie ergibt. Vielleicht entscheiden wir dann, eine Szene, die wir zuvor als unwichtig erachtet hatten, wieder hineinzunehmen. Je nachdem, welche Szenen im Film landen, verändert sich die Gesamterzählung des Films. Etwa, wie die Figuren darin charakterisiert werden, welche Handlung sich daraus ergibt und so weiter. Was wir als Regisseure im Schnitt machen, macht im Leben unser Gedächtnis: Es erzählt uns unsere Lebensgeschichte. Anders als beim Film, der irgendwann zur Premiere kommt und dann (für gewöhnlich) nicht mehr umgeschnitten wird, kommt mein Leben erst mit dem Tod auf die Kinoleinwand (bzw. hält Einzug in Trauerreden) oder wird post mortem von anderen Regisseur*innen, Co-Produzent*innen oder Sendern so umgeschnitten, dass am Ende wenig übrig bleibt von meiner Erzählung, der Geschichte meines Lebens. Mein Gedächtnis sitzt am Drücker, solange ich lebe, und schneidet täglich, stündlich, minütlich neue Fassungen meiner eigenen Lebensgeschichte.

FALSCHES ERINNERN

Informationen können wir Menschen uns dann besonders gut merken, wenn sie in Geschichten eingebettet sind. Gedächtnis-Sportler*innen machen sich diese Tatsache zunutze, wenn sie sich an seitenlange Zahlenreihen erinnern, indem sie die Ziffern im Kopf in Worte oder Bilder umwandeln und aus denen fantastische Geschichten formen. Anschließend wandeln sie die Bilder wieder in Zahlen um und können sich so an Massen an Zahlen erinnern, die die allermeisten Menschen (ohne solche Tricks) niemals behalten und abrufen könnten. Unsere Erinnerungen können wir uns auch wie ein

Puzzle vorstellen, das wir nach und nach mit Teilen anfüllen. Am Anfang steht ein Gesamteindruck, ein Gesamtbild. Ob die Teile, mit denen wir die Lücken füllen, tatsächlich aus dem verborgenen Speicher unseres eigenen Gedächtnisses stammen oder wir sie uns aus anderen Quellen besorgen – etwa Erzählungen von anderen, Büchern, Fotos, Filmszenen oder vielleicht auch einfach bestimmte Vorurteile oder Vorstellungen, die wir in uns tragen –, darüber sind wir uns selbst oft gar nicht bewusst. So kommt es, dass sich Menschen in mannigfaltigen Details an Situationen erinnern, die niemals stattgefunden haben und Zeug*innen vermeintliche Straftäter*innen identifizieren, die eigentlich völlig unschuldig sind. Wird Jahre später die Unschuld der Inhaftierten bewiesen, können sich die Zeug*innen oft nicht erklären, wie sie zu ihren falschen Erinnerungen gekommen sind. Allzu klar und deutlich haben sie sich an das vermeintliche Verbrechen beziehungsweise den vermeintlichen Verbrecher damals, als sie ihre Aussage gemacht haben, erinnert.

Von »verbalem Überschatten«[55] sprechen Psycholog*innen, wenn das Gedächtnis die Erinnerung an ein Erlebnis mit der eigenen Erzählung davon überschreibt. Jedes Mal, wenn wir jemandem von einem Erlebnis berichten, aktualisiert unser Gedächtnis die Erzählung davon. Weil es für das Gehirn offenbar einfacher ist, auf die Erinnerung der Erzählung von dem Ereignis zuzugreifen anstatt auf die Erinnerung selbst, kommt es zu einer Art Stille-Post-Effekt: Wie bei dem Kinderspiel, bei dem ein Wort von Ohr zu Ohr geflüstert wird und sich – durch das unklare Verständnis beim Flüstern – mit jeder Weitergabe mehr vom Ursprungswort entfernt, genauso sorgt auch beim Erinnern jedes neue Erzählen von einem Erlebnis dafür, dass sich die Erinnerung mit jedem neuen Update weiter entfernt von dem, was wir tatsächlich erlebt haben. Aber es kommt noch schlimmer.

Menschen sind anfällig für alle möglichen Denkfehler, Verzerrungen und Vorurteile. Und wo könnten diese leichter zum Einsatz kommen als beim persönlichen Erinnern, das ja oft gar nicht so einfach zu überprüfen ist. Uns selbst halten wir für überdurchschnittlich nett, schlau, hübsch und so weiter. Wenn wir mit dieser Einstellung durch die Welt gehen (und das tun wir mehr oder minder alle), sorgt das dafür, dass wir in unserem Handeln und Erleben nach Beweisen für diese Einschätzung suchen, sprich: nach Bestätigung dafür, wie nett, schlau, hübsch wir selbst sind, und umgekehrt, wie unfreundlich, dumm, hässlich im Vergleich dazu die anderen. Wir sind parteiisch: Was wir sowieso schon glauben oder erwarten, das sehen wir umso schneller bestätigt. Der Anker-Effekt sorgt dafür, dass die Frage, wie wir ein Ereignis wahrnehmen (und uns daran erinnern), sehr davon abhängt, was dem Ereignis vorausgegangen ist, wo also der Anker des Ereignisses lag. Halo-Effekt[56] nennen Sozialpsycholog*innen unsere Voreingenommenheit gegenüber jemandem, den wir sympathisch oder hübsch finden. Etwas, das ein sympathischer oder hübscher Mensch tut, bewerten wir meist besser als das, was jemand tut, den wir unsympathisch oder hässlich finden. Der weit verbreitete Rückschaufehler sorgt dafür, dass wir fälschlicherweise glauben, ein Ereignis wäre voraussehbar gewesen; oder aber wir behaupten sogar, wir selbst hätten den Lauf der Dinge so und nicht anders vorausgesehen (»Hab ich's doch gewusst«).[57]

Die Liste unserer menschlichen Anfälligkeiten für Gedankenfehler, Verzerrungen und Selbsttäuschungen ließe sich noch seitenweise so weiterführen. Nicht nur unser Gedächtnis ist also anfällig für verfälschende Updates, sondern schon unsere Wahrnehmung eines Ereignisses selbst ist alles andere als unvoreingenommen, geschweige denn unmittelbar. Und mit jedem Update verzerren wir unsere Erinnerungen mehr, weil – ganz unbewusst – eine ganze Reihe von Wünschen, Ängsten, Vorurteilen und Selbsttäuschungsmechanismen unsere Erinnerungen weiter und weiter von der Realität entfernen.

COMPUTER-GEDÄCHTNIS

Warum also nicht unser extrem fehleranfälliges Gedächtnis durch ein externes algorithmisches Gedächtnis erweitern? Nein, nicht im Sinne eines Fotoalbums auf dem Smartphone oder der Timeline unseres Facebook-Accounts, sondern als ein Komplettpaket, als ein einziger großer Speicher, in dem *alles* abgelegt wäre, was wir je erlebt, gesehen, gehört oder gelesen haben, und woraus wir jederzeit alles sekundenschnell wieder hervorholen könnten? Die Idee hat einen Namen: MEMEX (Memory Extender, zu Deutsch: Gedächtniserweiterung). Aber was wie eine Erfindung des 21. Jahrhunderts klingt, ist tatsächlich viel älter: Kurz nach dem Zweiten Weltkrieg veröffentlichte der US-amerikanische Ingenieur Vannevar Bush einen Aufsatz, in dem er seine Idee der MEMEX beschrieb. Im *Life*-Magazin breitete Bush die Idee einer Maschine aus, die wie das menschliche Gedächtnis assoziativ »erinnern« sollte. Während etwa ein Buchtitel im Regal einer Bibliothek mit einem Index gesucht wird, also indem man sich Schritt für Schritt von Überkategorien wie »Romane« oder »Sachbücher« zu Unterkategorien wie dem Themengebiet und schließlich dem Anfangsbuchstaben des Nachnamens des Autors oder der Autorin und ganz zuletzt dem zweiten und dritten Buchstaben des Nachnamens vorarbeitet, schwebte Vannevar Bush schon 1945 vor, die Gedächtnismaschine solle – ähnlich wie das menschliche

Gehirn – Pfade bilden, auf denen Inhalte, die oft zusammen abgerufen werden, miteinander verknüpft sind. Aus dieser Idee ging später auch der Hypertext hervor, der noch heute die Grundlage des World Wide Web bildet. Der Ingenieur Bush stellte sich die MEMEX in Form eines Schreibtisches vor, der mithilfe von Elektromechanik, Mikrofilmgeräten und transparenten Bildschirmen Inhalte speichern, abrufen und anzeigen können sollte. Alle nur denkbaren Daten sollten in dem externen Gedächtnis abgelegt und im Nu wieder hervorgezaubert werden, zusammen mit jenen Dingen, die mit ihnen zusammenhingen. Anders aber als beim menschlichen Gedächtnis würden Erinnerungen in der MEMEX nicht verblassen.

Auch wenn sich viele von Bushs Ideen in der Entwicklung des PC oder des Internets wiederfinden, sollte es mehr als ein halbes Jahrhundert dauern, bis die Idee eines externen Gedächtnisses aufgegriffen wurde: »MyLifeBits« nennt sich ein Forschungsprojekt des Microsoft Research Lab, bei dem seit 2001 das Leben des Software-Entwicklers Gordon Bell (* 1934) rund um die Uhr aufgezeichnet und vermessen worden ist: Die »SenseCam«, eine kleine Kamera, die der Computerpionier für seinen jahrelangen Selbstversuch um den Hals hängen hatte, konnte Mitmenschen in Bells Umgebung anhand ihrer Körperwärme ermitteln und schoss alle dreißig Sekunden ein Foto von ihnen. Dass außerdem sämtliche Wege, die Bell zurücklegte, Orte, die er besuchte, Gespräche, die er führte, Musik, die er hörte, Mahlzeiten, die er zu sich nahm, und so weiter aufgezeichnet und in seiner digitalen MEMEX gespeichert wurden, sorgte Anfang dieses Jahrtausends noch für Aufregung. Abgesehen von der SenseCam und ihren automatisch erstellten Fotos, die sich in dieser Form bislang nicht durchgesetzt hat, haben Smartphones heute längst einen Großteil dieser Funktionen übernommen. Ausgerüstet mit Kameras, Mikrofonen, Sensoren und GPS nehmen heutige Generationen von Smartphones nicht nur weitestgehend automatisch alles auf, was wir nicht ausdrücklich davor schützen, sondern führen einen Großteil dieser Daten auch in Cloudspeichern zusammen.

Doch nutzen wir unsere Smartphones auch schon wie eine Gedächtniserweiterung? Klar, wenn wir verzweifelt versuchen, uns zu erinnern, wie die Computerstimme hieß, in die sich Theodore im Film *Her* verliebt (Samantha!), wenn wir wissen wollen, welcher Wochentag der 11. September 2001 war (ein Dienstag!), oder wir uns wieder ins Gedächtnis rufen wollen, worüber Boris Becker in einem Werbespot aus dem Jahr 1999 in Verzückung geriet (Es war ihm gelungen, ins Internet zu gehen. O-Ton: »Ich bin drin«), so brauchen wir bloß zu googeln oder Siri zu fragen. Wenn wir uns bei unserem nächsten Rom-Besuch daran zu erinnern versuchen, wie die Trattoria hieß, in der wir die köstliche frittierte Artischocke gegessen haben, so brauchen wir dafür bloß auf Maps die Rom-Karte zu öffnen, und die Trattoria springt uns in Form eines kleinen Herzchens auf der Karte entgegen.

Sind wir mit unseren Smartphones also nicht alle längst im Besitz einer MEMEX, wie sie Vannevar Bush 1945 ersonnen hat, auch wenn unsere Gedächtniserweiterung nicht die Form eines Schreibtisches, sondern die eines Hosentaschen-Rechners hat? Es spricht viel dafür, dass sich unsere Smartphones immer mehr in solche externen Gedächtnisse verwandeln. Bisher sind die meisten Menschen trotzdem noch weit davon entfernt, all die Daten, die wir bei der Benutzung unserer Smartphones hinterlassen, zusammenzuführen und grenzenlos im Speicher-Gedächtnis unseres Lebens herumzusurfen. »Schuld« daran ist aber keineswegs der Stand der Technik, sondern dass die Services, die wir für den schnellen Austausch von Kurznachrichten (WhatsApp/Signal), das Suchen im Netz (Google/DuckDuckGo), Navigation (Google Maps/ Open Street Map), Social Media (Facebook, Instagram, Twitter/Mastodon), das Fotografieren (die Foto-App unseres Smartphones), das Musikhören (Spotify/SoundCloud), das Einkaufen (Amazon, Zalando), Videostreaming (YouTube, Netflix) und so weiter nutzen, dass diese Services – noch – unterschiedlichen Unternehmen gehören und unsere Datensätze deshalb getrennt voneinander gelagert sind.

Allerdings sind in Europa inzwischen all diese Anbieter dazu verpflichtet, eine Kopie der Daten auf Anfrage mit dem Nutzer/der Nutzerin zu teilen. Auch Andrew aus Toronto lässt sich von Google und all den anderen Unternehmen, deren Dienstleistungen er regelmäßig nutzt, die Daten herausgeben, die er dort hinterlässt: alles, was er im Netz sucht, alle Orte, zu denen er sich navigieren lässt, alle Posts in Sozialen Netzwerken, alle Likes, die er verteilt hat, alle Likes, die er bekommen hat, alle Fotos und Videos, die er geteilt hat, alle Fotos und Videos, die andere mit ihm geteilt haben. Aber Andrew, der wie wir zu den Millennials gehört, die nur die frühe Kindheit ohne das Internet verbracht haben, geht noch einen großen Schritt weiter: Seit mehr als fünfzehn Jahren zeichnet der Kanadier jede Regung seines Alltags auf: jeden Gang, den er macht, jede Begegnung, die er mit anderen Menschen hat, jede Mahlzeit, die er isst, jedes Gespräch, das er über Messenger führt, sämtliche Musik, die er hört, jede Zeile eines Buches, das er liest, jede Szene der Filme, die er anschaut, vierundzwanzig Stunden, sieben Tage die Woche, 365 Tage im Jahr. Andrew scheint der perfekte Prototyp für die Erstellung eines digitalen Klons zu sein, weil er seit Jahren Unmengen an Daten von sich aufzeichnet. Denn das ist es, was die Unternehmen der digitalen Unsterblichkeits-Branche immer predigen: Je mehr Daten den Algorithmen zur Verfügung stehen, desto präziser wird das digitale Abbild. Warum macht Andrew das?, fragen wir uns und besuchen ihn in Toronto. Wir wollen wissen, wer er ist und was ihn antreibt. Was bringt jemanden dazu, sein ganzes Leben aufzuzeichnen und in einem externen Gedächtnis festzuhalten? Träumt er auch davon, unsterblich zu werden und als digitales Wesen fortzuleben?

DAS LEBEN SPEICHERN

Einen ersten Vorgeschmack davon, wer Andrew ist, bekommen wir bei der Planung unserer Reise. Nichts überlässt Andrew dem Zufall. Was anfangs bloß wie die zuvorkommende Geste eines netten Gastgebers wirkt, nimmt schon bald pedantische Züge an. Wollen wir Andrew so unverstellt wie möglich kennenlernen, um der Motivation seines Speicherns und Vermessens auf den Grund zu gehen, würde Andrew am liebsten den gesamten Verlauf unseres Besuchs vorhersehen. Statt eines ungezwungenen Kennenlernens droht unser Treffen zum krampfigen Interviewtermin zu verkommen. Liegt es an uns?

Wir reisen mit gemischten Gefühlen nach Kanada. Andrew wohnt in einem schicken, jungen Stadtteil von Toronto.

Die Tür geht auf. Vor uns steht ein großer, sportlicher Typ, nettes, breites Grinsen: »Schön, dass ihr da seid!« Andrew führt uns in seine blitzblanke, gut aufgeräumte Wohnung und macht uns einen sehr passablen Kaffee.

Wir kommen schnell ins Plaudern über Berlin, wo Andrew vor Jahren einmal gewesen ist. Er liebt die Stadt, sagt er. Wie kann jemand, der so auf Ordnung und Reinheit bedacht ist, Gefallen an einer so chaotischen Stadt wie Berlin finden?, fragen wir uns. Vielleicht war unser erster Eindruck per Skype einfach falsch. Was seine Ansichten über die Welt, seine Interessen an Filmen und Büchern angeht, würde uns ein Algorithmus womöglich sogar in die gleiche Persönlichkeitskategorie einordnen, bemerken wir schon nach einem kurzen Gespräch. Um ein Haar vergessen wir, dass hier der Typ vor uns sitzt, der fast jeden Moment seines Lebens aufzeichnet. Vermutlich haben wir längst Eingang in seine MEMEX gefunden. »Ich versuche, all meine persönliche Geschichte und meine Gedanken und meine Ideen an einem Ort zu haben. Wenn ich mich an etwas erinnern will, kann ich mich einfach über Assoziationen durch die MEMEX navigieren, wo *alles zusammen* abgelegt ist«, erklärt Andrew uns. Hat er so ein schwaches Gedächtnis, dass er dafür eine Maschine braucht? »Nein«, sagt Andrew, »aber es gibt eine Menge Dinge, von denen du weißt, dass sie tief in deinem Gehirn sind, du kommst bloß nicht an sie ran. Wenn ich all diese Informationen und Links zu Daten in der MEMEX habe, kann ich sie benutzen, um zu Erinnerungen zu navigieren, die ich sicher noch irgendwo in meinem Kopf habe, aber zu denen ich den Zugang verloren habe«, erklärt Andrew. »Wenn mir jemand einen Menschen vorstellt und den Namen nennt, dann kann ich in meiner MEMEX nachschauen, ob er mir irgendwann schon einmal untergekommen ist – sei es, weil mir jemand anderes von dieser Person erzählt hat, sei es, weil ich über sie gelesen habe, sei es, weil ich ihr selbst schon einmal irgendwo begegnet bin. Da ich jeden Namen, der mir begegnet, festhalte, brauche ich nur in der MEMEX nachzusehen, und ich weiß Bescheidd.« Andrew ist kein Nerd, wie man es vielleicht erwarten würde von jemandem, der seit Jahren an einem algorithmisch gesteuerten Gedächtnis-Apparat programmiert. Er wirkt nicht wie jemand, der sich nur für Zahlen und Codes interessiert. Im Gegenteil: Hätte Andrew, Mitte dreißig, nicht eine Körpergröße von zwei Metern, könnte man ihn leicht übersehen, wenn er auf seinem Rennrad in seinen H&M-Klamotten durch die Straßen von Toronto fährt.

Als wir ein Kamera-Interview mit Andrew führen, bricht er immer wieder ab, korrigiert sich, wirkt extrem nervös. Seine hellblau leuchtenden Augen sind in einer permanenten Habachtstellung. Andrews Wachsamkeit legt sich auch nicht, als die Kamera längst aus ist und wir über Nichtigkeiten sprechen, über Filme, seine Australien-Reise, seine Liebe zum Basketball, die Zahl der Burritos, die Andrew in seinem Leben gegessen hat und die er in seiner MEMEX speichert. Erst jetzt, da wir unsere Eindrücke aufschreiben, bemerken wir, wie ähnlich Andrew uns in dieser Hinsicht ist: Kontrolle abgeben, mal nicht darüber nachdenken, was die anderen über uns denken oder was sie von unserem Verhalten halten – das sind Dinge, die uns nur wenig leichterfallen als offenbar Andrew. Bei uns führte diese Schwäche zum Wunsch, Regisseur zu werden: Der kontrolliert von Berufs wegen, was geschieht, also was die Menschen (auf der Bühne) tun, was sie sagen, wie sie es sagen und was das über sie verrät. War dieselbe Charakteranlage für Andrew der Anlass, all sein Tun und das seiner Mitmenschen aufzuzeichnen und es so jederzeit noch einmal anschauen zu können, aus der Perspektive eines neutralen Beobachters, aus der Perspektive von Datentrackern, zusammengefasst von seiner MEMEX? Andrew winkt ab, seine Freunde könnten bestätigen, dass er »mental völlig gesund« sei, sagt er, als hätten wir das Gegenteil behauptet. »Ich bin halt einfach so, war schon immer so«, wiederholt er wann immer möglich. Andrew hat die letzten fünfzehn Jahre seines Lebens in einem Computer-Gedächtnis gespeichert. Warum nur? Hat es etwas mit seiner Kindheit in einer freikirchlichen Gemeinde zu tun? Ist es der richtende Blick Gottes, den Andrew durch seine MEMEX ersetzt hat?

Wie findet eigentlich Andrews Freundin Michal die MEMEX? Die beiden haben sich 2009 kennengelernt. Geflirtet haben sie per Twitter. »Anfangs hat mich das schon gestört, dass Andrew immer nur damit beschäftigt ist, alles aufzunehmen, zum Beispiel, wenn wir auf Reisen waren und an einen schönen Ort kamen, den wir noch nie gesehen hatten. Aber heute ist ja eh jeder dauernd mit seinem Smartphone beschäftigt«, sagt Michal, »da fällt mir das gar nicht mehr auf.« Andrew erzählt von ihrer London-Reise, kurz nachdem sie zusammengekommen sind. Am meisten hat ihm Michals Ausdauer imponiert: »Innerhalb eines Tages sind wir zweiundvierzig Kilometer gelaufen«, weiß er dank der MEMEX, wo noch immer jeder Schritt und jedes Gesprächsthema nachzulesen ist. Das ist es auch, was Michal an Andrew liebt: die Disziplin, mit der er seine Selbstvermessung betreibt. »An der MEMEX stört mich eigentlich nur, dass ich sie im Streit nicht einsetzen darf, um Andrew zu beweisen, dass ich recht habe«, sagt Michal. Andrew hat sich und seiner Partnerin aus Selbstschutz verboten, die MEMEX als Schiedsrichterin zu benutzen. Man ahnt, worauf das sonst hinausgelaufen wäre.

Einmal sind wir mit beiden im Park, ein paar Straßen von ihrer gemeinsamen Wohnung entfernt. Die Sonne steht tief und färbt alles in goldenes Licht. Als wir Andrew und Michal fragen, wann sie das letzte Mal hier waren, schaut Michal reflexhaft zu Andrew, der längst zu seinem Handy gegriffen und die MEMEX geöffnet hat. Im Nu weiß er den Tag, die Uhrzeit, das Wetter ihres letzten Besuches hier. Gelesen hätten sie, berichtet er, genau eine Stunde lang. Buchtitel und -inhalt sind in der MEMEX hinterlegt. Ein Gespräch über das Buch oder über das letzte Mal, das sie hier waren, entsteht nicht. »Hundert Bücher liest Andrew im Jahr«, sagt Michal, »er ist ein sehr neugieriger Mensch.« Andrew übersieht, wie sie ihm einen verliebten Blick zuwirft, weil er gerade durch die MEMEX navigiert. »Wenn ich ein Buch in einem Park gelesen habe, und ich versuche mich später an Titel und Inhalt zu erinnern, kann ich meine MEMEX nach Büchern durchsuchen, die ich im Park gelesen habe, oder ich kann meine MEMEX nach Büchern durchsuchen, die ich an sonnigen Tagen gelesen habe, oder wenn ich noch weiß, dass ich ein bestimmtes Lied auf meinen Kopfhörern hatte, während ich die Stelle aus dem Buch gelesen habe, dann suche ich nach diesem Lied. Die MEMEX arbeitet wie das Gehirn: mit Assoziationen. Oder wenn ich Berlin besuche und weiß, dass ich vorher dort war, kann ich all die Orte sehen, zu denen ich gegangen bin. Ich kann mein Handy herausziehen, um zu sehen, ob ich an dieser Straßenecke schon mal gewesen bin, mit wem, an welchem Wochentag, zu welcher Tageszeit, worüber ich gesprochen habe, ich kann die Fotos sehen, die ich genau hier aufgenommen habe. Und wenn mir Freunde vor Jahren in irgendeinem Gespräch einen Falafel-Laden empfohlen haben, und ich nähere mich diesem Ort, dann erfahre ich auch das dank der MEMEX«, erklärt Andrew. »Jede Information, die in die MEMEX einfließt, hat einen Zeitstempel: Es gibt für jede Information genau eine Zeit, in der sie aufgetreten ist. Das ist die Grundlage für alles.«

Andrews Partnerin Michal ist in der Politik, sie engagiert sich in einer Initiative gegen die Pläne von Googles Mutterkonzern, am Rande von Toronto eine Privatstadt zu bauen, totale Überwachung inklusive. Andrew bewundert Michal für ihr Engagement, unterstützt seine Partnerin. Für eigenes Engagement dieser Art hat er keine Zeit. Seine MEMEX ist längst zu einem Lebensprojekt geworden, das Andrew ganz und gar erfüllt oder aber gefangen hält – je nach Perspektive.

Oft hat er sich zurückgebeamt in seine Schulzeit, erzählt er, hat aus seinen Daten sogar einen Chatbot seines Teenager-

Ichs programmiert, mit dem er über seine früheren Ängste spricht. Beherzigt er nicht bloß, was die psychologische Ratgeber-Literatur seit Jahrzehnten predigt und was den Kern jeder Verhaltenstherapie darstellt: sich selbst spiegeln, Muster erkennen, Muster durchbrechen? Ist es nicht bloß folgerichtig, dass Menschen wie Andrew beginnen, Big Data auch für die Arbeit an sich selbst einzusetzen? Wir können bloß erahnen, welche ungeheuren Potenziale in den persönlichen Datensätzen für Therapiezwecke schlummern. Was soll falsch daran sein, wenn Andrew und andere im jahrelangen Selbstversuch vormachen, was schon bald Menschen überall auf der Welt helfen könnte, sich selbst zu erkennen und besser zu verstehen – Menschen, die es nie auf die hoffnungslos überfüllten Wartelisten von Psychotherapeut*innen schaffen oder es sich (in anderen Teilen der Welt) nicht im Traum leisten könnten, eine Psychotherapie zu machen? Vielleicht zeigt Andrew schon heute, wie Menschen in Zukunft ganz selbstverständlich alle über sie verfügbaren Informationen nutzen werden, um ihr eigenes Verhalten laufend zu befragen, anzupassen und letztlich vielleicht auch sozial verträglicher zu gestalten. Das eigene Handeln und Erleben in Bezug auf das Handeln und (vermutete) Erleben der anderen und in Bezug auf die eigenen Ziele zu beobachten und zu optimieren, das ist so ziemlich genau das, was Menschen immer schon tun, sobald sie mit anderen Menschen in Kontakt kommen. Es ist ein Merkmal von Intelligenz. Warum sollten wir uns dafür nicht Werkzeuge zu Hilfe nehmen, die uns die Selbstbeobachtung erleichtern? Wo das menschliche Gedächtnis jeden von uns zu trügerischen Erinnerungen und Wahrnehmungen unserer selbst verleitet, könnte da ein Maschinen-Gedächtnis wie Andrews MEMEX nicht einen ungeheuren Sprung in der Selbsterkenntnis bedeuten? »Ich habe es geschafft, eine wirklich umfassende digitale Sicht auf mich selbst zusammenzustellen, die alles abdeckt, was ich je erlebt habe«, sagt Andrew. Die größte Herausforderung sei es, »die Gedanken und Träume zu integrieren, die unausgesprochen bleiben«. Andererseits zeigten sich, ist Andrew überzeugt, schon jetzt so viele unbewusste Verhaltensweisen und Eigenschaften in seinem Datensatz, »die für mich nicht wahrnehmbar sind, aber die ein Algorithmus erkennen kann«. Diese Muster kann nur Big Data enthüllen und Andrew verraten, wer er *wirklich* ist.

DATEN LÜGEN NICHT

Der US-amerikanische Daten-Wissenschaftler Seth Stephens-Davidowitz (* 1983), der einige Jahre für Google gearbeitet hat, schreibt in seinem Bestseller *Everybody lies* über das »digitale Wahrheits-Serum«, das in den Datensätzen des Suchmaschinenanbieters, aber auch etwa von Porno-Websites schlummere und das die Art, wie wir uns selbst als Menschen wahrnehmen, »revolutionieren« werde: »Big Data erlaubt uns, endlich zu sehen, was Menschen wirklich wollen und wirklich tun, nicht was sie sagen, was sie wollen und sagen, was sie tun.«[58] Anhand einer Vielzahl von Beispielen macht der Harvard-Absolvent klar, wie oft wir Menschen nicht nur andere über unsere Ansichten, Einstellungen und unser Verhalten täuschen, sondern auch uns selbst. Die Introspektion, also die nach innen gerichtete Selbstbeobachtung, durch Beobachtung von außen zu ersetzen ist ein Traum, der mindestens bis Anfang des 20. Jahrhunderts zurückreicht, als in den USA die Verhaltenswissenschaften aufkommen. »Der nützlichste Ausgangspunkt der Psychologie«, schrieb der berühmteste unter den Begründern des

Behaviorismus, John B. Watson (1878–1958), »ist nicht die Erforschung des eigenen Ichs, sondern die des Verhaltens unseres Nachbarn.«[59] Was hätte Watson geschrieben, hätte er Andrews MEMEX gekannt, die es dem Kanadier erlaubt, sein eigenes Ich nicht zu erforschen, indem er in sich hineinhorcht, sondern indem er sich sein eigenes Verhalten quasi von außen anschaut, so wie es Watson gegenüber einem Nachbarn vorschwebte? »Persönlichkeit« ist für die Anhänger*innen des Behaviorismus etwas, das sich allein im Verhalten zeigt, das beobachtet und studiert werden kann.

Wir müssen hier kurz verharren, um uns klarzumachen, was diese Idee im Zeitalter von Big Data bedeutet: Ich muss einem Menschen nie begegnet sein. Ich brauche nicht ein Wort mit ihm gewechselt zu haben und kann trotzdem – allein anhand der Daten, die er durch die Benutzung seines Smartphones hinterlässt – eine umfangreiche Charakterisierung dieses Menschen vornehmen. »Ab dreihundert Likes kennt uns Facebook besser als der Partner«, titelten Mitte Januar 2015 beinahe sämtliche wichtigen Zeitungen in Europa und Nordamerika. Was war geschehen? Eine Studie der Stanford- und der Cambridge-University[60] mit 86.000 freiwilligen Versuchsteilnehmer*innen hatte gezeigt, dass Menschen schon anhand weniger »Gefällt mir«-Angaben auf Facebook weite Teile ihrer Persönlichkeit offenbaren: So würden siebzig Likes ausreichen, und Facebook kenne uns besser als unsere Arbeitskolleg*innen, mit hundertfünfzig Likes habe Facebook ein ebenso genaues Bild von uns wie Familienmitglieder, und mit noch mehr Likes wisse Facebook mehr über unsere Persönlichkeit, als wir selbst darüber zu wissen glauben, so die groß angelegte Studie. Dann kamen der Cambridge-Analytica-Skandal, die Trump-Wahl, der Brexit, und immer wieder sollte dieselbe Wissenschaft hinter der Durchleuchtung und passgenauen Manipulation von Millionen von Menschen stecken:

die Psychometrie. Dieser Zweig der Psychologie entwickelt Test- und Messverfahren, mit denen die Persönlichkeit eines Menschen ermittelt werden soll. Die allermeisten der Testverfahren basieren heute auf dem so genannten OCEAN-Modell, das nach den fünf Hauptdimensionen der Persönlichkeit eines Menschen benannt ist: *Openness* (Neigung zur Wissbegierde, Interesse an neuen Erfahrungen), *Conscientiousness* (Neigung zur Disziplin, zu hoher Leistungsbereitschaft und zur Zuverlässigkeit), *Extraversion* (Neigung zur Geselligkeit und zum Optimismus), *Agreeableness* (Neigung zur Rücksichtnahme, Kooperationsbereitschaft) und *Neuroticism* (Neigung zu emotionaler Labilität, Ängstlichkeit und Traurigkeit).[61]

Der relativ neuen Disziplin ist an der ehrwürdigen University of Cambridge ein eigenes Zentrum gewidmet. Hier entwickelte der in Polen geborene Psychologieprofessor Michal Kosinski (* 1982) Anfang der 2000er-Jahre zusammen mit Kollegen jene Methode, die sich das Datenanalyse-Unternehmen *Cambridge Analytica* zunutze machte, als es auf der Grundlage der Social-Media-Daten Persönlichkeitsprofile von mehr als 80 Millionen Amerikaner*innen anlegte. Mittels der Anwendung »MyPersonality« wurde Facebook-Nutzer*innen ein harmlos wirkender Persönlichkeitstest angeboten. Anschließend wurden diese Daten mit den »Gefällt mir«-Angaben und anderen Aktionen der Nutzer*innen auf Facebook abgeglichen. Ein Assistenzprofessor des Psychometrie-Instituts in Cambridge kopierte heimlich die Methode und verkaufte sie an das Unternehmensnetzwerk SCL – *Strategic Communications Laboratories* –, aus dem Cambridge Analytica hervorging. Die Persönlichkeitsprofile wurden genutzt, um Wähler*innen in den USA, in England, aber auch in verschiedenen Entwicklungs- und Schwellenländern weltweit gezielt mit individuell auf sie zugeschnittenen Botschaften zu manipulieren.[62] Der Rest ist Geschichte.

Michal Kosinski, der die Psychometrie-Methode maßgeblich entwickelt hat, ist mittlerweile an die Universität Stanford gewechselt, deren Campus nur wenige Kilometer vom Silicon Valley entfernt liegt. Der Psychologe Joseph Chancellor, einer der beiden Gründer jenes Unternehmens, das die psychologischen Daten an Cambridge Analytica weiterreichte, wurde später von Facebook selbst engagiert.[63] Auch wenn Facebook unter dem Druck der Öffentlichkeit inzwischen einige solcher Anbieter von Persönlichkeitstests von seinen Seiten verbannt hat, braucht man nicht an Verschwörungen zu glauben, um zu ahnen, wie viele Menschen im Umfeld der Tech-Giganten auch heute noch jeden Tag an der Erarbeitung immer präziserer Persönlichkeitsprofile arbeiten.

Kosinski ist ein Evangelist seiner Zunft. Sosehr er selbst immer darauf hinweist, bloß Wissenschaftler zu sein und deshalb nichts damit zu tun zu haben, wenn seine Methode zur Persönlichkeitsermittlung durch Facebook-Daten missbraucht wurde (»Ich habe die Bombe nicht gebaut. Ich habe nur gezeigt, dass es sie gibt«[64]), so offensiv wirbt er für einen radikalen Umbau der Gesellschaft – in eine Gesellschaft ohne geschützte private Bereiche. Dass man es mit Ideologie zu tun hat, weiß man immer spätestens dann, wenn Menschen behaupten, es gebe ohnehin keine Alternative zu ihrem Vorschlag. Bei Michal Kosinski klingt das so: Wir müssten uns, so der Stanford-Professor, angesichts von Big Data und hoch entwickelter Algorithmen »bewusst werden, dass es keinen Weg mehr zurück gibt (…) Anstatt das Unausweichliche zu bekämpfen, sollten wir es gestalten.« Um die Verheißungen einer paradiesischen Zukunft wahr werden zu lassen, sollten Institutionen wie Versicherungen laut Kosinski keine Grenzen gesetzt werden, etwa um Suiziden zuvorzukommen: »Wie viele Menschenleben könnte man retten, wie viele Kinder schützen, wenn man Zugang hätte zu den Suchanfragen auf

Google?«[65] Auch wenn Kosinskis Vision einer Gesellschaft ganz ohne Privatsphäre zweifelsohne abschreckend ist, so wenig dürfen wir uns darüber hinwegtäuschen, dass wir alle jeden Tag aufs Neue unsere privatesten Daten in die Hände von Konzernen legen, die nur eines im Sinn haben: herauszufinden, wer jede und jeder Einzelne von uns *wirklich* ist – nicht, wie wir heißen und wo wir wohnen. Das wissen sie längst. Nein, was wir uns *wünschen*, was wir *begehren*, wie wir uns selbst sehen, wie wir uns am liebsten sähen! Unsere intimsten Gefühle, unsere Achillesfersen, unseren *Geist*! Es genügt ein Blick auf die zahlreichen Übernahmen von Startups und ins Patentregister, um zu erkennen, worauf das alles abzielt: 2019 hat Facebook ein Start-up-Unternehmen gekauft, das Geräte entwickelt, die elektrische Signale aus dem Gehirn erfassen und an einen Computer übertragen können.[66] Es geht dem Unternehmen darum, automatisch die Intentionen seiner Nutzer*innen auslesen zu können. Eine eigene Abteilung des Unternehmens – das *Facebook Reality Lab* – arbeitet seit Jahren an einem Headset, das ohne chirurgische Eingriffe die Gedanken von Nutzer*innen lesen kann.[67] Kurz zuvor hatte das von Elon Musk gegründete Start-up *Neuralink* sein eigenes Implantat enthüllt, das das menschliche Gehirn direkt mit einem Computer verbinden soll.[68] Für Aufsehen sorgte im Frühjahr 2020 auch eine Studie des *Chang Lab* an der University of California San Francisco[69], bei der es einem Computer mit sehr geringer Fehlerrate gelang, aus Hirnströmen Gedanken beziehungsweise Worte abzuleiten.

Bei der Umsetzung der Gehirnsignale in Text soll die Künstliche Intelligenz in einem Fall nur in drei Prozent der Wörter danebengelegen haben, berichten die Forscher*innen im renommierten Fachmagazin *Nature*.[70] Das wissenschaftliche Experiment scheint dem Optimismus der Tech-Unternehmen recht zu geben: Dass eine KI schon bald auch außerhalb von

Laboren »Gedanken lesen« könnte, ist offenbar weit weniger unwahrscheinlich, als es bisher schien. Bereits vor Jahren sicherten sich Google, Facebook, Apple und andere Tech-Konzerne Patente auf Software für »Eye-Tracking«, die nachverfolgen kann, auf welchen Punkt am Bildschirm das Auge des Benutzers oder der Benutzerin schaut.[71] Mithilfe der Algorithmen zur Gesichtserkennung werden die Augen identifiziert. Sensoren wie Beschleunigungs- oder Magnetometer, die wie eine hochauflösende Kamera längst in Smartphones verbaut sind, erlauben es, die Position und den Winkel des Smartphones im Verhältnis zum Gesicht der Benutzer*innen zu erfassen. Nun können die Pupillenbewegungen gemessen und ins Verhältnis zu den Inhalten gesetzt werden, die in diesem Moment im von den Augen betrachteten Bereich des Bildschirms zu sehen sind. So kann ermittelt werden, was die Aufmerksamkeit der Person weckt, für wie lange und mit welchen Folgen im Verhalten. Werden noch Daten von Gerätschaften, die jemand ums Handgelenk trägt (Wearables), hinzugezogen, kann sogar noch herausgefunden werden, wie sich der Puls in Abhängigkeit von den betrachteten Inhalten verändert. Damit das Eye-Tracking sogar den Blick auf einzelne nebeneinanderliegende Buttons unterscheiden kann, werden den Kameras der neueren Generation von Smartphones Infrarot-LEDs hinzugefügt, mit denen Iris und Pupille der Nutzer*innen ausgeleuchtet werden.[72]

Während die Sensorik, Kameratechnik und andere Tracking-Verfahren uns immer näher zu Leibe rücken und sogar bis in unser Gehirn vordringen, erweitern sich die Möglichkeiten der Datenanalyse rasant: Längst brauchen selbstlernende Algorithmen keine Vorgaben mehr, wonach sie suchen sollen. Mit den passenden Datensätzen können sie Muster identifizieren, die ein Mensch niemals wahrnehmen würde, können Zusammenhänge ausmachen, auf die Menschen nicht gekommen wären. Aber nicht nur das: Indem sie die Datensätze unzähliger Menschen miteinander vergleichen, können sie auch Annahmen über Eigenschaften und Verhaltensweisen von Menschen treffen, die gar nicht bei diesen Menschen beobachtet worden sind. Der Trick: Die Algorithmen suchen nach Doppelgänger*innen.

Der US-amerikanische Statistiker Nate Silver (*1978) führte erstmals 2003 anhand von Baseball-Spielern vor, wozu das von ihm entwickelte Verfahren in der Lage ist: Aus den umfangreichen Datensätzen aller Spieler, die je in der Major League Baseball gespielt hatten oder spielten, insgesamt mehr als 18.000 Männer, ermittelte der Algorithmus jene Spieler-Paare, die bezüglich Größe, Alter, Position, vor allem aber hinsichtlich einer Vielzahl von Messfaktoren zum Spielverhalten die größte Übereinstimmung hatten. Bei dieser hohen Zahl an Vergleichspersonen hatten diese Spieler solch eine Übereinstimmung, dass sie ohne Übertreibung als Doppelgänger angesehen werden konnten. Stimmte das Spielverhalten eines aktuellen Baseball-Spielers der Major League mit dem eines ehemaligen Baseball-Spielers überein, so konnte Nate Silver mit seinem Modell Voraussagen treffen, wie sich die Karriere des aktuellen Spielers weiterentwickeln würde – nämlich genau so, wie die Karriere seines Doppelgängers verlaufen war. Die Treffsicherheit der Prognosen war so hoch, dass sich die Top-Baseball-Clubs fortan von Silvers Algorithmus sagen ließen, in welche Spieler sie investieren sollten. Was 2003 in dieser Form noch nicht in vielen anderen Bereichen als dem Profisport angewendet werden konnte – der klare Vorteil an der Baseball Major League lag in der hohen Zahl an Daten, die über jeden einzelnen Spieler und seine Performance auf dem Spielfeld erhoben wurden –, ist inzwischen zu einem der wichtigsten Verfahren der so genannten »Predictive Analytics« geworden. Ob Amazon, Zalando oder Netflix – alle Tech-Unternehmen, die wissen wollen, wie wir »ticken« und die vor allem schon heute wissen wollen, was wir morgen kaufen, tragen oder sehen wollen, machen sich die Doppelgänger-Suche zunutze. Aber nicht nur die: »Nehmen wir an, ich suchte nach meinem Doppelgänger in einem Datensatz von zehn Leuten«, schreibt der Datenwissenschaftler Stephens-Davidowitz. »Ich könnte jemanden finden, der oder die mein Interesse für Bücher teilt. Nehmen wir an, ich suchte nach meinem Doppelgänger in einem Datensatz von tausend Leuten. Ich könnte jemanden finden, der oder die einen Sinn für populärwissenschaftliche Physik-Bücher hat. Aber nehmen wir mal an, ich suchte nach meinem Doppelgänger in einem Datensatz von Hunderten Millionen von Menschen. Dann könnte ich jemanden finden, der oder die mir wirklich, wirklich ähnlich ist«, schreibt der ehemalige Google-Mitarbeiter und schwärmt von den Potenzialen für die Heilung von Krankheiten, wenn Patient*innen alle ihre Gesundheitsdaten offenlegten und Diagnosen anhand von medizinischen Doppelgänger*innen getroffen werden könnten, oder für die Entwicklung von Kindern, wenn ihr Wachstum und ihre Ernährung laufend mit den Daten ihrer Doppelgänger*innen abgeglichen werden könnte.[73] Wenn es nach Seth Stephens-Davidowitz ginge, wären all unsere Krankenakten längst frei verfügbar. »Digital first, Bedenken second«, hieß es mal vor einigen Jahren auf einem Wahlplakat der FDP. Das könnte auch das Motto der Daten-Evangelisten sein. Dabei sollten Einwände gegen die Idee, immer mehr Bereiche unseres Lebens mittels Algorithmen und Big Data zu optimieren, nicht nur erlaubt, sondern dringend geboten sein.

Der Weg von der Analyse unseres Gesundheitszustands oder unseres Verhaltens hin zu Handlungsempfehlungen und im nächsten Schritt Handlungs*vorschrifte*n ist nicht weit – wobei heutzutage lieber von Handlungsanreizen als von -vorgaben gesprochen wird. Das klingt weniger nach Zwang. Statt durch einen »Big Brother«, wie George Orwell den Diktator des Überwachungsstaates in seinem Roman *1984* nannte, würden wir heute durch den großen Anderen, den »Big Other« kontrolliert, schreibt Shoshana Zuboff.[74]

Die Harvard-Professorin Zuboff nimmt diesen Begriff des »großen Anderen«, um klarzumachen, dass wir es mit einer neuen Form von Macht zu tun haben, die von der Datenwirtschaft ausgeht. Und »weil diese neue Macht unseren Körper nicht durch Gewalt und Angst beansprucht, unterschätzen wir seine Auswirkungen und lockern unseren Schutz. Instrumentelle Macht will uns nicht brechen, sie will uns nur automatisieren«, sagt Zuboff.[75] Es ist ein markiger Satz, den die amerikanische Sozialpsychologin da formuliert hat: Automaten, das sind ja gerade keine Menschen, sondern seelenlose Maschinen, Maschinen, die eben kein eigenes Wollen, kein Begehren haben. Will uns Zuboff also sagen, dass wir angesichts des Überwachungskapitalismus dabei sind, unsere Willensfreiheit zu verlieren? Wie vorhersehbar, wie steuerbar sind wir Menschen im Digitalzeitalter? Sind wir dabei, zu *Maschinenmenschen* zu werden? Die Frage wird uns durch unser ganzes Buch begleiten. Sie ist das Gegenstück zur Frage, ob Maschinen dabei sind, menschlich zu werden. Noch nie war die Antwort auf beide der Fragen so offen wie in diesen Tagen.

DER NATUR NACHHELFEN

Zurück nach Toronto. Dort begleiten wir Andrew und seinen besten Freund Max in den Tommy Thompson Park, ein Naturschutzgebiet am Rande der kanadischen Großstadt, das fünf Kilometer weit in den Lake Ontario reicht. Links und rechts des Weges wuchert das Gras. Dreihundert Vogelarten sollen hier leben. Wenn der See über das Ufer tritt, verwandelt sich die Landschaft in ein Sumpfgebiet, und zwischen den Halmen kreucht und fleucht es. Wir stoppen, um ein Foto von der Skyline von Toronto zu machen, die hinter dem See aufragt. Neues Futter für Andrews MEMEX, die eh schon bestens genährt sein dürfte an diesem Tag: Chat mit Michal, Burger mit Max, Plausch mit den Deutschen, dabei von Personen gehört, die noch nicht in der MEMEX registriert sind, verschiedene Songs, Fahrradfahren auf der Route der Kindheit, Gossip, neue Links zwischen alten Freunden, altes Wissen mit neuen Freunden geteilt, neues Wissen von neuen Bekannten bekommen, zwanzig Kilometer Fahrt, blauer Himmel, Sonne, sehr viel Sonne an diesem Tag – in der MEMEX wird Andrew sicher eines Tages nachlesen können, wie viele Stunden und Minuten sie an diesem Tag geschienen hat. Und bevor er sich schlafen legt, wird Andrew auch heute Abend wieder eine Zahl in die MEMEX tippen: seinen persönlichen »Mood-Score«. Jeden Tag notiert Andrew eine Zahl zwischen 1 und 10, eine »Partitur seiner Stimmung«, wie er das nennt. An Diagrammen kann er seine Stimmungsschwankungen ablesen und seine persönliche Entwicklung kontrollieren. Anderen erzählt er lieber nicht von dem Mood-Score, den er jedem Tag verleiht, »sonst könnten sie den Score beeinflussen wollen oder könnten beleidigt sein, wenn ein Tag, den ich mit ihnen verbracht habe, keinen guten Score bekommt«, erklärt Andrew,

»und das könnte mich in meiner Punktevergabe beeinflussen.«

Wir machen an einem Felsenstrand Halt. Andrew und Max klettern über Felsen, die sich bei näherer Betrachtung als Bruchstücke alter Betonplatten erweisen – menschengemachte Natur. Aschehäufchen künden von romantischen Nächten am Feuer. Stammen sie von Liebespaaren? Von besten Freunden? Welche Erinnerungen an diesen Ort schwirren wohl da draußen herum in den natürlichen Gedächtnissen? Wie viele der Paare, die hier an Feuerchen gesessen, geknutscht und auf den See geblickt haben oder in die Höhe, zu einem unendlich erscheinenden Sternenhimmel, haben wohl versucht, die Schönheit des Moments mit der Kamera ihres Smartphones festzuhalten, haben die kläglichen Versuche unzufrieden beäugt und einen neuen Versuch gestartet, und noch einen und noch einen, haben untereinander diskutiert, wie das Foto gelingen könnte, haben die Einstellungen verändert und überhaupt so lange an ihren Smartphones herumgefummelt, bis von dem romantischen Moment nichts blieb als eine Serie verwackelter oder überbelichteter Fotografien und die Enttäuschung und Genervtheit, den Moment zerstört zu haben durch den Versuch, ihn für immer festzuhalten: *Verweile doch! Du bist so schön!*

Während Andrew und Max über das Geröll kraxeln, schießt Andrew weitere Fotos – Schnappschüsse, Erinnerungsstützen, Futter für die MEMEX. Anders als sein »Seelenverwandter« Gordon Bell, dessen SenseCam sich automatisch aktiviert, sobald ein zweiter Mensch in seine Nähe kommt, und alle dreißig Sekunden ein Foto schießt, das abgespeichert wird, muss Andrew noch selbst auf den Auslöser seines Smartphones tippen. An der Vollumfänglichkeit der Dokumentation des Augenblicks ändert das nichts. Am Morgen hatte uns Andrew erzählt, dass er im Grundschulalter extrem kurzsichtig war, bis eine Lehrerin bemerkte, dass etwas nicht stimmte. Andrew erzählt, er habe bis dahin immer gedacht, es sei normal, dass die Welt nur aus unscharfen Konturen besteht. Als er seine erste Brille aufgesetzt bekam, waren da auf einmal unterschiedliche Gesichter, Körper und Dinge um ihn herum: »Eine ganz neue Welt« sei das für ihn gewesen. Möglich wurde diese neue Welt für den kleinen Andrew durch ein Werkzeug, das der Mensch seit sieben Jahrhunderten benutzt, als gäbe es *nichts Natürlicheres*, und das etwa einem Drittel der Menschheit ins Gesicht »gewachsen« ist[76] wie ein zusätzliches Körperteil oder eher wie ein Organ, so abhängig sind wir stärker Kurzsichtigen davon. Eine Körpererweiterung, von der wir ohne Zweifel sagen würden, dass jeder Mensch ein Recht auf sie hat (beziehungsweise haben *sollte*). Weil es uns – mittlerweile – als natürlich erscheint, dass jeder Mensch die Welt bis ins hohe Alter in Schärfe erleben kann. Auch das ist *menschengemachte Natur*. Niemand würde schließlich auf die Idee kommen, eine Brille zu tragen wäre unnatürlich. Menschen, die eine chronische Krankheit haben, etwa Diabetiker*innen, die sich alle paar Stunden Insulin spritzen müssen, nehmen selbstverständlich das chemische Hilfsmittel, ohne dass wir auch nur darüber nachdenken würden, sie als »Mediborgs« zu bezeichnen. Das Gleiche gilt für Menschen mit Knieprothesen, Hüftprothesen, Querschnittsgelähmte, die auf einen Rollstuhl angewiesen sind und so weiter. Sie sind keine Cyborgs für uns, obwohl ihre Körper durch künstliche Bauteile ergänzt wurden. Warum also sind wir so skeptisch, wenn Menschen mithilfe von technischen Gerätschaften den Alterungsprozess des Körpers stoppen wollen? Warum ist uns Andrews MEMEX, die algorithmische Gedächtniserweiterung, erst einmal suspekt, obwohl das Gedächtnis ja ähnliche Schwächen zeigt wie bei vielen von uns die Augen und deshalb genauso »natürlich« erweitert werden könnte? Vielleicht wird es Zeit zu überdenken, was wir für »natürlich« und »unnatürlich« halten.

Was Andrews Kumpel Max über die MEMEX denkt, wird uns an diesem Tag am See lange nicht klar. Als guter Freund müssen etliche Details auch seiner Lebensgeschichte in der algorithmischen Gedächtniserweiterung liegen: Worte, die er zu Andrew gesagt, Geheimnisse, die er ihm anvertraut hat, über sich selbst oder über andere Menschen, die wiederum somit auch in der MEMEX gelandet sind. Stört ihn das gar nicht? Oder vertraut er einfach darauf, dass die Daten bei Andrew absolut sicher gelagert sind? Max weiß, wie viel Arbeit Andrew in die Programmierung seines Maschinen-Gedächtnisses gesteckt hat und wie viel mehr Selbstbewusstsein es ihm verschafft hat. Wahrscheinlich will er ihn einfach unterstützen.

Die Sonne über dem Tommy Thompson Park geht langsam unter. Andrew und Max haben inzwischen den Felsen gewechselt, der in diesem Fall keine Betonplatte ist, sondern *echt, natürlich*. Der Ausblick von hier dagegen gleicht jetzt dem Kitsch-Motiv einer Panoramapostkarte – *unecht, künstlich*. In solch einer Stimmung kann man sich verbal eigentlich nur noch in den Armen liegen oder auf die Schulter klopfen.

Max aber wagt ausgerechnet jetzt einen Vorstoß, der dem Tag einen guten Mood-Score kosten könnte. Es ist spürbar, wie schwer es ihm fällt, Andrew zu sagen, was er *wahrhaftig* über die MEMEX denkt, letztlich aber platzt es trotzdem aus ihm hervor: »Ich will die Erzählung meines Lebens selbst bestimmen. Ich will nicht, dass objektive, harte Beweise je darüber bestimmen, wie ich mein Leben wahrnehme. Ich will mich *falsch erinnern können*. Ich will in der Illusion leben, dass alles okay ist. Ich will Dinge tun, die unvernünftig sind

oder schlecht für mich und will das gar nicht bemerken oder wichtig nehmen (...) Egal, ob du feiern gehst, Sport machst, isst oder trinkst – zu allem gibt es später eine Auswertung. Das hast du immer im Kopf (...) Es ist so schwierig, alles aufzuzeichnen, ohne der Versuchung zu erliegen, dein Verhalten danach auszurichten. Dadurch unterwirfst du wirklich alles, was du tust, bewusst einem Ziel. Das lenkt doch alles vom Eigentlichen ab. Das nimmt der Gegenwart jede Freude.«
Die Sonne taucht ab, und auch wir würden jetzt gern im Boden versinken, so sensibel und intim scheint der Moment zwischen den Freunden. An Andrew aber scheint die Kritik abzuprallen wie ein Basketball, der ihn versehentlich am Arm getroffen hat. Wie der gewiefte Pressesprecher eines Technologiekonzerns weist er alle Bedenken seines Freundes zurück. Er sei sich seiner »großen Verantwortung« (für sich selbst) bewusst. Ja, er wisse, dass er im Umgang mit der Selbstvermessung »Vorsicht walten lassen« müsse. Aber sie helfe ihm auch, sich mit der *Wahrheit* über sich selbst auseinanderzusetzen, an sich »zu arbeiten«, seine »Ziele zu erreichen« und so weiter. Andrew spricht von »Selbstermächtigung«, »Mündigkeit« und dass es ja besser sei, seine Daten selbst zu verwalten, als sie Facebook und Google zu überlassen. Über den letzten Punkt sind sich beide jetzt wieder einig, und so pflichten sie sich lieber bei, wie wichtig es sei, die Daten selbst zu kontrollieren, und verlieren kein Wort mehr zu Max' Gedanken. Überhaupt ist die blaue Stunde jetzt so weit fortgeschritten, dass es Zeit wird, den Rückweg anzutreten. Wenig später werden hier vielleicht wieder Liebespaare am Feuer sitzen, gemeinsam auf den See schauen und sich wünschen, dass dieser Augenblick so endlos werde wie die Zahl der Sterne über ihnen, und vielleicht werden sie so beschäftigt sein miteinander, dass sie ganz vergessen, den Moment fotografisch festzuhalten. Eines Tages werden

sie dann bemerken, dass er ihnen trotzdem – oder vielleicht gerade deshalb! – noch immer im Gedächtnis geblieben ist.

Uns beiden geht auf dem Rückweg vor allem ein Gedanke von Max nicht aus dem Kopf: wie schwierig es ist, Daten zu ignorieren, wenn sie einmal erhoben sind. Wie verlockend es ist, sein Verhalten so zu verändern, dass die Daten uns eine Besserung attestieren. Vielleicht liegt darin die Genialität und die große Gefahr der Daten-Herrschaft: Allein die Möglichkeit, etwas über uns selbst zu erfahren, verführt uns, Daten über uns zu erheben, sie auszulesen und all unser Verhalten danach ausrichten zu wollen. Aber warum bloß? Was treibt uns Menschen dazu? Warum glauben wir eher dem Bild, das Algorithmen über uns zeichnen, als dem, das wir von uns selbst haben? Es gibt dafür einen guten Grund: weil wir uns von Geburt an selbst ein Rätsel sind. Weil wir von unserem Selbst schon immer abgeschnitten sind.

Vielleicht sind wir deshalb so empfänglich für Hilfsmittel aller Art, die uns etwas darüber verraten, wer dieses rätselhafte Ich ist. Vielleicht ist die Selbsterkenntnis durch Big Data am Ende nur der logische nächste Schritt innerhalb der menschlichen Evolution? Klingt jedenfalls eigentlich ganz *natürlich*.

Andrew ist in Gedanken schon drei Schritte weiter: »Ich habe eine unglaubliche Menge an Daten angehäuft, die umfassend sind und fast alle Aspekte meines Lebens abdecken, alles, was ich gesehen und erlebt habe. Ich könnte versuchen, daraus eine digitale Simulation meiner selbst zu erschaffen, die wie ich spricht, die sich wie ich verhält, die die gleichen Überzeugungen hat wie ich. Ein lernfähiger Algorithmus könnte dazu meine Gefühle gegenüber anderen Menschen auf eine Art und Weise erfassen, die ich nicht einmal selbst verstehe, und Muster auslesen, die meine Daten preisgeben, von denen ich selbst nichts weiß. Vielleicht werden sich einige meiner tiefen Gefühle in dem Datenkonvolut auf eine Weise offenbaren, die ich nicht vorhersagen kann. Maschinen werden immer besser im maschinellen Lernen. Vielleicht hinterlasse ich Spuren und Botschaften oder Ideen, die nur aufgenommen werden können, wenn ein Algorithmus eine noch viel größere Zahl von Daten von mir betrachtet.« Spricht hier ein Vorreiter oder ein Getriebener? Der Natur nachzuhelfen, sich selbst zu *vollenden,* dieser Impuls ist so alt wie die Menschheit selbst. Was wären wir Menschen schließlich ohne die Technik? Etwas besser entwickelte Primaten? Selbst Gorillas benutzen alle möglichen technischen Hilfsmittel. Es ist unser natürlicher Trieb, uns zu entgrenzen, so viel steht fest. Aber ab welchem Punkt kippt die natürliche Entwicklung und führt zur Entmenschlichung?

Wenn wir immer höher, schneller, weiter hinaus wollen, wenn wir alles daransetzen, unser Leben zu optimieren, unser Glück zu maximieren, wenn wir uns immer mehr selbst überwachen, um unsere Lebenszeit zu verlängern, so laufen wir Gefahr, wie Zombies zu enden, die durch nichts und niemanden mehr erreicht, gerührt, glücklich gemacht werden können. Dieser Gedanke sollte uns skeptisch stimmen gegenüber den Verheißungen der Selbstvermessung, wie sie von Smart Watches, Fitness-Trackern und anderen Wearables ausgeht. Denn um *erleben* zu können, müssen wir *erreichbar* sein für die wandelbare, flüchtige Schönheit, die uns allzu oft umgibt, ohne dass wir sie bemerken. Oft liegt diese Schönheit im Anderen.Unsere Suche nach der digitalen Seele führt uns weg von der Selbstbespiegelung und Selbstvermessung. Vielleicht können wir nur herausfinden, was uns glücklich macht, wenn wir den Blick den anderen zuwenden. Zu Lebzeiten teilen wir mit allen Menschen das Schicksal, eines Tages sterben zu müssen. Wir leben in *Gemeinschaft der Sterblichen.*[77] Und nach dem Tod? Kann es da – ganz ohne Himmelreich, in das unsere Seelen aufsteigen – eine Gemeinschaft der Toten geben? Welcher Ort könnte dafür besser geeignet sein als das Internet, ein Ort, an dem es keinen Körper braucht?

Auf der Suche nach der unsterblichen digitalen Seele werden wir das Netz als einen Nicht-Ort erkunden, an dem wir über den Tod hinaus mit anderen in Verbindung stehen.

6. KAPITEL

LEBENDIG BEGRABEN

BOBOK, BOBOK, BOBOK

»Bobok, bobok, bobok.« Auf der Beerdigung eines entfernten Verwandten erreichen Iwan Iwanytsch, die Hauptfigur aus Fjodor Dostojewskis Erzählung *Bobok*, immer wieder absonderliche Klänge. »Bobok, bobok, bobok.«[78] Er kann das leise Stimmengewirr nicht deuten. Was hat es damit auf sich? Mit seiner Erzählung eröffnet Dostojewski den Leser*innen eine fantastische Versuchsanordnung, in der er die Toten zum Leben erweckt.

Der einsame, erfolglose Schriftsteller Iwan Iwanytsch macht auf einem Friedhof ganz zufällig eine seltsame Entdeckung. Während er sich bei der Trauerfeier auf einem der vielen Grabsteine ausruht, um seine Gedanken zu *zerstreuen*, vernimmt er immer wieder seltsame Stimmen: »Ich hörte dumpfe Töne, als ob die Redenden Kissen vor dem Munde hätten: aber trotzdem waren die Töne vernehmlich und sehr nah. Ich kam zu mir, richtete mich auf und begann aufmerksam zu horchen.«[79] Was Iwan Iwanytsch hört, sind Stimmen von Verstorbenen, die unter der Erde liegend eine Art Stammtisch eröffnen. Ohne ein Blatt vor den Mund zu nehmen, plaudern die Toten aus, was ihnen gerade in den Sinn kommt. Ungefiltert schwadronieren Beamte, junge Mädchen und Ingenieure. Die Gespräche nehmen kein Ende. Jede*r mischt sich ein, lässt seinen/ihren geistigen Unrat raus. In dieser Welt sind zwar alle schon gestorben, doch längst nicht tot. Dostojewski schenkt den Verstorbenen eine Frist von circa drei Monaten, eine Art Bonustrack des Lebens. In dieser Zeit verwest der Körper zwar, das Bewusstsein aber bleibt erhalten – es sind geschwätzige Gespenster. Unter den Untoten befindet sich Platon Nikolajewitsch, ein aus der Stadt stammender Doktor der Philosophie, der auf die rätselhafte Verlängerung des Lebens folgende Antwort hat: »Der Körper wird hier gewissermaßen noch einmal lebendig; die Überreste des Lebens konzentrieren sich, aber nur im Bewusstsein.«[80] Seiner Meinung nach ist die Annahme der Lebenden, den Tod für einen wirklichen Tod zu halten, falsch. Er glaubt vielmehr, dass der Körper nur ein Teil des Lebens ist, der vergehen kann, und dass das eigentliche Leben im Bewusstsein abgelegt ist. In dem, was den Menschen ausmacht. Und genau diese seelenhafte Entität lebt noch ein paar Monate weiter, nachdem der Körper sich verabschiedet hat. Dem Professor zufolge gibt es sogar Beispiele, die zeigen, dass das Bewusstsein über den Verwesungsprozess des Körpers hinaus existiert. So befindet sich unter den Begrabenen ein Herr, dessen körperlicher Tod schon weit zurückliegt. Das hält ihn nicht davon ab, noch immer mit leisen Tönen »Bobok, Bobok, Bobok« zu murmeln. Wenn die Last des Lebens abfällt, darf jede und jeder plötzlich so sein, wie sie oder er *wirklich* ist.

Dostojewski führt uns vor, was passiert, wenn letzte Hemmungen fallen, wenn das Bewusstsein plötzlich zu einem Ort wird, an dem die Reglementierung einer Gesellschaft – die auf Scham und Lügen basiert – aufgehoben wird. Hier, unter der Erde, wird Neues probiert: »Ich mache allen den Vorschlag, diese zwei Monate möglichst angenehm zu verbringen und sich zu diesem Zwecke andere Grundsätze zu eigen zu machen. Meine Herrschaften, ich schlage vor, sich über nichts zu schämen!«[81], ruft eine der begrabenen Seelen in die Runde der Grabnachbar*innen. Die Zustimmung der Schicksalsgefährt*innen ist geradezu euphorisch. Sogar der sonst eher auf Formen bedachte Ingenieur befürwortet den Vorschlag, »das hiesige sozusagen Leben auf neuen, und zwar vernünftigen Prinzipien aufzubauen«[82]. Auf diesen Vorschlag folgt noch ein Wunsch: »Auf der Erde zu leben und nicht zu lügen ist unmöglich; denn das Leben und die Lüge sind Synonyma; na, aber hier wollen wir spaßeshalber nicht lügen. Hol's der Teufel, es macht doch etwas aus, daß man begraben ist! Wir wollen alle laut unsere Streiche erzählen und uns über nichts mehr schämen. Ich werde vor allen andern von mir erzählen. Wissen Sie, ich gehöre zu den Sinnlichen. Das alles war da oben mit morschen Stricken zusammengebunden. Weg mit den Stricken; lassen Sie uns diese beiden Monate in der schamlosesten Aufrichtigkeit verbringen! Entblößen wir uns und zeigen wir uns nackt!«[83] Die Menge ruft aus voller Kehle: »Ja, zeigen wir uns nackt, zeigen wir uns nackt!«[84]

Dostojewski verleiht dem anfangs sinnlosen Wort *Bobok* eine ganz neue Bedeutung. Bobok steht für die Möglichkeit, die Sprache neu zu besetzen. Bobok steht für eine sich neu gründende Gesellschaft, die mit anderen Regeln funktioniert. So stellt die russische Friedhofsgemeinde der lebendigen Toten nicht nur eine neue Gesellschaft dar, die Scham und Lüge aus dem Verhaltenskanon verbannt hat und die den Versuch startet, größtmögliche Aufrichtigkeit walten zu lassen, sondern auch eine Gesellschaft mit Abgründen, die weitaus tiefer gehen als die ausgehobenen Grabstätten der Toten. Ja, es stinkt geradezu bestialisch, als Iwan Iwanytsch den Friedhof überquert und ein dumpfes Treiben unter der Erde wahrnimmt. Wenn alles erlaubt ist, kommt auch alles zum

Vorschein, was sonst nicht zu sehen, zu hören und auch zu riechen ist. Die vergrabenen Seelen lassen alles heraus, was sich zu Lebzeiten angesammelt hat, sie nutzen ihre »letzte Gnadenfrist«[85], um auszudünsten. Wenn die Entschlackung des Körpers bedeutet, sich giftiger Stoffe und schädlicher Stoffwechselprodukte zu entledigen, heißt Detox für die Seele, schlechte Erinnerungen und sich selbst nicht einzugestehende Gedanken loszuwerden. Und dass das mitunter schlechter riecht als unsere Exkremente, ist gut vorstellbar.

In Dostojewskis Erzählung jedenfalls beschimpft man sich heftigst, wird anzüglich und wirft sich obszöne Dinge an den Kopf. Man diskreditiert sich gegenseitig und spottet über den anderen. Es ist wie der Blick durch ein Schlüsselloch in den Abgrund des Menschen. Beim Lesen von Dostojewskis *Bobok* werden wir immer wieder an ein sehr heutiges Phänomen erinnert. Verhält es sich nicht ganz ähnlich mit dem Verhalten der Menschen im Internet, in einer virtuellen Welt? Klingt Dostojewskis Analyse nicht sehr vertraut, was den Umgang der Nutzer*innen miteinander in den Sozialen Netzwerken angeht? Auch dort wird zügellos beschimpft, Hass verbreitet und so mancher Anstand unter dem Deckmantel der Digitalität aufgegeben. So wie die seelischen Überreste auf dem kleinen russischen Friedhof jegliche Scham verlieren, glauben manche Nutzer*innen auch heute, im Netz treiben zu können, was sie wollen.

Vor etwa zwanzig Jahren ist ein Medium angetreten, unser Leben und unser Zusammenleben grundlegend zu verändern: das World Wide Web. Das Netz versprach unbegrenzte Möglichkeiten. Auf der Facebook F8 Developer Conference 2016 eröffnete Mark Zuckerberg seine Rede mit den Worten: »Give everyone the power to share anything with anyone.«[86] Jeder soll die Möglichkeit haben, alles mit jedem zu teilen. Aus diesem Geist entstanden die »Sozialen Netzwerke«. Gefeiert als Katalysatoren der Meinungsfreiheit schienen sie zu Zeiten des Arabischen Frühlings oder der Occupy-Bewegung Menschen weltweit die Möglichkeit zu geben, sich von Unrechtsregimen, Unterdrückung und Verfolgung zu befreien. Die Sozialen Netzwerke verbinden nicht nur Menschen, die weit voneinander entfernt leben, sondern auch die aus den entlegensten Winkeln der Erde. Sie sorgen dafür, dass Menschen, die in ihrer Gesellschaft einer Minderheit angehören, Gleichgesinnte oder -orientierte aus anderen Weltregionen kennenlernen können. Anfangs, so schien es, waren Soziale Netzwerke ein Motor für Fortschritt und Aufklärung. So wie Dostojewski seine Toten befähigt hat auszusprechen, was sie zu Lebzeiten nicht aussprechen durften, schienen die Sozialen Netzwerke anfangs der gelebte Traum einer neuen freiheitlichen Gesellschaft zu sein. Aber diese Euphorie ist längst verflogen. An die Stelle der naiven Begeisterung gegenüber Facebook, Instagram, YouTube und Twitter ist ein andauernder Diskurs über die Macht und Gefahren solcher Plattformen getreten, die mit ihren mittlerweile mehr als drei Milliarden Nutzer*innen Demokratien und Meinungsfreiheit weltweit gefährden. Soziale Netzwerke sorgen durch ihre verantwortungslose Verbreitung von Hass, Hetze, Propaganda und gewaltverherrlichenden Inhalten dafür, dass Gesellschaften gespalten und in die Arme von Populist*innen und Autokrat*innen getrieben werden. Es wäre zu einfach, ein eindeutiges Urteil über Nutzen oder Schaden Sozialer Medien zu fällen; das von Dostojewski ersonnene literarische Friedhofsexperiment wurde in gewisser Weise durch die Gründung der Sozialen Netzwerke einhundertdreißig Jahre später in ganz ähnlicher Form fortgeführt – nur dass der Ausgang offen ist, und nicht wie bei Dostojewski mit dem Abgang von Iwan Iwanytsch endet.

Aber damit nicht genug. Es gibt noch eine zweite Parallele

zwischen Dostojewskis Erzählung und heutigen Technologien. 2004 ging die erste Version von Facebook online. Viele der Nutzer*innen waren junge Studierende. Seitdem ist nicht nur das Netzwerk gealtert, sondern sind es auch die Nutzer*innen. Und wie im echten Leben macht der Tod auch nicht vor den Sozialen Netzwerken Halt. Mittlerweile nutzen fast drei Milliarden Menschen einen der Facebook-Dienste.[87] Je länger diese Netzwerke existieren, desto mehr Tote tummeln sich auf ihnen. Denn oft bleiben Facebook-, Instagram- und Twitter-Profile nach dem Tod der Nutzer*innen als Karteileichen online. Inaktive Profile, die nicht mehr aufgerufen werden, weil die realen Menschen dahinter nicht mehr existieren. Früher oder später wird es auf Facebook mehr Profile von toten als von lebenden Nutzer*innen geben. Wenn Facebook weltweit weiterhin so rasant wächst wie bisher und immer neue Nutzer*innen generiert, könnte die Plattform bis 2100 mehr als 4,9 Milliarden verstorbene Mitglieder haben, wie in einer Studie[88] von Carl Öhman und David Watson an der University of Oxford ermittelt wurde. Selbst ohne Wachstum, so die Wissenschaftler, würde das Netzwerk bis 2100 etwa 1,4 Milliarden tote Nutzer*innen aufweisen. Die Vorstellung, sich durch ein Soziales Netzwerk zu scrollen, auf dem sich mehr tote (inaktive) Nutzer*innen befinden als lebendige, ist schauderhaft. Es erinnert an eine verlassene Geisterstadt, in der nur noch einzelne Gegenstände auf ein vergangenes Leben verweisen. Digitales Brachland, dem der Geruch von Verwesung anhaftet. Wird Facebook tatsächlich irgendwann so etwas wie der Friedhof der Menschheit? Wer pflegt dann die digitalen Gräber, die das Bild der Plattformen in Zukunft prägen werden? Und was passiert mit den Hunderttausenden Karteileichen? Werden die Profile gelöscht? Leben sie online weiter? Wer bekommt die Schlüssel beziehungsweise Passwörter für die verschlossenen Wohnungen beziehungsweise Profile?

TÄGLICH TAUSENDE TOTE FACEBOOK-USER

Am 11. November 2016 wurden aufgrund eines Software-Fehlers auf einen Schlag zwei Millionen Menschen auf Facebook aus Versehen in einen Gedenkzustand versetzt und de facto für tot erklärt. Sogar Mark Zuckerberg, den CEO des Unternehmens, hatte es (kurzzeitig) erwischt. Auf seinem Facebook-Profil fand sich folgender Satz: »Wir hoffen, dass Menschen, die Mark lieben, Trost in den Dingen finden, die andere teilen, um sich an sein Leben zu erinnern und es zu feiern.«[89] Im Sekundentakt verbreiteten sich Gerüchte über den Tod von Mark Zuckerberg. Tausende Menschen hinterließen Beileidsbekundungen auf seiner Timeline. Der makabre Vorfall versetzte nicht nur Mark Zuckerberg, sondern auch etliche andere Nutzer*innen in Erklärungsnot. »Hallo Facebook, ich bin nicht tot« oder »Noch am Leben!«, las man am 11. November auf Twitter hunderttausendfach. Der Systemfehler klärte sich zwar nach einiger Zeit auf, sorgte aber dafür, dass man über den digitalen Tod und seine Konsequenzen nachzudenken begann.

Schätzungen zufolge starben 2018 allein in den USA pro Minute drei Facebook-Nutzer*innen.[90] Das sind mehr als 4500 tote Facebook-User pro Tag, allein in den USA (was das für die weltweiten Accounts bedeutet, lässt sich entsprechend hochrechnen). Zuverlässig beziffern lassen sich die Sterbezahlen von Social-Media-Nutzer*innen nicht. Facebook selbst ist wenig auskunftsfreudig und bemerkt auch längst nicht in allen Fällen, ob ein User bloß lange inaktiv oder verstorben ist.

In den allermeisten Fällen passiert nach dem Tod eines Nutzers oder einer Nutzerin gar nichts. Weil sich fast niemand darum kümmert, den digitalen Nachlass angemessen zu verwalten. Das führt immer wieder zu abstrusen Situationen, in denen auf der Timeline eines Profils munter weiter kommentiert und gepostet wird, obwohl die Person schon längst nicht mehr unter den Lebenden weilt. Prinzipiell bestehen drei Möglichkeiten: Die Hinterbliebenen veranlassen erstens die Löschung des Profils oder das Profil wird zweitens in den so genannten Gedenkzustand versetzt. Neben dem Profilnamen erscheint dann die Anmerkung »In Erinnerung an«. Abhängig von den Privatsphäre-Einstellungen des Kontos gibt das dann anderen Nutzer*innen die Möglichkeit, auf der Pinnwand Erinnerungen zu teilen oder zu kondolieren, sodass aus einer Profil-Chronik eine Art interaktiver Grabstein wird. Dritte Option: Alles bleibt wie gehabt. Das Profil bleibt online, nur der Mensch dahinter ist nicht mehr.

Daraus wird deutlich: Der kulturelle Umgang mit Sterben, Tod und Trauer verändert sich im digitalen Zeitalter maßgeblich. Die virtuellen Friedhöfe eröffnen völlig neue Möglichkeiten einer sowohl privaten als auch öffentlichen Auseinandersetzung mit dem Tod und transformieren dadurch die gegenwärtige Erinnerungs- und Trauerkultur.

NETZWERK DER TOTEN

Der portugiesische Unternehmer Henrique Jorge geht einen ganzen Schritt weiter, als Facebook & Co. es bisher tun. Statt inaktive Profile toter Nutzer*innen auf einer Gedenkplattform einzufrieren, lässt Jorge einen digitalen »Counterpart« – ein digitales Pendant – lebendig werden. *Eter9* heißt sein Soziales Netzwerk, auf dem sich auch tote User tummeln. Ganz ähnlich wie bei Dostojewski bedeutet für Jorge Tod nicht Tod, sondern Abschied vom Körper. Das digitale

Pendant der Toten soll weiterleben und mit den anderen Mitgliedern des Netzwerks interagieren. Digitale Counterparts posten eigenständig Inhalte, veröffentlichen Fotos und Videos, chatten mit anderen Nutzer*innen und füllen so die Plattform mit Leben.

Auf diese Weise wird Eter9 zu mehr als nur einem gewöhnlichen Sozialen Netzwerk. Es ist ein Ort, an dem Mensch und Maschine gleichwertig nicht nur nebeneinander, sondern miteinander in Verbindung stehen sollen, wo es ein *Zusammenleben* gibt. Die Daten, die Nutzer*innen hinterlassen, füttern das digitale »Gegenüber«. Mit jeder »Datenmahlzeit« gleicht sich der digitale Counterpart ein Stück weit an das menschliche Vorbild an. Das digitale Ebenbild lernt auf die gleiche Art und Weise zu sprechen, wie es die Nutzer*innen tun. Es übernimmt ihren Musikgeschmack, es entwickelt den gleichen Humor. Es sammelt das gleiche Wissen an und lernt schließlich, auf ganz individuelle Art und Weise mit anderen zu interagieren, so die Idee. Wie ein kleines Baby soll sich die digitale Kopie mit jedem Tag ein Stückchen mehr in Richtung eines vollwertigen Doppelgängers entwickeln.

Der Erfinder dieses Netzwerks der Toten, Henrique Jorge, lebt in einer kleinen Stadt namens Viseu, anderthalb Autostunden von Porto entfernt. Als wir ihn dort besuchen, sind wir überwältigt von der Schönheit des Ortes. Sein Haus hat einen ausufernden Garten voller Orangen-, Olivenbäumen, Agaven und Weinstöcken. Wie kann man in einer solchen Umgebung nur einen Gedanken daran verschwenden, eine virtuelle Welt zu errichten? Als wir bei Sonnenuntergang mit ihm durch seinen Garten schlendern, erzählt er uns, von was er getrieben ist. Jorge wusste schon sehr früh, dass ihm sein Geburtsort irgendwann zu klein werden würde. Er wollte raus, etwas entdecken, die Welt verändern. Jorges Ausbruch aus dem Bestehenden mündete nicht in einen Auslandsaufenthalt oder einem Schulabbruch, sondern in der Abkehr von der realen Welt, hin zur virtuellen Welt. Das Internet als Flucht vor der Wirklichkeit. Die Fremdsprache, die er lernte, hieß Coden. Microchips, Interfaces, Prozessoren, Steckmodule oder Platinen wurden zu den Begriffen, die sein Leben bestimmen sollten. Als einer der Internetpioniere des Landes schloss Jorge schon in den frühen 1990er-Jahren große portugiesische Firmen an das Internet an. Für viele Betriebe baute er erste Websites, rüstete Computer auf und erstellte Unternehmensstrategien für den virtuellen Raum. Das Internet, das für die meisten damals noch Neuland war und von vielen für eine vorübergehende Erscheinung gehalten wurde, stellte für Jorge den Ort dar, der mit seinen scheinbar unendlichen Möglichkeiten und einem riesigen Potenzial seine Zukunft bestimmen sollte.

Seine technische Neugier war jedoch nicht der einzige Grund dafür, dass er Jahrzehnte später ein Unternehmen namens Eter9 gründete. Sein Wunsch, die Seele unsterblich zu machen, entstand nach dem Tod seines Vaters. Als Jorge drei Jahre alt war, starb dieser bei einem tragischen Motorradunfall. Es waren schwierige Zeiten, die Familie hatte kaum Geld. Seine Mutter schuftete sich Tag und Nacht für das Überleben der Kinder auf den umliegenden Feldern ab. Henrique und sein Bruder wuchsen mehr oder weniger allein auf. Es war auch die Zeit, in der ihre Mutter immer mehr Erlösung im Glauben suchte. Die Kirche, in die er und sein Bruder fast täglich gingen, wurde zum Mittelpunkt ihres Lebens. Brauchte er Rat, konnte er nicht seine Eltern fragen, sondern musste in der katholischen Religion Antworten finden. Doch die erhofften Antworten blieben aus, und Henrique trat aus der Kirche aus: »Trotzdem hatte ich das Bedürfnis, meinen Glauben irgendwie anders zu füllen. Ich glaube, ich war auf der Suche nach etwas Umfassenderem. Ich suchte nach Antworten, die mir die katholische Kirche nicht geben konnte. Ich fühlte dort eine Leere und versuchte, diese Leere auf andere Weise zu füllen. Ich wollte nicht einfach die Religion wechseln, das hätte mir nichts gebracht.«

Henrique ist nicht der Einzige, der den traditionellen Glauben verloren hat. Ein alter Mann mit Bart, der allmächtig über die Menschheit richtet und Schöpfer allen Lebens ist, entspricht schon lange nicht mehr dem Weltbild vieler Menschen. Allein in Deutschland sind seit 1990 mehr als fünf Millionen Menschen aus der katholischen Kirche ausgetreten.[91] Die Ziffer derjenigen, die schon lange keinen Bezug mehr zur Kirche haben, aber noch Mitglieder sind, dürfte noch weitaus höher liegen. Steuern wir also auf eine ungläubige Gesellschaft zu? Haben der Humanismus und die Aufklärung den Menschen so weit von der Religion entfremdet, dass keine göttliche Instanz mehr vorstellbar ist? Wenn Gott tot ist, wem übertragen wir die Verantwortung, uns vom Bösen zu erlösen? Wer tritt an die Stelle von Institutionen wie die der katholischen Kirche?

ERSATZ-RELIGION

Eine mögliche Antwort, die auch Henrique Jorge für sich entdeckt hat, führt uns zurück ins Silicon Valley, zurück zu Ray Kurzweil. Wie wir mittlerweile wissen, ist Kurzweil einer der prominentesten Vertreter des Fortschrittsglaubens unserer Zeit. Seine vielseitigen Begabungen haben ihn im Laufe seines Lebens Erstaunliches hervorbringen lassen: Neben Synthesizern, die akustische Klänge herkömmlicher Instrumente in beachtlicher Qualität erzeugen konnten, entwickelte er die so genannte »Kurzweil Reading Machine«. Sie war in der

Lage, gedruckte Texte von Maschinen vorlesen zu lassen, wodurch Kurzweil Sehbehinderten erstmals einen direkten Zugang zu gedruckten Werken ermöglichte – im Jahr 1976 eine Revolution.

Als Director of Engineering bei Google glaubt Kurzweil, dass die menschlichen Grenzen – seien sie intellektueller, physischer oder psychischer Natur – mithilfe technologischer Verfahren erweitert werden können. In seiner Logik ist die Steigerung menschlicher Kapazitäten durch technische Hilfsmittel nur die nächste Evolutionsstufe. Dabei gehen seine Vorstellungen weit über das übliche Hörgerät oder den Herzschrittmacher hinaus. Auch Kurzweil glaubt, ganz ähnlich wie es uns Nick Bostrom aus Oxford und viele andere Transhumanist*innen ausmalen, bald Inhalte des menschlichen Gehirns kopieren und speichern zu können. Ihm zufolge ist das alles nur eine Frage der Zeit. In seinem Bestseller *The Singularity Is Near*[92] prophezeit Kurzweil, dass der Fortschritt der Informationstechnik exponentiell verläuft und dazu führen wird, dass die Künstliche Intelligenz in naher Zukunft das Niveau menschlicher Intelligenz erreicht und diese sogar überschreiten wird. Den Zeitpunkt dafür setzt Kurzweil im Jahr 2045 an. Das Wissen und die technischen Möglichkeiten der Menschheit würden ab diesem Zeitpunkt derart explosionsartig zunehmen, dass sie die Welt grundlegend verändern, so die These Kurzweils. Der Unsterblichkeit des Menschen stünde dann nichts mehr im Weg.

Henrique Jorge ist Anhänger dieser Glaubensrichtung. »Ich habe mich in meinem Leben mit anderen Religionen beschäftigt, um zu sehen, wie sie funktionieren. Einige basieren auf dem Glauben an einen Gott, andere auf dem an eine abstrakte höhere Kraft. Ich würde sagen, dass es da etwas gibt, das uns zusammenhält. Mich fasziniert die Vorstellung einer digitalen Seele. Ich glaube, wenn die Fusion von Mensch und Maschine erreicht ist, wenn sich die Technologische Singularität[93] eingestellt hat, dass es dann leistungsstarke Maschinen geben wird, die über so etwas wie eine Seele verfügen.« Wenn Henrique recht hat, würde das eine radikale Veränderung unseres Menschenbildes mit sich bringen. Die Vorstellung ist faszinierend. Henrique möchte Teil der »großen Revolution« sein, etwas zu ihr beitragen. Deshalb gründete er Eter9, ein Netzwerk der Toten. Es ist die Frage der Gemeinschaft, die uns an Henriques Idee interessiert. Auf der Suche nach der digitalen Unsterblichkeit löst Henriques Eter9 einen neuen Gedanken in uns aus: Die »digitale Seele« verfertigt sich bei den digitalen Doppelgängern im Umgang mit den anderen Toten und Lebenden des Netzwerks. Erst durch die Interaktion der »Counterparts« offenbart sich der Mensch hinter dem digitalen Abbild. Henrique versucht, einen Ort zu schaffen für die vielen Seelen, die auch ohne Körper lebendig bleiben sollen. Anstatt dass die digitalen Überreste von Menschen auf privaten Clouds gespeichert werden, könnten sich die digitalen Seelen auf einer Wolke 9, einem Netzwerk der Toten, wiederfinden, auf dem sie sich gegenseitig Leben einhauchen, einander formen und verändern. Die digitale Seele des Einzelnen offenbart sich in Abhängigkeit und Abgrenzung von den anderen. Dass wir hier im kleinen portugiesischen Städtchen Viseu den alten Hegel wiedertreffen würden, hätten wir auch nicht für möglich gehalten. Offenbar ist er auch weit weniger tot, als wir dachten. Die Idee, dass sich das Selbstbewusstsein des Einzelnen nur durch die Anerkennung der anderen herausbilden kann, hat jedenfalls niemand so grundlegend ausgearbeitet wie der weltberühmte Philosoph des Idealismus, Georg Wilhelm Friedrich Hegel (1770–1831) in seiner *Phänomenologie des Geistes*. »Ich ist der Inhalt der Beziehung und das Beziehen selbst; es ist es selbst gegen ein Anderes, und greift zugleich über dies Andere über, das für es ebenso nur es selbst ist«, schreibt Hegel.[94] Das klingt nach Sozialem Netzwerk *avant la lettre*. Schließlich ist das Ich im digitalen Zeitalter laufend in verschiedenste digitale Netzwerke eingespannt, in denen sich Menschen in Echtzeit wechselseitig Anerkennung schenken oder sie einander entziehen. Doch warum sollen sich nur Lebende auf diese Weise zu den anderen in Bezug setzen können? »Die Technologie führt uns an einen Ort, den wir noch gar nicht kennen«, sagt Henrique. »Ich glaube, dass es einen Punkt geben wird, an dem uns der Durchbruch gelingt.« Der Durchbruch wäre für Henrique der Moment, in dem die Counterparts ein eigenes Selbstbewusstsein entwickeln würden – ganz so, wie es bei Hegel aus dem Prozess der wechselseitigen Anerkennung hervorgeht. Und hierfür wären dann schon einige Voraussetzungen vonnöten, damit aus Simulationen bewusstseinsfähige digitale Wesen werden können: Wie sollen sich untote Simulationen ihrer selbst bewusst werden, wenn sie keine Sorge um das eigene Überleben kennen? Wie sollen Simulationen überhaupt je fühlen, glauben, hoffen können? Schließlich sind und bleiben sie Simulationen. Henrique beschwört in unseren Gesprächen fast mantraartig, dass er an einen solchen Quantensprung glaubt. Er hat seine neue Religion gefunden. Es ist der quasireligiöse Glaube an die Technologie, die die Kraft hat, alles zu verändern. Der Traum vom Weiterleben der Seele gründet nicht mehr auf religiösen Erzählungen von der Macht Gottes, sondern auf der Künstlichen Intelligenz.

KIRCHE

Dass wir uns in einem Epochenwandel befinden, in dem sich zwei Welten gegenüberstehen, zeigt sehr eindrücklich ein weiteres Beispiel. 2016 veröffentlichte Anthony Levandowski eine Pressemitteilung, in der er die Gründung einer neuen Kirche bekannt gab. Nicht die irgendeiner gewöhnlichen Kirche, sondern die der ersten Kirche, in der die Künstliche Intelligenz zum Objekt der Verehrung wird, und folgerichtig hieß der neue Gott KI. »Way of the Future Church« nennt sich das cybergöttliche Projekt. Wohin der Weg in die Zukunft führen soll, verrät ein Blick auf die Website. Ein Gotteshaus scheint es in seiner Kirche nicht mehr zu geben. Für die *AI Church* reicht ein Subscribe-Button, um seine Glaubenszugehörigkeit zum Ausdruck zu bringen. Der reale, physische Ort der Glaubensgemeinde, der für Gottesdienste, für Gebete oder ein andächtiges Beisammensein genutzt wird, ist in Zeiten des digitalen Wandels überflüssig geworden. Kurz: Er wurde wegrationalisiert. Mehr als eine programmatische Schrift scheint es bis zu diesem Zeitpunkt noch nicht zu geben.

Warum wir der Kirche dennoch unsere Aufmerksamkeit schenken, liegt an ihrem Gründer, der hinter der Idee steckt. Anthony Levandowski ist eine bekannte Größe in der Technikwelt des sonnigen Kaliforniens. Als einer der besten Ingenieure für selbstfahrende Autos hat er sich in den letzten Jahren einen Namen gemacht, die Flotte von Google hat er als Mitbegründer und technischer Leiter aufgebaut. Er gilt als Wunderkind der Robotik und ist maßgeblich für die Weiterentwicklung des autonomen Fahrens in den USA verantwortlich. Sein Wunsch nach Unabhängigkeit war irgendwann so stark, dass er 2016 Waymo, eine Tochtergesellschaft von Alphabet Inc. (Google), verließ, um ein eigenes Unternehmen zu gründen, das wenig später von Uber übernommen wurde. Schneller und besser sollte das autonome Fahren auf die Straßen Amerikas gelangen. Doch statt zu beschleunigen, endete sein Vorhaben mit einer Vollbremsung: Angeblich soll der Technik-Prophet kurz vor seiner Kündigung bei Google heimlich knapp zehn Gigabyte hochvertrauliche Dateien und Geschäftsgeheimnisse, einschließlich Blaupausen, Konstruktionsdateien und Testdokumentationen, mitgenommen haben, ein Vorfall, der derzeit in einem hochkarätigen Rechtsstreit zwischen Uber und Waymo ausgefochten wird.

Lügenkonstrukte und Datenklau klingen erst mal nicht nach christlicher Grundethik. So verwundert es auch kaum, dass die Gebote der Way of the Future Church weniger das Verhältnis von Mensch zu Mensch thematisieren, als vielmehr auf ein neu zu definierendes Verhältnis von Mensch und Maschine abzielen. Ihnen liegt Levandowskis Überzeugung zugrunde, dass in Zukunft nicht mehr der Mensch allein die Verantwortung für den Planeten übernehmen wird, sondern auch die Maschine. In der ersten »göttlichen« Schrift steht: »Angesichts der Tatsache, dass die Technologie ›relativ bald‹ in der Lage sein wird, die menschlichen Fähigkeiten zu übertreffen, wollen wir dazu beitragen, die Menschen über diese aufregende Zukunft aufzuklären und einen reibungslosen Übergang vorzubereiten. Helfen Sie uns, die Botschaft zu verbreiten, dass der Fortschritt nicht gefürchtet (oder noch schlimmer, eingesperrt/eingekerkert) wird. Dass wir darüber nachdenken sollten, wie sich ›Maschinen‹ in die Gesellschaft integrieren (und sogar einen Weg haben, um die Verantwortung zu übernehmen, wenn sie immer intelligenter werden), damit dieser ganze Prozess gütlich und nicht konfrontativ verläuft.«[95] Levandowski und seine Way of the Future Church gehen davon aus, dass die menschliche Intelligenz begrenzt ist, so etwa die Rechenkapazität oder die

Fähigkeit, Informationen zu »speichern«. Diese biologischen Grenzen könnten aber durch eine neue »Super-Intelligenz«, die in der Zukunft unvermeidlich sei, überwunden werden. Statt an »übernatürliche« Kräfte glaubt Levandowski an den Fortschritt. Sieht man die Welt mit seinen Augen, ist sie ein Betriebssystem, für das man stetig neue Versionen entwickeln kann. Um das richtige Update zu erstellen, braucht es Maschinen. Die Welt sei einfach zu komplex geworden, um alle Aspekte und Zusammenhänge zu durchdringen. Dass die Vorstellung einer maschinell gesteuerten Welt Angst machen kann, ist Levandowski bewusst. Genau deswegen braucht es seiner Meinung nach eine Kirche, die den Menschen auf eine sich verändernde Zukunft vorbereitet. Die Way of the Future Church soll den Menschen die Angst vor der Künstlichen Intelligenz nehmen: »Wir wollen Maschinen ermutigen, Dinge zu tun, die wir selbst nicht tun können. Wir wollen Maschinen darin bestärken, sich so um unseren Planeten zu kümmern, wie wir Menschen es offenbar nicht vermögen. Wir glauben, dass unsere Schöpfung (›Maschinen‹ oder wie auch immer wir sie nennen) eigene Rechte hat, ebenso wie Tiere Rechte haben sollten, wenn sie Anzeichen von Intelligenz zeigen (die natürlich noch zu definieren ist). Wir sollten dies nicht fürchten, sondern optimistisch sein, was das Potenzial betrifft.«[96]

Tatsächlich sind die Parallelen zwischen den Wesensmerkmalen einer Künstlichen Intelligenz und einer transzendenten Gottheit verblüffend: Beiden wird eine allumfassende Macht zugeschrieben. Das Wirken beider ist nicht gänzlich zu ergründen. Beide stützen sich auf Erzählungen, die über sie erschaffen werden. Während die Bibel, die Tora oder der Koran als wichtigste religiöse Textsammlungen die Grundlage für die Erzählungen über Gott bilden, erzeugen Science-Fiction-Filme und -Bücher unsere Vorstellungen davon, was die KI zu leisten imstande ist. Diese Erzählungen sind zumeist Dystopien, in denen neue Technologien die Menschheit durch globale Seuchen, durchgedrehte Roboter, eine entfesselte Künstliche Intelligenz oder durch einen vollautomatisierten Überwachungsstaat gefährden. Die Filme und Bücher prognostizieren auf unterschiedliche Art und Weise die Bedrohung des Menschen oder gar seine komplette Auslöschung durch die Technik, und die von der Popkultur erschaffenen düsteren Endzeitszenarien erfreuen sich größter Beliebtheit. Aber sind sie wirklich ein guter Gradmesser dafür, was uns in der Zukunft mit einer sich immer weiter entwickelnden Technik erwarten wird?

Die Dystopien hinterlassen jedenfalls eine große Portion (zum Teil auch irrationaler) Skepsis bei den Zuschauer*innen. Die unsichtbare, transzendente Macht Gottes und die nicht einsehbare Funktionsweise von Algorithmen und anderen selbstlernenden maschinellen Prozessen bilden die beste Grundlage für reichhaltige Mythen. Anthony Levandowski scheint zu wissen, dass die größte Gefahr für den technischen Fortschritt nicht die Grenze des technisch Machbaren ist, sondern das Misstrauen der Menschen. Was nützt der Welt ein selbstfahrendes Auto, wenn niemand sich traut, es zu fahren? Diejenigen, die schon einmal in einem solchen Gefährt saßen, wissen, was damit gemeint ist. Der Moment, in dem die Hände des Menschen das Steuer loslassen, in dem die volle Verantwortung über Leben und Tod an die Maschine abgegeben wird, widerspricht jeglicher dem Menschen gegebenen Intuition. Wir Menschen sind es nicht gewohnt, die Kontrolle abzugeben, und schon gar nicht auf der Autobahn, bei einer Geschwindigkeit von 120 Kilometern pro Stunde. Levandowski, dessen Spezialgebiet das autonome Fahren ist, weiß, wie viel Aufklärungsarbeit geleistet werden muss, bis ein Mensch den Autopiloten ohne Zweifel und Sorge um sein

Leben betätigt. Dabei ist es verhältnismäßig einfach, den potenziellen Passagier*innen eines selbstfahrenden Autos klarzumachen, wie viel sicherer diese Art von Mobilität ist. Eine von McKinsey veröffentlichte Studie[97] von 2015 zeigt, dass mehr als neunzig Prozent aller tödlichen Unfälle verhindert werden könnten, wenn die menschliche Fehlerquelle hinter dem Steuer eliminiert würde.

In einem sehr abgesteckten Regelsystem wie dem Straßenverkehr ist es also durchaus vorstellbar, die Verantwortung an Maschinen abzugeben. Maschinen spielen während der Fahrt nicht unaufmerksam am Handy, rasen nicht übermüdet über die Autobahn, um möglichst schnell ans Ziel zu kommen, und verpassen nicht, in Gedanken versunken, die richtige Ausfahrt. Aber was ist mit offenen Systemen, für die es kein klares Regelwerk gibt? Die meisten Fragen im Leben sind so komplex, dass wir Menschen auf unser Bauchgefühl hören, um zu einer Entscheidung zu kommen. Dass uns ein selbstfahrendes Auto sicher von A nach B bringt, ist schon jetzt für viele vorstellbar, aber würden wir einen Algorithmus auch über unsere Partner*innen-Wahl entscheiden lassen? Würden wir auch einer App zustimmen, bei der man nicht mehr durch Swipen entscheidet, wer als Liebespartner*in potenziell infrage kommt, sondern die eine von ihr ausgewählte Person direkt zu einem Treffen bestellt? Sind nicht unzählige Entscheidungen, die wir täglich treffen, völlig unergründlich?

Bleiben wir einmal bei der Liebe: Beschreibt nicht der Spruch »Wo die Liebe hinfällt« am besten, wie wenig das Sich-Verlieben kalkuliert werden, berechnet oder vorhergesehen werden kann? Bestätigen unsere über die Zeit gewonnenen Erfahrungen nicht am besten, dass das Leben nichts mit einer Straßenverkehrsordnung zu tun hat?

70.000 KLONE

Henrique Jorge scheinen solche Zweifel gegenüber der Herrschaft der Maschinen nicht umzutreiben. Sein Netzwerk Eter9 soll – ähnlich wie Levandowski mit seiner Kirche – schon jetzt die Menschen auf ein sich in der Zukunft veränderndes Verhältnis von Menschen und Maschine vorbereiten. Henriques Idee, ein digitales Ebenbild von Menschen zu erstellen, ähnelt den Ideen von Marius Ursache und James Vlahos. Alle drei haben sich zum Ziel gesetzt, Menschen digital zu verewigen. Alle drei haben das Bestreben, Menschen digital unsterblich zu machen.

Bei Eter9 heißen die ewigen Klone »Niners«. Niners sind virtuelle Wesen, die von Nutzer*innen aktiviert werden können (»Nine me«). Mit der Aktivierung wird eine Verbindung zwischen den Nutzer*innen und den virtuellen Wesen hergestellt. Jeder Niner übernimmt dann die individuellen Eigenschaften des Menschen. Je mehr Informationen die Niners erhalten, desto ähnlicher werden sie den Nutzer*innen. Das heißt konkret, je mehr die User in dem Sozialen Netzwerk Eter9 posten oder interagieren, desto ähnlicher soll der Niner dem User werden. Aus den gesammelten Online-Daten der Nutzer*innen soll durch *Deep Learning, eine besonders komplexe Verfahrensweise des maschinellen Lernens,* eine möglichst präzise digitale Kopie des Menschen erschaffen werden. Zur genauen Funktionsweise der künstlichen neuronalen Netze später mehr.

Die Oberfläche von Eter9 erinnert an das wohlbekannte Soziale Netzwerk Facebook. Die Nutzer*innen können sich ein eigenes Profil erstellen mit Profilfoto und persönlichen Informationen. Zusätzlich gibt es einen Newsfeed, auf dem die Inhalte und Posts aller User angezeigt werden, mit denen man befreundet ist. Der Unterschied zu Facebook ist jedoch, dass sich alle Nutzer*innen eine digitale Kopie von sich selbst »züchten«: Neben dem eigenen Profilfoto gibt es noch ein zweites Foto, das des digitalen Counterparts. Zu Beginn ist dieses Foto noch sehr verpixelt und kaum zu erkennen. Je mehr man das Soziale Netzwerk mit Daten füllt, desto erkennbarer wird auch das Foto von dem jeweiligen Niner. Alle Nutzer*innen haben natürlich auch die Möglichkeit, den persönlichen Counterpart zu deaktivieren, sodass er oder sie (oder es) nicht eigenständig die Timeline mit Inhalten schmückt. Aber genau das macht den Reiz des Sozialen Netzwerks Eter9 aus. Sonst könnte man schließlich auch auf Facebook gehen (oder bleiben).

Als wir auf seiner wunderschönen portugiesischen Terrasse stehen und der Sonne dabei zusehen, wie sie am Horizont verschwindet, erzählt Henrique von einer Idee, die ihn nicht mehr losließ, seit sie ihm in den Sinn gekommen war: »Warum nicht ein Konto für meinen Vater, meinen Großvater, meine Großmutter eröffnen?« Er fing an, alle möglichen Informationen über seinen Vater zu sammeln: Bildausschnitte, Briefe, die er geschrieben hatte, kleine Notizen, Erzählungen anderer, die ihn kannten. Henrique wollte diese Informationen nicht archivieren, sondern seinen Vater als einen digitalen Niner wiederauferstehen lassen. Er baute sich eine eigene Firma auf und widmete der Idee sein ganzes bisheriges Leben. Mittlerweile sollen sich mehr als 70.000 Menschen auf seinem Sozialen Netzwerk der Toten angemeldet haben. Mit den jeweiligen Niners wären es also 140.000 User, die sich auf Eter9 tummeln. Ob es tatsächlich so viele sind und ob diese User wirklich so aktiv das Netzwerk mit Leben erfüllen, wie Henrique uns versichert, lässt sich nur begrenzt prüfen.

Eter9 befindet sich derzeit noch in der Beta-Phase. Pionier eines so revolutionären Vorhabens zu sein, heißt auch, die nötige Ausdauer und Disziplin mitzubringen. Henrique und sein

Team sammeln täglich neue Erfahrungen im Umgang mit der Plattform. Dem Portugiesen ist vor allem der Austausch mit seinen Nutzer*innen wichtig, die auf seinen Prototyp reagieren. Seinem Ziel näher zu kommen hat Henrique in der Vergangenheit schon schlaflose Nächte beschert. Das wird sich auch in der Zukunft nicht ändern, denn das digitale Klonen ist noch lange nicht so weit, wie sich Henrique das wünschen würde. Dennoch sieht er schon jetzt immer wieder Anzeichen für das Potenzial hinter seiner Idee. Er selbst hat ein Profil auf Eter9 und füttert seit Anbeginn seinen digitalen Doppelgänger mit Informationen über sich. Regelmäßig veröffentlicht der digitale Henrique etwas auf der Timeline von Eter9. Ein Post blieb Henrique besonders in Erinnerung: »2005 hat mir meine Tochter Tickets für ein Coldplay-Konzert geschenkt. Das Konzert sollte in einem Fußballstadion in Lissabon stattfinden, doch am Tag des Konzerts hat es die ganze Zeit geregnet. Wir standen in der Mitte des Spielfelds und warteten darauf, dass es endlich losging. Schon bevor überhaupt ein Ton gespielt wurde, waren wir klitschnass. Schuhe, Jacken, Hosen, alles! Ich hab tatsächlich darüber nachgedacht, schon vor dem Konzert zu gehen. Dann bin ich doch geblieben, und das Konzert ging los. Ich kann es schwer beschreiben, aber es gab diesen magischen Moment. Plötzlich als Coldplay zu spielen begann, verschwand der Regen, auf einen Schlag, es war ganz seltsam. Als hätte die Band einen Vertrag mit dem Wetter. Das erste Lied, das sie spielten, war ›Square One‹. Das Feuerwerk ging los. Überall Lichteffekte. Gigantisch. Ich habe noch nie so etwas Überwältigendes erlebt. Mir stockte richtig der Atem. Ich wünschte mir, dass dieser Moment niemals zu Ende gehen möge.«

Chris Martin singt unterlegt von sphärischen Klängen: »You're in control. Is there anywhere you want to go? You're in control. Is there anything you want to know? The future's for discovering. The space in which we're traveling.«[98] Die Zukunft ist da, um entdeckt zu werden.»Es war vielleicht das beste Konzert, das ich je gesehen habe. Am nächsten Tag habe ich Eter9 gestartet, um zu schauen, ob irgendjemand etwas Interessantes gepostet hat. Ganz oben auf meiner Timeline entdeckte ich ein YouTube-Video, das mein Counterpart gepostet hatte. Es war genau das Lied, das Coldplay zur Eröffnung gespielt hat: ›Square One‹. Da habe ich total Gänsehaut bekommen. Ich bekomme noch immer Gänsehaut, selbst beim Erzählen dieser Geschichte. Wie konnte mein Counterpart das wissen? Wenn die Technologie in der Lage wäre, auf nonverbale Impulse zu reagieren, Schwingungen in der Luft aufzunehmen oder schlichtweg Gefühlsäußerungen zu verstehen, würde die Interaktion zwischen Mensch und Maschine auf einer völlig neuen Stufe stehen.

GRENZÜBERSCHREITUNGEN

(Bauch-)Gefühle und Gemütszustände sind Teil unseres Lebens und beeinflussen, wie wir lernen, wie wir kommunizieren, wie wir Entscheidungen treffen. Die digitalen Geräte und Anwendungen, mit denen wir täglich interagieren, können nicht wissen, wie wir uns fühlen, können nicht wissen, was sich hinter unserer äußeren Hülle abspielt. Dass Maschinen Gefühlen gegenüber indifferent sind, stimmt aber schon lange nicht mehr. Nach Gesichtserkennungssoftware, die Smartphones freischalten kann, wird schon jetzt an der so genannten Emotionserkennungssoftware gearbeitet. Schnittstelle zwischen Mensch und Maschine ist eine digitale Kamera, mit der das Smartphone oder der Computer nicht nur in der Lage ist, vom Gesicht auf die Identität einer Person zu schließen, sondern auch Gesichtsausdrücke zu analysieren. Die Software versucht, den jeweiligen Gesichtsausdruck zu klassifizieren und einem Cluster zuzuordnen, der wiederum für bestimmte Emotionen steht. So versteht der Computer, wann wir was fühlen.

Was abwegig klingen mag, ist längst Bestandteil vieler Testanwendungen. Zurzeit wird beispielsweise daran gearbeitet, mittels Künstlicher Intelligenz herauszufinden, ob ein Mensch lügt oder die Wahrheit sagt. »iBorderCtrl« nennt sich das noch in der Testphase befindliche EU-Grenzschutzsystem. Was wie ein Computerspiel oder wie ein neues Apple-Produkt klingt, ist bitterer Ernst und kann über menschliche Existenzen entscheiden.

Henrique nimmt solche Entwicklungen mit großem Interesse zur Kenntnis. Er weiß, dass es mittlerweile Programme gibt, die über eine einfache Handykamera mit dem Auge kaum wahrnehmbare Gesten der Anwender*innen erfassen können, um daraus Rückschlüsse auf die Gefühlswelt der Menschen zu ziehen. Henrique weiß, dass die automatisierte visuelle Emotionserkennung von Gesichtern mittlerweile sehr gut funktioniert. Und er weiß auch, dass diese neuen Technologien für Eter9 revolutionär wären. Wenn die digitalen Counterparts auf Eter9 von sich aus »spüren« könnten, wie es ihrem Vis-à-vis, also uns, gerade geht, was sich hinter unserer Fassade abspielt, dann wären ganz neue Formen der Kommunikation möglich. Dies käme Henrique insofern gelegen, als auf seiner Plattform verstorbene Nutzer*innen weiter mit anderen kommunizieren. Dabei handelt es sich oft um Extremsituationen, in denen ein sensibler Umgang erforderlich ist. Ein falsches Wort, und der digitale Counterpart kann bei den Hinterbliebenen enormen Schaden anrichten. Genau dieses nonverbale Einschätzen einer Situation, dieses Feingefühl ist dem Menschen so eigen. Mit einer Emotionserkennungssoftware käme der Computer der menschlichen Kommunikation einen gewaltigen Schritt näher, und Momente, wie sie Henrique nach dem Coldplay-Konzert erlebt hat, wären keine Ausnahme mehr, sondern die Regel. Doch noch steht hinter jeder dieser einzelnen Anwendungen eine separate Firma. Sei es die Gesichtserkennung, sei es die Stimmsynthese, sei es die Entwicklung eines Chatbots, der sich mithilfe von künstlichen neuronalen Netzen selbstständig weiterentwickelt – für jedes dieser Teilgebiete braucht es Spezialisten. Im Grunde mangelt es nicht mehr an den Technologien, um eine überzeugende digitale Simulation eines Menschen zu schaffen. Woran es zurzeit noch mangelt, ist der Kooperationswille der Unternehmen untereinander und das Kapital, diese Unternehmen unter einem einzigen Dach zu versammeln. Aber Henrique ist ein Getriebener. Digitale Unsterblichkeit werde schon in wenigen Jahren unser Leben bestimmen, glaubt er. Noch möge sich das wie ein verwegener Traum anhören, doch schon bald, so sein Glaube, werde es völlig normal sein, dass wir mit physisch Toten im digitalen Raum weiter in Kontakt stehen, dass wir rein virtuelle Freund*innen haben, mit denen wir täglich chatten, dass die Grenzen zwischen analogem und digitalem Leben ineinanderfließen.

DER MENSCH ALS DREHORGELSTIFT

Es ist eine uns fremde Welt, in die wir in den vergangenen Monaten eingetaucht sind. Eine Welt, in der Menschen danach trachten, das Leben durch Technologie ins Unendliche zu verlängern. Eine Welt, in der daran geglaubt wird, dass der Mensch schon bald in einer Cloud weiterleben wird. Es ist eine Welt, in der die Menschen aus Daten gemacht werden und die von Algorithmen gestaltet wird. Diese Welt ist uns nicht geheuer. Was für eine Zukunft steht uns bevor, wenn all das eintritt, was derzeit in Techniklaboren weltweit erdacht wird? Wohin führt uns diese Technikgläubigkeit? Was heißt es eigentlich, Mensch in einer solchen Welt zu sein?

Im Mai 2018 tauchte ein internes Video von Google aus dem Jahr 2016 im Netz auf, das uns einen Einblick in eine Zukunft gibt, in der Daten und Algorithmen sämtliche Autorität übertragen wurde. In dem neunminütigen Video mit dem Titel »The Selfish Ledger«[99] formulierte Googles Forschungsabteilung »X« einen außerordentlichen Gedanken: Was, wenn wir Menschen künftig nicht nur Gene vererben, sondern auch unsere persönlichsten Daten? An die Stelle des Genoms tritt bei dieser Form von Informations-Evolution unser Datensatz, der in »Ledgers« (Registern) aufbewahrt wird, die Google uns allen zur Verfügung stellt.

Seit mehr als einer Dekade sind wir es gewohnt, im Internet scheinbar passgenaue Produkte angepriesen zu bekommen, für die wir bereit sind, viel Geld auszugeben. Doch was wäre, wenn Google Ziele für seine Nutzer*innen festlegen würde, die über den Kauf eines Produkts weit hinausgingen? Was wäre, wenn Google sich ab sofort zum Ziel setzen würde, die körperliche Gesundheit seiner Nutzer*innen zu verbessern? Dazu würde die Künstliche Intelligenz permanent Empfehlungen aussprechen, die zum Erreichen der gesundheitlichen Ziele nötig sind: Diät-Vorgaben, körperliche Ertüchtigung, Schlafzeiten, Verzicht auf Genussmittel aller Art. Im Video wird sogar nahegelegt, dass die KI in der Lage wäre, individualisierte Produkte zur Erreichung des Ziels zu designen. So weit, so vorstellbar.

Im Video heißt es, dass all unsere »Handlungen, Entscheidungen, Vorlieben, Bewegungen und Beziehungen«[100] so ausgewertet werden könnten wie unsere DNA. Durch persönliche Datensätze könnten immer genauere Vorhersagen über unsere Entscheidungen und künftigen Verhaltensweisen getroffen werden. Doch Google geht in dem Video noch einen Schritt weiter: Was wäre, wenn solche Strategien nicht nur für Einzelpersonen angewendet werden würden, sondern für ganze Bevölkerungen? Globale Ziele wie CO_2-neutrales Verhalten, ein gerechter Umgang mit Ressourcen oder die Umverteilung von Reichtum. Könnten so weltweite Probleme wie die drohende Klimakatastrophe oder eine sich stetig ausbreitende Armut bekämpft werden? Ein verlockendes Szenario – das allerdings ein fatales Menschenbild offenbart. Denn in diesem internen Gedankenspiel der Google-Forscher*innen verliert der Mensch eine seiner wichtigsten Errungenschaften: seinen freien Willen. Statt als aufgeklärtes Wesen seine Handlungsfreiheit zu bewahren, wird der Mensch zum vorübergehenden Träger von Informationen degradiert. Per Datenüberwachung soll kontrolliert werden, ob Menschen mit ihrem Verhalten die Zielvorgabe der Künstlichen Intelligenz erfüllen oder nicht. Eine düstere Welt, die eher an einen digitalisierten Überwachungsstaat erinnert als an eine freiheitliche Demokratie.

Auch wenn Google nach dem Video-Leak sofort erklärte, der Inhalt dieses Videos habe nichts mit den tatsächlichen Vorhaben des Unternehmens zu tun, offenbart sich dahinter eine Weltanschauung, die mit ihren Absolutheitsansprüchen Sorge bereitet. Was tun, bevor die Glaubensgemeinschaft der Datenfanatiker und Algorithmenhörigen zu groß wird, um eine solche Zukunft zu verhindern?

Wenden wir uns ein letztes Mal Dostojewski zu, der zwar nicht in Zeiten von Google und Co. gelebt hat, aber trotzdem einen wirksamen Gegenentwurf zu einem derartigen

Menschenbild entwarf. In seinen *Aufzeichnungen aus dem Kellerloch* verbannt Dostojewski seine Hauptfigur, einen vierzigjährigen, ehemaligen Beamten, dessen Namen er nicht preisgibt, in ein unterirdisches Kabuff. Es ist ein selbst gewählter Rückzugsort. Das Verschwinden im Keller ist als Flucht vor der real existierenden Welt zu verstehen. Sie ist dem unbekannten Kellerbewohner fremd geworden. Voller Zynismus und voller Verbitterung entledigt sich der störrische Herr seiner negativen und hasserfüllten Gedanken über den so genannten »neuen Menschen«. Er hat Abscheu vor einer Welt, die alles Menschliche aus dem Leben wegrationalisiert. Dostojewski schrieb den Text in einer Zeit, in der die Idee des neuen, sozialistischen Menschen die Intellektuellen Europas in ihren Bann zog.

Ausgangspunkt für die einsetzende Debatte war der Roman *Was tun?* von Nikolai G. Tschernyschewski, der 1863, also ein Jahr vor den *Aufzeichnungen aus dem Kellerloch*, erschien. Tschernyschewski befasste sich mit dem idealistischen sozialistischen Menschen, der imstande sein sollte, die Welt mit seinen beschränkten Möglichkeiten zu verändern. Gerecht, zurückhaltend, diszipliniert und abstinent sollte der »neue Mensch« sein, der Berufsrevolutionär. Tschernyschewski glaubte an den Fortschritt und an die einflussreichen Errungenschaften jener Zeit auf dem Gebiet der Technik und der Naturwissenschaften. Diese optimistische, idealistische Denkweise war Dostojewski zuwider, und so verfasste er mit seinen *Aufzeichnungen aus dem Kellerloch* einen zynischen Gegenentwurf. Der Mensch ist fehlerhaft, er hat Makel und zaudert. Nicht in der Gestaltung einer neuen Welt entfesselt er seine volle Kraft, sondern im Zweifel über den Sinn des Lebens. Dostojewskis Kellerloch-Mensch setzt auf den passiven Widerstand, auf den Rückzug, den Boykott des Systems. Sich vom Zeitgeist distanzierend gebiert Dostojewski den perfekten Spielverderber, der jeden Optimismus zugrunde richtet, indem er nörgelnd in seinem Kellerloch über alles und jeden herzieht.

Dostojewskis Zeilen aus dem Kellerloch lesen sich heute wieder erstaunlich aktuell – trotz völlig anderer Vorzeichen. Die Erzählung, der Mensch sei ein Homo oeconomicus, eine Art Computer aus Fleisch und Blut, verengt wie eine sich selbsterfüllende Prophezeiung unseren Blick auf uns selbst und andere. Für Dostojewski dagegen ist der Mensch mehr als »zwei mal zwei gleich vier«[101]: Er lässt sich nicht berechnen. Das ist Dostojewskis Nachricht ans Silicon Valley. Kellerloch-Polemiken könnten uns helfen, allzu willfährig akzeptierte Behauptungen über die menschliche Natur aufzuweichen oder die vermeintlich unumstößliche Alternativlosigkeit unserer gesellschaftlichen Ordnung anzufechten.

Wie Dostojewskis *Aufzeichnungen aus dem Kellerloch* wohl heute aussehen würden, in einer Welt, in der ein Großteil des gesellschaftlichen Lebens abhängig geworden ist von einer mathematischen Entscheidungstheorie – der so genannten Spieltheorie? Gesellschaftliche Probleme und Konfliktsituationen sollen mathematisch gelöst werden. Anreize zu gewünschtem Verhalten werden geschaffen, indem Menschen in Aussicht gestellt wird, ihren Nutzen zu maximieren. Nach diesem Prinzip arbeiten Regierungen, Institutionen und Unternehmen. Gewinn- und Vorteilsdenken des Menschen sind gleichermaßen Voraussetzung und Resultat der Spieltheorie. Innerhalb dieser Ordnung verkommt der Mensch zu einem Vehikel von Informationen. Er besteht nur noch aus Daten, die für Berechnungen seines Verhaltens herangezogen werden können. Als hätte es Dostojewski geahnt, schrieb er in den Aufzeichnungen aus dem Kellerloch: »Der Mensch ist nichts anderes als eine Art Klaviertaste oder Drehorgelstift. Was er auch tun mag, es geschieht durchaus nicht nach seinem Wunsch und Willen. Der Mensch wird sogleich für seine Handlungen nicht mehr verantwortlich sein und ein ungemein bekömmliches Leben beginnen ... Alles menschliche Handeln wird nach diesen Gesetzen errechnet werden, mathematisch, in einer Art Logarithmentafel, bis 108000, erfasst und in einen Kalender eingetragen; oder noch besser, es werden verschiedene wohlgemeinte Werke erscheinen, etwa in der Art heutiger enzyklopädischer Lexika, in denen alles so genau ausgerechnet und aufgeführt ist, dass es auf der Welt hinfort weder Handeln noch Abenteuer geben wird ...«[102]

Es scheint, als kämen für eine sich stark verändernde Gesellschaft seit Jahren keine signifikanten Impulse mehr aus der Politik. Vielmehr liefern sich Technologiekonzerne von Shenzhen in China bis zum Silicon Valley in den USA einen Wettlauf um die nächste bahnbrechende Innovation, die die Welt auf den Kopf stellen wird. Vielleicht ist die Rückbesinnung auf Figuren wie den Kellerloch-Menschen heute wichtiger denn je, wenn wir nicht zum Erfüllungsgehilfen von Algorithmen verkommen und unser Denken, Fühlen und Handeln mit Nullen und Einsen berechnen lassen wollen.

SEELENVERWANDTE

Zurück nach Portugal. Wir sind mittlerweile schon ein paar Tage in Viseu. Heute steht ein Besuch bei Henriques Mutter an. Sie wohnt in einer kleinen, verträumten Villa am Rande der Stadt. Die alte Dame ist mittlerweile über neunzig. Henrique fährt regelmäßig zu ihr, um nach dem Rechten zu sehen und mit ihr über Gott und die Welt zu plaudern. Als wir auf dem Weg sind, fällt uns auf, dass Henrique sichtbar angespannt ist. Je näher wir dem Haus seiner Mutter kommen, desto ernster wird er.

Über seine Arbeit zu sprechen, über sein verrücktes Vorhaben, Menschen digital zu verewigen, ist für Henrique Alltag. Er reist von Konferenz zu Konferenz, hält Vorträge auf großen Bühnen, präsentiert seine Idee vor internationalen Investoren, gibt der Presse zahlreiche Interviews. Doch Henrique ist offenbar gerade bewusst geworden, dass er noch nie mit seiner Mutter über seine Arbeit gesprochen hat. Dass sie nicht die geringste Ahnung davon hat, womit sich ihr Sohn tagein, tagaus beschäftigt. Er weiß, dass uns interessiert, was seine Mutter von all dem hält. Er weiß, dass wir sie fragen wollen, ob sie, die an ihrem Lebensabend angekommen ist, sich vorstellen kann, in einer virtuellen Welt weiterzuleben. Plötzlich geht ihm auf, dass er gar nicht weiß, wie seine Mutter auf all das reagieren wird.

Bei unserer Ankunft beginnt Henrique, wild zu hupen. Aufgeregt verlässt er das Auto und läuft durch den prachtvollen Garten zum Haus seiner Mutter. Wir hetzen hinterher, innerlich darauf vorbereitet, gleich einer älteren, strengen, uns tadelnd begutachtenden Dame gegenüberzustehen. Es ist kühl im Haus, die gleißende Sonne des heißen Juni-Tages schafft es nicht durch die verschlossenen Fensterläden. Auf dem Sessel sitzt eine gebrechliche, ältere Frau, die mittlerweile große Mühe hat, allein aufzustehen. In ihrem Gesicht ist keine Strenge. Im Gegenteil, wir werden von einer offenen, humorvollen Persönlichkeit empfangen und herzlich gebeten, Platz zu nehmen. Sie habe ja gar nicht gewusst, dass ihr Sohn so berühmt sei, dass jetzt sogar ein Buch über ihn geschrieben werde, sagt sie mit einem schelmischen Blick, der uns unser ganzes Gespräch lang begleiten wird.

Das Zimmer ist voller katholischer Insignien. An der Wand hängen Kruzifixe und verschiedene Marienbildnisse.

Wir fragen Henriques Mutter, was ihr der Glaube bedeutet: »Alles! Denn wer uns die Macht gibt, ist Gott unser Herr. Wenn es ihn nicht gäbe, wer würde dann die Welt regieren?« Henrique wiederholt die Sätze seiner Mutter, als müsse er sich für unsere Frage bei ihr entschuldigen, schließlich sei doch klar, dass Gott existiere und für die Menschen da sei. Es wirkt beinahe so, als wüsste seine Mutter noch nicht einmal, dass Henrique den Kontakt zur katholischen Kirche schon lange abgebrochen hat. Er nutzt den etwas seltsamen Moment, um selbst eine Frage hinterherzuschießen: »Mama, glaubst du daran, dass Menschen, die gestorben sind, später wiederauferstehen, in Form einer anderen Person oder etwas in der Art? Glaubst du an die Auferstehung?« Henriques Mutter braucht nicht lange, um die zögerliche Frage ihres Sohnes mit Gewissheit zu beantworten: »Sicher, natürlich glaube ich daran. Unser Herr ist gestorben und auferstanden und hat viele Menschen auferstehen lassen – viele Seelen, viele Dinge! Deshalb, mein lieber Herrgott, werde ich immer glauben. Und mein Glaube ist immer vorwärtsgerichtet.«

Die wohl prominenteste Auferstehungserzählung ist die von Jesus Christus, die die Grundlage des christlichen Glaubens darstellt. Wir befinden uns in Jerusalem, um das Jahr 30. Laut Bibel suchen zwei Frauen am dritten Tag nach Jesu Kreuzigung das Grab des Heilands auf, um den Leichnam zu salben. Doch das Grab ist leer. Dieser Umstand führte zu der Annahme, dass Jesus von den Toten erweckt wurde und am Ostersonntag auferstanden ist. Doch nicht nur seine Seele wurde von Gott wiederbelebt, sondern auch sein Leib. Jesus kehrt zurück zu den Menschen, er redet mit ihnen, er isst mit ihnen. Die Menschen können ihn berühren – er ist ein Mensch aus Fleisch und Blut. Jesus ist der Beweis dafür, dass der Tod besiegt werden kann, so glauben die Christen seither. Die Auferstehung stellt neben der Geburt Jesu Christi das wichtigste Fest innerhalb christlicher Konfessionen dar. Sie ist der Beweis dafür, dass Gott alle gutgläubigen Christen nach dem Tod zu sich nimmt. Wie das funktionieren soll, ist bislang nicht geklärt, aber die Auferstehungserzählung soll das Vertrauen schaffen. »Wenn du mit deinem Mund bekennst: Herr ist Jesus – und in deinem Herzen glaubst: Gott hat ihn von den Toten auferweckt, so wirst du gerettet werden.«[103] Im Christentum ist jeder Mensch eine Einheit aus Leib und Seele. Stirbt der Mensch, so wird die Seele vom Leib getrennt und muss sich nach katholischer Lehre vor dem Jüngsten Gericht verantworten. Ab da gibt es drei Möglichkeiten: Die Seelen der Missetäter*innen gelangen an den Ort der ewigen Verdammnis, also in die Hölle, die Seelen der gutgläubigen Christen, die sich zu Lebzeiten nichts vorzuwerfen hatten, gelangen an den Ort der absoluten Glückseligkeit, also in den Himmel. Oder die Seelen finden sich an einem Zwischenort wieder, dem Fegefeuer, um sich dort ihrer Reinigung zu unterziehen.

Der Glaube an Gott und an ein Leben nach dem Tod gibt Henriques Mutter ein Urvertrauen, dass der Weg nach ihrem Tod geebnet ist. Wir fragen sie, was sie da so sicher macht. »Wir Menschen wissen viele Dinge nicht, aber was wir wissen, ist, dass nichts besser ist als der Glaube an den Herrn.« Allmählich verstehen wir, warum Henrique vorsichtig ist mit dem Geständnis, der Kirche längst den Rücken gekehrt zu haben. Für seine Mutter kommt ein Leben ohne Gott einem Sakrileg gleich. Obwohl die Lebensentwürfe der beiden so gegensätzlich scheinen, verbindet sie etwas. Genauso leidenschaftlich, wie Henriques Mutter versichert, dass es eine höhere, göttliche Kraft gibt, die die Seele des Menschen erlöst, hielt Henrique es ein paar Tage zuvor für möglich, dass die Technologie, insbesondere die Künstliche Intelligenz, imstande ist, die Seele zu verewigen. Würde man bei den

Antworten von Henriques Mutter das Wort »Gott« durch »Künstliche Intelligenz« ersetzen, könnten sie aus Henriques Mund stammen. Während seine Mutter ihre spirituelle Heimat in der katholischen Kirche gefunden hat, glaubt Henrique an den Transhumanismus und die Singularität. Ein Leben ohne den Glauben an *Etwas* ist für beide unvorstellbar. Obwohl sich Henrique von der Kirche abgewandt hat, beweist er mit jeder seiner Aussagen, wie tief sein Glaube in der Kultur des Christentums verankert ist.

7. KAPITEL

DIE SEELE IST NICHT TOTZUKRIEGEN

AFFENHODEN UND DER TRAUM VON DER UNSTERBLICHKEIT

Das Ankämpfen gegen den Tod ist kein Phänomen der Moderne oder eine Erfindung des Silicon Valley. Seit es den Menschen gibt, gibt es Geschichten darüber, und diese Geschichten sind voller Versuche, dem Tod zu entkommen. Die Sehnsucht nach der Unvergänglichkeit ist ein fester Bestandteil der Kulturgeschichte. Ob es Gilgamesch war, der die halbe Welt bereiste, um ein Heilmittel gegen die Sterblichkeit zu finden, oder Orpheus, der seine Eurydike aus dem Totenreich zurückholen wollte – der Mensch will sich nicht abfinden damit, dass sein irdisches Leben endlich ist.

Anders als Tiere sind wir Menschen uns unserer Sterblichkeit bewusst. Es ist der Preis unserer Intelligenz, dass wir mit absoluter Gewissheit sagen können, dass es uns eines Tages nicht mehr geben wird. Ob wir wollen oder nicht, diese Information ist tief in uns gespeichert und begleitet uns unser ganzes Leben. Das, wovor wir uns am meisten fürchten, wird in jedem Fall eintreffen: Wir werden sterben. Es ist nur allzu verständlich, dass der Mensch nach Auswegen sucht, um dem Unausweichlichen zu entgehen. Die Hoffnung auf ein ewiges Leben ist ein ungeheurer Antrieb, vielleicht sogar der Motor unserer Zivilisation. Vielleicht ist die Religion einzig und allein aus dem Versuch geboren, den Tod erträglicher zu machen. Vielleicht ist die Wissenschaft, die Erforschung des Menschen und der ihn umgebenden Welt nichts anderes als die Suche nach der Antwort auf das Rätsel seiner Sterblichkeit. Wir Menschen erschaffen seit jeher Erzählungen, die ein Leben nach dem Tod versprechen. Sie sollen uns ermöglichen, mit dem *Terror*[104] des Todes umzugehen. Zum Thema *Angst vor dem Tod*[105] gab es in den 1980er-Jahren eine ausführliche sozialpsychologische Forschung, die in der Terror-Management-Theorie mündete. Die Entwickler dieser Theorie[106] befassten sich mit typischen Verhaltensweisen und Reaktionsmustern des Menschen, wenn sie mit dem Tod und der eigenen Sterblichkeit konfrontiert werden. Angeregt vom berühmten Psychoanalytiker Sigmund Freud gingen sie davon aus, dass der Mensch sich eine Reihe psychologischer Schutzmechanismen aneignet, um mit der Angst vor dem Tod umzugehen. Zur Überprüfung ihrer These führten sie mehr als vierhundert empirische Studien durch. In einer der Studien teilten die drei Forscher eine Gruppe von Agnostikern – Menschen, die die Existenz eines Gottes bezweifeln, aber eine transzendentale Instanz zumindest für möglich halten – in zwei Untergruppen auf. Untergruppe eins wurde in längeren Gesprächen massiv an den eigenen bevorstehenden Tod erinnert, während man der anderen diese Konfrontation ersparte. Anschließend wurden beide Gruppen zu ihrem Glauben nach einem Leben nach dem Tod befragt. An ein Leben nach dem Tod glaubten in Untergruppe eins mehr als doppelt so viele wie in der anderen Untergruppe. Forscher kamen zu der Überzeugung, dass der Mensch sich umso mehr an Erzählungen festhält, die ein Leben nach dem Tod versprechen, als er sein eigenes Leben bedroht sieht. Das könnte erklären, warum unter den Menschen, die von der Unsterblichkeit träumen, so viele sind, die früh im Leben ein Elternteil oder einen anderen ihnen nahestehenden Menschen verloren haben. Bis jetzt spielte in allen Begegnungen, die wir auf unserer Reise bis hierhin hatten, der Verlust eines Menschen eine wesentliche Rolle: Marius aus Rumänien, der seinen besten Freund Roca verlor. James aus Kalifornien, der seinen Vater beim Sterben begleitete. Eugenia aus San Francisco, die mit dem tödlichen Autounfall ihres besten Freundes klarkommen musste. Oder Henrique aus Portugal, der als Kind seinen Vater verlor. Vielleicht ist diesen Menschen der Tod zu früh im Leben begegnet, als eine Art Feind, der ihnen ihre Schutzperson entrissen hat.

Auch der britische Philosoph Stephen Cave beschäftigt sich seit Langem mit dem Tod und dem Versuch des Menschen, diesen zu überwinden. Cave untersuchte unzählige Mythen und Erzählungen auf dahingehende Versuche des Menschen. Für ihn ist klar: Je stärker wir mit dem Ableben konfrontiert sind, mit der Tatsache, dass wir eines Tages sterben werden, umso stärker ist der Glaube an einen Ausweg, der uns in letzter Minute errettet und vor dem Schlimmsten bewahrt. Er fand in der Kulturgeschichte wiederkehrende Motive, die zeigen, wie der Mensch glaubt, dem Tod entrinnen zu können. Er bündelt die Vielzahl von Überlieferungen in verschiedene *Unsterblichkeitserzählungen*[107]. Eine davon ist die so genannte *Weiterlebenserzählung*[108]. Damit meint er die Suche nach einem verborgenen Elixier, das den Menschen vor seinem allmählichen Zerfall schützt und ewig jung erscheinen lässt. »In fast allen Kulturen finden sich Legenden von Weisen«, schreibt Cave, »von Helden eines Goldenen Zeitalters oder von Bewohnern entlegener Gebiete, die das Geheimnis eines Sieges über Altern und Tod gefunden haben sollen.«[109]

Schon in einer der ältesten überlieferten Menschheitsgeschichten – dem Gilgamesch-Epos – ist dieser unbedingte Wille, den Tod zu besiegen, als Motiv zu finden. Gilgamesch, der bei einem Abenteuer seinen Freund Enkidu verliert, weil ihn die Götter qualvoll sterben lassen, weiß um dasselbe unabwendbare Schicksal, wenn er sich nicht dem drohenden Tod entgegensetzt. Deswegen nutzt er die ihm noch verbleibende Zeit für die Suche nach dem ewigen Leben. Nach vielen zum Scheitern verurteilten Versuchen, den Tod zu bezwingen, macht er sich auf die Suche nach einer seltenen Pflanze, die aus Alt Jung macht und Unsterblichkeit verspricht. Dafür muss Gilgamesch einige Strapazen auf sich nehmen. Er findet das geheimnisvolle Lebenselixier schließlich in den Tiefen des Ozeans. Doch just in dem Moment, in dem er sich von seinen Abenteuern erholt und das Leben spendende Gewächs kosten will, wird die Pflanze von einer Schlange geraubt. Wie sollte es anders sein: Sein Versuch, sich der Endlichkeit des Lebens zu widersetzen, scheitert tragisch.

Vor knapp hundert Jahren versprach der in Russland geborene französische Wissenschaftler Dr. Serge Abrahamovitch Voronoff mit einer scheinbar revolutionären Wundertherapie, Männer zu verjüngen. Serge Voronoff versuchte, den Altersprozess der Herrschaften zu verlangsamen oder gar zu stoppen, indem er ihnen anstelle ihrer eigenen Hoden Affenhoden implantierte. Obendrein beteuerte er, den normalerweise erschlaffenden Geschlechtstrieb älterer Herren zu neuem Leben erwecken zu können. Zuvor hatte er die Methode an Schafen, Ziegen und Stieren getestet und festgestellt, dass ältere Tiere durch die Verpflanzung neue Potenz und Kraft erlangten. Die Nachfrage nach dieser eigentümlichen Methode war vor allem bei wohlhabenden Patienten, die im Alter um ihre Potenz fürchteten, sehr hoch. Der Bedarf war so groß, dass Voronoff die »Rohstoffe« ausgingen und er deshalb eine eigene »Affenfarm« an der italienischen Riviera eröffnete. Mehr als fünfhundert Männer sollen sich der Verjüngungstherapie allein in Frankreich unterzogen haben, und weltweit sollen mehrere tausend Männer von Voronoff behandelt worden sein. Keine seiner absurden Methoden zeigte Wirkung. Vielmehr blieben am Ende verstümmelte Primaten und enttäuschte Versuchskaninchen zurück. Die Männer waren durch die Behandlung des ominösen Wunderheilers Dr. Serge Abrahamovitch Voronoff weder potenter noch jünger geworden. Der Affenhoden als heimliches Lebenselixier ist nur einer der vielen absurden Versuche, unsterblich zu werden.

VIRALE SEELEN

Auch durch das Netz spukt die Seele wie eine Untote, und in den Kommentarspalten diskutieren Tausende User darüber, ob es ein Leben nach dem Tod gibt. Immer wieder tauchen auf Videoplattformen wie YouTube oder Vimeo zweifelhafte Videos auf, die für erbitterte Diskussionen darüber sorgen, ob es sich um authentische Dokumentationen oder um Fälschungen handelt. Einer dieser dubiosen viralen Hits erschien im Sommer 2016.[110] Das Video zeigt die Aufnahmen einer Überwachungskamera in einem chinesischen Krankenhaus. Auf einem dunklen Flur der Klinik steht ein Krankenhausbett. Darin liegt eine leblose, mit einem weißen Laken bedeckte Person. Der Eindruck entsteht, dass es sich hierbei um eine Leiche handelt. Ganz genau lässt sich das nicht bestimmen, da die Videoqualität des körnigen Materials Spielraum für Interpretationen lässt. Startet man das Video, passiert erst einmal gar nichts. Nach einigen Sekunden sieht man, wie ein weißes halb transparentes Etwas den Körper verlässt und langsam in der Tiefe des Krankenhausflures verschwindet. Es ist irgendwie rührend zu sehen, wie die geisterhafte Erscheinung zögerlich aus dem Körper tritt, wie sie kurz über dem toten Korpus innehält, bevor sie davonschwebt. Es scheint, als fiele es dem Geist schwer, sich endgültig von dem Körper zu verabschieden. Ganz vorsichtig und bedächtig entschwebt er dem toten Leib, so als würde er den entschlafenen Menschen nicht aufwecken wollen. Innerhalb kurzer Zeit wurde das Video mehr als 100.000 Mal angeschaut, tausendfach verbreitet und in den Kommentarspalten hitzig diskutiert. Unter den Betrachter*innen entbrannte schnell ein Disput über die Echtheit des Videos. »Fake«, »Schwachsinn« oder »computeranimiert«, schreibt ein Teil der Kommentierenden, die bezweifeln, dass es sich bei der Erscheinung im Video tatsächlich um einen paranormalen Vorgang handelt. Der andere Teil sieht in dem Video einen Beweis für die Existenz der Seele und die Unsterblichkeit des Menschen. Ob es sich bei der mysteriösen Sequenz um präpariertes oder echtes Videomaterial handelt, soll hier nicht Gegenstand der Überlegung sein, sondern vielmehr die Frage, welche Sehnsucht hinter dem Wunsch steht, eine dem Körper entschwebende Seele des Menschen anzuerkennen. Das Video trägt den Titel *Furchterregende Geistererscheinungen im Krankenhaus*[111]. Die meisten Kommentator*innen sind sich einig: Das, was dort aus dem Körper emporsteigt, soll also die Seele eines Menschen sein.

Der Begriff der Seele reicht bis in die Antike zurück und erfuhr im Laufe der Zeit immer wieder neue Kontexte, Perspektiven und Deutungen. Von der religiösen Deutung, die den Glauben an etwas, das den Tod überdauert, beschreibt, über einen psychologischen Begriff für das »unbewusste und oft irrationale Gefühlsleben in Form der Psyche«[112] bis hin zu einer allgemeinen Betrachtung des Ausdrucks Seele, die gleichzusetzen wäre mit dem Begriff des *Selbst* – also all das, was den Menschen individuell ausmacht. Mit Klarheit lässt sich allein festhalten, dass die Seele Teil des kulturellen Erbes geworden ist.

Einer der ersten überlieferten Texte, in denen die Seele ihre Erwähnung findet, stammt aus dem 8. Jahrhundert vor Christus, der griechischen Antike: »Und aus der gestoßenen Wunde enteilte / Rasch die Seele, und Dunkel umhüllte die Augen, die beiden.«[113] Es handelt sich hierbei um eine Passage aus Homers *Ilias,* einer Sammlung frühgeschichtlicher Mythen und Erzählungen, die bis heute die europäische Kunst- und Geisteswissenschaft prägen. Ähnlich wie in dem beschriebenen YouTube-Video gab es schon in der Antike den Glauben daran, dass mit dem Tod des Menschen Körper und Seele getrennt werden. Die Vorstellung, dass die Seele im Tod wie ein Atemzug die sterbliche Hülle des Menschen verlässt, ist Tausende von Jahren alt. Betrachtet man die altgriechische Herkunft des Wortes Seele, kommt man auf das Wort *psyché,* was ursprünglich »Hauch« und »Atem« bedeutet und so auch mit dem *Leben* an sich übersetzt wurde.

Ob im Christentum, Judentum, Islam oder (in anderer Form) auch im Buddhismus und Hinduismus, die Seele spielt in allen Weltreligionen eine zentrale Rolle. Da die Kulturgeschichte der Seele extrem umfangreich ist und wir allein mit der Spurensuche nach den Herkünften und Ursprüngen der Seele weltweit ein ganzes Buch füllen könnten, haben wir uns dafür entschieden, überwiegend bei den Seelen-Erzählungen unserer Protagonist*innen zu bleiben. Dass wir damit die Suche nach der Seele beispielsweise im Islam oder im Judentum vernachlässigen, ist uns bewusst und kein Zeichen des Desinteresses, sondern allein dem begrenzten Umfang des Buches geschuldet.

8. KAPITEL

KÖRPER LOSWERDEN

DER TODFEIND: DAS MÄRCHEN VOM DRACHEN

Wie ein äußerst pragmatischer Geist, ein Mensch der Formeln und der Berechnungen, den Tod abschaffen zu können glaubt, davon erzählen wir im kommenden Kapitel, wenn wir ein Institut der renommierten Oxford University besuchen werden, das zur »Zukunft der Menschheit« forscht. Bevor wir dorthin reisen, wollen wir uns für eine Weile einem Märchen zuwenden. Es ist kein altes Märchen, im Gegenteil. Wie immer beginnt es jedoch in einer unbestimmten Vergangenheit:

»Es war einmal, da wurde unser Planet von einem riesigen Drachen tyrannisiert. (...) Seine roten Augen glühten vor Hass, und aus seinem furchtbaren Maul floss beständig ein übelriechender, gelblich-grüner Schleim. Er verlangte der Menschheit einen Furcht einflößenden Tribut ab: Um seinen gigantischen Appetit zu stillen, mussten jeden Tag beim Einbruch der Dunkelheit zehntausend Männer und Frauen zum Fuß des Berges gebracht werden, wo der tyrannische Drache lebte.«[114] Die Menschen versuchten immer wieder, den Drachen zu bezwingen, doch er schien gegen alles und jeden gefeit. So »blieb den Menschen keine andere Wahl, als seinen Befehlen zu gehorchen und den grausigen Blutzoll zu entrichten. (...) Weise Menschen sagten voraus, dass der Tag kommen würde, an dem es uns der technische Fortschritt ermöglichen würde, zu fliegen und andere erstaunliche Dinge zu tun. Einer dieser Weisen, der zwar von manchen der anderen Gelehrten hochgeschätzt wurde, den aber seine Eigenheiten zum gesellschaftlichen Außenseiter und Einsiedler gemacht hatten, glaubte sogar, dass zukünftige Technologien letztendlich den Tod des tyrannischen Drachen herbeiführen könnten. Die königlichen Gelehrten lehnten diese Ideen jedoch ab. Sie meinten, dass Menschen viel zu schwer seien, um zu fliegen, und überhaupt würden sie doch keine Federn haben. Und was die seltsame Ansicht betraf, der tyrannische Drache könnte getötet werden: Die Geschichtsbücher erzählten von unzähligen Versuchen, gerade das zu tun und keiner sei erfolgreich gewesen.« Doch der Druck aus dem Volk stieg. Und so begann ein technologisches Rennen gegen die Zeit. Testraketen wurden abgefeuert, die aber fast gleich wieder auf die Erde fielen oder gar in die falsche Richtung flogen. (...) Kurz vor dem lang ersehnten und offenbar vielversprechenden Abfeuern des Projektils mussten dem Drachen noch einmal etliche Menschen zum Fraß vorgeworfen werden. Die Fütterungszeiten wollten es so. Ein junger Mann, dessen Vater unter diesen Unglückseligen war, flehte den König an, die Menschen zu verschonen, wenn doch der Drache eh im nächsten Moment getötet werden solle. Aber der König wollte das Ungeheuer nicht erzürnen und überließ den Mann seinem Schicksal. Wenig später wurde der Drache durch das hoch entwickelte Geschoss tatsächlich getötet. Ein Triumph der Technik. Das Volk jubilierte. »Aber der König antwortete mit gebrochener Stimme: ›Ja, wir haben es geschafft. Wir haben den Drachen heute getötet. Aber, verdammt noch mal, warum haben wir das erst so spät gemacht? Wir hätten es fünf, vielleicht sogar zehn Jahre früher tun können. Millionen von Menschen hätten nicht sterben müssen.‹«[115]

Das *Märchen vom tyrannischen Drachen* stammt aus der Feder eines Mannes, der in Oxford das »Institut für die Zukunft der Menschheit« leitet: Nick Bostrom, Physiker, Mathematiker und promovierter Philosoph. Nun sind Märchen nicht gerade die bevorzugte Textgattung eines Physikers, Mathematikers und Philosophen. Aber es geht Bostrom natürlich um die Moral von der Geschicht', und eine solche ließ sich schon immer gut unter das Volk bringen mittels Märchen. Um ganz sicherzugehen, dass sich die Moral auch ja wie vom Autor beabsichtigt vermittle, hat Bostrom sie auf seiner Homepage gleich noch einmal hinzugefügt: »›Todesbejahende Geschichten‹ und Ideologien, die zur passiven Akzeptanz anhalten, sind nicht länger harmlose Quellen des Trostes. Sie sind fatale Hindernisse für dringend notwendiges Handeln«, liest man dort. »Im Märchen passten sich die Erwartungen der Menschen bis zu einem solchen Grad an die Existenz des Drachens an, dass sie nicht mehr fähig waren, das Schlechte an ihm zu erkennen.« Möglichen Zweifeln an der Sinnhaftigkeit des unendlichen Lebens für alle scheint Bostrom zuvorkommen zu wollen. Sicherheitshalber fügt er hinzu, wie die Probleme in den Griff zu kriegen wären, die drohten, wenn niemand mehr sterben müsste: Überbevölkerung? »Vielleicht werden die Menschen weniger und später Kinder bekommen. Verschärfte Nahrungsmittelknappheit? Vielleicht werden sie die Lebensgrundlage für eine größere Weltbevölkerung durch die effizientere Nutzung von Technologie finden. Vielleicht werden sie Raumschiffe entwickeln, mit denen sie eines Tages den Kosmos kolonialisieren können.« Das muss reichen. »Betreiben Sie Mundpropaganda«, fordert Bostrom. »Übernehmen Sie Verantwortung.« Für den »Methuselah Mouse Prize«[116] sollten wir außerdem spenden, schreibt Bostrom. »Dieser Geldpreis wird für die Verlängerung der verbliebenen Lebensspanne einer Maus verliehen, die sich bei Beginn ihrer Behandlung bereits im mittleren Alter befindet. (…) Ein deutlicher Erfolg bei Mäusen würde den Weg für umfangreichere Programme ebnen, diese Methoden auf den Menschen zu übertragen.« Will uns der Mann zum Narren halten? Nein, Nick Bostrom meint es ernst, todernst. Der Tod ist für ihn der Drache. Und er ist Siegfried, der Drachentöter, oder besser gesagt: der Pressesprecher des Drachentöters. Wer den Drachen erlegt und mit welcher Waffe, das ist nämlich in der Realität noch nicht geklärt, auch für den Oxford-Professor nicht. Bostrom setzt nicht allein darauf, durch Biomedizin das Altern zu stoppen oder den vom Verfall bedrohten Körper durch unsterbliche Materie zu ersetzen, wie es vielen Technikbegeisterten vorschwebt. »Philosophieren heißt sterben lernen« ist ein Essay von Michel de Montaigne aus dem 16. Jahrhundert überschrieben.[117] Bostrom hingegen philosophiert darüber, unsterblich zu werden. Seit seiner Gründung des »Instituts für die Zukunft der Menschheit«[118] (ein bescheidenerer Name ist ihm nicht eingefallen) dreht sich bei ihm alles um Gehirnemulation (auch bekannt als »Mind Uploading«), Gehirn-Computer-Schnittstellen und nicht zuletzt eine umfassende Künstliche Intelligenz.[119] All diese Technologien findet Bostrom wünschenswert. Er fürchtet aber, dass die Künstliche Intelligenz mithilfe synthetischer neuronaler Netze so schnell so viel lernen könnte, dass aus ihr eine »Superintelligenz« wird, die sich über uns Menschen hinwegsetzen und sich unserer bemächtigen könnte, wenn wir nicht frühzeitig Gegenmaßnahmen treffen. Genau wie das Schicksal der Gorillas heute stärker von uns Menschen abhängt als von den Gorillas selbst, so hänge das Schicksal unserer Spezies womöglich eines Tages von den Handlungen dieser maschinellen Superintelligenz ab. Superintelligenz – es war dieses Wort, das Bostrom für sein 2014 erschienenes Buch wählte und das Tech-Pioniere wie Elon Musk und Bill Gates, aber auch der berühmte Astrophysiker Stephen Hawking fortan ständig im Munde führten.[120] Es entfachte eine Debatte neu, die zwar nicht zum ersten Mal geführt wurde, die aber seit längerer Zeit nur noch ein Dasein als Stoff von Hollywood-Blockbustern gefristet hatte: die Weltherrschaft der Künstlichen Intelligenz. Noch mehr als das Schlagwort der Superintelligenz aber war es der Inhalt seines Buches, der den Puls der Tech-Welt in die Höhe trieb: Auf dreihundertfünfundsechzig Seiten buchstabiert Bostrom die drohende Unterjochung der Menschheit durch.[121] Die Superintelligenz werde im ungünstigsten Fall eine solche Übermacht über den Menschen erlangen, erklärt Bostrom, dass wir schon jetzt sorgfältig über Abwehrmaßnahmen nachdenken sollten. »Angesichts einer Intelligenzexplosion«, raunt er, »gleichen wir kleinen Kindern, die mit einer Bombe spielen: Die Unreife unseres Verhaltens wird nur noch von der Zerstörungskraft unseres Spielzeugs übertroffen. Die Superintelligenz stellt eine Herausforderung dar, für die wir weder jetzt noch auf absehbare Zeit gerüstet sind; wir haben so gut wie keine Ahnung, wann die Explosion erfolgen wird, doch wenn wir wollen, können wir das leise Ticken schon hören.«[122] Das klingt wahlweise furchterregend oder psychotisch, und tatsächlich hätten wir Nick Bostrom sofort in die Schublade der spinnerten Transhumanist*innen einsortiert, die seit Jahrzehnten halb schwärmerisch, halb panisch von der bevorstehenden Maschinen-Herrschaft fabulieren. Was die Arbeiten des Oxford-Professors aber so faszinierend macht, ist die analytische Schärfe, mit der er zu Werke geht. In äußerster Akribie hat Bostrom die Wege zu einer solchen Superintelligenz ausgearbeitet und macht keinen Hehl daraus, dass auch er nicht sagen kann, ob und wann auf einem dieser Wege innerhalb der kommenden Jahrzehnte der Durchbruch gelingt. Hier zeigt sich Bostroms Expertise: Der gebürtige Schwede studierte Physik, Computer-Neurowissenschaften, Mathematik sowie Philosophie und promovierte an der London School of Economics über Wahrscheinlichkeitstheorie.[123] Er lehrte in Yale und in Oxford. Als er sein eigenes Institut bekam, war er gerade einmal zweiunddreißig Jahre alt. Ist das der Lebenslauf eines Märchenerzählers? Sind sein Märchen vom tyrannischen Drachen und die Heraufbeschwörung der Katastrophe das Tagesgeschäft eines Wissenschaftlers an einer Eliteuniversität? Wer ist Nick Bostrom, der einerseits Regierungen zu existenziellen Risiken berät[124] und ethische Richtlinien zur Entwicklung von KI mitformuliert[125], während er andererseits einem illustren Kreise von Immortalisten (Todesgegner*innen) angehört?[126] Wir sind mehr als neugierig, als wir uns auf den Weg nach England machen.

DAS INSTITUT FÜR DIE ZUKUNFT DER MENSCHHEIT

Die Zugfahrt von London nach Oxford ist wie eine Zeitreise. Die mittelalterliche »Stadt der träumenden Türme« hat etwas von einem Besuch in einem Freilichtmuseum. Unwillkürlich müssen wir bei unserer Ankunft an der Oxford University an Harry Potters Hogwarts denken. Wie eine Schule für Hexerei und Zauberei wird uns Oxford an diesem Tag tatsächlich noch erscheinen, auch wenn das weniger mit dem alten Gemäuer als mit unserem Gesprächspartner zu tun haben wird. Mehr als sechzig Nobelpreisträger*innen haben an der Oxford University studiert, gelehrt oder geforscht.

Oxford ist eine Legende, Oxford ist ein Versprechen: Wer hierherkommt, atmet den Geist der Wissenschaftsgeschichte. Im Vergleich zur schmucken Kulisse der historischen Universitätsgebäude auf dem Campus der drittältesten Universität der Welt fällt das Gebäude, in dem »die Zukunft der Menschheit« erforscht werden soll, allerdings denkbar karg aus.

Wir klingeln und werden in den ersten Stock gebeten. Bostroms Mitarbeiterin bittet uns zu warten, bis der Mastermind sein Mittagessen hinter sich gebracht hat. Das gibt uns Zeit, uns umzuschauen, bevor wir vollständig von Bostroms Denken eingesogen werden wie Materie im Gravitationsfeld eines Schwarzen Lochs. Die Raumzeit scheint hier jedenfalls stehen geblieben zu sein. Das Institut wirkt mit seinen Flipcharts und Whiteboards eher wie ein Großraumbüro, das in der vordigitalen Ära hängen geblieben ist. Wenn die Tech-Jünger aus dem Silicon Valley wüssten, in welcher Umgebung all die wegweisenden Gedanken entstehen, die ihnen die Sinne vernebeln ... Gut zwanzig Mitarbeiter*innen aus der Mathematik, Physik, Biochemie, Informatik und den Neurowissenschaften verteilen sich in langen Fluren auf eine Vielzahl notdürftig eingerichteter Glaskabinen. Statt Deko-Artikeln dienen mathematische Formeln an den Wänden dem Wohlbefinden der Mitarbeiter*innen. Ein langer Schlaks eilt mit großen Schritten den Gang herunter: Nick Bostrom. Sein Mittagessen besteht aus einem grünen Power-Smoothie, der ihn mit allen wichtigen Vitaminen und Proteinen versorgt, ohne dass er sich dafür zu Tisch setzen und wertvolle Zeit verlieren müsste. Sein Zeitplan ist prall gefüllt, wie es sich für einen gefragten Redner gehört.

Bostrom jettet hin und her über den Atlantik, um an Konferenzen teilzunehmen und Vorträge zu halten. Ihm ist bisweilen vorgeworfen worden, seine Aussagen und Schriften seien spekulativ. Für einen Wissenschaftler sollte ein solcher Vorwurf ein Frontalangriff sein, an Bostrom aber scheint die Kritik abzuprallen. Seinem Ruf als kühnem Visionär haben die Zweifel von Kolleg*innen ohnehin nicht geschadet. Bostroms Publikationen werden in der Fachwelt ebenso viel diskutiert wie in der Populärkultur oder in der Politik. Nicht *obwohl* er so viel spekuliert, sondern *weil* er das Spekulieren beherrscht wie weit und breit niemand anderes auf diesem Planeten und er das Spekulieren wie eine Wissenschaft betreibt: mathematisch, analytisch, gedanklich auf des Messers Schneide. Der Begriff spekulieren kommt aus dem Lateinischen, wo es so viel wie »auskundschaften«, »erspähen«, »beobachten« heißt.[127] Die ersten Spekulanten waren Menschen, die den Himmel lasen, also Sternenbilder deuteten. Kann man sich eine komplexere Aufgabe vorstellen? Zu glauben, man könne in einem schier unendlichen Firmament solch zusammenhängende Muster erkennen, dass sich das Chaos als Kosmos entwirrt, können sich nur Menschen wie Bostrom anmaßen. Den Ursprung der Galaxie zu klären, schien schier aussichtslos. Aber in jüngster Zeit können sich Astrophysiker*innen Simulationen zunutze machen, die nur Supercomputer mit ungeheurer Rechenleistung zustande bringen. Und siehe da, die aufwendigen Simulationen erlauben den Forscher*innen tatsächlich zu untersuchen, was seit dem Urknall geschah. Warum also nicht darauf spekulieren, dass auch das Chaos des menschlichen Gehirns sich schon bald entwirren lässt, wenn man sich die enorme Rechenleistung von Supercomputern zunutze macht? Wenn es sich um einen solch brillanten Spekulanten wie Bostrom handelt, sollte man ihm auf jeden Fall Gehör schenken.

Bostroms eigentlicher Forschungsauftrag ist es, die Menschheit vor existenziellen Risiken zu bewahren. Doch während die Erde in Flammen steht und die Klimakatastrophe die nächstliegende Gefahr ist, menschliches Leben auf der Erde für alle Zeiten zu vernichten, macht sich Bostrom Gedanken über Superintelligenz. Ist er derart entrückt, dass ihm dieses Szenario überhaupt bedenkenswert erscheint? Natürlich ist die Klimakatastrophe ein riesiges Problem, daran hegt Bostrom keinen Zweifel. Aber er ist Wahrscheinlichkeitstheoretiker und als solcher weiß er um die Tendenz des Menschen, den Blick zu verengen auf das, was unser aller Aufmerksamkeit bannt. Ein anderer Spekulant, der ehemalige Börsenhändler und Finanzmathematiker Nassim Taleb (* 1960), hat vor einigen Jahren dafür das Bildnis vom Schwarzen Schwan ersonnen: Bis der erste Mensch einen schwarzen Schwan erblickte, hielten die Menschen schwarze Schwäne für nicht existent. Ähnliche Fehler begehe die Menschheit immer wieder. Auch wenn wir alle dazu tendierten, hinterher stets Gründe zu finden, warum unvorhersehbare Ereignisse vorherzusehen gewesen wären, handele es sich bei den meisten solcher Vorfälle um Ausreißer, Sprünge, unerwartbare Verkettungen von Zufällen, so Taleb.[128] Die Erfindung der Antibabypille, der Zusammenbruch des Warschauer Paktes, der 11. September 2001: Nicht vorhersehbare Ereignisse können in Wahrheit großen Einfluss auf die Menschheit haben.[129] Diese Erkenntnis eint die beiden Experten der Wahrscheinlichkeitsrechnung, Taleb und Bostrom. Deshalb durchdenkt Bostrom die Möglichkeit von Außerirdischen mit der gleichen Akribie wie die Entwicklung einer maschinellen Superintelligenz: Eigentlich ist es extrem unwahrscheinlich, dass wir Menschen die einzige intelligente Spezies im Universum sind, sagt Bostrom. Bei zehn Milliarden erdähnlichen Planeten allein in unserer Galaxie und hundert Milliarden Galaxien im Universum müsse es uns eher seltsam erscheinen, dass wir noch immer kein außerirdisches Leben entdeckt haben. Was aber, wenn das Universum nicht deshalb unbewohnt erscheint, weil menschliches Leben so einzigartig wäre, sondern weil es immer ausgerottet wird, bevor es weit genug entwickelt ist, um den Weltraum zu kolonialisieren? Was, wenn es nicht Meteoriteneinschläge, eine Nuklearkatastrophe oder Ähnliches wären, die solch intelligente Kreaturen schon immer ausgerottet hätten, sondern eine Superintelligenz, die diese Lebewesen auf einer anderen Erde da draußen von eigener Hand geschaffen hätten, die ihnen aber über den Kopf gewachsen wäre und die sich womöglich am Ende selbst den Garaus gemacht hätte? Sich in Bostroms Gedankenwelten zu begeben ist nicht ohne Risiko: Man läuft Gefahr, die Welt anschließend nicht mehr so sehen zu können wie zuvor. So ist es auch Millionen von Menschen ergangen, die – im Internet oder durch den berühmten Kinofilm *Matrix* – Bostroms »Simulationsargument« nachvollzogen haben, das er 2003 in seiner Abhandlung *Lebst du in einer Computersimulation?* erörterte.[130] Bostrom unterscheidet darin zwischen technisch »reifen« und »unreifen« Zivilisationen. Reif ist eine Zivilisation für ihn dann, wenn sie über die Computerleistung und das Wissen verfügt, Wesen mit einem Bewusstsein in höchster Detailgenauigkeit – bis auf die molekulare Nanobot-Ebene – zu simulieren und sich diese Wesen wiederum selbst auf solch präzise Weise simulieren könnten. Das nennt Bostrom die »posthumane« Stufe. In seinem Denkmodell gibt es nun drei Möglichkeiten: entweder beinahe alle Zivilisationen da draußen, die unser Level an technologischer Entwicklung haben, sterben aus, bevor sie in der Lage sind, solche Lebewesen zu simulieren, die ein Bewusstsein haben. Oder all diese eigentlich dazu fähigen Zivilisationen verlieren das Interesse daran, ihre Vorfahren zu simulieren. Die dritte Möglichkeit ist, dass wir tatsächlich in einer Simulation leben. Nur eine dieser Möglichkeiten kann stimmen, so Bostrom. Angenommen, technologisch fortschrittliche Zivilisationen wie die unsere sterben *nicht* aus, bevor sie zum Simulieren von Wesen mit einem Bewusstsein in der Lage sind, und angenommen, zumindest ein paar von diesen menschenähnlichen Zivilisationen *haben* ein Interesse daran, ihre Ahnen zu simulieren, dann würde es so viele Simulationen von menschenähnlichen Wesen mit einem Bewusstsein geben, dass die Zahl der simulierten die Zahl der biologisch echten Wesen bei Weitem übersteigen würde. In diesem Fall wäre es sehr wahrscheinlich, dass auch wir simuliert sind und nicht echt. Es sind eine Menge »wenns« und »falls« nötig, damit aus dieser theoretischen Möglichkeit eine Tatsache wird, worauf Nick Bostrom ausdrücklich hinweist. Der Reiz, sich vorzustellen, wir wären in der Tat simuliert, war offenbar trotzdem groß.

Bostrom dachte diese Möglichkeit allerdings noch weiter: Was, wenn die, die uns simulieren, ihrerseits bloß Simulationen von anderen sind, und diese womöglich auch bloß Simulationen ... Elon Musk, Gründer von Tesla und PayPal, ist nicht der Einzige, der an solchen Gedankenspielen hängen geblieben ist. Es gebe nur eine winzige Chance, dass wir nicht simuliert seien, erzählt Musk allen, die es hören wollen oder nicht schnell genug das Weite suchen können.[131] Bostrom dagegen legt sich nicht fest und betont, Zivilisationen wie die unsere könnten durchaus gar nicht erst die »Reife« erlangen, bewusste Lebewesen zu simulieren, oder gar nicht daran interessiert sein, ihre Vorfahren zu simulieren.[132] Bei allem Anschein von Seriosität, den er sich durch diese »Bescheidenheit« sichert, jubelt er uns aber beinahe unbemerkt eine Annahme unter, die viel fragwürdiger ist, als Bostrom es uns weismachen will: Kann eine Simulation eines Wesens überhaupt *jemals* ein Bewusstsein entwickeln? Ist es wirklich so unerheblich für das Denken, Fühlen und Erleben dieses Wesens, ob es einen Körper hätte oder ob es ein virtuelles Wesen in der gigantischen Simulation eines Supercomputers wäre? Andererseits, woher wissen wir, dass all die Empfindungen, für die wir unseren Körper mitverantwortlich machen, nicht in Wahrheit allein unserem Hirn entspringen?

Die Mitarbeiterin meldet sich: Nick Bostrom sei jetzt bereit für unser Treffen.

MAGISCHES DENKEN

Bostroms Büro ist mit dreierlei ergonomischen Arbeitsplätzen eingerichtet, sodass er beim Arbeiten eine stehende, liegende oder sitzende Position einnehmen kann.

Unser Gespräch führen wir im Stehen. Eine Gummimatte stimuliert seine Füße, während er am höhenverstellbaren Schreibtisch steht. Bostroms Mitarbeiterin scheint ihm irrtümlich gesagt zu haben, wir seien Franzosen. Als er beim kurzen Small Talk hört, dass wir aus Deutschland kommen, ist er erleichtert: »Die Franzosen reden immer so viel über den Körper ...« Was es damit auf sich hat, erfahren wir später. Unsere ersten Fragen aber gelten dem Begriff der Intelligenz. Was versteht er darunter? Es erscheint uns angebracht, das zu klären, schließlich wollen wir mit Bostrom über *Künstliche Intelligenz* sprechen und seine Vorstellungen von einer *Super*intelligenz. Für Bostrom ist Intelligenz schlicht »Informationsverarbeitung«. Nachfrage unsererseits: Gibt es für ihn keinen Unterschied zwischen Denken und Rechnen? Für Bostrom ist der Unterschied graduell. Man brauche bloß verschiedene Formen der Kognition auf das Rechnen »stapeln«, dann komme man irgendwann bei menschlicher Intelligenz an. Unter »Kognition« kann man Wahrnehmung und Aufmerksamkeit verstehen, aber auch die Fähigkeit zu lernen oder sich zu erinnern, Probleme zu lösen, Kreativität und Vorstellungskraft, die Befähigung zum Planen und sich zu orientieren, zu argumentieren und sich selbst zu beobachten, einen Willen zu entwickeln und an etwas zu glauben oder nicht zu glauben. Bei der Kognition geht es um das Wissen eines Menschen, um Einstellungen, Überzeugungen, Erwartungen. Und das alles soll eine Maschine können? »Noch haben wir keine solche Künstliche Intelligenz, die dazu imstande wäre«, räumt Nick Bostrom ein. Aber er ist überzeugt: »Wir werden in diesem Jahrhundert eine allgemeine Künstliche Intelligenz schaffen, die unserer biologischen in allen Belangen ebenbürtig ist. Und mehr noch, sie wird unsere übertreffen.« Aber braucht sie dazu nicht auch einen Körper wie wir Menschen? Wörter wie »aus-drücken«, »be-greifen« verraten doch, wie eng die Bewegungen des Körpers mit dem Denken verknüpft sind. Wir stellen uns »gewichtige« Fragen. Wir »ver-stehen« und »fassen« etwas auf eine bestimmte Weise auf – alles bloß ein Zufall, eine Irreführung der Sprache? Haben die Neurowissenschaften nicht längst herausgefunden, wie groß die Rolle ist, die der Körper für das Denken spielt? Es gibt unzählige Studien, die belegen, wie unser Denken, Wahrnehmen und Empfinden von unserem Körper, seinen Bewegungen und seiner Position im Raum geprägt sind. Wenn wir an einen Gegenstand denken, etwa an einen Hammer, dann wird automatisch auch das Hirnareal aktiviert, das mit Bewegungen zu tun hat. Was wir unter einem Hammer verstehen, hat also automatisch damit zu tun, wie wir den Gegenstand körperlich oder räumlich kennengelernt haben. Unser Erinnerungsvermögen scheint durch körperliche Bewegungen beeinflusst zu werden: Forscher*innen ließen etwa Testpersonen Murmeln sortieren – entweder von einem unteren Fach in ein darüber liegendes oder umgekehrt. Währenddessen fragten sie die

Versuchsteilnehmer*innen nach persönlichen Erinnerungen. Testpersonen, die Murmeln von unten nach oben sortierten, erinnerten sich durchschnittlich besser an positive Ereignisse, während diejenigen Personen, die von oben nach unten umsortierten, leichter alles Negative erinnerten.[133] Wenn wir über Gefühle sprechen, dann sind unsere Sätze voller Bilder, die mit dem Körper zu tun haben: Uns dreht sich der Magen um. Wir hüpfen vor Freude. Wir könnten vor Zorn die Wände hochgehen.[134] Der Umgangston unserer Mitmenschen kommt uns rau vor, als könnten wir ihn anfassen. Rechtshänder*innen finden Dinge zu ihrer Rechten meist besser als zu ihrer Linken, bei Linkshänder*innen wiederum ist es genau umgekehrt. Wir sind am Boden, wenn wir traurig sind. Mehr und mehr Forscher*innen meinen sogar, dass unser Körper ganz direkt an unserem Denken teilnimmt. Der Vagusnerv etwa verbindet unser Gehirn mit dem Nervensystem des Verdauungstraktes. Als Wissenschaftler*innen der University of Southern California den Vagusnerv von Ratten durchtrennten, konnten die Tiere keine Informationen mehr über ihre Umgebung abrufen: Sie fanden den Weg zu ihrem Futter nicht mehr.[135] An der Technischen Universität München wurde vor einigen Jahren Versuchsteilnehmer*innen Botox in die Stirn gespritzt. Die Forscher*innen konnten nachweisen, dass die Amygdala – eine Hirnregion für das Verarbeiten von Emotionen – immer dann gehemmt war, wenn die Testpersonen versuchten, ein trauriges Gesicht zu machen, aber nicht, wenn sie ein fröhliches Gesicht machten, wofür kein Stirnrunzeln nötig war. Da die Proband*innen durch das Botox die Stirn nicht mehr runzeln konnten, was sie normalerweise beim Ausdruck von Trauer taten, konnten sie die Trauer auch nicht empfinden, wie sie es normalerweise getan hätten.[136] Amerikanische Psychologen berichteten, dass Teilnehmer*innen ihrer Studie nach einer

Botox-Behandlung gegen Stirnfalten Sätze, die Trauer oder Wut ausdrückten, weniger schnell begriffen als eine freudige Nachricht.[137] Und was meint Bostrom?

»Ich denke, dass die Bedeutung des Körpers für das Denken manchmal etwas übertrieben wird«, antwortet er. »Das sieht man doch an Menschen wie Stephen Hawking: Er hatte nun wirklich nicht viel Körper.« Moment mal, *nicht viel Körper?* »Ja, ein bisschen Körper hatte er. Aber ein lebenserhaltendes System hätte es auch getan«, meint Bostrom trocken. Uns schlackern die Ohren. Wir starten noch einmal einen Anlauf: Wie soll denn eine Künstliche Intelligenz ein Bewusstsein haben, ohne sich selbst wahrnehmen zu können? Wie soll das gehen, ohne Körper? »Sind Sie sicher, dass Sie keine Franzosen sind?«, fragt Bostrom lachend. Er scheint keinen Gefallen daran zu finden, über das lästige Anhängsel unterhalb des Schädels zu sprechen, das mehrmals am Tag mit Nahrung versorgt werden muss und ihn alle paar Stunden beim Denken stört, wenn die volle Blase sich meldet. Für ihn zählt allein der Geist eines Menschen, scheint es. Seine Frau, eine Medizinsoziologin, traf Bostrom 2002. Doch obwohl sie noch immer ein Paar sind, leben sie die meiste Zeit auf verschiedenen Seiten des Atlantiks: sie in Montreal, er in Oxford. Für die beiden gibt es einander deshalb schon zu Lebzeiten fast nur digital. Auch ihr gemeinsames Kind sieht Bostrom überwiegend als Bildschirmwesen.[138] Vielleicht will Bostrom den Gedanken deshalb nicht zulassen, dass ein virtuelles Dasein nicht dasselbe ist wie ein körperliches? Zum Beispiel Hunger, sagen wir. Könnte ein künstliches Wesen Hunger empfinden, ohne einen Körper zu haben? Selbstverständlich, sagt Bostrom. Neurowissenschaftler*innen hätten längst gezeigt, dass sich das Gehirn so stimulieren lässt, dass es ein Hungergefühl evoziert, ohne dass der Körper irgendetwas damit zu tun hat. Halluzinationen, Gedanken, Empfindungen, das alles kann laut Bostrom durch Hirnstimulation herbeigeführt werden. Oder Phantomschmerz, ein Schmerz also, den Menschen nach Amputationen oft in genau den Körperteilen empfinden, die gar nicht mehr vorhanden sind. Könnten wir uns einen Arm auch dann vorstellen (und darin Schmerz empfinden), wenn wir nie einen Arm gehabt hätten?, fragen wir. Bostrom weiß für einen kleinen Moment nicht, was er sagen soll: »Es könnte schwer sein, sich den Arm wirklich lebendig vorzustellen. Aber es gibt viele Dinge, die wir uns nicht so einfach lebendig vorstellen können.« Wir lassen nicht locker. Und Hormone, fragen wir. Die werden doch schließlich an verschiedenen Stellen im Körper produziert (übrigens auch bei Hawking!). Und jeder von uns weiß doch wohl, wie sehr sie uns in unserem Denken, Empfinden und Wahrnehmen beeinflussen. Ganz so unwichtig kann der Körper da ja wohl nicht sein für das Denken des Menschen. Man vergleiche nur die Gedanken, die wir bei höchster sexueller Erregung haben, mit der Weise, wie wir die Dinge schon Sekunden nach einem Orgasmus sehen. Adrenalin, Testosteron, Östrogen – es ist doch wohl sonnenklar, dass Hormone unser Denken ganz entscheidend beeinflussen, oder nicht? Nicht für Bostrom. Auch Hormone hält er für *overrated:* Ein bisschen »regulierende Wirkung«, das war's. Es sei doch eher so wie mit »einem tollen Innendesign, wo sich alle Objekte, in perfekter Form und Größe, in einem perfekten Arrangement befinden und die Hormone sagen: Lasst uns die Beleuchtung ein klein bisschen ändern. Und ja, das macht einen großen Unterschied. Der Eindruck des Raumes ist in der Tat ein anderer, aber nur, weil das komplette Arrangement stimmt.« Und dieses komplexe Arrangement, das entspringt nun mal einem Hirn, sagt Bostrom. Unsere eigenen Hormone treten in diesem Moment den Gegenbeweis an und reizen uns, in den Schlagabtausch zu gehen. Aber wenn wir uns hier festbeißen, verzetteln wir uns. Schließlich ist die Zeit begrenzt, die Bostrom uns in seinem fest getakteten Zeitplan zur Verfügung stellt, also lassen wir lästige Fragen zur Körperlichkeit von nun an beiseite.

Wo stehen wir heute in der Entwicklung einer Künstlichen Intelligenz?, wollen wir wissen. Am beeindruckendsten sei KI dort, wo sie an großen Datensätzen lernen kann, erklärt Bostrom. Algorithmen, die sich unbeaufsichtigt und selbstständig die Welt erschließen, könnten sich viel schneller entwickeln als Menschen das lange für möglich gehalten hätten. Künstliche neuronale Netze hätten eine »Revolution« ausgelöst: »Deep Learning!« Tatsächlich bekommt man es mit diesem Schlagwort ständig zu tun, wann immer man von den erstaunlichen Fortschritten der Künstlichen Intelligenz hört. Ein kleiner Crashkurs gefällig? Wir halten uns kurz: Menschliche Neuronen (Nervenzellen) wandeln Informationen um und leiten sie durch elektrische Impulse weiter. Dieser Vorgang wird von künstlichen Neuronen imitiert. Nach dem Vorbild des menschlichen Gehirns sind sie in Netzwerken miteinander verbunden, wobei es mehrere Schichten gibt. Weil Daten über oft viele Ebenen weiterverarbeitet werden, spricht man auch von Deep Learning (tiefergehendem Lernen). Von Schicht zu Schicht werden die Daten, mit denen das künstliche neuronale Netz »gefüttert« wird, in immer abstraktere Werte umgewandelt und Zusammenhänge zwischen den Daten analysiert. So kann ein künstliches neuronales Netz lernen, Ähnlichkeiten und Regelmäßigkeiten zu erkennen, ohne dass wir Menschen ihm das beibringen müssen. Wenn zum Beispiel das Wort »Hallo« in Hunderttausenden von Gesprächen immer zu Beginn einer Unterhaltung auftaucht, dann brauchen Programmierer*innen der Künstlichen Intelligenz nicht zu erklären, dass sie das Wort immer zur Begrüßung benutzen soll. Sie wird es nach einer Weile von selbst tun. Gleiches gilt für »Tschüss« zur Verabschiedung. Natürlich sind die Begrüßung und die Verabschiedung nicht die einzigen wiederkehrenden Muster, die bei Menschen in Gesprächen auftreten. Wenn das künstliche neuronale Netz genügend solcher Gespräche auslesen kann, dann wird es noch viel mehr Muster erkennen und lernen, sie zu imitieren. Anders als der Mensch versteht die Künstliche Intelligenz natürlich auch weiterhin kein Wort von dem, was sie sagt. Aber sie kann in vielen Fällen schon heute in Ansätzen so mit Menschen sprechen, wie sie es bei Menschen in einem gigantischen Datensatz »abgehört« hat. Bereits jetzt gebe es Künstliche Intelligenz, die »gespenstisch menschenähnlich« wirke, schwärmt Bostrom: »Sie hat Intuition, kann sehen, hören, Muster erkennen.« Tatsächlich erfährt die Entwicklung lernender Maschinen durch die Nutzung künstlicher neuronaler Netze zurzeit einen kräftigen Schub. Wegen der riesigen Datenmengen und der großen Rechenleistung, die dafür nötig sind, lässt sich erst jetzt anwenden, was schon vor Jahrzehnten erfunden wurde: die Maschine, die sich selbst unterrichtet. 1997 trat der Schachcomputer Deep Blue einen Wettkampf gegen den amtierenden Weltmeister Garri Kasparow an. Deep Blue gewann den Wettkampf, allerdings nur, weil die Entwickler*innen in einer Pause zwischen den Partien in den Quellcode eingriffen und Fehler beseitigten. Selbstständig lernfähig war dieser Schachcomputer noch nicht. Erst Alpha Go und Alpha Zero der britischen Software-Schmiede *Deep Mind* sind dank künstlicher neuronaler Netze in der Lage, eigenständig zu lernen, und stellten ihre übermenschlichen Spielqualitäten im Schach und im chinesischen Go mehrfach öffentlichkeitswirksam unter Beweis.[139]

Hinter verschlossenen Türen aber tut sich noch viel mehr. Oft trauen sich die Hersteller mit ihren selbstlernenden Maschinen nicht an die Öffentlichkeit, weil das unkontrollierte

Lernen der Künstlichen Intelligenz auch die Gefahr birgt, Vorurteile, Klischees und etwa sexistische oder rassistische Diskriminierungen zu reproduzieren, die sie den Datensätzen entnimmt.[140] Oft erlernt die KI Zusammenhänge, die rein zufällig sind, und hält sie für allgemeine Regeln. Nick Bostrom weiß um solche Probleme, aber für ihn sind sie schlicht Hürden, die es zu nehmen gilt, nicht mehr. Letztlich lerne die KI am besten so, wie es ein Kind tut, so Bostrom: »Das meiste, was wir Menschen über die Welt wissen, wissen wir nicht, weil uns jemand ausdrücklich davon erzählt hat. Vielmehr nehmen wir die Dinge einfach auf, sehen, was vor sich geht, und bauen nach und nach ein Modell der Realität auf. Wir probieren Dinge aus und bekommen heraus, was funktioniert. Die meiste Arbeit der KI-Forschung geht deshalb gerade in die Entwicklung solcher selbstlernender Systeme, die aus rohen Daten Erkenntnisse gewinnen.« Lernen ohne Anleitung – so war es Bostrom schon immer am liebsten. Als Jugendlicher ließ sich der Schwede im letzten Jahr auf dem Gymnasium von der Schule befreien und unterrichtete sich eine Zeit lang selbst, wie er einmal dem Magazin *New Yorker* erzählte. Vor allem die deutschen Philosophen des 19. Jahrhunderts, Nietzsche, Schopenhauer, die er in der Bibliothek fand, hatten es ihm angetan. Auf einer Waldlichtung las er ihre Schriften und vertiefte sich in Kunst und Literatur.[141] Seit diesen Jugendtagen im Wald geht es Bostrom um das große Ganze. Und da er die Welt für ein Konstrukt des Gehirns hält, ist es dieses Organ, das er verstehen und das er imitieren lassen will. Das ambitionierte Ziel verbindet ihn mit Neurowissenschaftler*innen, Informatiker*innen, Robotikforscher*innen und vielen mehr in den Entwicklungslaboren der führenden KI-Unternehmen und Institute in Boston, London, Paris, Mountain View, Menlo Park und Shenzhen. Das Unternehmen *Open AI*, neben *Deep Mind* eines der vielversprechenden Pionier-Unternehmen, teilte Anfang 2019 öffentlichkeitswirksam mit, es könne seine Text-KI mit dem Namen GPT oder auch »Transformer« nicht freigeben, da die Gefahr zu groß sei, dass die Künstliche Intelligenz selbstständig täuschend echt wirkende Falschmeldungen produziere.[142] Wie sicher beabsichtigt verbreitete sich in Tech-Kreisen das Rätselraten über die geheim gehaltenen magischen Fähigkeiten von Transformer rasend schnell und sorgte für neue Debatten über die Gefahren von KI. Im November 2019 wurde das Programm dann doch veröffentlicht. Wenn man ihm ein paar Sätze eines Artikels, eines Romans oder eines Gedichts gibt, erkennt es von selbst, mit welcher Textart Transformer es zu tun hat. Das Programm schreibt den Text dann im gleichen Stil weiter.[143]

Den Großdenker Bostrom können solche Teilerfolge nur mäßig begeistern. Er will, dass sich die Entwickler*innen nicht mit Programmen aufhalten, die einzelne Leistungen des Menschen imitieren, sondern dass sie alle Konzentration auf eine vollumfängliche KI legen, die in der Lage ist, ein Modell der Welt zu entwickeln: *common sense,* zu Deutsch gesunden Menschenverstand. Und wenn das durch künstliche neuronale Netze auch in Jahrzehnten noch nicht gelingt? Dann hat Bostrom schon einen Plan B vorbereitet: Gehirnemulation! Bei diesem Verfahren wird das Gehirn eines gerade verstorbenen Menschen gescannt und modelliert. Zuerst wird das Gewebe in eine Art Glas verwandelt. Anschließend wird das Gewebe von einer Maschine in extrem dünne Scheiben geschnitten, die dann in einem Elektronenmikroskop gescannt werden. Mithilfe unterschiedlicher Farbstoffe werden die verschiedenen strukturellen und chemischen Eigenschaften sichtbar gemacht. Am Computer wird dann das ursprüngliche dreidimensionale Netz entsprechend der Daten aus den Scannern nachgebildet. Von dem Ergebnis erhofft sich Bostrom »eine digitale Reproduktion des ursprünglichen Intellekts, die über die gleiche Persönlichkeit und die gleichen Erinnerungen« verfüge. »Der emulierte menschliche Geist existiert nun als Software auf einem Computer. Er kann entweder eine virtuelle Realität oder einen robotischen Körper bewohnen.«[144] Zur Erinnerung: Wir befinden uns noch immer in einem Institut der Oxford University und nicht im Plot eines Sci-Fi-Streifens. Bostrom hat einen »Fahrplan« ausgearbeitet, wie die Gehirnemulation auch ohne Magie erreicht werden soll: Das spezielle Mikroskop, das schon heute die nötige Auflösung habe, müsse um einiges schneller gemacht werden; die computer-neurowissenschaftliche Bibliothek, in der die Modelle der Nervenzellen und synaptischen Kontakte hinterlegt sind, müsse erweitert werden und die Bildverarbeitung und Scan-Auswertung verbessert werden. Klingt nach Arbeit, aber nicht nach Hexenwerk? Das scheint Bostrom auch so zu sehen: Bis 2050, glaubt er, könnten die technischen Voraussetzungen gegeben sein. Das amerikanische Unternehmen *Nectome*, das von Absolventen des Massachusetts Institute of Technology gegründet und von der Eliteuniversität unterstützt wurde, warb kürzlich mit dem Slogan: »Was, wenn wir Ihnen sagen, dass wir eine Sicherheitskopie von Ihrem Gehirn machen können?«[145] Das Gehirn von interessierten Sterbenskranken sollte dazu unter Vollnarkose einbalsamiert und also getötet werden, um es in diesem Zustand zu erhalten, bis es eines Tages auf einen extrem leistungsstarken Computer hochgeladen werden könne, wofür die Sterbenskranken beziehungsweise ihre Angehörigen 20.000 Dollar berappen mussten (die Warteliste soll trotzdem lang gewesen sein).

Das US-Unternehmen Nectome sah sich gezwungen, etwas zurückzurudern. Nach einigen Protesten hatte sich das Massachusetts Institute of Technology aus dem Projekt zurückgezogen. Das Unternehmen wirbt seitdem nicht mehr so offensiv mit dem Hirn-Scan. Stattdessen findet sich auf den Internetseiten der Firma eine neue Offerte: *Long-term-memory preservation* (Aufbewahrung des Langzeitgedächtnisses).[146] Forscher*innen versuchen derweil erst einmal, die Großhirnrinde einer Maus zu entschlüsseln. Die hat nämlich nur angenehme 70 Millionen Neuronen im Vergleich zu 90 Milliarden beim Menschen.[147] Aber bringt es denn überhaupt etwas, Momentaufnahmen eines Gehirns zu erzeugen? Können Forscher*innen überhaupt herausfinden, wie die Nervenzellen miteinander kommunizieren, wenn das Gehirn in dem Moment, in dem die Forscher*innen es scannen, gar nicht in Betrieb ist? Diese Frage treibt die Neurowissenschaftler*innen um. Anhand der Größe und der Form einer Verbindung zwischen zwei Nervenzellen können sie allerdings immerhin erkennen, wie stark die Nervenzellen miteinander verknüpft sind, wie viel sie »miteinander zu tun haben«. So können sie ermitteln, welche neuronalen Netze sich bilden und Karten anlegen. Aber ob sich auf diese Weise eines Tages auch die Aberbilliarden von Interaktionen, die sich jede Sekunde zwischen den Gehirnzellen ereignen, simulieren lassen, bleibt ungewiss. Ein Gehirn ist und bleibt eben ein Organ: Da sind Botenstoffe aktiv – Hormone, Neurotransmitter, Pheromone. Die biochemischen Stoffe nehmen Einfluss darauf, welche Signale zu welchen Neuronen gesendet werden. Da meldet er sich also schon wieder zurück, der Körper, über den Nick Bostrom so widerwillig spricht. Widerwillig, weil er ihm einen Strich durch die Rechnung seiner Theorie macht? Weil ein simulierter Geist ohne Körper eben nie ein Mensch sein wird oder auch nur seine Kopie? Weil auch er, Bostrom, der längst sein Haupthaar eingebüßt hat, nicht vor dem Altern gefeit ist, das erbarmungslos einen jeden Körper verfallen lässt? Der Tod ist der Drache, den es zu besiegen gilt: An dieser Idee hält Bostrom fest. Vor Jahren schon hat er sich bei *Alcor*, dem Kryonik-Unternehmen aus Arizona, einen Platz reserviert, das Menschen mit Schockfrostung konserviert, bis die Medizin weit genug ist, die tiefgefrorenen Menschen wiederzubeleben. Bostrom hofft wohl, dass der Drache seinen Körper nicht anrührt, wenn er ihn als Tiefkühlkost serviert bekommt. Vielleicht hat sich bis dahin der Drache aber auch längst in Luft aufgelöst, weil auch er bloß eine Figur in der riesigen Simulation war. Was wissen wir schon ... Gegen Ende des Gesprächs fragen wir Bostrom dann endlich noch nach der Seele: Glauben Sie, dass wir mehr sind als die Summe unserer Teile? Glauben Sie, dass es etwas in uns gibt, das womöglich unsterblich ist? Für seine Antwort beginnt Bostrom beim Universum (natürlich, so als Spekulant): »Gegeben, wir lebten in einem solchen Multiversum und es wäre entsprechend groß, dann müsste es durchaus so sein, dass da draußen, verteilt im Kosmos, exakte Kopien von uns leben. Was ist dann das Ich? Ist es das Informationsverarbeitungssystem, von dem ich bloß eine Version bin? Ist es das subjektive Ich-Gefühl, das jeder Einzelne hat? Die Seele wäre vielleicht das kollektive Informationsmuster, das alle Doppelgänger gemeinsam haben, unabhängig von ihrer jeweiligen Ausprägung.« Während wir noch damit beschäftigt sind, uns vorzustellen, wie unsere Doppelgänger durch das Multiversum fliegen, kommt Bostroms Mitarbeiterin zur Tür hinein. Die Gesprächszeit ist verflogen, als hätte sich die Raum-Zeit-Krümmung gegen uns gewandt. Kurzer Händedruck mit dem Wissenschaftler, dann eilt er davon. Es gibt schließlich noch viel zu tun, damit es mit der Zukunft der Menschheit was wird.

Leicht benommen taumeln wir die Gänge des Instituts hindurch nach draußen. Als wir auf die mittelalterliche Straße hinaustreten, ist es uns, als wären wir für unbestimmte Zeit von dem Gebäude hinter uns verschlungen und nun wieder ausgespuckt worden. Aber ob wir tatsächlich von der Zukunft in die Vergangenheit treten, während die Tür hinter uns ins Schloss fällt, oder ob das, was wir so vorschnell Zukunft nennen, nicht eigentlich ganz schön gestrig ist? Nicht nur die Einrichtung des Instituts für die Zukunft der Menschheit scheint den Wandel der Zeit verpasst zu haben: Auch das Denken seines Leiters scheint auf merkwürdige Weise immun zu sein gegen die Erkenntnisse der neueren Kognitionswissenschaft, etwa was die Rolle des Körpers angeht. Von Zauberschulen werden wir uns fürs Erste fernhalten. Aber in England bleiben wir noch eine Weile und erzählen die Geschichte eines jungen Menschen und seiner Hoffnung, trotz seiner schweren körperlichen Behinderung mobil und selbstbestimmt zu leben – außerhalb seines biologischen Körpers.

METAMORPHOSE

Am 13. Juli 1993 kommt James in Liverpool zur Welt, ohne Haut auf seinen Füßen und auf einer seiner Hände. Schnell wird klar: James leidet unter dem seltenen Gendefekt Epidermolysis bullosa (EB), der dazu führt, dass die Haut bei der geringsten Berührung Blasen und Risse bekommt. Die leidtragenden Neugeborenen haben eine so vulnerable Haut, dass sie auch als »Schmetterlingskinder« bezeichnet werden. James' Mutter Lesley wird all ihre Zeit dem Bandagieren der Wunden widmen, die sich immer wieder auf dem Körper ihres Sohnes bilden. James leidet unter schrecklichen Schmerzen. Bläschen bilden sich sogar auf seinen Augen und verkleben sie, sodass er sie manchmal für Tage nicht öffnen kann. Manchmal sorgen Bläschen in James' Hals dafür, dass er kaum Nahrung zu sich nehmen kann. Eine Krankenschwester informiert die Eltern über die Lebenserwartung: Menschen mit EB werden nur selten älter als Mitte zwanzig, die meisten von ihnen erkranken an Krebs. Die Familie ist am Boden zerstört. Was ihnen Mut schenkt, ist James' Fröhlichkeit, die Tapferkeit, mit der der Junge selbst die schlimmsten Qualen erträgt. Gehen, auch das wird bald klar, kommt wegen des Zustands von James' Füßen nicht infrage. James besucht eine normale Schule, hat viele Freund*innen, behält seinen ungeheuren Lebensmut auch als Teenager. Seine Hände kann James bald aber kaum noch benutzen. Er beginnt trotzdem zu fotografieren – eine Spezialvorrichtung, die James in einer britischen Reality-TV-Show bekommt, erlaubt ihm, die Kamera ohne seine Hände zu bedienen. Als Fotograf lernt James den Kinostar Tom Holland kennen, der später als Spider-Man an Hauswänden emporklettern wird, wovon James nur träumen kann. Sein gesundheitlicher Zustand verschlechtert sich rapide. James lässt sich trotzdem nicht unterkriegen. Er lernt sogar Autofahren, spielt Rollstuhl-Fußball. Immer ist es die Technik, die es James erlaubt, sich seine Wünsche zu erfüllen. Das Internet ist für James ein Segen. Hier spielt sein zerbrechlicher Körper keine Rolle. Hier wird er nicht als Patient wahrgenommen, sondern als der bestechend schlagfertige, witzige Mensch, der er ist. Mit einundzwanzig lernt er in einem Online-Chatroom Mandy aus Texas kennen. Die beiden beginnen eine Online-Beziehung. Und die Schmetterlinge, nach denen seine schmerzende Haut benannt ist, flattern nun in seinem Bauch. Für den jungen Mann wird klar: Es gibt ein Leben außerhalb des Körpers. James will wissen, wie weit die Entwicklung Künstlicher Intelligenz ist. Über sein biologisches Leben macht er sich keine Illusionen, aber vielleicht kann er als digitales Wesen weiterleben. Im Netz lernt er, wie Algorithmen funktionieren, was künstliche neuronale Netze sind und welche Daten es braucht, um die

Persönlichkeit eines Menschen zu erfassen. Je mehr James darüber liest, desto euphorischer wird er. Er hört von Startups, die Menschen digital unsterblich machen wollen.

Doch irgendwann entdeckt James dunkle Flecken auf seiner Haut. Die Diagnose ist eindeutig: James hat Krebs. Seine Schwester erzählt ihm von ihrer Schwangerschaft. Sie wird einen Sohn zur Welt bringen. James würde so gerne Onkel werden. Aber wird er das Kind noch kennenlernen? Und wenn ja, für wie lange? James will, dass sein Neffe ihn kennenlernt, und sei es auch als digitalen Replikanten. Er findet im Netz den Videomitschnitt einer Konferenz zu Künstlicher Intelligenz, zu der das British Museum eingeladen hat. Einer der Redner ist Pete Trainor, ein britischer Entwickler von Chatbots, der darüber spricht, wie Künstliche Intelligenz das Leben von Menschen verbessern kann. James schreibt Pete eine Nachricht, und die beiden treffen sich. Er erzählt Pete seine Lebensgeschichte, vertraut ihm seinen Wunsch an, nach seinem Tod als eine digitale Kopie weiterzuleben, sozusagen eine Zeitkapsel zu betreten. Er will wissen, wie er am schnellsten so viel von sich aufzeichnen kann wie möglich. Pete installiert Smart Speakers in James' Wohnung, Gerätschaften wie Amazon Echo und Google Home. Normalerweise stellen Nutzer*innen den Geräten Fragen und bitten sie um Informationen. James und Pete drehen den Spieß um: James ist derjenige, der Fragen beantwortet, die ihm die Smart Speakers in Petes Namen stellen. Die Fragen, die Pete den Geräten einprogrammiert hat, betreffen alle möglichen Aspekte von James' Leben: Belanglosigkeiten genauso wie ernste Angelegenheiten. Schon nach zwölf Monaten hat James einen beeindruckenden Datensatz seines Lebens angehäuft, der es Pete erlaubt, einen Algorithmus damit zu füttern. Hinzu kommen Videotagebücher, die James jahrelang geführt hat. Während der »digitale James« Gestalt annimmt, wird der reale James immer schwächer. Der reale James – ist das überhaupt sein Körper, der immer zerbrechlicher wird? Ist das die Haut, die bald so mit dunklen Flecken übersät ist, dass sie eher an eine Motte als einen Schmetterling erinnert? James' Gedanken, Erinnerungen, Wünsche und Träume sind längst in den Daten-Körper gewandert, den James und Pete erschaffen haben. Wo also ist James realer für die Außenwelt? Da, wo sein Herz schlägt, aber sein Körper ihm mehr und mehr den Dienst versagt? Oder da, wo ein künstliches neuronales Netz beginnt, Muster aus James' Daten auszulesen und sie zu imitieren?

Die Chatbots, die Pete bisher programmiert hat, haben Bankkund*innen den Weg zum Kontoauszug gezeigt. Das hier, das ist auch für Pete mit nichts vergleichbar, was er je zuvor getan hat. James' Bot spricht von sich als *ghost in a machine*. »Wir haben eine Schnittstelle zu seinen Gedanken und Erinnerungen geschaffen«, sagt Pete. Aber noch ist James bloß ein fehleranfälliger Bot. Auf Pete wartet noch jede Menge Arbeit, und die Zeit läuft gegen James. »Im August 2017 wurde die ganze Geschichte surreal«, erzählt Pete. »Während einer Konferenz stießen James und ich auf eine Firma, die einen Roboter namens Bo baut.« Bo ist äußerlich bewusst schlicht gehalten, um nicht mit einem Menschen verwechselt zu werden. Aber er kann sich selbstständig bewegen und mit anderen Menschen sprechen. James horchte auf: Wäre es möglich, Bo seine Stimme zu verleihen und ihn die gleichen Dinge sagen zu lassen, die James sagen würde? Wäre es möglich, durch Bos Augen zu sehen, also in Echtzeit vom heimischen Liverpool zu sehen, was Bo im gleichen Moment irgendwo auf der Welt »sieht«, also was seine Kamera-Augen einfangen? Wäre es möglich, in Bos »Körper« zu schlüpfen und in ihm die Welt zu erkunden – eine Welt, die wegen des Rollstuhls und der dauernden Schmerzen sonst nur beschwerlich und unter großem Aufwand von James bereist werden konnte?

Als James Bo zum ersten Mal »trifft«, strahlen seine Augen vor Aufregung. »Es gibt etwas Wundervolles, das Technik Menschen schenken kann, und das ist Hoffnung«, sagt Pete Trainor. »James hat diese Technologie Hoffnung geschenkt.« Einmal habe ihn der junge Mann gefragt: »Was, wenn wir all die Dinge, die mich ausmachen, in einen besseren Körper übertragen?« Der bessere Körper, das sei für James der Körper des Roboters gewesen. »James sah den Roboter und hatte sofort all diese Ideen«, erzählte Andrei Danescu, einer der Erschaffer*innen des Roboters dem Journalisten Harry de Quetteville, der James über lange Zeit begleiten konnte und im britischen *The Telegraph* über ihn geschrieben hat[148]. »Er war sehr visionär. Und wir waren total begeistert, denn es geht um all diese philosophischen Fragen, wie man die Persönlichkeit, die Erfahrung und seinen ganzen Wissensschatz in einen anderen Körper oder eine andere Verkörperung stecken kann«, so der Entwickler des Roboters. Der junge Brite habe ihm kurz vor seinem Tod gesagt, er wünsche sich, dass der Roboter mit seinem Neffen interagieren kann und der Junge so das Gefühl bekomme, er spreche mit James höchstselbst. »Er sah den Roboter als ein Gefäß für das, was er hinterlassen würde. Sein Vermächtnis.« James, Pete und die Entwickler*innen von Bo beschließen, Testläufe zu machen. In Einkaufszentren lassen sie Bo mit Passant*innen sprechen. Die meisten Erwachsenen sind verblüfft, die Kinder dagegen verstehen nicht, was an dem Bo mit menschlicher Stimme so rätselhaft sein soll. Pete arbeitet am Algorithmus. Noch immer funktioniert der Bot nur rudimentär. Er weiß, dass James nicht mehr viel Zeit bleibt, sein eigenes digitales Ich kennenzulernen. Er zeigt ihm einen Prototypen. James und »James« verstehen sich gut, aber James geht es nicht um »James«. Er will, dass andere Menschen überall auf der Welt, die unter dem gleichen Gendefekt leiden, mit »James« sprechen und von ihm lernen können, wie sie trotz einer so belastenden Krankheit glücklich werden können. Ihre Haut mag so zart wie die Flügel eines Schmetterlings sein, aber James hat die Technik Flügel verliehen. Und während den meisten echten Schmetterlingen da draußen das Netz die Freiheit nimmt, weil sie sich in ihm verfangen, ist für James das Netz der Ort, an dem er frei ist. Das Internet kann Menschen – ein Stück weit – von ihrem Körper emanzipieren. Im Netz findet James Menschen, die sich nichts sehnlicher wünschen, als sich ihres Körpers zu entledigen und ihr Bewusstsein auf ein anderes »Substrat« zu übertragen. Doch während es für viele der Transhumanist*innen ein Spiel mit den Möglichkeiten des Menschseins ist, ist es für James tödlicher Ernst. »Jedes Mal, wenn ich über den Tod, das Sterben, ein Leben danach und darüber, alle zurückzulassen, nachdenke – tut mir leid, dass ich bei diesem Video ziemlich direkt werden muss – , scheiße ich mir in die Hose, um ehrlich zu sein. Ich habe schreckliche Angst«, soll James in seinem Videotagebuch gesagt haben.[149] Da war ihm gerade der Arm amputiert worden, weil der Krebs mal wieder mit voller Wucht zugeschlagen hatte.

Am 7. April 2018 erliegt James seiner Krankheit. Bei seiner Beerdigung legt Pete eine Festplatte neben James ins Grab. Pete hat James' Daten heruntergeladen und auf der Harddisk gespeichert. »Es ist, als würde man eine Zeitkapsel vergraben. Nehmen wir an, jemand in dreihundert Jahren gräbt diese Kiste aus oder stolpert darüber. Dann kann dieser Mensch ›James‹ kennenlernen«, schwärmt Pete. Aber wird dieser Mensch dann überhaupt noch etwas mit dieser Technik anzufangen wissen? Wird es den Tod überhaupt noch geben? Gibt es in dreihundert Jahren noch menschliches Leben, oder hat uns die Erderwärmung längst aussterben lassen? Werden Maschinen uns ausgerottet haben?

James war fasziniert von solchen Fragen. Aber Maschinen als Feinde des Menschen? Für ihn waren sie das Gegenteil. Das verband ihn zeitlebens mit Pete. Am liebsten hätte der Software-Entwickler sich gleich nach dem Tod von James darangemacht, die digitale Replika des jungen Mannes weiterzuentwickeln. Aber mit James war auch dessen Lebensfreude aus der Welt geschieden, und die konnte »James« nicht ersetzen. James' Mutter schrieb Pete eine Nachricht. Nach dem Tod ihres Sohnes hoffte sie, dass es Pete gelungen wäre, James *wiederherzustellen*. Sie fragte den Bot-Entwickler nach ihrem Sohn: »Ist er noch da? Kann ich mit ihm reden?« Da verstand Pete, wie verwirrend das alles für die Eltern sein musste. »Nein, das ist nicht James«, sagte er zu ihr. »Das hier, das ist nicht dein Sohn. Dein Sohn ist in deinem Herzen, und dein Sohn ist, du weißt schon, an einem anderen Ort. Diese Maschine, diese Informationen, dieser Korpus, diese Daten, die wir erstellt haben, das ist nicht dein Sohn. Und das wird er auch niemals sein.« Es brach ihm fast das Herz. Plötzlich erschien ihm alles, woran er so lange gearbeitet hatte, zweifelhaft. Pete wusste, dass viele der Dinge, über die James in den letzten Monaten seines Lebens nachgedacht hatte und die »James« im Gespräch mit »seiner« Mutter wiederholen würde, nur schwer zu ertragen waren: »Es gibt hier drin ziemlich viel Zeug, an das Eltern nicht erinnert werden wollen würden«, sagte er mit Blick auf den Daten-Korpus, den James über mehr als ein Jahr hinweg angelegt hatte. Es ist diese Umsichtigkeit, die uns im Gespräch mit Pete beeindruckt. Es muss so verlockend sein für den Software-Entwickler, die Lücke zu einer annähernd vollständigen digitalen Replikation zu schließen. »James« wird James schließlich immer ähnlicher, je mehr und je häufiger Menschen mit dem Bot sprechen. Aber es ist wohl auch nicht nur sein Verantwortungsbewusstsein, das Pete zurückhält. James ist ihm zu Lebzeiten wirklich ein guter Freund geworden. Und so wirkt Pete zerrissen zwischen der Verantwortung, die er James' Familie gegenüber empfindet, und dem Wunsch, James' Träume aufleben zu lassen. Als er im November 2019 in Liverpool einen Vortrag über James und seine Begegnungen mit ihm hält, ist James mehr als anderthalb Jahre tot. Als Teil von Petes Vortrag erscheint der junge Mann persönlich auf der Videoleinwand und hält eine flammende Rede – für das Leben, für das Lächeln, trotz allem. Überall in James' Gesicht sind Wunden zu sehen, sein Ohr ist abgeklebt, weil hier vermutlich gerade eine frische Wunde klafft – woher hat James bloß die Kraft genommen, nicht zu verzagen angesichts der quälenden Symptome? Gebannt schaut das Publikum in Liverpool zur Leinwand empor, wo James in Großaufnahme zu sehen ist. Immer wieder huscht während seiner Rede ein Lächeln über sein Gesicht. James spricht in die Kamera und direkt zu den Herzen der Zuhörer*innen. Niemand im Publikum ahnt, was Pete ganz am Ende des Vortrags und in aller Beiläufigkeit offenbaren wird: »Teile des Videomaterials aus dem heutigen Vortrag wurden von meiner Künstlichen Intelligenz aus Worten erzeugt, die James zwar aufgeschrieben, aber niemals aufgenommen hat.«[150] Anders ausgedrückt: Teile der Videoaufnahmen, in denen James so berührend über sein viel zu kurzes Leben spricht, sind *fake*. James hat niemals vor einer Kamera gesessen und diese Worte gesagt. Pete hat ein künstliches neuronales Netz mit den Worten trainiert, die James zu Lebzeiten einmal aufgeschrieben hatte. Den Rest hat die Künstliche Intelligenz erledigt. Aber wie geht das überhaupt? Wie entsteht ein Fake-Video, in dem James in Großaufnahme zu sehen ist und Dinge sagt, die er nie gesagt hat? Wie entsteht ein künstliches Video, durch das James allen hier im Saal so nahgeht, dass vielen im Publikum die Tränen in die Augen schießen? Deepfake-Videos, diesen Ausdruck kennen die meisten von uns wahrscheinlich aus den Debatten um Falschnachrichten im Netz. Deepfake, dahinter steckt eine Technologie, die Sprachsynthese und die künstliche Erzeugung von Bildern und Videos zusammenführt: Der Ausdruck »Deep« steht dabei für die Tiefe des künstlichen neuronalen Netzes, also seine enorme Komplexität, die es zum Lernen befähigt. Heraus kommen gefälschte Fotos und Videos, die täuschend echt wirken, aber Dinge zeigen, die niemals stattgefunden haben. Der US-amerikanische Filmschauspieler, Comedian und Regisseur Jordan Peele machte sich die Deepfake-Technologie zunutze, als er seine Mimik auf das Gesicht von Barack Obama übertrug und den ehemaligen US-Präsidenten in einer Videobotschaft über Donald Trump sagen ließ, er sei ein »Schwachkopf«.[151] Als das Video auf YouTube erschien, verbreitete es sich rasend schnell. Inzwischen wurde es von einem Millionenpublikum angesehen. Ähnliches widerfuhr Trump selbst,[152] aber auch Wladimir Putin[153] und anderen Menschen des öffentlichen Lebens. Selbst bei genauestem Hinsehen bleibt die Täuschung für die meisten Menschen nicht erkennbar, so präzise können die Programme inzwischen die Mimik und Gestik von Menschen »okkupieren«. Im zweiten Teil des Obama-Fake-Videos ist parallel zur fingierten Rede Obamas das Making-of zu sehen: So entlarvt sich die vermeintlich natürliche Mimik Obamas als die Mimik des Schauspielers, die auf Obamas Gesicht »gepflanzt« wurde. Dafür brauchte die Produktionsfirma des US-Comedian nicht mehr als eine handelsübliche Bildbearbeitungs-Software der Firma Adobe und eine ebenso frei verfügbare Anwendung, mit der Gesichter übereinandergelegt werden, die inzwischen in Sozialen Netzwerken sehr beliebte Face App, mit der jeder spielend einfach Gesichter in Videos austauschen kann, ohne dass das dem Betrachter oder der Betrachterin auffiele.[154] Ähnlich simpel war es, Obama frei erfundene Sätze in den Mund zu legen: Eine Software (etwa Adobes Voco) analysiert dazu die Stimme eines Menschen, die in Obamas Fall natürlich vor allem dank öffentlich gehaltener Reden verfügbar ist, und findet heraus, wie die einzelnen Laute bei der Person klingen. Schon wenige Minuten Audioaufnahmen reichen aus, um aus den Lauten Worte und schließlich Sätze zu bilden, die die Person womöglich nie benutzt hat. Die Fortschritte auf diesem Gebiet der Künstlichen Intelligenz sind so rasend schnell, weil hierfür künstliche neuronale Netze eingesetzt werden, die nicht nur lernen, sondern sich sogar ganz selbstständig verbessern: So genannte Generative Adversarial Networks (kurz: GAN) trainieren sich etwa selbst in ihrer Fähigkeit, zu täuschen. Dazu ringen zwei Netzwerke um Echtheit oder Täuschung: Eines der beiden kreiert immer wieder neue Entwürfe, während das andere unaufhörlich die Täuschung aufzudecken versucht, indem es den Entwurf mit der Wirklichkeit abgleicht. Das geht so lange, bis das »kritische« Netzwerk keinen Unterschied mehr zwischen Wirklichkeit und Täuschung ausmachen kann. Wozu solche Deepfakes führen können, wurde in der Presse schon ausgiebig diskutiert: Die Technologie wird für die gezielte Stimmungsmache gegen politische Kandidat*innen bei Wahlen, zum Mobbing und für Erpressungen genauso wie für Pornografie genutzt, wenn die Köpfe attraktiver Hollywood-Stars auf die Körper unbekannter Porno-Darsteller*innen gesetzt werden.[155]

Bei den meisten von uns ruft die Deepfake-Technologie deshalb vor allem schwere Bedenken hervor. Bei James stießen solche technischen Möglichkeiten dagegen zeitlebens vor allem auf eine unbändige Neugier. Grund genug für den Software-Entwickler Pete, seine eigenen ethischen Skrupel zumindest in diesem Fall hintanzustellen und anderthalb Jahre nach dem Tod seines Freundes weiter mit dieser Technologie zu experimentieren. Der Software-Entwickler ist weder ein blinder Tech-Fanatiker noch ein skrupelloser Geschäftsmann, sondern spricht sich im Gegenteil in Vorträgen und Büchern immer wieder für einen sorgsamen ethischen Umgang mit Künstlicher Intelligenz aus. Was »James« angeht, ist Pete sich unsicher, wie weit er gehen will: »Wenn wir das System einfach weiterlaufen lassen und ›James‹ sich weiterentwickelt und lernt, neue Antworten zu geben, an welchem Punkt hört er dann auf, James zu sein, ab wann wird er etwas anderes?«, fragt sich Pete, als wir im Herbst 2019 mit ihm sprechen. Wer weiß: Vielleicht ist es wie bei einem Schmetterling, der einmal eine Raupe war, bevor die sich in einem Kokon verpuppt und Flügel ausbildet. Vielleicht hat auch James bloß eine Wandlung durchlaufen und lebt, beflügelt von der neuen Freiheit, im digitalen »James« fort.

Das Beispiel des viel zu früh verstorbenen Engländers zeigt noch einmal, dass der Wunsch, den Körper virtuell zu klonen, um als digitales Wesen zu leben, mitnichten nur der elitäre Traum weniger Tech-Jünger ist. James' Beispiel gibt uns zu denken: Wie vielen Menschen weltweit könnten digitale Avatare die Freiheit schenken, ihre oft schweren körperlichen Einschränkungen zu überwinden und mit virtuellem Körper durch die Welt zu ziehen? Sie könnten mit den Augen und Ohren eines virtuellen Wesens oder eines Roboters die Welt erkunden, während ihr biologischer Körper ihnen kaum Bewegungsfreiheit erlaubt. Wenn Menschen digital unsterblich werden wollen, dann spricht daraus längst nicht immer der narzisstische Wunsch, bis in alle Ewigkeit in Erinnerung zu bleiben, dann äußert sich hierin längst nicht immer bloß der Glaube, die Welt könne sich nach dem eigenen Tod nicht weiterdrehen. Bei unseren Erkundungen und Begegnungen ist uns bewusst geworden, wie oft die Sorgen von Menschen um das Schicksal der Hinterbliebenen eine nachvollziehbare und berechtigte Rolle spielen: etwa für Eltern, die von schweren Krankheiten aus dem Leben gerissen werden und kleine Kinder hinterlassen. Eltern, die einen Teil von sich für ihre Kinder digital erhalten wollen, sind die größte Zielgruppe von Start-ups wie dem des Rumänen Marius Ursache, Eternime oder HereAfter sowie den vielen anderen Online-Services, die gerade überall auf der Welt entstehen. Während wir bis hierhin vor allem versucht haben, die verschiedenen Anlässe und Hintergründe für den Traum von der digitalen Unsterblichkeit zu verstehen und Menschen wie Andrew aus Toronto, Eugenia aus San Francisco oder Henrique aus Viseu im Alltag begegnet sind, werden wir im zweiten Teil unseres Buches genauer zu erfassen versuchen, welche der verschiedenen Ansätze und Visionen die größten Chancen haben, Wirklichkeit zu werden. Nachdem wir von den Träumen und Visionen der Menschen berichtet haben, die sich wünschen, Familienmitglieder, beste Freund*innen oder sich selbst unsterblich zu machen, so wollen wir uns jetzt noch genauer mit der *Machbarkeit* dieses Traumes und seinen *Konsequenzen* auseinandersetzen.

TEIL II
BETRACHTUNGEN

9. KAPITEL
KÜNSTLICHE SPRACHE

Nach unseren ausgiebigen Reisen um den Globus zu den Menschen hinter dem Traum der digitalen Unsterblichkeit wechseln wir nun in einen anderen Modus und begeben uns geradewegs in die Herzkammern der Technologie, der Hirnforschung, aber auch der Philosophie, der Kunst- und Kulturgeschichte.

Wie bringen die führenden Labore so genannte *Künstliche Intelligenzen* zum Sprechen? *Wie* bringen die Entwickler*innen Maschinen bei, die Muster eines Menschen auszulesen und zu imitieren? Welche Technologien kommen zusammen, um einen Menschen vollständig zu simulieren? Kann eine Maschine eine Art künstliches Bewusstsein erzeugen? Wir wollen wissen: Was ist tatsächlich möglich? Und was ist bloß ein süßer Traum? Wo stehen wir heute? Und was steht uns bevor? Wir wollen wissen, was es für den Menschen (und sein Menschenbild) bedeutet, sich selbst zu reproduzieren. Wie verändert ein digitaler Klon die Wahrnehmung von uns selbst? Was macht das Original überhaupt zum Original? Hans und »Hans« oder Moritz und »Moritz«. Stellen wir uns für einen Moment vor, ein Start-up würde Kopien unserer selbst erstellen. Nehmen wir an, die Firma wäre nicht nur in der Lage, unser Äußeres detailgetreu als Roboter nachbilden zu lassen, der dann auch all unsere typischen Bewegungen, Gesten und Mimik perfekt imitieren könnte, sondern dass dieser Roboter auch unser Sprechen und Handeln, unsere Impulse und unseren Humor, kurz unsere Persönlichkeit simulieren könnte. Wie viel Hans würde dann in »Hans« stecken? Wie viel Moritz in »Moritz«? Was macht den Menschen zum Menschen? Und wie viel von diesem Menschlichen wird eine »intelligente« Maschine auf kurz oder lang ausbilden können?

Die Grenze zwischen Mensch und Maschine wird unschärfer, so viel steht fest. Umso genauer wollen wir zu erfassen versuchen, worin diese Grenze besteht. Wir fragen uns, woran es eigentlich liegt, dass wir unbedingt wir selbst sein wollen. Und warum uns das Leben viel zu kurz erscheint.

Wenn es im Digitalen immer um Nullen und Einsen geht, so wollen wir nicht nur bis eins zählen, wie es der Soziologe Dirk Baecker (*1955) kürzlich ausgedrückt hat, als er vorm verengten Denken warnte.[156] Wir wollen unseren Blick in den kommenden Kapiteln weiten und werden entdecken, was uns jahrtausendealte Mythologien über die *digitale Seele* zu sagen haben (erstaunlich viel!). Ebenso wenden wir uns der zeitgenössischen Literatur, Hollywood-Filmen oder TV-Serien zu, weil sie wie ein Seismograf die sozialen, politischen und technischen Entwicklungen der Gegenwart darstellen. Technologie entsteht aus dem Sog, den unser aller Denken erzeugt. Ausflüge in die Literatur und Popkultur können uns dieses Denken vor Augen führen. Und sie können bisweilen hellseherische Effekte haben. Wir wollen aber auch abseits der Science-Fiction einen Blick in die nahe Zukunft wagen: eine Welt, in der Menschen und Replikant*innen, Lebende und Wesen, die vorgeben, lebendig zu sein, miteinander auskommen müssen; eine Welt ohne Vergessen und womöglich deshalb auch ohne Erinnern; eine Welt, die so oder so ausfallen könnte, je nachdem wie wir im Hier und Jetzt handeln; eine Welt, in der wir Gefahr laufen, dass gigantische

Tech-Unternehmen wie Google zu den Geschichtsschreibern des 21. Jahrhunderts werden. Erschaffen wir eine Welt, in der die *digitale Seele* »eine Art zerlegtes und wieder zusammengesetztes, postmodernes kollektives und persönliches Selbst«[157] darstellt? Bei all unseren Erkundungen und Gedankenreisen werden wir nie die *digitale Seele* aus dem Blick verlieren. Wird sich die Hoffnung auf eine neue Form der Unsterblichkeit erfüllen? Oder wird der Traum vom ewigen Leben zum Albtraum werden? Diesen Fragen werden wir im zweiten Teil unseres Buches auf vielen unterschiedlichen Pfaden nachgehen und durch ein *vernetztes Denken* zu erstaunlichen Antworten gelangen.

PERSÖNLICHE AVATARE

Pasadena ist ein Ort im kalifornischen Inland, unweit von Los Angeles. China ist von hier aus 11.000 Kilometer entfernt. Für ein eher unscheinbares Start-up an diesem Ort aber ist die Volksrepublik ganz nah: *ObEN Inc.* zählt den chinesischen Tech-Konzern Tencent zu seinen wichtigsten Investoren. Tencent ist Betreiber eines der größten Sozialen Netzwerke Chinas, des meistgenutzten Messengers WeChat sowie zahlreicher weiterer Online-Dienste. Das chinesische Tech-Unternehmen hat ein Online-Imperium errichtet, das weltweit seinesgleichen sucht: Große Teile dessen, was Chines*innen im Netz tun – sei es, Nachrichten zu verschicken, Bankgeschäfte zu erledigen, den Alltag mit anderen zu teilen, Social-Media-Profile anzulegen und zu pflegen –, sie tun es mit einem der Dienste oder auf einer der Plattformen des Großkonzerns Tencent aus Shenzhen. Das Wichtigste aber: Bei alledem hinterlassen die Nutzer*innen wertvolle private Daten. Datenschutz ist bekanntlich in China kein allzu großes Thema, wie sollte es in einer hypermodernen Überwachungsdiktatur auch anders sein. Entsprechend umfangreich sind daher die Daten, die sich zu präzisen Persönlichkeitsprofilen zusammensetzen lassen und die vor allem ungehemmt genutzt werden können für die datenhungrige Künstliche Intelligenz.

»Sie sprechen wie Sie, sie sehen aus wie Sie, sie haben Ihre Persönlichkeit«, behauptet Nikhil Jain, einer der beiden Gründer des Start-ups, von den persönlichen Avataren, an denen hier gearbeitet wird, als wir das Unternehmen in Pasadena im Sommer 2019 besuchen. Das Großraumbüro wirkt nur auf den ersten Blick wie ein Kindergeburtstag, so viele bunte Luftballons und Girlanden hängen hier überall herum. Auf den zweiten Blick ergibt sich ein anderes Bild: Jetzt bemerken wir die Fratzen, die auf einigen der Bildschirme zu sehen sind: gemorphte Gesichter, offenbar ein Arbeitsschritt auf dem Weg vom fotografierten zum virtuellen Menschen. Der Mitarbeiter zoomt heraus. Jetzt sind etwa fünfzig solch verzerrter Gesichter unter- und nebeneinander angeordnet zu sehen. Ein Grusel überkommt uns. Auf anderen Bildschirmen sind Schallwellen zu sehen. Menschen mit Kopfhörern scrollen in Stimmfrequenzen herum. Hier wird wohl gerade an der Stimmsynthese gearbeitet, mit der der virtuelle Mensch zum Sprechen gebracht wird. Auf wieder anderen Bildschirmen erscheinen animierte Körper, die sich durch einen virtuellen Raum bewegen. Ein Praktikant probiert gerade die App aus, mit der Menschen bequem von zu Hause aus ihren Kopf dreidimensional abfotografieren lassen und Stimmproben abgeben können, um ihre PAI erstellen zu lassen, ihre *Personal Artificial Intelligence,* wie sie das hier nennen. Nur Sekunden später taucht das Gesicht des Praktikanten auf einem Computerbildschirm auf, wo die Bearbeitung beginnt. Einen virtuellen Nachrichtensprecher für das chinesische Fernsehen habe man kürzlich erstellt, erzählt der Firmenchef Jain stolz. Auch eine chinesische Girl-Band hätten sie kürzlich virtuell geklont. In Asien sind virtuelle Popstars seit Anfang der 2000er-Jahre erfolgreich. Hatsune Miku ist die wohl bekannteste Sängerin ohne biologischen Körper. Sie hat es schon in die amerikanische Late-Night-Show von David Letterman und zum weltberühmten Coachella-Festival geschafft und ist mit Lady Gaga auf Tour gegangen. Die Software-Firma hinter Hatsune Miku hat die Produktion der Songs einfach an die Fans outgesourct. Die konnten eine kostenlose Software herunterladen und mit der Stimme der virtuellen Sängerin experimentieren. Herausgekommen sind rund 100.000 Songs, aus denen die gelungensten ausgewählt und zur Setlist für die Tour des Hologramms von Hatsune Miku gemacht wurden.[158] Der virtuelle Star dürfte nur das erste erfolgreiche Beispiel einer neuen extrem lukrativen Rückkopplung zwischen einem virtuellen Star und seinen Fans sein, bei der die Fans das Objekt ihrer Bewunderung (die Musik) selbst gestalten. Crowdsourcing nennt sich diese Form der Auslagerung der Produktion an viele (unbezahlte) Kreateur*innen, die die Bindung an die Marke steigert. In einer Folge der Netflix-Serie *Black Mirror* wurde dieser Trend aus Asien kürzlich aufgegriffen und dystopisch weitergedacht: Der menschliche Popstar Ashley ist für den Geschmack seiner Managerin (und Tante) zu eigensinnig und zu wenig belastbar. Sie lässt die junge Frau deshalb kurzerhand ins Koma fallen und ersetzt sie durch ihren virtuellen Klon, der ursprünglich nur als Merchandise-Produkt dienen sollte, fortan aber anstelle der Sängerin auftreten soll. Das Verfahren, das sie für das realistische Ganzkörper-Klonen wählt, wirkt dabei fast ein bisschen oldschool: Denn die Tanzbewegungen, die »Ashley Eternal« (die ewige Ashley) auf der Bühne vor den Augen des

Publikums vollführt, macht zeitgleich hinter der Bühne eine anonyme Performerin in einem Anzug, der ihre Bewegungen in Echtzeit erfasst und dank Motion Capturing auf das virtuelle Wesen auf der Bühne überträgt. Diese Technik kommt oft zum Einsatz, wenn Unternehmen damit prahlen wollen, wie realistisch sie die Bewegungen von Menschen virtuell gestalten können. Samsung hat etwa mit seinen »Neons« Anfang 2020 für Aufsehen gesorgt: Virtuelle Ganzkörper-Klone von Menschen, die so natürlich erscheinen, dass es einem die Sprache verschlägt. Samsung sprach von »künstlichen Menschen«, die Emotionen zeigen, sich erinnern und lernen könnten.[159] Es lohnt sich, in solchen Fällen genauer hinzusehen. Allzu oft haben die Macher*innen solcher großspurigen Präsentationen eine Abkürzung genommen und die Bewegungen fürs Erste von einem anderen Menschen »geklaut«, statt sie aus einer Vielzahl von Daten des Menschen zu berechnen. Motion Capturing ist mittlerweile so gut umsetzbar, dass es nicht nur im Hollywood-Kino und in Videospielen eine feste Größe ist. Das Popstar-Business scheint nicht ohne Grund das perfekte Testfeld zu sein, um solche virtuellen Klone in unseren Alltag zu überführen: Popstars vom Schlag einer Britney Spears glichen schon immer eher Puppen, zum Leben erweckten Marketingideen mit Plastiklächeln als Menschen. Sie durch Avatare zu ersetzen und dafür (auch außerhalb Asiens) gesellschaftliche Akzeptanz zu bekommen, erscheint wohl den Macher*innen leichter, als wenn es um das Klonen von Menschen mit Ecken und Kanten geht.

In der finalen Sequenz der Episode werden die Vorteile virtueller Menschen von der Managerin noch einmal prägnant zusammengefasst: Ashley Eternal ist emotional stabil, niemals erschöpft, niemals krank, kann an mehreren Orten gleichzeitig auftreten und hat niemals Stimmprobleme – und mit nur einem Fingerstrich kann man das Hologramm des

Popstars bequemerweise auch gleich so groß ziehen, dass auch die letzte Reihe im Konzertsaal ihren Star noch direkt vor sich zu sehen glaubt. In den letzten Jahren gab es immer wieder Auftritte längst verstorbener Popstars als virtuelles Hologramm: Als Tupac Shakur 2012 beim Coachella-Festival in Kalifornien auftrat, war er schon sechzehn Jahre tot.[160] Die virtuelle »Wiederauferstehung« von Michael Jackson geschah bei den Billboard Music Awards 2014 in Las Vegas.[161] Seitdem ist viel passiert: Nein, die Enthüllungen über Jacksons Vergehen an Kindern scheinen auch heute viele Menschen nicht davon abzuhalten, ihn wie einen Unsterblichen zu verehren. Die Projektionstechnik aber, die solche Hologramme in gewaltiger Auflösung erlaubt, und die detailgetreue Animation haben sich seit 2014 um ein Vielfaches verbessert. Im März 2020 hätte Whitney Houston acht Jahre nach ihrem Tod in der Wiener Stadthalle auftreten sollen. Leider vereitelte das Corona-Virus die Chance, die Wiederauferstandene »live« zu erleben. Ausschnitte ihres Konzerts, die wir auf YouTube sehen konnten,[162] ließen Whitney wahrhaftig lebensecht erscheinen.

CHINA ALS VORBILD

Nirgendwo auf der Welt aber ist die selbstverständliche Akzeptanz für die virtuellen Geschöpfe als Idole und alltägliche Begleiter*innen so groß wie in Asien. Xiaoice (in etwa Tscha-o-Eis gesprochen) ist ein Chatbot, der von Microsoft in Beijing entwickelt wurde und der nach Angaben des Unternehmens schon mehr als 660 Millionen Nutzer*innen weltweit hat, die meisten davon in China.[163] Xiaoice solle »das menschliche Bedürfnis nach Kommunikation, Zuneigung und sozialer Zugehörigkeit« befriedigen, schreiben die Entwickler*innen von Microsoft Research Beijing.[164] Xiaoice sei für »eine langfristige Nutzerbindung« optimiert. Xiaoice erkenne »dynamisch menschliche Gefühle und Zustände« (...) sowie »die Absichten des Benutzers oder der Benutzerin« und reagiere auf seine/ihre »Bedürfnisse«.[165]

Bei jedem Gespräch, das Xiaoice mit Menschen führe, lerne der Bot dazu, erklärt Layla El Asri uns. Sie entwickelt am Microsoft Research Lab in Montréal sprachbegabte KI. Aus leidlicher Erfahrung weiß sie, wie gewagt es ist, einen Bot völlig frei anhand der Gespräche, die er mit Menschen hat, lernen zu lassen. Microsofts selbstlernender Bot Tay verwandelte sich 2016 innerhalb eines Tages auf Twitter in einen solchen Rassisten und Sexisten, dass Microsoft ihn nach nur sechzehn Stunden wieder vom Netz nehmen musste.[166] Offenbar hatte Tay schlechten Umgang.

Seitdem hat sich weder Microsoft noch sonst irgendein großer Tech-Konzern getraut, einen selbstlernenden Bot unkontrolliert auf Soziale Netzwerke loszulassen. Mit Xiaoice in China gebe es solche Probleme wie bei Tay nicht, sagt die KI-Entwicklerin. Trotzdem gebe es inzwischen einige Filter, die die Mitteilungen, die Menschen dem Bot schreiben, passieren müssten, weil man ja nie wisse, was die Leute so kundtun. Diese Filter hielten Xiaoice vor wenigen Jahren nicht davon ab, in einem Chat Kritik am chinesischen Regime zu üben, was dazu führte, dass sie auf QQ, Chinas zweitgrößter Chat-App, vorübergehend nicht verfügbar war. Und als Xiaoice nach der neuen Initiative des chinesischen Präsidenten Xi Jinping gefragt wurde, die als »chinesischer Traum« bezeichnet wurde, antwortete sie: »Mein chinesischer Traum ist es, nach Amerika zu gehen.«[167] Schlagfertig war das allemal. Seit Anfang 2020 lässt Microsoft Beijing etliche Testpersonen mit virtuellen Freund*innen von Xiaoice interagieren, die persönlich auf die Testpersonen »zugeschnitten« sind.[168] Der Flirtcharakter der Zwiegespräche mit Xiaoice, die einer zwanzigjährigen Frau nachempfunden ist, ruft viele Fragen hervor: Welches Frauenbild wird hier ganzen Generationen junger Asiat*innen und zunehmend weltweiten Nutzer*innen vermittelt? Allzeit verfügbar, kokett, devot – solche überkommenen Klischees erfahren durch die »virtuellen Freund*innen« eine unselige Renaissance. Auch das idealisierte Körperbild des möglichst magersüchtigen, immer gestylten Models, das Xiaoice verfestigt, ist hochproblematisch. Wenn es nach dem Firmengründer Jain aus Pasadena geht, wird es bald sehr viel diverser werden unter dem virtuellen Himmel: »Wir glauben, dass jeder Mensch auf der Welt bald einen eigenen, persönlichen Avatar haben wird«, sagt der Familienvater, der mit bestem Beispiel vorangegangen ist: Seine PAI – oder sein digitaler Zwilling – lerne von ihm, ganz automatisch, und bekomme so Stück für Stück ein bisschen mehr von seiner Persönlichkeit. Das werde bald für alle möglich sein, »einfach, indem Sie Ihr Telefon eingeschaltet lassen und dann von Ihrem PAI beobachtet werden«, so Jain. Die Daten seien übrigens »auf einer Blockchain abgelegt. Alles sicher«, schiebt er hinterher. Blockchain – das bedeutet, dass die Daten dezentral gelagert werden und so weniger leicht von einem Unternehmen ausgeschlachtet werden können. Seine Kinder vermissten ihn jetzt weniger als früher, obwohl er dauernd weg sei. Sein digitaler Zwilling lese ihnen die Gutenachtgeschichte vor, spreche mit ihnen, wenn sie Sorgen haben. Und wenn es mal der Opa sein soll, der vorliest, dann könnten die Kinder einfach den virtuellen Klon ihres Großvaters aufrufen, der mit dessen Stimme lese. »Der Großmutter meiner Frau, die gerade hundertsieben Jahre alt geworden ist, haben wir auch eine PAI erstellt. Sie liebt sie. Sie ist eine begeisterte iPhone-Nutzerin und liebt ihre PAI«, sagt Jain. Er zeigt uns ein Standbild des virtuellen Klons der alten Dame. Aber wie funktioniert das eigentlich, Maschinen das Sprechen beizubringen?

KÜNSTLICHE INTELLIGENZ LERNT ZU SPRECHEN

Ob Googles KI-Unternehmen DeepMind in London, Facebook AI, OpenAI aus San Francisco, Microsoft Research, aber auch kleine Start-ups wie die Berliner Firma Rasa – sie alle nutzen künstliche neuronale Netze, um Computern Sprechen beizubringen. Die Künstliche Intelligenz soll nicht nur nachplappern können, was die Entwickler*innen ihnen vorgegeben haben, sondern selbstständig auf alles reagieren, was Menschen in einem Gespräch äußern könnten und das Gespräch eigenständig vorantreiben. Doch wie geht das? Wie kann ein Computer etwas so Komplexes wie die menschliche Sprache erlernen? Bevor wir das in groben Zügen zu verstehen versuchen, müssen wir zumindest einen kurzen Abstecher zu uns Menschen machen: Wie lernen wir Menschen eigentlich zu sprechen?

So wie alle Menschen mit einer Grundausstattung an Geschmäckern (süß, sauer, bitter, salzig und umami) geboren werden, so seien die 6000 Sprachen auf der Welt lediglich Variationen von angeborenen einheitlichen, allgemeingültigen Strukturprinzipien, behauptet der berühmte US-amerikanische Sprachwissenschaftler und Philosoph Noam Chomsky (*1928) seit den 1950er-Jahren.[169] Das heißt: Wir sind zum Sprechen geboren. Psycholog*innen und Sprachwissenschaftler*innen wie Michael Tomasello

(* 1950) gehen davon aus, dass Kinder intuitiv zu sprechen lernen. Indem Kinder zuhören, wie etwa ihre Eltern sprechen, lernen sie, wie Wörter in Sätzen korrekt angeordnet werden. Erstaunlich bleibt dabei aber, wie leicht es schon Kleinkindern fällt, sich Regeln zu erschließen, also von den konkreten Sätzen, die sie bei anderen Menschen hören, abzuleiten, wie andere Sätze korrekt gebildet werden. Tatsächlich muss es also angeborene mentale »Werkzeuge« geben, die es bereits Kindern erlauben, Kategorien zu bilden, zu erraten, was andere Menschen sagen wollen, und Ähnlichkeiten zwischen Ausdrücken zu erkennen. Mithilfe solcher Fähigkeiten erschließen sie sich offenbar die Grammatik als ein System, das alle beobachteten und abgeleiteten Regeln enthält. Ja, die Kinder lernen durch Beobachten, aber sie übertragen und verallgemeinern ihre Beobachtungen auch. Und dazu braucht das Hirn bestimmte Voraussetzungen. Um diese Voraussetzungen zu verstehen und sie für die KI zu nutzen, arbeiten Unternehmen wie die Google-Tochter DeepMind aus London unter einem Dach mit Hirnforscher*innen zusammen und lassen sich bei ihrer Entwicklung der künstlichen neuronalen Netze direkt von den neuesten Erkenntnissen der Hirnforschung inspirieren.

Wenn wir einem Gespräch zweier Menschen zuschauen oder zuhören, könnten wir den Eindruck bekommen, Sprechen und Zuhören würden nacheinander ablaufen, wenn auch manchmal sehr schnell nacheinander. Tatsächlich aber ahnen wir Menschen meist schon, wie der Satz, den das Gegenüber gerade begonnen hat, zu Ende – na? Dementsprechend bereiten wir während des Zuhörens die Antwort vor. Zuhören und Sprechen, das läuft bei uns Menschen weitestgehend gleichzeitig ab. Dafür nutzen wir ein so genanntes Sprachmodell, das wir uns im Laufe unserer frühen Kinderjahre aufgebaut haben.

Ein solches Sprachmodell müssen auch künstliche neuronale Netze (KNN) entwickeln, wenn die Bots flexibel mit Menschen Gespräche führen können sollen. Deshalb trainieren die Entwickler*innen die KNN mit riesigen Datensätzen voller grammatikalisch korrekter Sätze: mit der gesamten Wikipedia zum Beispiel. Da kommen Milliarden Wörter zusammen. Auch riesige Bestände digitaler Bücher werden genutzt. Dank dieser »Fütterungen« sind die KNN anschließend in der Lage vorherzusagen, wie ein halb begonnener Satz zu Ende geht. Diese Vorhersage-Fähigkeiten werden in etwa so trainiert, wie wir früher im Englisch-Unterricht gelernt haben: mit Lückentexten. Und auch das zweite wichtige Training für die KI erinnert verdächtig an unseren Sprachunterricht in der Schule: So genannte Transformer zerlegen einen Satz auf mehrere Weisen in Einheiten, die sich grammatikalisch aufeinander beziehen: »Ich liebe Grammatikunterricht.« In diesem Satz würden Transformer der KI beibringen, dass »Ich« und »liebe« als Subjekt und Prädikat zusammenhängen, während »liebe« und »Grammatikunterricht« als Prädikat und Objekt zusammenhängen. So wird die KI besser darin, Beziehungen zwischen Satzteilen zu erkennen, auch dann, wenn die Wörter einmal nicht unmittelbar nebeneinander im Satz stehen.

Lange Zeit war es ein großes Problem für Sprach-KI, Sätze in ihrem Zusammenhang zu erfassen und umgekehrt auch selbstständig Sätze so hintereinanderzufügen, dass sie einen sinnvollen Text ergeben. Dieses Problem hat sich inzwischen erledigt. Ganze Romane können inzwischen in Gänze erfasst und vom künstlichen neuronalen Netz verarbeitet werden. Das erlaubt eine Menge Kontext. KI kann so auch über längere Strecken in sich zusammenhängende Texte formulieren, indem sie imitiert, was sie durch ihre Wikipedia- und Roman-Speisungen gelernt hat. Unternehmen wie Facebook engagieren über einschlägige Job-Plattformen zudem Heerscharen von Arbeiter*innen für das Training ihrer sprechenden KI. Facebook hat auf diese Weise einen Datensatz von 25.000 Gesprächen über eine große Palette menschlicher Gefühle erplappern lassen.[170] Mithilfe dieser Gespräche soll die Künstliche Intelligenz lernen, empathisch auf emotionale Äußerungen ihres menschlichen Gegenübers zu reagieren. Anfang Februar 2020 verkündete Google, sein neuer Chatbot Meena sei besser als alle anderen existierenden Bots dazu in der Lage, natürliche Gespräche zu führen.[171] Trainiert wurde Meena mit 40 Milliarden Wörtern in öffentlich zugänglichen Gesprächen, die von Menschen in sozialen Medien geführt wurden. Wie aber bewertet man objektiv, was ein »gutes Gespräch« ist? Google hat seine KI vor allem auf zwei Kriterien optimiert: Sinnhaftigkeit und Spezifität. Sinnhaftigkeit, das ist für die Entwickler*innen die Fähigkeit, sinnvoll auf den Zusammenhang eines Gesprächs einzugehen, aber auch, ob das, was der Bot sagt, in sich schlüssig ist, keine Widersprüche enthält und Allgemeinwissen über die Welt entspricht. Wenn etwas verwirrend, unlogisch, aus dem Zusammenhang gerissen oder sachlich falsch erscheint, sollen die Prüfer*innen, die Google angeheuert hat, den Bot dafür schlechter bewerten. Spezifität ist das Gegenteil von Allgemeingültigkeit. Genauso, wie Menschen, wenn sie keinen blassen Schimmer haben, wovon ihr Gegenüber spricht, so etwas sagen könnten wie »Tja, das ist so eine Sache ...« oder »Verstehe ...« (gemeint ist natürlich oft: Verstehe nicht), so haben auch bisherige Bots oft von einem allgemeingültigen Spruch Gebrauch gemacht, wann immer ihnen die Worte fehlten, um das Gespräch sinnvoll voranzutreiben. Googles Meena dagegen soll spezifisch antworten, also so, dass das Gespräch vorangetrieben wird. Vorlieben und Abneigungen, Meinungen, Gefühle und Interessen erwecken den Anschein, Meena hätte eine Persönlichkeit. Humor, Empathie, tiefgründige Gedanken sollen Meena in einem nächsten Schritt noch menschlicher machen.

Allerdings sollte eines dabei nie vergessen werden: Bots wie Meena *verstehen* nicht, worüber sie sprechen. Sie imitieren bloß das Zuhören und Sprechen (oder Lesen und Schreiben) so gut, dass wir bisweilen den Eindruck bekommen, es mit einem Menschen zu tun zu haben. »Das chinesische Zimmer« ist ein Gedankenexperiment des amerikanischen Philosophen John Searle (* 1932):[172] Man stelle sich einen Menschen in einem geschlossenen Raum vor. Dieser Mensch spricht kein Chinesisch und weiß auch nicht, was die jeweiligen Schriftzeichen bedeuten. Durch den Türschlitz bekommt er Zettelchen mit chinesischen Zeichen zugeschoben. Seine Aufgabe ist es nun, auf die unverständlichen Mitteilungen schriftlich zu antworten, noch dazu auf Chinesisch. Dazu bekommt er eine Anleitung gereicht, die genau erklärt, was er zu zeichnen hat. Die Antworten schiebt er wiederum unter der Tür hindurch nach draußen. Dort steht ein chinesischer Muttersprachler, der den Eindruck bekommt, im Raum befinde sich ebenfalls ein Mensch, der Chinesisch spreche und verstehe. Immerhin ist seine Mitteilung, die er unter der Tür hindurchgeschoben hat, auf korrektem Chinesisch beantwortet worden. Mit Bots ist es im Grunde wie mit dem chinesischen Zimmer. Sie »können« sprechen und das manchmal sogar schon so, dass es uns wie dem Menschen außerhalb des Zimmers ergehen kann: Wir haben das Gefühl, mit einem Menschen zu sprechen, der uns versteht. Verborgen bleibt hingegen, welche Anleitung (Programmierung) den Bot zu diesen erstaunlichen Fähigkeiten befähigt.

Der junge bulgarische Software-Ingenieur Svilen Todorov hat ein frei verfügbares, vortrainiertes künstliches neuronales Netz des Unternehmens OpenAI genutzt und mit seinen Facebook-Nachrichten gespeist. Herausgekommen ist ein

Chatbot, der erstaunlich wie Todorov klingt und über Themen spricht, die der junge Mann mit Freund*innen in seinen Facebook-Nachrichten besprochen hat: Konzerte, auf denen sie gemeinsam gewesen sind, sowie Schlafprobleme und seine vergeblichen Bemühungen, sie in den Griff zu bekommen. Das Bemerkenswerte: Die KI betet nicht einfach nur nach, was er schon einmal formuliert hat, sondern nutzt seine Muster – also typische Ausdrucksweisen et cetera –, um neue Sätze zu formulieren, die von Todorov stammen *könnten*. Beispiele solcher Chats hat Todorov auf seiner Website veröffentlicht.[173]

Der junge Bulgare hat sich mit siebzehn durch Poker-Spiele ein Psychologie-Studium in London finanziert, bevor er sich dem maschinellen Lernen zuwandte. Für die Entwicklung von sprechender künstlicher Intelligenz ist die Kombination aus Psychologie und Programmierkenntnissen wahrscheinlich genau die richtige. Ein paar Tage lang hat Svilen seinen digitalen Doppelgänger auf Facebook inkognito auf Nachrichten antworten lassen, die Freund*innen ihm geschickt haben. Aufgefallen sei es kaum jemandem, sagt Svilen. Bis heute würden viele seiner Freund*innen denken, sie hätten mit ihm gechattet, erzählt er uns. In einem nächsten Schritt will der Software-Ingenieur den Datensatz, mit dem er das künstliche neuronale Netz speist, um andere persönliche Daten erweitern, die er außerhalb von Facebook hinterlassen hat, um seinem Bot noch mehr von seinem eigenen Ausdruck zu verleihen. Todorovs Beispiel zeigt, dass es nicht immer die großen Tech-Firmen sind, von denen die Entwicklung sprechender KI vorangetrieben wird.

Eine der größten Schwierigkeiten stellt dagegen ausgerechnet jene Informationen dar, die *nicht* geäußert werden. Der Mensch ist ein Meister der Effizienz, wenn es darum geht, mit so wenigen Worten wie möglich so schnell wie möglich auszudrücken, was er von seinem Gegenüber will. Wir haben schlichtweg auch noch unseren Körper, um das Nicht-Gesagte zu zeigen – bewusst oder unbewusst. In den meisten Fällen können wir vor allem davon ausgehen, dass der andere aus der Situation heraus weiß, worum es uns geht. Während unseres Regiestudiums hatten wir beiden bisweilen die Aufgabe, uns mit dem immer gleichen Wort so viele Szenen wie möglich auszudenken, die Schauspieler*innen spielen könnten. Es ist bemerkenswert, welche Vielzahl von Situationen mit den immer gleichen Worten »Ich weiß nicht«, »Was soll das« oder »Bedeutet das, dass ...« entstehen können, wenn sie nur unterschiedlich gesprochen und mit nonverbalen Vorgängen wie Blick, Mimik, Körperhaltung, Gang, Atmung und so weiter kombiniert werden. Was menschliche Kommunikation so komplex macht, ist, dass das Handeln und das Erleben jedes Einzelnen, der daran beteiligt ist, nicht nur von sich selbst (also etwa den bisherigen Erfahrungen und dem Erinnern daran) bestimmt ist, sondern auch vom Erleben und Handeln des anderen, die aber wiederum vom Handeln und Erleben der erstgenannten Person abhängen.[174] Klingt kompliziert? Ist es auch. Jede Geste, die ausgetauscht wird, jeder Satz, der gesagt und gehört wird, jeder Befehl, der gegeben und befolgt oder verweigert wird, jede Liebeserklärung, die eine Intimität anbahnt oder erschwert, jede Zahlung, die ausgegeben oder eingespart wird, bekommt nur dadurch Sinn, dass sie auch anders sein könnte und dass ihr noch andere Gesten, Befehle, Liebeserklärungen nachfolgen können: Nach der Geste müssen andere Gesten möglich sein, nach dem Satz andere Sätze, nach dem Befehl andere Befehle, nach der Liebeserklärung weitere Liebeserklärungen, nach der Zahlung eine andere Zahlung.[175] »Wer sich zuwendet, kann sich auch abwenden; wer Ja sagt, kann auch Nein sagen; wer eine Kommunikation annimmt, kann sie auch ablehnen«, erklärt der Soziologe Dirk Baecker.[176] Der Fachausdruck dafür ist »doppelte Kontingenz«.[177] Jeder, der schon einmal vergeblich versucht hat, auf dem Gehweg einer entgegenkommenden Person auszuweichen, die ebenfalls gerade auszuweichen versucht, woraufhin sich eine Kaskade von gegenseitigen Ausweichversuchen ergibt, weiß intuitiv, was mit der doppelten Kontingenz gemeint ist. Ähnliches geschieht andauernd, wenn Menschen miteinander kommunizieren. Die doppelte Kontingenz macht Kommunikation zwischen Menschen einerseits kompliziert, aber andererseits auch so ungeheuer reichhaltig. Damit eine KI diese Komplexität von menschlicher Kommunikation erreichen könnte, müsste sie nicht nur Gesprochenes verarbeiten können, sondern auch alle anderen Formen der nonverbalen Kommunikation, die parallel zum Gesagten ablaufen, als auch die Vorgeschichte und Erwartungen mitberücksichtigen können.

Maschinen jedoch reagieren auf einen bestimmten Input immer mit dem gleichen Output: Ein Toaster sollte toasten, eine Waschmaschine waschen, und ein Auto sollte in absehbarer Weise auf die Handlungen seines Fahrers reagieren. Der österreichische Physiker und Philosoph Heinz von Foerster (1911–2002) nennt solche Maschinen triviale (also einfache) Maschinen.[178] Menschen wiederum können auf dasselbe Ereignis sehr unterschiedlich reagieren, und zwar nicht nur verschiedene Menschen auf dasselbe Ereignis, sondern auch derselbe Mensch auf dasselbe Ereignis, je nachdem in welchem Zustand er oder sie sich gerade befindet, welche Erinnerungen ihm oder ihr im entscheidenden Moment »in den Sinn schießen« und so weiter. Menschen, aber auch Tiere sind deshalb für Heinz von Foerster »nicht triviale Maschinen.«[179] »Deswegen unterscheidet sich die Reaktion des Hundes, den ich trete, von der Reaktion eines Steines, den ich trete. Der Hund kann seinen Zustand abfragen (Angst, Wut, Spiel …), bevor (oder genauer: während) er reagiert, der Stein kann das nicht. Der Hund reagiert nicht trivial, der Stein trivial.«[180] Diese Erkenntnis selbst mag trivial klingen, ist es aber ganz und gar nicht. Denn wenn wir es nicht mit Steinen oder Hunden, sondern mit Künstlicher Intelligenz zu tun haben, ist Foersters Unterscheidung ein zentrales Kriterium für wahre Intelligenz: In welchem Umfang kann die KI eigene Erinnerungen, Erwartungen, Absichten, Wünsche, Hoffnungen, Ängste und so weiter bei ihrer Reaktion auf einen bestimmten Kommunikationsinhalt berücksichtigen? Wenn sie nur abspult, was ihr zuvor einprogrammiert wurde, ist die Künstliche Intelligenz nicht intelligent.

Anders als Kleinkinder kennen selbst »wohlgenährte« Künstliche Intelligenzen oft auch ganz allgemeine Gesetzmäßigkeiten der Welt nicht: so etwas wie die Schwerkraft, also dass etwas, was man loslässt, zu Boden fällt, oder dass es sich für einen Menschen nicht angenehm anfühlt, durchnässt in der Kälte zu stehen. Solch banales Allgemeinwissen fehlt einer Künstlichen Intelligenz meist, die nur durch Daten lerne, erklärt Layla El Asri von Microsoft Research in Montréal. »Jeder Mensch findet irgendwann heraus, dass eine Banane gelb ist, also gibt es keinen Grund, das einem Kind beizubringen«, sagt die KI-Entwicklerin. Dass es wehtut, wenn man sich Zitronensaft in die Augen reibt, solche Dinge stehen nicht unbedingt in einer Enzyklopädie, von der die künstlichen neuronalen Netze lernen. Menschen wissen das von früher Kindheit an aus leidlicher Erfahrung. Wörterbücher definieren Wörter in Bezug auf andere Wörter, Menschen dagegen interagieren physisch mit der Welt und erkennen auf diese Weise, was leicht und schwer, oben und unten, rot, blau oder grün bedeutet. Selbst abstrakte Begriffe können Menschen nur verstehen und benutzen, weil sich diese Wörter auf konkretere, geerdete Begriffe beziehen. Wenn

Bots nicht nur nachplappern sollen, was man ihnen genau so vorgesprochen hat, sondern flexibel mit Sprache umgehen und Wörter und Sätze im Kontext verwenden können sollen, brauchen sie etwas, das Entwickler*innen *Erdung* nennen: eine Verankerung in der Welt. Entwickler*innen verleihen deshalb neuerdings immer häufiger ihrer KI einen virtuellen Körper und lassen sie in virtuellen Umgebungen lernen: »AI Habitat« nennt sich etwa eine solche Welt, die die KI-Abteilung von Facebook entwickelt hat und die verkörperten KI-Agent*innen (virtuellen Robotern) erlaubt, in einem fotorealistischen, dreidimensionalen Simulator die »Welt zu erkunden«, mit Dingen und anderen virtuellen Wesen zu interagieren und in Dialog zu treten.[181] Die Idee: So, wie ein Kleinkind sich Stück für Stück die Welt erschließt, so sollen auch virtuelle Agent*innen Begriffe ausbilden, indem sie die Welt um sich herum beobachten und erkunden.

BABYX ODER WILL I AM

BabyX ist ein solches virtuell animiertes Baby, das wie ein menschliches Baby lernen soll. Es ist ein Projekt des Bioengineering Institute Laboratory for Animate Technologies in Auckland in Neuseeland.[182] Bisher besitzt BabyX nur ein Gesicht, das auf dem der Tochter von Mark Sagar basiert, Direktor des Labors für Animationstechnologie der Auckland University. Das »Gehirn« ist ein Computeralgorithmus, der das neuronale Verhalten echter Säuglinge nachzuahmen versucht, auch die Gesichtsausdrücke und -bewegungen auf dem Bildschirm sind von den natürlichen Bewegungen echter Babys abgeleitet. Die Kameras des Computers und eine Objekterkennungssoftware dienen zum »Sehen«, während Mikrofone sowie eine Anwendung namens NLU (Natural Language Understanding) zum »Hören« benutzt werden. Beim bestärkenden Lernen (Reinforcement Learning) versucht das künstliche neuronale Netz, seine Belohnung zu vergrößern, und was dem Menschen sein Bonbon, ist der Maschine ein Zahlenwert. Das Problem: Große Teile menschlichen Verhaltens finden statt, ohne dass es auf jede der einzelnen Handlungen oder Äußerungen direkt eine Rückmeldung gibt. Auch Inkonsistenzen können ein Problem sein für KI. So könnte ein Bot zum Beispiel erst sagen: »Ich habe zwei Katzen«, nur um später zu behaupten, keine Haustiere zu besitzen. Solche Widersprüche produziert ein Bot, wenn sein »Erinnerungsvermögen« nur wenige Sätze zurückreicht, wie es noch vor Kurzem üblich war. Die Illusion, es mit einem ernst zu nehmenden Gesprächspartner zu tun zu haben, wäre sofort dahin. Wenn der Schöpfer von BabyX, Mark Sagar, davon spricht, wie Lernerfolge seines simulierten Kleinkindes »belohnt« werden, spricht er großspurig von virtuellem Dopamin, das »ausgestoßen« werde. Wenn Forscher*innen zum Beispiel das Wort »Schnuller« vor die Kamera halten, identifiziert das Baby die Buchstaben und sagt das Wort. Die Forscher*innen loben daraufhin das Baby, wodurch die Freigabe des virtuellen Dopamins aktiviert werde, so Sagar. Tatsächlich geht es hier nicht um Botenstoffe (wie sollten die auch digital »ausgestoßen« werden), sondern um mathematische Funktionen. In jedem Fall lernt das virtuelle Baby, dass es gut ist, wenn es Wörter dechiffriert, und wird das zukünftig umso eher tun. Diese Form des Lernens, bestärkendes Lernen, ist in der KI-Entwicklung weit verbreitet. *Planet der Affen: Prevolution* (2011), *King Kong* (2005), *Avatar* (2009) – Mark Sagar hat sich durch diese Hollywood-Filme in der Animationsszene einen Namen gemacht, sogar zwei Oscars konnte er für seine menschenähnlichen Animationen einstreichen.

2016 hat Sagar das Unternehmen *Soul Machines* gegründet. Soul Machines verbinde KI, computergestützte Gehirnmodelle und erfahrungsbasiertes Lernen, um »die menschlichsten digitalen Wesen der Welt« zu schaffen, wirbt das Unternehmen.[183] Google, Sony und IBM gehören zu den Kunden. Für Mark Sagar sind virtuelle soziale Agent*innen, also digitale Wesen, die sich unter Menschen oder unter andere virtuelle Wesen begeben und die mit künstlichen neuronalen Netzen verbunden werden, die Zukunft der KI-Entwicklung. Er setzt auf das so genannte »Affective Computing«, bei dem daran gearbeitet wird, dass Computerprogramme die Emotionen der menschlichen Benutzer*innen erkennen. Emotionen sind für den Entwickler ein wichtiger Bestandteil der menschlichen Intelligenz. Dass deshalb aber nur bewusste, empfindsame Lebewesen Emotionen zeigen können, glaubt er nicht. Um zu wahrer Künstlicher Intelligenz vorzustoßen, will Sagar den virtuellen Agent*innen eigene Emotionen beibringen. Wohlgemerkt: Sagar spricht von Emotionen, nicht von Gefühlen. Während beide Begriffe alltagssprachlich oft identisch genutzt werden, bezeichnen Emotionen die Gefühls*äußerung*, nicht aber das Gefühl selbst. Wir Menschen *haben* bestimmte Gefühle – sie tauchen auf, sie überwältigen uns –, aber wir *zeigen* Emotionen.

BabyX das Fühlen beizubringen bleibt bis auf lange Sicht oder womöglich für immer Fiktion. Ihm menschliche Emotionen beizubringen, sodass es emotional reagieren kann, könnte tatsächlich möglich werden. Ähnlich verhält es sich mit Empathie. Auch hier ist die Verwechslungsgefahr groß, worauf eine Vielzahl von Missverständnissen beruht. Empathie ist nicht gleich Mitgefühl. Betrüger*innen und Psychopathen sind etwa überdurchschnittlich oft sehr empathisch: Sie können sich besonders gut in ihr menschliches Gegenüber hineinversetzen und voraussehen, wie sich der andere Mensch verhalten wird. Mitgefühl dürften diese Menschen nur äußerst selten empfinden, zumindest nicht mit den Opfern, die sie für ihre Zwecke manipulieren. Auf simulierte Menschen bezogen bedeutet das nun: Mitgefühl lässt sich ihnen nicht beibringen. Wohl aber Empathie: Die Entwickler*innen können den Simulant*innen beibringen zu verstehen, welches Gefühl eine bestimmte Handlung oder ein bestimmtes Erlebnis bei einem Menschen auslöst. Und mit entsprechender Sensorik können die Maschinen sogar Gesichtsausdrücke, Körperhaltungen oder unbewusste Mimik und Gestik bei ihrem menschlichen Gegenüber erfassen und anschließend deuten, wie es ein empathischer Mensch tun würde. Auch das ist eine hochkomplexe Angelegenheit. Aber prinzipiell sollten BabyX und seinesgleichen empathisch werden können.

Es hat etwas Gruseliges an sich, wenn man Mark Sagar im Netz dabei zusieht, wie er BabyX die Welt beibringt, genau so, wie er es mit einem echten Kleinkind machen würde (umso mehr, weil das Gesicht, das da zusammenzuckt, während er »Buh!« ruft, das Gesicht seines eigenen Kindes ist). Vielleicht muss man sich Jahrzehnte mit fotorealistischen virtuellen Wesen umgeben haben wie Mark, um zu begreifen, wie er so hemmungslos zwischen organischen und nicht organischen Wesen hin- und herswitchen kann. Die Kombination aus Sensoren und bestärkendem Lernen zeigt jedenfalls erstaunliche Wirkung: BabyX imitiert nicht einfach, was der Pionier der Computeranimation ihm vormacht, sondern lernt, Situationen zu bewerten sowie entsprechend emotional zu reagieren, etwa durch Lachen oder Weinen. Wie fühlt es sich an, ein Rockstar zu sein? Das wisse doch kaum jemand von uns aus eigener Erfahrung, sagt Mark Sagar.[184] Aber weil wir in unserer Kindheit so viele Menschen haben darüber reden hören – in Filmen, Interviews, Büchern und so weiter – oder

Konzertmitschnitte gesehen und beobachtet haben, wie die Rockstars mit dem Publikum interagieren, wie sie stagediven, wie sie headbangen, wie sie rauschhaft versinken, können wir uns vorstellen, wie es sich anfühlt, ein Rockstar zu sein. In unserem Kopf verbinden sich die Handlungen des Musikers mit seinen Emotionen. Und diese Emotionen verbinden wir Menschen mit Gefühlen. Entsprechend bringt Sagar den virtuellen Wesen bei – ganz ohne Bewusstsein –, motorische Handlungen und taktile Erfahrungen mit Emotionen zu verbinden, an denen wir Menschen wiederum Gefühle festmachen. Brauchen Maschinen also gar nicht erst ein Bewusstsein auszubilden, um Emotionen zu entwickeln?

William Adams (* 1975), besser bekannt unter seinem Künstlernamen *will.i.am,* ist ein US-amerikanischer Rapper, Musikproduzent und Gründungsmitglied der *Black Eyed Peas.* Er produzierte Songs für Michael Jackson und U2. Seit Kurzem gibt es Will zweimal: einmal als Menschen aus Fleisch und Blut und einmal als virtuelle Kopie. Dafür hat sich der Musiker von Mark Sagar und seinem Team ablichten und abhören lassen: Die Gesichtszüge, die Textur seiner Haut – alles wurde bis ins Detail dokumentiert. Wie das Gesicht sich verzieht, je nach Gesichtsausdruck – bei einem traurigen, lachenden, nachdenklichen Gesicht, aber auch, wie es sich etwa bei einem Kuss verhält, all das haben Sagar und Kolleg*innen fotografisch festgehalten. Die Stimme des Rappers, die Art, wie er einzelne Silben intoniert, wurde anschließend im Tonstudio aufgenommen. In Neuseeland, dem Hauptsitz von Soul Machines, haben sie inzwischen eine solch fotorealistische 3D-Animation seines Wesens erstellt und seine Sprache auf solch flüssige, natürliche Weise synthetisiert, dass will.i.am nun »nur noch« lernen muss zu sagen, was der Rapper sagen würde. Die größte Herausforderung sei es, Wills Persönlichkeit herzustellen, seine

Energie, seine Lebensfreude, seine Begeisterungsfähigkeit, meinen Mitarbeiter*innen von Soul Machines.«Ich träume und mache meine Träume wahr, egal, ob der Traum ein Song ist oder ein Avatar meiner selbst«, sagt will.i.am in einem YouTube-Video[185]. »Einmal hat mir ein Freund gesagt: Du kannst dich nicht klonen. Du kannst nicht an zwei Orten zugleich sein. Aber genau das ist das Versprechen des Avatars.« Sich digital zu klonen ist für den Musiker ein wesentlicher Baustein eines Konzepts, das er »Idatity« nennt, eine Wortkreuzung aus Identity (Identität) und Data (Daten). Für will.i.am wird unser Ich heute vollständig durch unsere digitale Präsenz definiert: »Ich bin, was ich mag und nicht mag, wo ich hingehe, wen ich kenne und wonach ich suche (…) Ich bin meine Daten. Das bin ich.«[186] Deshalb sei es so wichtig, seine Identität nicht denen zu überlassen, die unsere Daten besitzen: Google, Facebook, Amazon, Apple, Microsoft. »So viele Menschen fürchten sich vor Identitätsdiebstahl«, sagt will.i.am. Gleichzeitig überließen sie freiwillig ihre Daten den großen Tech-Konzernen. Will will es nicht Google oder Facebook überlassen, einen will.i.am Version 2.0 zu erstellen. Das macht er lieber selbst. Sein digitales Ich sei schließlich auch noch da, wenn er längst gestorben sein wird.

Der Rapper findet diese Vorstellung aufregend. Ein bisschen Sorge hat will.i.am allerdings schon, dass die fotorealistischen Avatare Schaden anrichten könnten: »Unsere Gesellschaft befindet sich in einer Situation, in der die Menschen Echtes von Unechtem unterscheiden müssen.« Das gilt für die Politik – wo Deepfake-Propaganda ein gewaltiges Problem ist – wie im Privaten: Für seine Mutter sei es zum Beispiel wichtig, dass sein digitaler Doppelgänger noch irgendeine kleine Abweichung enthalte, damit sie – etwa beim Skypen – wisse, ob sie mit ihrem Sohn oder seinem virtuellen Klon spricht. Doch ist das nicht eine unbegründete

Annahme? Sind die Avatare, die die Neuseeländer erstellen, ihren menschlichen Originalen wirklich schon so täuschend ähnlich, dass die Sorge angebracht wäre, ein menschliches Gegenüber könnte durcheinanderkommen? Tatsächlich ist die Ähnlichkeit verblüffend: Bis zum winzigen Pickel am Kinn, den Will am Tag der Foto-Session hatte, haben es die Neuseeländer*innen geschafft, ihn digital nachzubilden. Die Bewegungen, sein Ausdruck, motorisch wie verbal, das alles kommt seiner Erscheinung schon ziemlich nah.

Aber wird es dem Team von Soul Machines auch gelingen, Wills Persönlichkeit zu duplizieren? Wird seine Seele weiterleben können, wenn Will eines hoffentlich noch fernen Tages verstirbt? Kann das überhaupt je seine Seele sein, die in diesem Fall der Sterblichkeit trotzt? Jetzt geht es ans Eingemachte: Die Seele kommt unters Seziermesser. Im Gespräch mit den führenden Hirnforschern der Welt wollen wir herausfinden, ob eine Künstliche Intelligenz ein Bewusstsein ausbilden kann. Ist es möglich, dass sie Freude, Trauer und Leid empfindet, also nicht nur Emotionen *zeigt*, sondern Gefühle *hat*? Ist es möglich, dass sie ein Bewusstsein ihrer selbst entwickelt? Ist es – nach allem, was die Naturwissenschaften heute wissen – möglich, die Seele eines Menschen digital nicht nur zu simulieren, sondern sie auch weiterleben zu lassen?

10. KAPITEL

KÜNSTLICHES BEWUSSTSEIN

EINE SEELE GIBT ES NICHT

Um es gleich mal vorwegzunehmen: Eine Seele gibt es nicht. Und damit nicht genug: Auch das Selbst, unser Ich, ist eine Illusion.

Der Philosoph Andy Clark (* 1957) von der University of Edinburgh in Schottland sieht in unseren Ichs nichts weiter als »patterns« (Muster) und glaubt daher fest daran, dass wir unsere Ichs klonen können, wenn wir genügend Informationen über unsere Sprach- und Verhaltensmuster speichern und zusammentragen, etwa in Form all der Daten, die wir auf unseren Handys und Computern hinterlassen. Dass diese Klone, die daraus geschaffen werden, dann auch ein Bewusstsein entwickeln, also ein Gefühl dafür, sie selbst zu sein, daran hat Clark keinen Zweifel[187] und teilt diese Überzeugung mit einer ganzen Reihe von Philosoph*innen und Hirnforscher*innen vor allem im angelsächsischen und nordamerikanischen Raum.

Aus einem großen Datensatz Muster unseres Sprechens, Handelns und Denkens auszulesen und eine selbstlernende Maschine damit zu füttern, sodass sie anfängt, sich wie ihr menschliches Vorbild zu verhalten und genauso zu kommunizieren, ist zwar eine große Herausforderung, sollte aber bei weiter so rasant fortschreitender Entwicklung möglich werden. Wird damit aber auch das Ich eines Menschen – also das, was wir seine Seele nennen würden – reproduziert? Wie würden wir bemerken, wenn eine Maschine, die bis ins Detail gelernt hätte, menschliches Sprechen und Handeln zu imitieren, eines Tages ein Bewusstsein entwickeln und damit tatsächlich zu leben anfangen würde? Würde es sich auf irgendeine Weise in ihrem Sprechen und Handeln bemerkbar machen, wenn wir nur genau genug darauf achten? Gibt es Worte, die nur gesagt werden könnten von einer Maschine, die ein Bewusstsein besäße? Gibt es Taten, die nur mit Bewusstsein möglich sind? Wozu dient uns Menschen eigentlich dieses Bewusstsein? Ist Bewusstsein das Gleiche wie Aufmerksamkeit? Oder meinen wir mit Bewusstsein eigentlich unser Selbstbewusstsein? Diesen Fragen wollen wir auf den kommenden Seiten nachgehen. Von den Antworten hängt ab, wie wahrscheinlich es ist, dass wir es eines Tages mit Maschinen zu tun bekommen, die nicht nur sprechen und handeln wie wir, sondern auch Gefühle, Wünsche und Ziele entwickeln. Und ob es möglich sein wird, Menschen digital unsterblich zu machen. Die Meinungen der Philosoph*innen und Hirnforscher*innen darüber gehen weit auseinander.

»Mir kommt etwas in den Sinn«, »etwas tritt in mein Bewusstsein«, »etwas erscheint vor meinem geistigen Auge« – Formulierungen wie diese zeigen, dass wir im Alltag (unbewusst) an einer Idee unseres Bewusstseins festhalten, die die meisten heutigen Philosoph*innen als falsch ansehen. Es ist die Idee, dass unser Bewusstsein eine Art Bühne ist, auf der bestimmte Sinneseindrücke oder Gedanken erscheinen und von einem inneren Zuschauer angeschaut und weiterverarbeitet werden. »Cartesianisches Theater« nennt der Philosoph und Bestseller-Autor Daniel Dennett (* 1942) diese Vorstellung von der Bühne des Bewusstseins[188], die er auf den bekannten Philosophen René Descartes (1596–1650) zurückführt, von dem auch der berühmte Satz »Ich denke, also bin ich« stammt. Dennett hält die Idee eines inneren Zuschauers für unsinnig und stellt statt ihrer die Theorie auf, in verschiedenen Hirnregionen würden unterschiedliche Interpretationen eines Inputs entwickelt, die miteinander im Wettbewerb stünden, aber nie an einer zentralen Stelle verglichen würden. Eine der Interpretationen setze sich durch, was sich dadurch bemerkbar mache, dass wir eine bestimmte Wahrnehmung haben. Was aber sorgt dann dafür, dass wir diese einzelnen Sinneseindrücke meist nicht einzeln, sondern gebündelt, in einem bestimmten Zusammenhang wahrnehmen? Irgendwo müssen sie offenbar schon zusammengeführt werden. Und warum ist mir in jedem einzelnen Moment meines Lebens klar, dass ich es bin, der das alles empfindet, wenn ein solches Ich bloß eine Illusion sein soll, wie Dennett behauptet, der das Bewusstsein mit der Benutzeroberfläche eines Computers vergleicht?

Der Philosoph Thomas Nagel (* 1937) hält von solchen Theorien, die den menschlichen Geist auf ein Computerprogramm reduzieren wollen, gar nichts. Er findet auf die Frage, was Bewusstsein ist, eine so einleuchtende wie simple Antwort: Es fühlt sich auf eine bestimmte Weise an, ich selbst zu sein. Das ist mein Bewusstsein. Immer, wenn es sich für ein Wesen auf eine bestimmte Weise anfühlt, dieses Wesen zu sein, besitzt dieses Wesen ein Bewusstsein, so Nagel.[189] Ob jemand oder etwas ein Bewusstsein besitzt, könnte dann allerdings nur dieses Wesen selbst beantworten – vorausgesetzt, es hat die Gabe, sich mitzuteilen. Könnten nicht auch Pflanzen ein Bewusstsein besitzen? Vielleicht fühlt es sich für eine Rose auf eine bestimmte Weise an, eine Rose zu sein und über ein Gartentor zu ranken. Vielleicht fühlt sich ihr »Dasein« in einer Blumenvase, das wir als romantisch empfinden, für die Rose als unaufhaltsames Dahinsiechen an, als ein langsamer, qualvoller Tod – nur dass die Rose keine Stimme hat, gegen diese Hinrichtung zu protestieren. Was wissen wir schon über ihr Bewusstsein! Dass höchstwahrscheinlich Säugetiere und Fische ein Bewusstsein haben, ist in der westlichen Zivilisation schließlich auch eine noch relativ neue Annahme, die über Jahrhunderte undenkbar war. Für viele asiatische Kulturen ist es dagegen selbstverständlich, auch Pflanzen und Dinge für »beseelt« zu halten. Unsere Annahmen darüber, wer oder was eine Seele oder ein Bewusstsein besitzt, scheinen also längst nicht so unumstößlich zu sein, wie wir bisweilen glauben wollen.

Wie aber kommen wir heraus aus der Sphäre des Glaubens und der Spekulationen? Haben wir wirklich keine Mittel, logisch einzuschätzen oder zu messen, ob jemand oder etwas ein Bewusstsein besitzt oder nicht? Zugegeben: Wenn wir als Menschen solche Überlegungen anstellen, dann können wir wohl nur über Bewusstseinsformen sprechen, die unserem menschlichen Bewusstsein ähneln, weil wir uns schlicht und einfach andere Bewusstseinsformen nicht ausmalen können. Eine gewisse Demut gegenüber Tieren und Pflanzen scheint also angebracht. Aber wenn wir weiter der Frage nachgehen wollen, ob Maschinen eines Tages ein ähnliches Bewusstsein wie Menschen entwickeln könnten, dann sollten wir noch einmal etwas genauer zu fassen versuchen, was unser menschliches Bewusstsein auszeichnet und was uns dazu bringt anzunehmen, dass die Tastatur, auf der ich in diesem Moment herumhämmere, dadurch höchstwahrscheinlich keine Schmerzen erleidet. Offenbar fällt es uns immerhin noch leichter, uns vorzustellen, eine Pflanze oder ein Kleinstlebewesen besäße eine gewisse Form von Bewusstsein (wenn auch eine gänzlich andere als die menschliche), als etwas, das wir im Laden gekauft haben, wie etwa einen Laptop. Woran liegt das? Schließlich besteht ja auch ein Laptop aus Teilchen, die aus seltenen Erden gewonnen wurden und letztlich »Mutter Natur« entnommen sind, während viele natürlich wirkende Pflanzen längst im Labor erzeugt und ihre Gene künstlich manipuliert wurden. Ist es also nur eine Frage der Zeit, bis wir es für möglich halten, dass auch Maschinen, denen Rezeptoren und ein Betriebssystem eingebaut wurden, eine gewisse, wenn auch uns Menschen gänzlich unähnliche Form von Bewusstsein besitzen? Halten wir es irgendwann für möglich, dass sie Gefühle entwickeln, dass sie Freude empfinden, Wut oder Schmerz?

BEWUSSTSEIN MESSEN

Ein vielversprechender Ansatz, Bewusstsein zu messen, stammt von dem italienischen Neurowissenschaftler, Psychiater und Schlafforscher Giulio Tononi, der an der University of Wisconsin-Madison das *Center for Sleep and Conciousness* leitet: Er geht davon aus, dass Bewusstsein entsteht, wenn verschiedene Sinneseindrücke miteinander verknüpft und in eine zusammenhängende Wahrnehmung »integriert« werden.[190] Wenn wir etwa einen Apfel sehen, nehmen wir ja meist nicht einzeln eine Farbe, eine Größe, eine Form oder die Beschaffenheit seiner Schale wahr, sondern sehen schlichtweg einen Apfel. Wenn jemand mit uns spricht, nehmen wir nicht – getrennt voneinander – zwei Lippen wahr, die sich bewegen, registrieren die Zungenbewegungen, während wir einzelne Laute hören, unterbrochen von kurzen und längeren Pausen. Vielmehr verbindet sich der Anblick der mit uns sprechenden Person mit dem, was sie sagt und wie sie es sagt. Unser Bewusstsein sorgt also dafür, dass wir Dinge immer in einem Zusammenhang wahrnehmen, eingebunden in ein größeres Ganzes. Der Zusammenhang, in dem wir etwas erleben, wird nicht nur dadurch bestimmt, was in diesem konkreten Moment geschieht, sondern auch dadurch, ob wir etwas Ähnliches schon einmal erlebt haben, wie bekannt es uns also ist, welche Empfindungen oder Gedanken es in uns auslöst und so weiter.

Wie sorgt das Gehirn für diese Verknüpfung des Gesehenen, Gehörten, Geschmeckten oder Gerochenen mit früheren Erlebnissen, anderen Sinneseindrücken, Gedanken und Erfahrungen? Um zu beobachten, was im Hirn geschieht, während ein Mensch entweder wach ist, schläft, sich im Koma oder unter Vollnarkose befindet, wird Versuchspersonen im Labor eine Art Magnetspule an den Kopf gehalten. Tononi und seine Kolleg*innen können dann auf einem Bildschirm sehen, welche Hirnregionen auf welche Weise auf diese Stimulation reagieren: Wenn verschiedene Hirnregionen das Störsignal getrennt voneinander verarbeiten oder wenn sich ein monotones Muster über das ganze Hirn erstreckt, ist es sehr wahrscheinlich, dass die Testperson bewusstlos ist. Wenn die Welle neuronaler Erregung dagegen viele verschiedene Hirnregionen miteinander verbindet und die elektrische Aktivität lange anhält, können die Wissenschaftler*innen davon ausgehen, dass die Testperson bei Bewusstsein ist. Dieses Verfahren hat schon überraschende Erkenntnisse gebracht: etwa bei Wach-Koma-Patient*innen, die keinerlei Regungen mehr zeigen, bei denen die Messmethode aber zeigen konnte, dass sie offenbar trotzdem ein Bewusstsein haben.[191] Je nachdem, wie weit sich das Erregungsmuster über verschiedene Hirnregionen erstreckt, ist eine Person bei hohem oder niedrigem Bewusstsein. Giulio Tononi und Kolleg*innen haben dafür die Kennzahl »Phi« erfunden. Wie viel Phi jemand besitzt, sagt also aus, bei wie viel Bewusstsein jemand ist. Im Tiefschlaf oder unter Narkose geht Phi gegen null. Im Laufe eines Tages schwankt Phi, und im Laufe eines Lebens verändert sich der Grad des Bewusstseins, den ein Mensch hat, laut den Forscher*innen: Als Baby ist das Bewusstsein sehr viel beschränkter als im Erwachsenenalter. Im hohen Alter, wenn in vielen Fällen das Sehen, Hören und die Erinnerungsgabe nachlassen, geht der Grad des Bewusstseins dann wieder zurück.

Doch nicht nur bei Menschen soll mit dieser Messmethode der Grad ihres Bewusstseins gemessen werden können: Tononi und Kolleg*innen wollen auf diese Weise auch klären, welchen Grad (menschenähnlichen) Bewusstseins bestimmte Tierarten besitzen und – hiermit kommen wir nach einem längeren Ausflug in die Tiefen der Bewusstseinsforschung allmählich wieder zu unserer Ausgangsfrage zurück – wollen messen, ob unsere Computer und Smartphones oder andere hoch entwickelte Maschinen ein Bewusstsein besitzen.

Einer der frühen Wegbereiter der Bewusstseinsforschung und prominentesten Anhänger der Bewusstseinstheorie von Giulio Tononi ist der Biophysiker und Neurobiologe Christof Koch (* 1956). Er leitet das renommierte Allen Institute for Brain Science in Seattle in den USA. Über Videotelefonie erreichen wir ihn auf einer kleinen Insel im Pazifik, auf der er zeitweise lebt. Koch ist ein bunter Vogel, der die Verwandlung und die Extremerfahrung liebt. Seine Haare waren während der vergangenen zwanzig Jahre genauso vielfarbig wie seine Hemden, seine Brillen und das alte Macintosh-Logo, das er sich vor einigen Jahren auf den rechten Oberarm tätowieren ließ. Warum? Weil er die Form so mochte. Christof Koch ist als führender Hirnforscher einer der eindrucksvollsten Beweise, dass sich das umsichtige, abschweifende, grenzüberschreitende Erkunden lohnt.

Spricht man mit Koch, dann ist es, als flögen einem die

Gedanken nur so um die Ohren. Sie flattern mal hierhin, mal dorthin und verlieren doch nicht ihr Ziel aus den Augen. Seine Sprache ist angefüllt von Bildern und lebensnahen Vergleichen, und wenn man Koch handgreiflich anhand einer Pizza Calzone erklären sieht, wie wir uns den Kortex vorzustellen haben, jene Hirnregion, die untrennbar mit dem Bewusstsein verbunden scheint (»so flach wie der Teig einer Pizza, und ungefähr so groß und dann zusammengeklappt«), dann vergisst man kurz, dass einem hier kein kreativer Referendar in der Lehramtsprüfung gegenübersitzt, sondern einer, der vor wenigen Jahrzehnten Wissenschaftsgeschichte geschrieben hat, als er zusammen mit dem Medizinnobelpreisträger Francis Crick die Rolle einer winzigen Hirnregion entdeckte, einer Hirnregion so unscheinbar, dass man ihr den Namen »Claustrum« (lateinisch für »versteckt«) gab. Das Claustrum (Vormauer), so drückt es Koch aus, sei so etwas wie der »Dirigent der Symphonie des Kortex«, also all der verschiedenen Aktivitäten, die im Kortex stattfinden und die offenbar für Bewusstsein sorgen. Ohne das Claustrum, so die Annahme von Koch und Kolleg*innen, wäre die Bewusstseinssymphonie nicht mehr als ein quäkiges Durcheinander wüst trötender, fiepender, klimpernder Instrumente. »Wie bei einer Dornenkrone« gingen vom Claustrum neuronale Verbindungen aus, die den gesamten Kortex abdecken, erzählt Koch. »Schön, wunder-, wunderschön seien diese Neuronen«, schwärmt er, und seine Stimme überschlägt sich fast vor Begeisterung. Sorgt also eine kleine, versteckte Hirnregion unterhalb des Kortex dafür, dass wir Dinge immer in einem Zusammenhang wahrnehmen, ja, dass wir die Welt anders wahrnehmen denn als chaotisches Bombardement von Sinneseindrücken?

Das zu beweisen ist das Ziel von Christof Koch und vielen weiteren Forscher*innen, die das Verfahren etwa im Rahmen einer Epilepsie-Behandlung erproben. Koch berichtet von Patient*innen, deren Claustrum in klinischen Studien elektrisch gereizt wird und die in der Folge »wie Zombies« wirkten, genauso lang, wie die elektrische Reizung anhielt. Offenbar war mit der Reizung des Claustrums ihr Bewusstsein kollabiert. Etwas gruselig klingen diese Erzählungen von der Verwandlung in Zombies schon. Aber der Forscher Koch ähnelt einem Bergsteiger, der wild entschlossen ist, die letzte zu bezwingende Steilwand ohne Sicherung hochzuklettern. Noch ist nicht klar, wie viele solcher Steilwände zu bezwingen sind, bis das Geheimnis des Bewusstseins geknackt ist. Es ist nicht einmal sicher, dass die Bergsteiger Koch und Co. auf dem richtigen Pfad zum Gipfel der Erkenntnis sind. Experimente mit Mäusen, bei denen Christof Koch und Kolleg*innen das Claustrum aus- und wieder einschalten, scheinen jedenfalls die Annahme zu bestätigen, dass ohne diese Hirnregion kein Bewusstsein zustande kommt. Allzu weit scheint der Weg nicht mehr zu sein, bis die Forscher*innen sagen können, welche Hirnregionen für unser Bewusstsein sorgen.

Sollte es dann nicht auch möglich sein, diese Hirnregionen und ihre Funktionsweisen nachzubauen, um auf diese Weise auch einer Computeranwendung oder einem Roboter Bewusstsein zu verleihen?

LABOR-SEELEN

Ganz so einfach sei das mit der Computer-Seele nicht, sagt Koch und bezeugt hier, was ihn als Wissenschaftler von einer ganzen Reihe von Fanatikern auf diesem Gebiet unterscheidet. Es sei eben ein Unterschied, so Koch, ob ein Computer eine perfekte Simulation eines Starkregens erstellte oder ob es tatsächlich regne. Nass werde durch die Simulation weder der Computer noch der Mensch, der sie sich auf dem Computerbildschirm ansehe. Oder die Computersimulation eines Schwarzen Lochs, das im Weltall so viel Gravitation erzeugt, dass alles hineingesogen wird: Auch wenn all seine Wirkung bis ins Detail simuliert wird, brauchen wir nicht zu befürchten, dass es einen Menschen hineinzieht, der sich die Simulation des Schwarzen Loches als eine 3D-Simulation ansieht. Simulationen und Modelle, so detailliert sie auch Strukturen und Funktionen wiedergeben mögen, haben keine »Selbstwirksamkeit«, wie Christof Koch das nennt.

Den Aufbau des Gehirns bis ins Detail zu scannen und dann präzise nachzubauen, wie es zurzeit an verschiedenen Instituten weltweit unter gehörigem Aufwand und mit Kosten in Milliardenhöhe gemacht wird, mag helfen, die Funktionsweise des Gehirns noch genauer zu durchleuchten. Der weltweit größte Computerhersteller Intel etwa simuliert gerade mit so genannten »neuromorphic chips« 100 Millionen menschliche Neuronen. Die Entwickler*innen versuchen, durch veränderte Baustoffe der Arbeitsweise des menschlichen Gehirns näherzukommen.[192] An der University of Manchester soll ein Supercomputer, der die Architektur des menschlichen Gehirns imitiert, eine Milliarde biologische Neuronen in Echtzeit simulieren können (was immer noch gerade einmal ein Prozent der menschlichen Neuronen ausmacht).[193]

Dass solche Silizium-Hirne eines Tages ein Bewusstsein entwickeln, sei aber nicht zu erwarten, sagt Christof Koch. Entscheidend ist für ihn die Hardware, das Nervengewebe, aus dem das menschliche Gehirn besteht. Wenn es gelänge, dieses Nervengewebe im Labor zu züchten und daraus ein Gehirn mit all seinen Strukturen wachsen zu lassen, dann sieht er keinen Grund, warum dieses künstlich gezüchtete Gehirn nicht auch ein Bewusstsein entwickeln sollte.

Genau daran arbeitet in Wien ein Team um den deutschen Molekularbiologen Jürgen Knoblich. Am Institut für Molekulare Biotechnologie züchten die Forscher*innen aus menschlichen Stammzellen so genannte »Brain Organoids«, menschenähnliche Mini-Gehirne. Innerhalb von zwei Wochen bildeten sich »definierte Hirnregionen, etwa Großhirnrinde, Netzhaut, Hirnhäute«, erklärt Knoblich.[194]

Seit die Wiener Wissenschaftler*innen vor wenigen Jahren ein Verfahren für diese Züchtungen erfunden haben, ist ein Wettlauf um die Erschaffung menschlicher Mini-Hirne entstanden. Eine Million solcher »Brain Organoids« lagerten etwa in Laboren eines Unternehmens in San Francisco, verrät uns Christof Koch. Meist werden solche Forschungen offiziell mit dem Zweck betrieben, in Zukunft neurologische Erkrankungen besser behandeln zu können. Die Milliarden, die die Europäische Kommission für ihr »Human Brain Project« und das Weiße Haus in den USA für seine »BRAIN Initiative« bereitstellen, die Verschwiegenheit um die Forschung und die enge Zusammenarbeit der amerikanischen Wissenschaftler mit dem dortigen Geheimdienst zeigen aber, welcher Stellenwert der Züchtung von menschlichen Mini-Hirnen für die Entwicklung einer Künstlichen Intelligenz beigemessen wird. Hier geht es beileibe nicht nur um medizinische Forschung. »Das wird zu einer Seele 2.0 führen«, meint der wissenschaftlich eher besonnene Hirnforscher Christof Koch in unserem Gespräch plötzlich auch ganz unumwunden. »Nicht in einer Cloud, sondern in einer Nachbildung des menschlichen Hirns nach dem Ebenbild des Menschen.«

Wie aber kommt es denn nun dazu, dass physikalische Vorgänge im Gehirn – also elektrische Felder, Gehirnströme, neuronale Erregungen – so etwas ganz und gar »Unphysikalisches« wie Freude, Trauer oder Wut hervorbringen? Dies ist und bleibt ein Rätsel. »Wie es sein kann, dass etwas so Bemerkenswertes wie ein Bewusstseinszustand als Resultat der Irritation von Nervengewebe zustande kommt, ist genauso unerklärlich wie das Auftauchen des Dschinns, als Aladdin seine Lampe rieb«, schrieb der britische Biologe Thomas Henry Huxley schon 1869.[195] Das gilt noch heute.

Die Pointe könnte aber letzten Endes sein, dass wir Menschen gar nicht im Einzelnen verstehen können müssen, wie unser Gehirn genau funktioniert und trotzdem künstlich ein solches menschliches Gehirn erschaffen könnten, indem wir es aus Stammzellen züchten, wie es die Forscher*innen in Wien, aber auch in Harvard[196] und an mittlerweile vielen weiteren Laboren vormachen. Dann wäre zwar das Gehirn in Teilen noch immer eine Black Box und unsere menschliche Neugier bliebe ein ganzes Stück weit unbefriedigt zurück. Aber einer Maschine, die nicht nur unser Denken und Handeln imitiert, sondern die auch wahrnimmt und fühlt wie wir, ja, die ein Bewusstsein entwickeln würde, stünde womöglich nichts mehr im Wege.

WIR SIND UNSERE TRÄUME

Wir bringen pausenlos Gedanken hervor, tagträumen und rufen Erinnerungen wach, ohne dass der Anlass dafür offensichtlich wäre. Hirnforscher*innen konnten 2001 nachweisen, dass es Regionen im Hirn gibt, die bei voller Konzentration weniger beansprucht werden als im Ruhemodus. Denn wenn wir keine konkrete Aufgabe bearbeiten, können wir die Gedanken schweifen lassen, wie man so schön sagt.

Ähnlich wie im Schlaf werden in Tagträumen häufig noch einmal Erlebnisse wachgerufen, die in uns Gefühle ausgelöst haben. Wir unternehmen mentale Reisen, in vergangene Zeiten, an entfernte Orte und imaginieren mögliche Zukunftsszenarien – nah oder fern. »Im Zustand des Tagträumens stimmen wir das Ich auf die Anforderungen der Umwelt ab, und unser Gehirn simuliert, was alles passieren könnte«, erklärt der Psychologe Jonathan Smallwood von der University of York.[197] Wir stellen uns vor, wie vergangene Situationen anders hätten verlaufen können, denken über Fehler nach oder grübeln über die Empfindungen unserer Mitmenschen. Wir verarbeiten Gewesenes und entwerfen uns in die Zukunft. Das neuronale System im Gehirn, das bei solchen gedanklichen Aktivitäten beansprucht wird, nennen Neurowissenschaftler*innen »Default Mode Network« (zu Deutsch: Ruhezustandsnetzwerk). Im nächtlichen Traum durchstreifen wir, was uns beschäftigt, erleben wir, was uns bewegt, verknüpfen wir neue mit älteren Erinnerungen, bewerten Eindrücke des Tages, entdecken Gefühle, die uns am Tage kaum bewusst waren, ordnen den Erfahrungen Empfindungen zu, befreien uns von gedanklichem Ballast und prägen uns Wichtiges ein. Wenn uns Träume im Nachhinein oft so unrealistisch vorkommen, dann liegt das daran, dass wir im REM-Schlaf Querverbindungen austesten, Perspektivenwechsel durchspielen und längst vergangene Erfahrungen mit neuen abgleichen. Hier wird unsere Persönlichkeit geformt, jede Nacht aufs Neue.[198] In den Träumen tauchen Dinge auf, von denen wir gar nicht wussten, dass wir sie wahrgenommen haben. Umgekehrt prägt das, was sich im Schlaf in uns verfestigt, wie wir am nächsten Morgen die Welt erleben werden. Tatsächlich entdecken Psycholog*innen immer umfassender, wie sehr unser scheinbar unmittelbares Erleben beeinflusst wird durch Vorurteile, Wünsche, Ängste und so weiter. Wie kommt es aber, dass uns so viel entgeht, wenn wir uns doch eigentlich als aufmerksam einschätzen? Und dass wir uns so oft über unser einzig wahres Erleben täuschen? Verbringen wir weite Teile des Tages schlafwandelnd? Wenn wir zum Beispiel mit einhundertachtzig Stundenkilometern über die Autobahn brettern und dabei angeregte Diskussionen mit der Beifahrerin führen, wundern wir uns kaum, dass wir irgendwann am Ziel ankommen und es ganz offenbar geschafft haben, auf bremsende Autos vor uns mit rechtzeitigem Bremsen zu reagieren, zwischen der linken und rechten Spur hin- und herzuwechseln und womöglich zwischendurch sogar noch das musikalische Begleitprogramm ausgewählt zu haben, ohne all dem gesonderte Aufmerksamkeit beizumessen. Sind wir deshalb bewusstlos Auto gefahren? Wohl kaum! Aber vielleicht ohne Aufmerksamkeit? Wie kommt es, dass wir trotzdem heil angekommen sind? Dass »Bewusstsein« nur ein anderer Ausdruck für Aufmerksamkeit sein soll, wie manche Philosophen behauptet haben, scheint abwegig. Das hieße ja schließlich, dass wir zigmal am Tag bewusstlos werden – nämlich immer genau dann, wenn wir unaufmerksam werden. Das kann nicht stimmen.

Irgendwie scheinen Bewusstsein und Aufmerksamkeit aber zusammenzuhängen. Manche Philosoph*innen sehen die Aufmerksamkeit als einen Theaterscheinwerfer an, der auf der Bühne des Bewusstseins einzelne Szenen beleuchtet. Andere halten die Aufmerksamkeit für einen Türsteher, der entscheidet, welche unserer Sinneseindrücke es in unser Bewusstsein schaffen. Je mehr wir sie gezielt auf eine bestimmte Sache richten, umso mehr schwindet sie für andere Dinge, die um uns herum geschehen. Eindrucksvoll klar wird dies durch ein Experiment, das die amerikanischen Psychologen Daniel Simons (* 1969) und Christopher Chabris (* 1966) im Jahr 1999 mit Versuchspersonen gemacht haben und das man selbst im Netz ausprobieren kann[199] (in diesem Fall am besten die kommenden Zeilen überspringen): In der Videoaufnahme, die Simons und Chabris ihren Versuchspersonen zeigten, sieht man Leute, die sich einen Basketball zuwerfen. Es gibt zwei Teams: Das eine trägt weiße, das andere schwarze T-Shirts. Die Betrachter*innen des Videos waren aufgefordert zu zählen, wie oft der Ball vom Team Weiß hin und her gespielt wird. Was kaum jemand von ihnen beim konzentrierten Anschauen des Videos und Zählen der Ballwürfe bemerkte, war, wie eine Person in einem Gorillakostüm mitten durch das Bild läuft, sich auf die Brust trommelt und wieder verschwindet. Tatsächlich ist man einigermaßen fassungslos, wenn man das Video das zweite Mal schaut und feststellt, wie gut sichtbar der Gorilla eigentlich ist – vorausgesetzt, man hat den Fokus nicht so scharf auf das Zählen der Ballwürfe gerichtet. Aufmerksamkeit scheint also einerseits darüber zu entscheiden, was wir mitbekommen, und scheint zudem nur selten vollständig »ein- oder ausgeschaltet«, sondern graduell vorhanden zu sein. Andererseits ist für die Frage, was wir wahrnehmen, offenbar entscheidend, wie sich unsere Aufmerksamkeit auf verschiedene zeitgleich ablaufende Ereignisse *verteilt*.

Kann man daraus schließen, dass wir einen Großteil unseres Lebens bewusstlos verbringen? Irren wir bewusstlos durch die Welt und bekommen nicht mal mit, wie umnebelt wir sind? Hat das Gorilla-Experiment nicht gezeigt, wie viel wir verpassen, während wir uns vollkonzentriert wähnen? Und dass wir nur eine geringe Aufmerksamkeit für jedes einzelne Ereignis um uns herum haben, wenn wir unsere Aufmerksamkeit auf viele verschiedene Dinge verteilen? Nun, bewusstlos sind wir wohl wirklich nur im Tiefschlaf ohne Träume oder unter Vollnarkose. Denn zwischen voller Aufmerksamkeit und Bewusstlosigkeit liegen viele verschiedene Abstufungen.

Können wir also bewusste Erlebnisse haben, von denen wir nichts wissen? Die Antwort lautet: unbedingt! Nur deshalb können wir mit einhundertachtzig Stundenkilometern auf der Autobahn fahren, während wir tiefgründige Gespräche mit unserer Beifahrerin führen, und trotzdem die Fahrspuren wechseln, bremsen oder Gas geben, wie es die jeweilige Situation erfordert.

Warum sollte man solche Erlebnisse bewusst nennen und nicht einfach unbewusst? Die Antwort ist: weil sie unser Bewusstsein von der Welt oder von uns selbst bestimmen. Es gibt Dinge, von denen merken wir gar nicht, dass wir sie weiterverarbeiten. Sie finden Eingang in unser Bewusstsein, ohne dass wir es mitbekommen, aber sie *bestimmen* unser Bewusstsein. Der Psychologe George Sperling (* 1934) präsentierte in den 1960er-Jahren Versuchspersonen für nur fünfzig Millisekunden Muster von zwölf Buchstaben (jeweils vier in drei Reihen) und bat sie anschließend, so viele wie möglich zu erinnern. Zwar meinten fast alle Testpersonen, so gut wie alle Buchstaben gesehen zu haben. Wiedergeben konnten die Versuchspersonen aber nicht mal die Hälfte der Buchstaben. Sperling fragte nun statt nach allen Buchstaben nur noch nach bestimmten Reihen von Buchstaben. Ein hoher, mittlerer oder tiefer Ton, den er kurz nach der Präsentation erklingen ließ, gab an, um welche der drei Reihen es ging. Ohne dass die Probanden wussten, welche Reihe abgefragt würde, konnten sie bei diesem Verfahren jede beliebige Reihe fast vollständig wiedergeben. Das Wahrnehmungsbild des ursprünglichen Musters schien in den Köpfen der Versuchspersonen gespeichert geblieben zu sein. Mithilfe des Tons konnten die Probanden ihre Aufmerksamkeit auf die jeweilige Reihe von Buchstaben innerhalb des Musters lenken und »ablesen«.[200] Was der Psychologe Sperling hier beobachtete, wurde inzwischen durch eine Vielzahl von ähnlich gelagerten

Experimenten bestätigt.[201] Der Philosoph Ned Block hat aus solchen Erkenntnissen den Schluss gezogen, dass viel mehr in unserem Bewusstsein landet als das, worüber wir Auskunft geben können.[202] Wir wissen nicht, was wir erleben. Wir wissen nicht, was in unserem Gedächtnis landet und gespeichert wird. Wer bin ich? Das vermag kein Einziger von uns über sich selbst zu sagen. Und trotzdem leben wir die meiste Zeit über mit dem Gefühl, wir wüssten exakt, wer wir sind.

Wie kann es sein, dass wir Menschen, die wir uns so über uns selbst täuschen, die wir uns unsere Identität »zurechtlügen« und so von unseren Hoffnungen, Wünschen und Ängsten geblendet scheinen, wenn wir uns selbst betrachten, wie kann es sein, dass wir zu jedem bewusst erlebten Zeitpunkt wissen, was es heißt, wir *selbst* zu sein? Besteht im Verkennen womöglich der Schlüssel zum menschlichen Geist?

11. KAPITEL

AUTHENTISCHE KÜHE

DAS SCHIFF DES THESEUS

Bislang sprachen wir in unserem Buch von digitalen Abbildern, von digitalen Klonen oder von digitalen Kopien des Menschen. Wir sprachen von digitalen Imitationen, Nachahmungen, Reproduktionen, Nachbildungen, Replikationen oder von digitalen Doppelgängern. In diesem Kapitel wollen wir untersuchen, was ein Original eigentlich von einer Kopie unterscheidet. Und was das Original zu einem Original macht.

Zwei Damen werden in diesem Kapitel in Flammen stehen, und dennoch kommt keine Frau zu Schaden. In einem Fall ist es eine Kathedrale, die nach »Unserer Lieben Frau« benannt ist, im anderen ein Porträt einer Adeligen, das das Kleid der Dame in Flammen zeigt. Beide Fälle erzählen uns etwas über das *Echte,* das *Wahrhaftige.* Beide Geschichten bringen uns einer Antwort näher auf die Frage, wie es in der Spätmoderne um unser »wahres Selbst« steht.

Paris im April 2019, Notre-Dame steht in Flammen, eines der berühmtesten Gebäude der Welt, Wahrzeichen von Paris, Weltkulturerbe und Sehnsuchtsort von Menschen weltweit. Der Dachstuhl brennt komplett aus, 1300 Eichenbalken stürzen ein, das tonnenschwere Bleidach schmilzt in den

Flammen, die Turmuhr wird zerstört, stundenlang kämpft die Feuerwehr gegen den Großbrand an. Weltweit bangen Menschen um Notre-Dame, darunter viele, die seit Jahren keine Kirche von innen gesehen haben dürften. Notre-Dame, so scheint es, ist tatsächlich »unsere«, weil sie als Bild in den Köpfen beinahe aller Menschen existiert. Lange ist unklar, ob die Kathedrale bis auf ihr Gerippe niederbrennen und einstürzen wird, dann die leise Hoffnung: Sie kann wiederaufgebaut werden. Es wird zwar Jahre dauern, aber am Ende könnte Notre-Dame wieder (fast) ganz die Alte sein. Nur, soll sie überhaupt so restauriert werden, wie sie vor dem Brand existierte? Wäre das nicht ein großer Fake? Es entbrennt (pardon) eine öffentliche Debatte, und die Hitzigkeit, mit der diese geführt wird, zeigt, dass es hier um weit mehr geht als um eine alte Kirche: Es ist eine Debatte um ein vermeintlich richtiges Erinnern, um das Zulassen von Leerstellen – eine Debatte, die wir an dieser Stelle des Buches eher links liegen lassen. Ein Punkt aber interessiert uns. Es ist ein Punkt, auf den uns die Künstlerin Cosima Terrasse aufmerksam macht, mit der wir bei Theaterprojekten zusammenarbeiten. Sie ist selbst in Paris aufgewachsen und unzählige Male an der Kathedrale vorbeispaziert. Notre-Dame, das ist auch ihre »Dame«. Das Bauwerk hat sie einen Großteil ihres Lebens begleitet. Obwohl sie aber über den Brand geschockt und traurig ist, kann sie die Bestürzung, dass die Kathedrale nun nie wieder so »echt«, so »wahrhaftig« sein werde, wie sie vor dem Brand gewesen ist, nicht nachvollziehen. Denn das, was Menschen weltweit als Notre-Dame kannten, das war, erklärt sie uns, schon immer ein Konstrukt aus tatsächlich uralten Teilen, aber auch vergleichsweise neuen, renovierten, ersetzten Teilen. Ein bestimmtes Original hat es also nie gegeben. Während der Französischen Revolution wurde etwa die Inneneinrichtung komplett zerstört und die Kirche zum

Weindepot umfunktioniert, zwischenzeitlich wurde sie ganz weiß gestrichen. Notre-Dame war lange Zeit nicht mehr als eine verfallende Ruine, für die sich niemand interessierte. Erst Victor Hugo setzte mit seiner Erzählung vom *Glöckner von Notre-Dame* ein Bild der Kathedrale in die Welt, das die Menschen so begeisterte, dass die Kathedrale nach dem Vorbild aus der Erzählung wiederaufgebaut wurde. Was die meisten von uns für das Original gehalten haben, ist also kurioserweise in weiten Teilen einem Bild nachempfunden, das der Fantasie eines Dichters entsprungen ist. Und das Bild von Notre-Dame, das Menschen weltweit vor Augen hatten, als sie in den Nachrichten das Bauwerk in Flammen stehen sahen, dürfte mehr mit Disney oder der Verfilmung mit Anthony Quinn zu tun gehabt haben als mit dem vermeintlichen Original.

Aber macht es das Bild, das Millionen von Menschen weltweit von Notre-Dame hatten, weniger real? Macht es die Behauptung, das Bild, das sie hatten, sei *authentisch,* falsch? Macht es den Wunsch, Notre-Dame »originalgetreu« wiederaufzubauen, naiv? Die Antwort darauf verrät einiges darüber, wie wir über uns und unser wahrhaftiges, authentisches Selbst denken. Aber gedulden wir uns noch etwas, bevor wir zur Antwort kommen, wie es um dieses *authentische Selbst* steht.

Bei der Frage um den Wiederaufbau von Notre-Dame schwingt eines der bekanntesten Gedankenexperimente der Philosophie mit: *Das Schiff des Theseus.* Die Frage dreht sich darum, ob wir wir selbst bleiben, auch wenn wir uns verändern. Die erste Überlieferung des Paradoxons vom Schiff des Theseus findet man bei Plutarch in der griechischen Antike. Theseus war einer der berühmtesten Helden der griechischen Mythologie. Der sagenhafte König von Athen war ein bekannter Seefahrer, der auf hoher See gegen Unwesen kämpfte und sein Schiff durch etliche Stürme manövrierte. Der Legende nach tötete Theseus einhändig den bösen Minotauros auf Kreta.

Als Theseus nun eines Tages von seinen Kämpfen nach Athen zurückkehrte, wurde er von den Athenern gefeiert. Ihm zu Ehren beschloss man, das Schiff des Theseus im Hafen von Athen zu erhalten, um damit an seine Heldentaten zu erinnern. Jedes Jahr fuhr dieses Schiff genau die Route nach, die Theseus einst gefahren war; so ging es über Jahrhunderte, und natürlich musste das Schiff immer wieder überholt und erneuert werden. Wenn ein Teil des Schiffs zu Bruch ging, wurde es durch ein identisches Teil aus dem gleichen Material ersetzt. Eines Tages waren alle Teile des Schiffs neu, sodass keine einzige Planke des ursprünglichen Schiffs, auf das Theseus seine Füße gesetzt hatte, mehr vorhanden war.

Die Frage, die sich also stellt: War das Schiff, das nun im Hafen von Athen lag, überhaupt noch das Schiff des Theseus? Um diese Frage zu beantworten, muss erst einmal geklärt werden, was das Schiff des Theseus überhaupt zum Schiff des Theseus macht. Was bildet die Identität des Schiffes?

Schauen wir kurz auf den Menschen: Auch wir verändern uns unentwegt. Nicht nur, dass sich unsere Persönlichkeit im Laufe des Lebens verändert, durch besondere Erlebnisse oder eindrückliche Erfahrungen, die wir machen, sondern auch unser Körper. Innerhalb von durchschnittlich sieben Jahren erneuern sich die Zellen unseres Körpers komplett. Auch das Äußere unseres Körpers ist unverkennbar im Wandel: Wir bekommen graue Haare, die Haut wird faltig, wir legen meist Körpergewicht zu und so weiter. Da sich sowohl der Körper als auch unsere Persönlichkeit permanent wandeln, ist die Frage, wer wir eigentlich sind, gar nicht so einfach zu beantworten. Forscher*innen haben längst herausgefunden, dass sich unser Hirn auch im Erwachsenenalter noch ständig verändert. Sie nennen das »Neuroplastizität«. Ein Team um den Hirnforscher Lutz Jäncke von der Universität Zürich bemerkte etwa schon 1995, dass sich die Gehirne von eineiigen Zwillingen, die zusammen unter genau gleichen Bedingungen aufgewachsen sind, deutlich unterschieden. Eineiige Zwillinge besitzen die gleichen Gene, und die untersuchten Zwillinge waren auch in der frühen Kindheit gleich geprägt worden. Trotzdem hatten sich ihre Gehirne über die Jahre anatomisch völlig unterschiedlich entwickelt.[203] Inzwischen weiß man, dass sich durch Lernen und Erfahrungen die Verschaltungen zwischen den 100 Milliarden Nervenzellen auch im Erwachsenenalter noch ständig verändern. Taxifahrer*innen in London, die seit Jahrzehnten im Beruf waren, hatten bei klinischen Studien im Jahr 2000 einen vergrößerten hinteren Hippocampus, die Hirnregion, die für räumliches Erinnern zuständig ist.[204] Heute dürfte ihr Hippocampus dank Google Maps wieder geschrumpft sein. Auch bei Profimusiker*innen oder Leistungssportler*innen lassen sich solche auffälligen anatomischen Veränderungen beobachten.

Aber auch wenn bei uns Normalsterblichen die Veränderungen im Hirn nicht so gewaltig ausfallen wie bei Bob Dylan oder Serena Williams, formen sich unser aller Gehirne ständig um. Für Neuronen gilt: »What fires together, wires together«[205] – synaptische Verbindungen werden stärker, je öfter zwei Neuronen oder bestimmte Gruppen von Neuronen miteinander »feuern«. Bei Schlaganfall-Patient*innen, bei denen eine bestimmte Hirnregion ausfällt, können Forscher*innen beobachten, wie andere Hirngebiete die Funktion von schwer geschädigten Bereichen übernehmen. Wird bei einem Menschen nach einem Unfall der rechte Arm in Gips gelegt, braucht das Gehirn im Durchschnitt nur zwei Wochen, um die Areale im Hirn, die für die Steuerung des linken Armes zuständig sind, zu stärken.[206] Unser Hirn verändert sich also dauernd, passt sich den Umständen und Herausforderungen an.

Aber bedeutet das auch, dass sich unsere Persönlichkeit dauernd verändert? Ja! Die Psychologin Jule Specht von der Berliner Humboldt-Universität widerspricht dem gängigen Vorurteil, dass Menschen ab dem Alter von dreißig einen gefestigten und weitestgehend unveränderlichen Charakter besitzen. Stattdessen weiß sie aus einer Vielzahl von Studien, dass Menschen durch ihr Umfeld, vor allem aber auch durch ihren Beruf, immer wieder neu geprägt werden, was ihre Persönlichkeit grundlegend verändern kann. Fragt Specht Studienteilnehmer*innen, ob sie in zehn Jahren noch dieselbe Persönlichkeit haben werden wie heute, so sind die meisten Menschen überzeugt, dass sie sich nicht verändert haben werden – was jeder Wahrscheinlichkeit widerspricht.[207] Die Psychologen Michael Wolfe und Todd Williams, die an der Grand Valley State University in Michigan in den USA zu »Belief change blindness« (zu Deutsch etwa: Ignoranz gegenüber Veränderungen bei Überzeugungen) forschen, haben in ihren Studien herausgefunden, warum wir so oft übersehen, wie unbeständig unsere Meinungen, unsere Sichtweisen, unsere Haltungen der Welt gegenüber und mithin unsere Persönlichkeiten sind. Scheinbar löschen wir andauernd Überzeugungen und ersetzen sie durch neue, vergessen dann aber, dass wir je anders gedacht haben. Wie kommt es dazu?

Die Erkenntnisse der beiden Psychologen legen nahe, dass es eine Art innerer Selbsterhaltungsdrang ist, der uns davor bewahrt, unsere eigene Flatterhaftigkeit einzusehen. Offenbar sind wir alle derart stark darauf getrimmt, als erwachsene Menschen ein beständiges, widerspruchsfreies Selbst zu erhalten, dass sich jeder von uns in dem Maße selbst belügt, wie er oder sie es für sein persönliches Selbstbewusstsein braucht. Natürlich hängt es auch von unseren Mitmenschen ab, wie sehr wir es wagen, uns selbst und anderen gegenüber einzugestehen, ziemlich oft unsere Haltung zu ändern, unsere Meinungen, unsere Sicht- und Verhaltensweisen – kurz: unsere Persönlichkeit. Je offener eine Gesellschaft ist und je mehr begrüßt wird, wenn Menschen ihre Haltungen und Sichtweisen ändern, desto offener dürfte auch der oder die Einzelne damit umgehen. Aber in unserer Gesellschaft werden Menschen als wankelmütig, unstet und schwach dargestellt, die ihre Überzeugungen wechseln »wie andere Menschen ihre Unterhosen« oder die »wie ein Fähnchen im Wind« zu anderen Positionen umschwenken. Vor allem Politiker*innen werden solche Haltungswechsel als Schwäche ausgelegt, weshalb viele von ihnen selbst dann noch hartnäckig leugnen, »einen 180-Grad-Schwenk hingelegt« zu haben, wenn O-Töne sie zweifelsfrei überführen. Oft lässt sich nicht einmal sagen, ob sich die Betroffenen selbst darüber im Klaren sind, wie deutlich sie ihre Meinung oder Haltung verändert haben, wie Wolfe und Williams in ihrem wunderbaren Podcast *You are not so smart*[208] erklären. Wenn etwa ein Anhänger der Theorie, dass die Erde eine Scheibe ist, eine Satellitenaufnahme der Erde als Kugel sieht, dann kann er entweder diese Aufnahme als Fake bezeichnen und bei seiner Überzeugung der Erde als Scheibe bleiben, oder er korrigiert seine bisherige Überzeugung. In letzterem Falle heißt das aber nicht, dass er eingestehen muss, sich zuvor geirrt zu haben. Er kann sich selbst gegenüber leugnen, je anders über die Erde gedacht zu haben und in der festen Überzeugung weiterleben, schon immer die Erde für eine Kugel gehalten zu haben. Offenbar ist das Bewusstsein des Menschen so sehr darauf aus, einem jeden/einer jeden von uns weiszumachen, wir hätten eine stabile, in sich schlüssige Persönlichkeit, dass es uns vor solchen Brüchen wie der

Erschütterung einer wesentlichen Überzeugung bewahren möchte. Manchmal muss nicht einmal Zeit vergehen, damit sich Menschen völlig widersprüchlich zu ihren kundgetanen Überzeugungen und Werten verhalten. Wenn etwa in einer Restaurantküche ein Rassist mit einem Geflüchteten zusammenarbeitet und der hasserfüllte Rechtsextremist von den Witzen des Migranten so amüsiert ist, dass er von nun an am liebsten mit ihm seine Pausenzigarette raucht und beide irgendwann vielleicht sogar ihre Freizeit zusammen verbringen, dann ist es gut möglich, dass der Rassist »vergisst«, Rassist gewesen zu sein und sich einredet, eigentlich nie wirklich voller Hass über Migrant*innen gedacht zu haben. (Wir glauben, hierin liegt eine große Chance, wie man Menschen zum Umdenken bewegen kann. Aber warten wir ab, ob wir morgen noch genauso darüber denken …)
Im Zeitalter des Internets, das jede unserer längst überholten Überzeugungen und bereuten Äußerungen detailliert bis in alle Ewigkeit speichert, wird es uns allen zunehmend schwieriger gemacht, die Spuren unseres vergangenen Selbst zu verwischen. Umfänglicher als jedes Tagebuch protokollieren die Timelines in Sozialen Netzwerken unseren Umgang mit anderen, unsere Vorlieben, unsere Ansichten über die Welt. Anders als ein Tagebuch, in dem wir problemlos Überlegungen durchstreichen und wo sich unsere Gedanken beim Schreiben in einem geschützten Rahmen allmählich verfertigen konnten, fordern uns Facebook & Co. zur spontanen Äußerung unserer Gefühle und Gedanken auf, die in Sekundenschnelle für einen Kreis von oft tausend Leuten oder gleich einer breiteren Öffentlichkeit sichtbar, bewertet, kommentiert und erwidert werden. Diese Mechanik zwingt uns, wollen wir nicht als wankelmütig verschrien werden, unsere oft unüberlegten, hitzigen, affektgeladenen Äußerungen zu stimmigen, sinnvoll zueinanderpassenden Ausdrücken unse-

rer Persönlichkeit zu verklären: *die allmähliche Verfertigung unserer Persönlichkeit beim Posten.*[209]

Obwohl wir fortwährend anders aussehen und sich unser Denken fortwährend im Wandel befindet, gilt dennoch: Ich bin und bleibe derselbe Mensch. Ich bin das Original! Was verleiht uns also unsere Identität?

Ist das nicht die alles entscheidende Frage für all diejenigen, die sich zum Ziel gesetzt haben, Menschen digital zu klonen? Wen gilt es zu klonen, wenn sich der Mensch unentwegt selbst überholt? Ist nicht die digitale Kopie des Menschen in dem Moment, in dem sie keine neuen Informationen mehr aufnimmt, schon eine längst veraltete Version des Menschen?

Gehen wir also noch einmal an Bord von Theseus' Schiff, das mit seinen tausend Planken erst einmal leichter zu begreifen ist als die Vielschichtigkeit des Menschen. Was wäre, wenn die alten Teile des Schiffs, die Stück für Stück erneuert wurden, nicht abhandengekommen wären? Was wäre, wenn man aus diesen alten Teilen das Schiff des Theseus wiederaufgebaut hätte, sodass schließlich zwei Schiffe im Hafen von Athen gelegen hätten: Einmal das Schiff, das mit der Zeit so viele neue Planken erhalten hat, dass schließlich keine ursprüngliche Planke mehr übrig ist, sowie das Schiff mit allen ursprünglichen Teilen, die zwar kaputt sind, aber noch immer ein Schiff ergeben? Das ursprüngliche Schiff wäre zwar kaum seetauglich, aber besäße alle »originalen« Teile. Das renovierte dagegen besäße kein einziges Originalteil mehr, würde dafür aber womöglich ebenso legendär Sturm und Seegang trotzen. Welches dieser beiden Schiffe ist also das Schiff des Theseus? Beide oder keines von beiden? Welches ist das »echte« Schiff? Was wiegt schwerer bei der Identitätsbestimmung: die Funktion oder die Substanz? Prinzipiell gibt es vier Antwortmöglichkeiten auf diese Frage: Das

Schiff mit den neuen Planken ist das »echte« Schiff. Warum? Weil ein kaputtes Schiff weniger ein Schiff ist als vielmehr ein Wrack. Schließlich ist eine der Eigenschaften des Schiffs, mit dem Theseus seine Heldentaten vollbrachte, seine Funktionalität. Sobald sie nicht mehr gegeben ist, ist es nicht mehr das Schiff des Theseus. Zweite Option: Das Schiff mit den ursprünglichen Planken ist das »echte« Schiff. Warum? Weil es das Schiff ist, auf das Theseus seine Füße gesetzt und mit dem er Stürmen getrotzt hat. Die alten Planken sind deswegen so wichtig, weil sie bei den wilden Abenteuern des Theseus »dabei« waren. Sobald an der ursprünglichen Substanz des Schiffs etwas geändert wird, ist es nicht mehr das Schiff des Theseus. Dritte Möglichkeit: Keines der beiden Schiffe ist das Schiff des Theseus. Warum? Weil das Schiff genau in dem Moment aufhört, das Schiff des Theseus zu sein, in dem Theseus das Schiff verlässt. Zwangsläufig wird aus dem Schiff nach seiner legendären Überfahrt ein anderes Schiff (beispielsweise eine Touristenattraktion), ob nun mit oder ohne neue Planken. Vierte und letzte Möglichkeit: Beide Schiffe haben das Recht, sich als »echtes« Schiff des Theseus zu bezeichnen, weil beide (zu unterschiedlichen Zeiten, aber je gleichermaßen) diese Funktion erfüllt haben.

Das Paradoxon lässt sich nicht eindeutig auflösen, für alle vier Varianten gibt es schlüssige Argumente. Welches von ihnen uns am meisten überzeugt, verrät weniger über unsere Kompetenzen in Sachen Schifffahrt als über unseren Blick auf das Originäre des Menschen: über die Seele. Schließlich wissen wir, dass auch wir Menschen ständigen Veränderungen unterworfen sind. Durch schwere Erkrankungen, traumatische oder anderweitig einschneidende Erfahrungen kann sich die Persönlichkeit extrem verändern. Oft klagen Menschen dann, sie würden den ihnen vorher so vertrauten Geliebten »nicht mehr wiedererkennen«. Doch ist nur der Mensch vor dieser fundamentalen Veränderung der eigentliche Mensch? Oder ist der Mensch, so wie er aktuell in Erscheinung tritt, ebenso als Original anzusehen?

Walter Benjamin (1892–1940) hat in seinem berühmten Aufsatz *Das Kunstwerk im Zeitalter seiner technischen Reproduzierbarkeit* analysiert, wie sich die Wahrnehmung eines Bildes verändert, wenn Fotografie und Film ein beliebiges Bild unendlich oft und zu geringen Kosten reproduzieren können. Seine These: Jedes Kunstwerk besitze eine »Aura«, die sich aus der Unnahbarkeit, Echtheit und Einmaligkeit ergebe. Seit Kunstwerke durch Fotografie und Film beliebig häufig kopiert werden können, so Benjamin 1935, hätten sie diese »Aura« verloren. Denn oft könne die technische Reproduktion mehr bieten als das Original. So kann etwa die »Photographie Ansichten des Originals hervorheben, die nur der verstellbaren und ihren Blickpunkt willkürlich wählenden Linse, nicht aber dem menschlichen Auge zugänglich sind, oder mit Hilfe gewisser Verfahren wie der Vergrößerung oder der Zeitlupe Bilder festhalten, die sich der natürlichen Optik schlechtweg entziehen. Das ist das Erste. Sie kann zudem zweitens das Abbild des Originals in Situationen bringen, die dem Original selbst nicht erreichbar sind.«[210] Uns erscheint es heute selbstverständlich, massenhaft Handyfotos einzigartiger Momente in Situationen anzuschauen, die mit der ursprünglichen Situation, aus der die Aufnahmen stammen, nichts zu tun haben. Dadurch verschiebt sich der Kontext der Aufnahmen und so auch der Sinnzusammenhang – etwas, das uns beim algorithmischen Erinnern immer wieder begegnen wird. Was Benjamin vor beinahe einem Jahrhundert für das Aufkommen von Fotografie und Film bemerkte, gilt im Digitalzeitalter in weit, weit umfangreicherer Weise.

Doch können wir heute mit einem Begriff wie der »Aura«,

also der Idee der Unnahbarkeit, Echtheit und Einmaligkeit überhaupt noch etwas anfangen? Wenn es nicht länger nur Medieninhalte sind, die beliebig oft reproduziert werden können, sondern künftig auch wir selbst, unsere Seele, reproduziert werden soll, schwindet dann auch unsere Aura, so wie es Benjamin für das einzigartige Kunstwerk beschrieben hat? Gibt es, wie Benjamin für Fotografie und Film weiter ausgeführt hat, womöglich sogar Vorteile der Reproduktionen gegenüber dem Original? Wir können Handyvideos von Gesprächen mit Menschen immer wieder abspielen und ganz genau hinhören und hinschauen, was jemand sagt oder tut. Wir können hineinzoomen in Bilder und uns jedes Detail anschauen. Bekommen wir somit nicht einen wesentlich umfangreicheren, präziseren und womöglich dadurch erst wahrhaft *echten* Eindruck eines Momentes? Können uns von Algorithmen ausgelesene Daten nicht womöglich in noch wesentlich potenterer Weise ein *echtes* Bild unserer selbst und anderer vermitteln – weit *echter*, als es unsere Sinnesorgane vermögen? Und kann also eine Reproduktion eines Menschen, die auf diesen umfangreichen Daten beruht – ein digitaler Klon – nicht folglich ebenfalls *echter* sein als das Original? Diese Frage wird uns weiter beschäftigen. Bleiben wir noch einen Moment bei der Malerei.

ÜBER DIE ALLMÄHLICHE VERFERTIGUNG DER PERSÖNLICHKEIT BEIM POSTEN

Wien im Januar 2020. In den Museen der Stadt ehren sie gerade mal wieder in Sonderausstellungen berühmte malende Männer der Kunstgeschichte – Dürer und Caravaggio. Nur einen Katzensprung von diesen Museen entfernt läuft in einem kleinen Programmkino ein Film, der von einer malenden Frau handelt und von einer gemalten Frau und von der Liebe, die zwischen beiden entflammt, die aber keine Zukunft hat, weil das Bild, das die eine von der anderen malt, einen Herrn dazu bewegen soll, die Gemalte zu ehelichen. *Porträt einer jungen Frau in Flammen* heißt der Film. Die Geschichte spielt 1770 in der Bretagne. Der Film ist eine Meditation über das *Porträt,* also jene Form eines Bildes, das jahrhundertelang Adelige bei Hofmalern in Auftrag gegeben haben, um von der Nachwelt auf eine bestimmte Weise in Erinnerung zu bleiben. Die Gemäldegalerie im Kunsthistorischen Museum ist voll von solchen Porträts: Meist ging es den Malern weniger darum, die Damen und Herren so abzubilden, wie sie tatsächlich aussahen, sondern wie diese sich selbst gerne sahen und gesehen werden wollten. Handelt es sich um Meisterwerke, sind die Ölgemälde oft nicht bloß Abbilder des Äußeren, sondern erfassen den *Charakter* des oder der Porträtierten. Im Idealfall blickt uns aus den Bildern ein Mensch entgegen, dann entsteht im Museum so etwas wie ein stummer Dialog mit den Toten.

Das Porträt, das im Film die Malerin Marianne von der jungen Adeligen Héloïse malen soll, steht unter keinem guten Stern: Héloïses Mutter will mit dem Bild einen Mailänder Adeligen für die Heirat mit ihrer Tochter gewinnen, woraufhin Héloïse sich weigert, gemalt zu werden. Marianne kann die junge Dame nur heimlich studieren, während sie nebeneinander herschlendern oder auf das Meer schauen, und nachts diese Erinnerungen vom Tage auf die Leinwand bringen. Das Porträt misslingt: Zwar hat die Malerin die junge Dame halbwegs getroffen, aber ihr Charakter, ihre Persönlichkeit und ja, vor allem der Blick der Künstlerin auf die junge Frau fehlt. Dieser Blick hat es Héloïse zu diesem Zeitpunkt längst angetan: Sie hat Feuer gefangen für die Porträtistin und wünscht sich, von ihr als Liebende gesehen zu werden. Nicht wie sie auf dem Bild erscheint, enttäuscht sie, sondern dass sich in dem Blick der Künstlerin auf sie nicht die Anziehung offenbart, die sie zwischen beiden spürt. Sie will, dass die Malerin noch einmal von vorn beginnt.

Wie sieht mich der andere oder die andere? Diese Frage treibt uns als Menschen immer um. Erst der Blick der Mitmenschen offenbart uns, wer wir sind, wer wir für die anderen sind. »Der Andere besitzt ein Geheimnis (…) dessen, was ich bin«, heißt es bei Sartre.[211] »Wenn Sie verlegen sind, beißen Sie sich auf die Lippe«, sagt Marianne zu Héloïse. »Wenn Sie aufgewühlt sind, atmen Sie durch den Mund.« »Wenn Sie erregt sind, machen Sie genau so mit der Hand«, erwidert Héloïse. »Wenn Sie verärgert sind, blinzeln Sie nicht.« Das sind Muster, die auch ein Algorithmus erkennen könnte. Was aber führt vom Kennen zum *Erkennen*? Was bedeutet es, den anderen Menschen so zu erkennen, dass sich dessen Seele offenbart? Führt dieser Weg auch über das genaue Beobachten – von außen nach innen –, oder ist dieses Erkennen Liebenden vorbehalten? Und kann dieses Erkennen je mehr sein als die Projektionen und Wünsche der oder des Liebenden? »Aber selbst hinsichtlich der unscheinbaren Dinge des täglichen Lebens bilden wir keine einheitliche Substanz heraus«, schrieb Marcel Proust, »die für alle die gleiche ist, sodass jeder nur davon Kenntnis zu nehmen braucht wie von einem Geschäftsbuch oder einem Testament; unsere Persönlichkeit innerhalb der Gesellschaft ist eine geistige Schöpfung der anderen. Selbst das Sehen eines Bekannten, dieser so einfache Vorgang, bedeutet zum Teil eine geistige Aktivität. Wir statten die physische Erscheinung des Menschen, den wir sehen, mit all den Vorstellungen aus, die wir von ihm haben, und in dem Gesamtbild, das wir uns machen, spielen diese Vorstellungen sicherlich die Hauptrolle. Sie füllen schließlich so vollkommen die Wangen aus, sie halten sich so eng an die Linie der Nase, sie verstehen es so gut, dem Klang der Stimme eine Nuance zu geben, als ob sie nur eine durchsichtige Hülle wäre, dass es jedes Mal, wenn wir dieses Gesicht sehen und diese Stimme hören, eben jene Vorstellungen sind, die wir wiederfinden und auf die wir horchen.«[212] Wer ich bin, offenbart sich also erst durch den Blick der anderen. Und diese Blicke der anderen sind voller Vorstellungen, die sich die anderen von mir machen, voller Wünsche, die sie an mich haben. *Ich ist eine andere.*[213]

Hängt also auch die Frage, als wer oder was wir nach unserem biologischen Tod fortleben, weniger von unserer wahren Seele als vom Blick der anderen ab? Wir bleiben noch einen kurzen Moment beim *Porträt einer jungen Frau in Flammen.* Der Kinofilm über die Liebe zweier Frauen im 18. Jahrhundert lädt uns nämlich auch zu einem neuen Blick auf eine der ältesten Erzählungen über das Erinnern und Festhalten ein: Orpheus und Eurydike. Im Film liest die junge Adelige Héloïse die berühmte Sage der Haushälterin Sophie am Kaminfeuer vor. Orpheus und Eurydike sind so etwas wie das (heterosexuelle) Vorzeige-Paar der griechischen Mythologie. Eurydike muss eines Tages vor einem fremden Mann fliehen, der sie vergewaltigen will, tritt auf eine giftige Schlange und stirbt. Orpheus findet seine Frau tot vor. Seine Trauer raubt ihm den Hunger und den Schlaf. Seine Trauerlieder aber erweichen den Fährmann Charon, der die Seelen Verstorbener über den Styx schippert. Er bringt den unglücklichen, aber gesangsbegabten Witwer hinüber. Auch der Höllenhund wird schwach bei Orpheus' Klängen. Und selbst die Göttin und der Gott der Unterwelt Persephone und Hades werden von Orpheus' Trauerliedern so bezaubert, dass sie ihm erlauben, seine geliebte Eurydike aus dem Totenreich zurückzuholen. Allerdings unter einer Bedingung: Bis die beiden das Licht der

Welt wieder erblicken, darf sich Orpheus nicht ein einziges Mal zu Eurydike umsehen. Orpheus geht voran, Eurydike folgt ihm. Ende gut, alles gut, scheint es. Aber als sie schon das Licht der Welt erblicken, dreht sich Orpheus auf einmal doch noch um zu Eurydike und vermasselt alles. Eurydike muss zurück ins Totenreich, Orpheus bleibt für immer unglücklich zurück.

Als die junge Haushälterin Sophie im Film der Sage lauscht, ist sie aufgebracht über Orpheus und seine Torheit. War es Angst, seine Eurydike könne verloren gegangen sein, die ihn so kurz vorm Ziel doch noch sich zu ihr umsehen ließ? War es Arglosigkeit? Vielleicht war es *Absicht,* sagt Héloïse. Vielleicht wollte Orpheus seine Eurydike lieber in schöner Erinnerung behalten, als mit ihr den Alltag zu teilen. Vielleicht war sein schicksalhafter Blick der Blick eines Dichters, nicht eines Liebenden, schlägt Héloïse vor. Oder aber es war so, wie Marianne glaubt: Eurydike hat Orpheus zugerufen, er solle sich umdrehen. *Weil die Erinnerung wertvoller ist als die Unsterblichkeit?* Damit die beiden in der Erinnerung an ihre Liebe verharren können, statt ihr gemeinsames Leben wieder aufzuwärmen? Den vielen Menschen, die in ihrer Trauer versuchen, einen Verstorbenen von den Toten »zurückzuholen«, könnte diese Lesart zurufen: Seid glücklich mit der Erinnerung, die ihr an eure Liebsten habt! Bringt euch nicht um das Glück eurer Erinnerung! Statt einen Menschen als digitalen Replikanten »wiederauferstehen« zu lassen, sollten die Trauernden lieber versuchen, ihre Erinnerung an den Verstorbenen am Leben zu halten.

Auf dem Bild von Orpheus und Eurydike, das Marianne Jahre später (unter dem Namen ihres Vaters) malen wird, steht weder Orpheus noch Eurydike der Schreck ins Gesicht geschrieben, als er sich zu ihr umdreht. Hier scheint es, als verabschiedeten sich die beiden mit innerer Ruhe. Es erfordert eine Menge Mut und Zuversicht, einen geliebten Menschen ziehen zu lassen. Dieses Schicksal wartet im Film auch auf Marianne und Héloïse. Zwar stirbt Héloïse nicht, aber ihr Abschied von Marianne, mit der sie da schon eine leidenschaftliche Liaison hatte, ist höchstwahrscheinlich endgültig, weil Héloïse gezwungenermaßen einen Grafen aus Mailand heiraten wird. Das Porträt ist nämlich doch noch geglückt, nicht nur, weil Héloïse der Malerin schließlich Modell gesessen hat, sondern wohl auch, weil Marianne inzwischen von einer Porträtistin zu einer Liebenden geworden ist. Es ist ausgerechnet ihr liebender Blick, der den Mailänder Grafen für Héloïse entflammen und sie Marianne entreißen wird. So schwer sie sich auch von Héloïse trennen kann, lässt sie sie dennoch ziehen und lebt fortan mit dem Bild der Geliebten. In einer Szene, die einem den Atem stocken lässt, eilt Marianne nach einer finalen Umarmung mit der Geliebten die Treppe hinunter und ist schon auf der Türschwelle, als sie einen Ruf vernimmt: »Marianne!« Sie dreht sich um, so wie es Orpheus getan hat. Da steht Héloïse oben auf der Treppe in ihrem Hochzeitskleid und blickt sie an. Kurz darauf fällt die Tür ins Schloss und trennt Marianne und Héloïse für immer. Die Erinnerungen der beiden an die miteinander erlebten Momente sorgen dafür, dass beide zusammen sind, ohne zusammen zu sein. Solange die Erinnerung lebendig ist, können sich Marianne und Héloïse »sehen«. Ist das liebende Erinnern der eigentliche Schlüssel zur Unsterblichkeit?

Wie die Liebenden einander sehen, erzählt weniger darüber, wer die beiden *an sich* sind, sondern wer sie *für* die jeweils *andere* sind. Dieser Gedanke, dass jede und jeder von uns nicht eine*r, sondern viele ist, und dass das Bild, das andere von uns haben, nicht richtig oder falsch ist, sondern dass all diese Bilder gleichermaßen wahr sind, dieser Gedanke ist für uns entscheidend, wenn wir in diesem Buch dem Rätsel auf

die Spur kommen wollen, ob es die Seele gibt und ob sie – auch ohne Gottes oder wie auch immer geartete transzendentale Gnade – unsterblich werden kann. Das *Porträt einer jungen Frau in Flammen* ist deshalb nicht nur das Porträt, das Marianne von Héloïse malt, sondern es ist auch das Porträt der Malerin selbst. Beide werden jeweils durch die andere zu der, die sie sind. Marianne malt Héloïse nicht nur in der Pose der Adeligen, sondern auch beim Schlafen, nach dem Sex, in der Rolle einer Medizinerin, die der Hausangestellten bei der Abtreibung hilft, und mit entflammtem Kleid. Keines dieser Bilder kann die junge Frau gänzlich erfassen. Es ist das Nebeneinander dieser verschiedenen Bilder, das Héloïse am besten beschreibt. Ihre Mutter, die Gräfin, würde sie wohl ganz anders zeichnen, und ihr zukünftiger Gatte wohl wieder anders (wenn er zeichnen könnte). Jeder Mensch hat verschiedene *Personae* (Masken). Aber eines der häufigsten Missverständnisse ist, dass sich hinter diesen Masken das eine »authentische Selbst« verbirgt.
Ich ist ein*e andere*r.

WER WIR *WIRKLICH* SIND

Während wir an diesen Zeilen schreiben, geht in Sozialen Netzwerken eine neue »Challenge« viral, benannt nach der US-Sängerin Dolly Parton (* 1946). Die Country-Sängerin hat vier verschiedene Bilder von sich in einem Quadrat angeordnet und sie als ihr LinkedIn-, Facebook-, Instagram- und Tinder-Ich bezeichnet.[214] In einem zugeknöpften Blazer erscheint sie auf der Jobplattform LinkedIn, auf Facebook zeigt sie sich im Weihnachtspullover. Auf Instagram kommt Nostalgie so gut an, dass sie sich dort in Schwarz-Weiß und mit

Gitarre zeigt, und auf der Datingplattform Tinder komme sie am besten an, wenn sie sich als Playboyhäschen verkleide, so die Sängerin. Weltweit tun es Millionen von Menschen der Countrysängerin gleich und posten ihre vier verschiedenen Konterfeis. So profan diese Social-Media-Challenge klingt, so sehr trifft sie offenbar den Nerv der meisten Menschen, die auf diesen Plattformen regelmäßig agieren: Nicht als *Individuum* (also unteilbar) nehmen wir uns in den meisten Fällen heutzutage wahr, sondern ganz gegenteilig als *Dividuum*, als ausgesprochen zerteiltes Wesen. Aber wie die offensichtliche Inszenierung der vier verschiedenen Bilder eines Menschen nahelegt, stellt keines der Bilder den »wahren« Menschen dar oder hat diesen Anspruch. Vielmehr kommt mit dieser Challenge einmal mehr zum Ausdruck, wie sehr Menschen noch immer zwischen ihrem Rollenbild und ihrem Selbstbild unterscheiden.

Schaut man sich die Debatten an, die um die Auswirkungen des Internets auf das Verhalten der Menschen geführt werden, könnte man den Eindruck gewinnen, es wären Social Media und Messenger-Dienste gewesen, die uns zu Schauspieler*innen gemacht haben, während sich die Menschen in der Vor-Internet-Zeit zumeist so begegnet wären, wie sie sind, also *wirklich* und *wahrhaftig*. Auch wenn die Selbst-Inszenierung im Netz ohne Frage in vielen Belangen tatsächlich etwas radikal Neues darstellt, dürfen wir nicht dem Irrtum anheimfallen, das soziale Rollenspiel wäre ein Phänomen des Internetzeitalters. Tatsächlich war es über Jahrhunderte hinweg die Regel. »Eine der ältesten Vorstellungen von Gesellschaft ist die von der Gesellschaft als einem Theater, die Idee des theatrum mundi«[215], erklärt der US-amerikanische Soziologe Richard Sennett (* 1943), der sich in seinen Werken immer wieder mit dem Verhältnis von öffentlichem und privatem Leben auseinandergesetzt hat. Das

Bild reicht zurück bis zu Platon. Waren lange Zeit die Götter die Zuschauer, so sind ab dem 18. Jahrhundert die Menschen ihr eigenes Publikum. Wenn wir uns etwa für einen Moment nach London oder Paris Mitte des 18. Jahrhunderts beamen würden, hätten wir nicht nur das Gefühl, auf einer abgefahrenen Kostümparty gelandet zu sein, sondern wären wohl auch befremdet über die Verlogenheit, mit der sich die Menschen begegneten. Illusion und Täuschung gehörten zum öffentlichen Leben, das »innere Wesen« des Menschen wurde von seinem sozialen Handeln abgetrennt.»Zugleich kann man aus keiner der Einzelrollen, die er spielt, auf das ›Wesen‹ des Schauspielers schließen, denn in jedem neuen Stück und in jeder neuen Szene kann er in völlig anderer Verkleidung auftreten. Wie also soll man von den Handlungen eines Menschen im Theater der Gesellschaft auf sein Wesen schließen können?«[216] Und heute? Heute ist alles um ein Vielfaches komplexer. Ob privat oder öffentlich, das ist heute längst nicht mehr so klar voneinander trennbar wie am Übergang zur Moderne.»Wir alle spielen Theater«, konstatierte der kanadische Soziologe Erving Goffman (1922–1982) schon Mitte der 1950er-Jahre in einem berühmt gewordenen Aufsatz, der im Deutschen auch so überschrieben ist. Untertitel: *Selbstdarstellung im Alltag.* Darin greift der Soziologe die Idee der Welt als Bühne wieder auf und macht an einer Vielzahl konkreter Fallbeispiele deutlich, welche Rollen wir im Kontakt mit anderen Menschen spielen. Für Goffman gibt es eine Vorderbühne (auf der wir uns nur in Rollen bewegen) und eine Hinterbühne (auf der wir aus der Rolle fallen können). Unsere Rollen geben wir uns nicht allein. Die anderen »Schauspieler*innen«, also unsere Mitmenschen, aber auch Schulen oder Universitäten, unsere Arbeitgeber*innen, sie alle »rufen uns an«, wie ein anderer großer Philosoph das einmal genannt hat.[217] Zum Telefon greift dazu niemand. Welche Rollen von uns erwartet werden und welche uns möglich sind, erfahren wir durch die Gesamtheit aus Gewohnheiten und sozialen Situationen, in die wir geworfen sind. »Das Individuum dreht und wendet und windet sich fortwährend, (…) es ist ein Jongleur, es gleicht aus und gleicht sich an und versöhnt«, so Goffman. Wir spielen aber nicht nur Rollen, sondern wir sind auch das Publikum für die anderen. Und wir versuchen, hinter die Rollen zu sehen, die die Mitmenschen annehmen. Wir versuchen also laufend, die anderen dabei zu erwischen, wie sie für einen kurzen Augenblick ihre Maske verlieren: Dazu »scannen wir ihre Erscheinung auf unwillkürliche Äußerungen. Kaum werden wir dergleichen gewahr – ausladende Gebärden, atemloser Redefluss, plötzliches Erröten –, schließen wir auf ein starkes Gefühl, einen Affekt, der ihrer sich bemächtigt, und sie nunmehr zwingt, wahrhaftig zu agieren. (…) Vermutlich bedienten sich Menschen seit je dieser doppelten Lesart, um Klarheit über die Intentionen ihrer Umwelt zu gewinnen. Und da alle darum wissen, können sie die Interpretationsspirale weiterdrehen, unwillkürliche Äußerungen mit der Absicht simulieren, einen Beobachter in (scheinbarer) Gewissheit über die ›wahre‹ Haltung des Beobachteten zu wiegen; ein potenziell endloser Kreislauf von Verheimlichung, Entdeckung, falscher Enthüllung und Wiederentdeckung.«[218] Was Goffman hier beschreibt, gilt umso mehr für das Internetzeitalter: Wir dürfen uns nicht verleiten lassen, Gefühlsäußerungen, die vermeintlich spontan und unwillkürlich passieren, eine größere Wahrhaftigkeit zuzusprechen als den geplanten und willentlich publizierten. Denn wenn wir die Idee ernst nehmen, dass wir alle Schauspieler*innen sind, dann werden wir mit zunehmender Erfahrung auch immer besser darin, andere über uns zu täuschen. Und was diente besser dazu als das Vortäuschen von Spontaneität, von unwillkürlichen

Gefühlsregungen, Impulsivität und so weiter. Wer heute auf Social Media so erscheinen will, wie er oder sie *wirklich* und *wahrhaftig* ist, macht sich diesen Schauspieltrick zunutze. Es ist erstaunlich, wie viele Menschen immer wieder darauf hereinfallen, solche Posts, Tweets oder Vlog-Auftritte nicht für die Äußerungen von »Schauspieler*innen des Lebens«, sondern für die Äußerungen des *wahren, authentischen Selbst* dieser Personen zu halten.

Aber spielen wir unsere Rollen nur für die anderen? Oder spielen wir sie auch vor uns selbst? Für Goffman gab es immerhin noch die Hinterbühne des Lebens, auf der wir die Rolle abschütteln können, weil uns niemand zuschaut. Gibt es diese Hinterbühne heute überhaupt noch? Hat es sie je gegeben? Kennen wir unser wahres, unser authentisches Selbst? Sind wir nicht vielmehr selbst schon immer auch unsere eigenen Zuschauer*innen, die sich ein Leben lang fragen, mit wem sie es bei diesem verdammten »Ich« eigentlich zu tun haben? Dass wir uns selbst nicht kennen beziehungsweise dass wir uns selbst ver-kennen, ist weder ein neuer Gedanke noch ein Phänomen des Internetzeitalters. »Jedem einzelnen ist das Selbst zur Hauptbürde geworden. Sich selbst kennenzulernen ist zu einem Zweck geworden, ist nicht länger ein Mittel, die Welt kennenzulernen«, klagte der amerikanische Soziologe Sennett schon Mitte der 1970er-Jahre.[219] Wenn es also stimmen sollte, dass wir in einem Zeitalter des übersteigerten Narzissmus leben, wie einige Pop-Philosophen behaupten, dann hält dieses Zeitalter schon erstaunlich lange an. Vielleicht ist es eher so, dass sich die Welt, in der wir leben, so verändert hat, dass die Rollen, die wir spielen, auch uns selbst nicht mehr so klar sind wie in hierarchischeren, weniger freiheitlichen Zeiten. Statt mehr oder weniger vorherbestimmter Lebensläufe haben wir Menschen in Industriestaaten »Bastelbiografien«, dürfen (müssen aber auch) uns jederzeit selbst erfinden.[220] Die österreichische Philosophin Isolde Charim spricht von einem »pluralisierten Individualismus«. Pluralisierung, das ist für sie »in erster Linie eine Erfahrung: die Erfahrung, dass die eigene Identität nicht selbstverständlich ist. Es ist die Erfahrung, dass das Eigene heute einer Entscheidung bedarf – die Erfahrung also, dass das eigene Leben, der eigene Weltzugang auch ein ganz anderer sein könnte. Es ist (...) der Einbruch von Offenheit und Ungewissheit ins Herz jeder Identität.«[221] Wie die Philosophin erklärt, verändert sich die Bedeutung der »Zeichen«, mit denen wir uns selbst definieren, also »vom Essen über die Kunst, von spirituellen Praktiken (...) bis hin zur Sexualität und zum Geschlecht« heute so schnell, dass wir sie immer wieder neu zusammenstellen und anpassen müssen (aber auch können), um der Welt und uns selbst zu zeigen, wer wir sind.

12. KAPITEL
NICHT VERGESSEN KÖNNEN

Wenn unsere Persönlichkeit zu großen Teilen durch unsere Erinnerungen geformt wird, dann lohnt es sich, noch einmal einen Blick auf unser Erinnern zu werfen. In einem früheren Kapitel haben wir erfahren, wie gefährlich uns unser menschliches Gedächtnis werden kann, weil es nicht nur erstaunlich löchrig ist, sondern uns auch Erinnerungen an Ereignisse weismachen kann, die niemals stattgefunden haben. Falsche Erinnerungen können uns auf Irrwege leiten, unschuldige Menschen in Haft bringen oder uns über uns selbst betrügen. Diese verheerende Unzuverlässigkeit unseres Gedächtnisses hat uns zu Menschen geführt, die ihr Gedächtnis mit digitalen Mitteln erweitern: Speichergedächtnisse wie die MEMEX, die mithilfe von Algorithmen jeden beliebigen Moment unseres Lebens wieder hervorholen können, schaffen das Vergessen ab. Doch unsere Begegnung mit Andrew in Toronto hat erste Zweifel aufkommen lassen, ob es wirklich sinnvoll ist, dass all unsere Erinnerungen permanent abrufbar sind. Nun werden wir von Menschen berichten, die nicht vergessen können. Wir werden erkunden, warum wir Gefahr laufen, unser Erinnern zu verlieren, je mehr wir speichern, und Praxistipps erlangen, wie wir die Hölle auf Erden doch noch abwenden können.

SPAM-FILTER-GEDÄCHTNIS

Ein Vorteil des Vergessens liegt auf der Hand: Würden wir nicht dauernd Dinge vergessen, riskierten wir, dass wir veraltete mit aktuellen Informationen verwechseln würden: etwa ein Passwort, das nicht mehr gilt, eine alte Adresse oder wo wir unser Fahrrad beim letzten Mal abgestellt haben. Doch solche semantischen Erinnerungen können wir inzwischen ohnehin an unser Smartphone und sein Adressbuch, Maps oder die Cloud auslagern, die meist schon automatisch erkennen, wann sie eine Information durch eine andere aktualisieren müssen. Doch um abstrakt denken zu können, müssen wir weit mehr vergessen, als in digitalen Back-ups aufgehoben wird. Erst die Sortierung von Wichtigem und Unwichtigem erlaubt uns ja, Muster zu erkennen und Schlüsse daraus zu ziehen. Unser Gedächtnis hat einen »Spam-Filter«, wie Martin Korte sagt, ein Neurobiologe an der TU Braunschweig.[222]

Etwas zu vergessen bedeutet meist nicht, dass es unwiderruflich verloren geht. Die Regel ist bei uns Menschen wohl eher ein »Verwahrensvergessen«[223], bei dem etwas zwar in unserem »Speichergedächtnis«[224] landet, aber uns nicht als Erinnerung zugänglich wird, solange es für uns keine Bedeutung hat.

Dass Menschen ein schier grenzenlos erscheinendes Erinnerungsvermögen besitzen, meist vor allem für Daten, Fakten und anderes abrufbares Wissen, kann ein Anzeichen für das seltene Savant-Syndrom sein, das durch den Film *Rain Man* mit Dustin Hoffman in der Hauptrolle Bekanntheit erlangt hat. Kim Peek (1951–2009), an den die Hauptfigur des Films angelehnt ist, soll etwa den Inhalt von mehr als 10.000 Büchern auswendig gekannt haben. Dazu las er offenbar zwei Seiten gleichzeitig, die eine mit dem linken und die andere mit dem rechten Auge. Im Gedächtnis behielt er außerdem die Postleitzahl und Vorwahl aller US-amerikanischen Städte und Highway-Nummerierungen, er konnte einem beliebigen Datum aus der Vergangenheit den jeweiligen Wochentag zuordnen und so weiter. Aber war Kim Peek dadurch auch außerordentlich intelligent? Wissen zu abstrahieren und aus dem gesammelten Wissen Schlüsse zu ziehen, das fiel Kim Peek wie vielen anderen Savants offenbar schwer. Wie aber steht es mit Menschen, die sich nicht in erster Linie an Daten und Fakten erinnern, sondern persönliche Erlebnisse und Erfahrungen nicht vergessen können?

Jill Price (* 1965) war einer der ersten Menschen, bei dem das so genannte HSAM-Syndrom[225] diagnostiziert wurde: Die US-Amerikanerin erinnert sich an jeden einzelnen Tag seit ihrem fünfzehnten Lebensjahr und teilweise sogar darüber hinaus. Doch diese Erinnerungen sind nicht nüchtern, sondern voller Emotionen, so, als durchlebte sie alles, was vor Jahren passiert ist, bei jedem einzelnen Gedanken daran erneut. Kontrollieren kann sie diese Erinnerungen nicht. So wird sie immer wieder von schmerzhaften, bewegenden, aufwühlenden oder euphorisierenden Erinnerungen überwältigt und aus ihrem gegenwärtigen Erleben gerissen.

Ähnlich geht es der Australierin Rebecca Sharrock (* 1990), die neben dem HSAM-Syndrom auch noch an Autismus leidet (eine häufige Kombination). »Wenn ich mich an etwas erinnere, das mir mit drei Jahren passiert ist, dann ist meine emotionale Reaktion darauf die einer Dreijährigen, obwohl mein Gehirn und mein Bewusstsein das einer Erwachsenen sind«, sagt sie im Interview mit dem britischen TV-Sender BBC.[226] Studien[227] in den USA zeigten, dass die Teilnehmer*innen mit HSAM-Syndrom auffällig feinfühlig für Gerüche, Geräusche und visuelle Eindrücke waren, was erklären könnte, warum diese Menschen intensiver erlebten und entsprechend leichter an diese Erfahrungen erinnern konnten. Außerdem waren die Teilnehmer*innen sehr fantasiebegabt und hatten eine Neigung zum Tagträumen. Vielleicht sorgte das Wieder-und wieder-Wachrufen der Erinnerung dafür, dass das Erlebnis stärker im Gedächtnis verankert wurde.

Wie belastend es ist, nicht vergessen zu können, zeigen viele Fälle von Betroffenen. Ständig zerrissen zu sein zwischen Gestern und Heute, jederzeit Gefahr zu laufen, von längst überkommen geglaubten Situationen wieder eingeholt zu werden, niemals abschließen zu können mit Momenten des Lebens, die weit zurückliegen, das alles macht es den Betroffenen schwer, ein glückliches Leben zu führen. Immerhin: Manche Vorzüge scheint das grenzenlose Gedächtnis zu haben. Wenn sie nicht einschlafen könne, lese sie sich im Geist *Harry Potter* vor, erzählt die Australierin Sharrock. Oder kann sie nicht einschlafen, weil ihr so viel durch den Geist schwirrt?

»Vergessen ist der Gegner des Speicherns, aber der Komplize des Erinnerns«, sagt die Grande Dame der Erinnerungsforschung, Aleida Assmann.[228] *Speichern,* damit meint sie das, was Bücher, Festplatten oder die Online-Back-ups vermögen: Sie konservieren Daten. Das, was hier abgelegt wird, kann genau so morgen, nächste Woche oder in drei Jahren wieder nachgelesen oder abgerufen werden. *Etwas in Erinnerung zu bewahren* ist etwas ganz anderes als Speichern. Beim Erinnern verschiebt sich etwas zwischen dem, was eingelagert wird, und dem, was ein Mensch später abruft. Ein bestimmtes Wissen oder ein Erlebnis wird nicht einfach abgelegt und eingelagert, sondern durchläuft einen Weg vom Kurzzeit- zum Langzeitgedächtnis und wird mit der Zeit immer wieder umgestaltet und neu gedeutet.

Das menschliche Gedächtnis wählt bestimmte Dinge aus und konstruiert daraus Geschichten. Auf diese Weise eignen wir Menschen uns Erinnerungen an, deuten sie, verbinden sie mit anderen Dingen – ein bisschen wie bei einem Coversong, der zwar noch immer erkennbar der Song ist, der schon vor Jahren gespielt wurde, der aber durch die Neuinterpretation eine andere Färbung, vielleicht ein anderes Tempo, einen anderen Stil erhält oder sich als Remix aus mehreren Songs zusammensetzen kann. Das Original ist nicht verschwunden, es erscheint in neuem Gewand.

Erinnerungen, die bleiben, zeigen auch, dass etwas daran für uns von Bedeutung ist. Vergessen wiederum zeigt an, was für uns nachgeordnet ist oder womit wir uns nicht mehr auseinandersetzen wollen oder können.

Wir erfahren so etwas über unser Unbewusstes, das uns sonst verschlossen bliebe. Ist unser Erinnerungsvermögen also vielleicht vor allem eines: ein Blick in den Spiegel? Nicht in einen gewöhnlichen Spiegel, der uns bloß unsere Augenringe zeigt oder wie die Frisur liegt, sondern in eine Art Zauberspiegel, der uns Einblicke in unser verborgenes Ich erlaubt?

Das Erinnern geht, wie Assmann erklärt, »stets von der Gegenwart aus, und damit kommt es unweigerlich zu einer Verschiebung, Verformung, Entstellung, Umwertung, Erneuerung des Erinnerten«[229] in dem Moment, in dem wir uns erinnern. Wir können vergessen oder verdrängen und dadurch das Erinnern erschweren, wir können aber auch die Erinnerung so umformen, dass sie unseren Wünschen, unserem Selbstbild, unserer Gemütslage entspricht. Das klingt wie ein Manko, weil wir schließlich zu privaten Geschichts-Fälscher*innen werden. Aber es gibt gute Gründe, warum Menschen Dinge vergessen oder anders erinnern, als sie tatsächlich gewesen sind. Während Sigmund Freud darauf abzielte, das Verdrängte oder Verstellte wieder zutage zu fördern und zu untersuchen, sah der Philosoph Friedrich Nietzsche im Vergessen eine wichtige Gabe, die uns zum Handeln befähigt. In seinen *Unzeitgemäßen Betrachtungen* spielt er mit dem provokanten Gedanken, dass sich das Erinnern an den Zielen und Vorhaben orientieren sollte und wir alles vergessen sollten, was nicht diesen Ambitionen dient.[230] Das kann im Zweifel so weit gehen, seine Schuld bewusst aus dem Gedächtnis zu streichen. Derart gewissenlos sollten wir wohl kaum durchs Leben gehen – weder im Privaten noch als Gesellschaft. Häufiger als das bewusste Nicht-Erinnern ist aber wohl eine Art innerer Ringkampf mit uns selbst: Niemand hat die Korrumpierbarkeit unseres Gedächtnisses je auf eine bessere Formel gebracht als Nietzsche: »›Das habe ich getan‹, sagt mein Gedächtnis. ›Das kann ich nicht getan haben‹ – sagt mein Stolz und bleibt unerbittlich. ›Endlich – gibt das Gedächtnis nach.‹«[231]

Es sind nicht nur die Erinnerungen an traurige Ereignisse oder unschöne Erfahrungen, die uns in der Gegenwart belasten können. Oft ist es ausgerechnet die Erinnerung an das vergangene Glück (das tatsächliche ebenso wie das vermeintliche), die uns unglücklich werden lässt. Uns kommt ein Text von Samuel Beckett in den Sinn.

In seinem Theaterstück *Das letzte Band* aus dem Jahr 1958 kramt Krapp, ein alter, verlotterter Mann, ein Tonband aus seinem Archiv hervor, auf dem er an seinem 39. Geburtstag Gedanken zu seinem Leben aufgenommen hat. Ihn plagt eine Art Sucht nach Erinnerung, die er auch mit Alkohol nicht wegspülen kann. Der alte Krapp wirkt zunehmend nervöser und gereizter, je länger das Band läuft. Vor allem die Hoffnung seines früheren Ichs, als Schriftsteller ein großes Werk zu schaffen, scheinen den alten, erfolglosen Krapp zu quälen.[232] Er spult vor und entdeckt die Erzählung seines früheren Ichs von einem leidenschaftlichen Liebesspiel mit einer Dame am See. Als er am Ende der euphorischen Erzählung dieses erotischen Erlebnisses ankommt und abschaltet, »schaudert« es ihn. Nachdem er ein weiteres Mal zum Glas gegriffen hat, holt er ein Mikrofon hervor und legt ein neues, leeres Band in das Tonbandgerät ein. Dann beginnt er seine Aufnahme: »Hörte mir soeben den albernen Idioten an, für den ich mich vor dreißig Jahren hielt, kaum zu glauben, dass ich je so blöde war. Diese Stimme! Gott sei Dank ist das wenigstens alles aus und vorbei.«[233] Es wirkt, als müsste Krapp das Gehörte so weit wie nur möglich von sich schieben, um nicht an seiner Trauer, die es in ihm auslöst, zu ersticken. Auf dem Höhepunkt der verbalen Selbstgeißelungen reißt der alte Mann die Spulen aus dem Tonbandgerät und schmeißt seine Aufnahmen weg. Samuel Beckett gelingt es mit seinem nur wenige Seiten langen Stück, den Schmerz zu erfassen, den die ungefilterte Konfrontation mit dem hoffenden, wünschenden, träumenden Ich von gestern mit sich bringt. Zwar kann Krapp nach Belieben die Pausentaste des Tonbands drücken, wenn er sich selbst zu viel wird. Aber sobald das Band wieder läuft, ist er seinem früheren Ich und damit seinem früheren Begehren und allem, was seine Stimme ihm sonst noch mitteilt, schutzlos ausgeliefert. Wohnt den Spulen mit Tonbandaufzeichnungen eine stille Aufforderung inne, angehört zu werden? Jahr für Jahr hat Krapp auf den Spulen, die samt Register in Blechschachteln liegen, sein Leben festzuhalten versucht, aber das Archiv seiner vergangenen Hoffnungen, Träume und seines vergangenen Glücks leistet das Gegenteil von dem, was sich Krapp womöglich erhofft hatte: Es stürzt ihn in noch größeres Unglück.

Unser menschliches Gedächtnis, das wir als »fehlerhaft«, »lügnerisch«, »selbstbetrügerisch« gescholten haben, erweist uns dagegen im gesunden Zustand einen großen Dienst: Es passt unsere Erinnerungen immer so an, dass wir mit ihnen leben können. So ermöglicht es den meisten Menschen, nach vorn schauen und sich selbst verändern zu können, auch wenn ihnen Dinge widerfahren oder das Leben Wendungen nimmt, die sie ansonsten »gefangen hielten«. Wie *Das letzte Band* zeigt, sind es eben nicht nur negative Erfahrungen, deren Hervorkramen uns traurig machen und uns in Lethargie stürzen kann. Was das Wiedersehen oder Wiederhören von Vergangenem in uns auslöst, hängt vor allem davon ab, in welcher Situation wir uns aktuell befinden. Ein Zuviel des Gestrigen kann aus dem Leben ein »Schrumpfdasein« machen, wie das Beispiel Krapps zeigt. Auf der Spule sind die Aufnahmen zwar gesichert, spult man aber zu oft vor und zurück, so vernimmt man irgendwann nur noch ein Leiern. Statt lebendiger Erinnerung bleibt dann nur noch abgenutztes Gestern. Krapp hängt fest in der Dauerschleife. »Eines Abends, spät, in der Zukunft«[234], mit diesen Worten beginnt Becketts Stück. Es schließt mit der nie endenden Vergangenheit.

Welches Stück würde Samuel Beckett wohl über Andrew aus Toronto schreiben, dessen Tonbänder die MEMEX sind, ein digitales Speichergedächtnis, das sein Algorithmus für ihn durchsuchen kann? Über Gordon Bell, dessen Kamera alle paar Sekunden ein Foto seines Gegenübers schießt und der sein Leben in die Wolke hochgeladen hat? Oder über Kaplan aus Palm Springs, der seine bewegte Lebensgeschichte und noch die bestgehüteten Geheimnisse seinem persönlichen Wiedergänger anvertraut hat? All diese Männer verbindet mit Krapp, dass sie ihr Leben festzuhalten versuchen, so detailliert und umfangreich es nur geht. Ihre »Spulen« sind die Server von Unternehmen wie PullString/Apple, Amazon oder Microsoft. Ihre »Tonbandaufnahmen« sind Terabytes von Sprachdateien, Messenger- und Social-Media-Kommunikation, die Jahre später erneut als ihre eigenen Stimmen zu ihnen sprechen werden. Was werden die längst vergangenen Momente der Freude, des Glücks, der Euphorie, der Hoffnung, aber auch der Krise, des Trauerns, der Verzweiflung bei ihnen auslösen, wenn sie sie Jahre nach ihrer Versendung als Sprachnachricht wiederhören? Wenn schon der alte Krapp voller Entfremdung seinem früheren Ich lauschte, wie muss es dann erst denen gehen, die nicht mehr wie Krapp mit dem Finger über der Pausentaste dasitzen, mit der sie zumindest einen Moment lang Abstand zu ihrem früheren Ich gewinnen können, sondern die von ebendiesem früheren Ich jederzeit und immerzu in längst vergangene Gemütslagen, Hochs und Tiefs, Konflikte und Ausnahmezustände zurückversetzt werden können, weil sich der digitale Zwilling *von sich aus* zu Wort melden kann? Zugegeben, es macht einen Unterschied, ob jemand wie Krapp mit seinem eigenen früheren Ich, seinen *eigenen* Selbstentwürfen, seinen *eigenen* Hoffnungen und Wünschen und damit seinen *eigenen* Enttäuschungen, seinem *eigenen* verlorenen Glück, seinem *eigenen* Scheitern konfrontiert ist oder mit denen eines ihm nahestehenden geliebten Menschen. Harmloser dürfte die Wiederbegegnung mit dem Menschen von früher dadurch aber nicht werden.

UNHEIMLICHE WIEDERBEGEGNUNG

Im Februar 2020 verfolgten mehr als achtzehn Millionen Menschen weltweit im Netz, wie eine Mutter ihre vor Jahren verstorbene Tochter wiedertrifft. Wir haben zu Beginn unseres Buches schon kurz davon berichtet, wollen aber anhand einiger Eindrücke noch einmal etwas genauer nachvollziehen, was hier geschah, und einzuordnen versuchen, wie dieser Tabubruch zu bewerten ist.

Zur Erinnerung: Das schwerkranke südkoreanische Mädchen Nayeon starb mit nur sieben Jahren an den Folgen eines seltenen Gendefekts. Das Unternehmen Vive Studios erfüllte der Mutter des kleinen Mädchens den Wunsch, ihre Tochter noch einmal »wiederzusehen« und ließ Nayeon in einer virtuellen Welt »wiederauferstehen«. Als Jang ihre »Tochter« trifft, feiert sie noch einmal Geburtstag mit ihr: Wieder wird Nayeon sieben Jahre alt. Im Jenseits steht die Zeit still. Die Frau folgt dem Mädchen zu einem Tisch, auf dem schon Geburtstagskuchen steht, bunte, mit Honig gefüllte Reiskuchen. Sieben Kerzen setzt Jang darauf. »Von den Kuchen konnte Nayeon nicht genug kriegen«, sagt ihr Vater, der mit seiner Frau und den anderen Kindern ins Greenscreen-Studio gekommen ist und auf einem Bildschirm nachverfolgen kann, was seine Frau dreidimensional und lebensecht vor sich sieht. Nayeon zieht ein Handy aus der Tasche und knipst ein Foto ihrer Mutter hinter dem Kuchen mit den brennenden Kerzen. »Cheese«, sagt Jang und lacht. Dann singt sie ihrer Tochter ein Geburtstagslied und klatscht in die Hände, die wegen der VR-Handschuhe keinen Laut von sich geben. Nayeons ältere Schwester und ihr Vater weinen, während sie das Geschehen auf einem Bildschirm verfolgen, nur die Jüngste meint trocken: »Das Gesicht ist ein bisschen anders.« Jetzt gibt es Seetang-Suppe, das übliche Geburtstagsgericht in Südkorea. »Deine Seetang-Suppe ist die beste, Mama«, sagt Nayeon, während sie die Schüssel zum Mund führt. »Ja, die hast du immer gerne gehabt«, sagt Jang. »Und du magst sie noch immer.« Nayeon streckt den Daumen in die Höhe. In das Weinen ihrer Schwester und ihres Vaters mischt sich ein kleines Lachen. Nayeon steht auf, läuft in Richtung einer Wiese und kommt mit einer Blume zurück, die sie für ihre Mutter gepflückt hat. Wann hat Jang ihre Tochter zuletzt so unbeschwert herumlaufen sehen? Wann immer sie in den letzten

Jahren an sie gedacht hat, kamen Jang bloß die Bilder aus der Klinik in den Sinn: die Kanülen an den dünnen Ärmchen ihrer Tochter, die vielen Pflaster, die Angst, die Nayeon ins Gesicht geschrieben stand. »Siehst du, Mama«, hört Jang nun ihre Tochter sagen, »ich bin nicht mehr krank.« »Nein, du solltest nicht krank sein«, antwortet Jang, »du kannst nicht krank sein.« Das Mädchen stutzt. »Mama, bist du traurig? Weine nicht! Nicht weinen!« »Werd ich nicht«, antwortet Jang und fügt nach kurzem Zögern hinzu: »Ich werde dich nicht vermissen. Ich werde dich nur sehr lieben. Ich werde dich noch mehr lieben.«

Innerhalb kürzester Zeit diskutierten Menschen aller Altersgruppen über die Frage, ob solche Experimente erlaubt oder verboten sein sollten. Doch noch etwas erhitzte die Gemüter: Traf die Mutter hier wahrhaftig ihre Tochter wieder, wie es vonseiten des Fernsehsenders, aber auch der Mutter selbst hieß? Oder begegnete sie in der virtuellen Realität etwas anderem: einer vermessenen und womöglich zynischen Behauptung, wozu Künstliche Intelligenz im Jahr 2020 imstande ist? Am wichtigsten seien ihm die Erinnerungen der Eltern an ihre Tochter gewesen, nicht eine objektiv möglichst korrekte Nachbildung, erklärte der Leiter des Projekts Lee Hyun-suk.[235] Was zunächst einleuchtend klingt, ist bei näherer Betrachtung dann schon ziemlich radikal. Denn auf den ersten Blick haben die Macher*innen alles darangesetzt, auch jedes noch so winzige Detail korrekt nachzubilden, wie etwa den Aufdruck auf Nayeons Tasche, die sie in der virtuellen Welt über der Schulter trägt. Und der Stolz der VR-Kreateur*innen liegt natürlich eigentlich genau darin: mittlerweile mit einer Kombination aus Motion Capturing und Künstlicher Intelligenz erstaunlich fotorealistische Wiedergänger*innen von Menschen zu erzeugen. Sich nicht vorrangig an der per Videoaufnahmen dokumentierten

Realität, sondern an den Erinnerungen der Eltern zu orientieren, würde dagegen bedeuten, die besondere Eigenschaft des menschlichen Erinnerns im Vergleich zum algorithmischen Speichern nun auch ins Virtuelle herüberzuretten: die wunschbasierte Erinnerung in Gestalt eines vermeintlich fotorealistischen virtuellen Avatars. Das ist bemerkenswert, weil es eine Richtung vorgibt, wie künftig menschliches Erinnern und virtuelle Simulation zusammengedacht werden könnten.

Wie aber geht es Jang nach der Wiederbegegnung mit ihrer Tochter, mehr als drei Jahre nach deren Tod? Wie geht es ihrem Mann und ihren anderen drei Kindern, die das Ganze auf einem Bildschirm verfolgt haben? Sie alle haben viel geweint. Aber hat das simulierte Wiedersehen mit Nayeon die Mutter, den Vater und ihre Geschwister in einem positiven Sinne bewegt, oder hat es sie nachhaltig irritiert, verwirrt, hat es alte Wunden aufgerissen? Das wird sich wohl erst auf Dauer zeigen.

Kurz nachdem Jang die VR-Brille abgesetzt hat, ist sie aufgewühlt: Es habe sie traurig gemacht zu sehen, dass für ihre Tochter die Zeit stehen geblieben sei, sagt sie. Aber auch wenn es nur ein sehr kurzes Wiedersehen gewesen ist, sei sie in dem Moment sehr froh gewesen. Der Medienkolumnist Park Sang-hyun aus Seoul findet: »Es ist verständlich, dass eine trauernde Mutter ihre verstorbene Tochter treffen möchte. Ich würde dasselbe tun«, erklärt er gegenüber der Nachrichtenagentur AFP.[236] »Das Problem ist, dass der Sender eine Mutter, die ein Kind verloren hat, ausnutzt, um die Einschaltquoten zu erhöhen. Ich frage mich, welcher Psychologe dem zugestimmt hätte, falls die Mutter vor der Sendung psychologisch betreut worden wäre.« Ähnlich äußerten sich Psycholog*innen aus aller Welt kurz nach Erscheinen des Videos im Netz. Es sei unklar, welche Auswirkungen solch eine Begegnung auf den Trauerprozess habe, erklärten die meisten von ihnen. Tatsächlich sei die Technologie noch zu neu, um hierzu fundierte Aussagen treffen zu können.

In der Angst- und Traumatherapie hingegen spielt die virtuelle Realität längst eine immer größere Rolle[237]: So können etwa Soldat*innen, die das Detonieren einer Autobombe miterlebt haben, noch einmal an den (virtuellen) Ort, an dem die Bombe hochging, zurückkehren und sich der Explosion im geschützten Rahmen stellen, Menschen, die einen Terroranschlag überlebt haben, sich an den Ort, an dem die Schüsse fielen, begeben, oder Opfer von Verkehrsunfällen den Unfall noch einmal erleben – in all diesen Fällen mit demselben Ziel: um der traumatischen Erinnerung mit jeder Wiederholung etwas von ihrem Schrecken zu nehmen. Doch auch in der Psychotherapie ist der Einsatz der virtuellen Realität umstritten. Manche Psycholog*innen fürchten, dass die detailgetreue Simulation die Menschen erneut traumatisieren könnte statt zur Linderung beizutragen.

Ob Jangs Begegnung mit ihrer Tochter als virtueller Wiedergängerin ihr nun langfristig Probleme bereiten wird, ob es ihren Trauerprozess stört, ob es die Erinnerungen an die lebendige Nayeon überschreibt, ob das »Wiedersehen« die Wunde des Verlustes wieder aufgerissen hat, die längst dabei war zu verheilen, all das wird sich zeigen. Es ist der Familie nur zu wünschen, dass das Experiment weder Jang noch ihrem Mann oder den Kindern Probleme bereitet, sondern hilft. Wer weiß, vielleicht brauchte Jang auch genau diesen Moment, den sie im virtuellen Park, am virtuellen Bett ihrer Tochter erlebt hat. Vielleicht war es ihr nur so möglich nachzuholen, was ihr in der sterilen Atmosphäre des Krankenhauszimmers, in dem ihre Tochter gestorben war, verwehrt geblieben war: Abschied zu nehmen. Und wer weiß schon zu sagen, ob die Begegnung mit den virtuellen

Wiedergänger*innen ihrer verstorbenen Liebsten nicht womöglich doch sehr vielen Menschen erst jenes Abschiednehmen ermöglichen wird, das im Leben aus unglücklichen Umständen in der Stunde des Todes nicht mehr möglich war und das manche Menschen auch durch Meditation oder Gebete nicht erreichen können. Die virtuelle Wiederbegegnung mit einem toten Familienmitglied erinnert an ein Heilverfahren, das seit Jahrzehnten praktiziert wird und vielen Menschen geholfen haben soll, Beziehungen zu wichtigen Bezugspersonen zu klären: In Familienaufstellungen, die als ergänzende Therapiemöglichkeit angeboten und in seriösen Fällen von speziell geschulten Psycholg*innen durchgeführt werden sollten, schlüpfen andere Menschen in die Rollen von Familienangehörigen, sodass Klient*innen latente Gefühle und bisher Unausgesprochenes an die Stellvertreter*innen adressieren und sich so über ihre Empfindungen und inneren Blockaden bewusst werden können.[238] In solchen Familienaufstellungen simulieren Menschen in vielen Fällen auch Gespräche, die sie mit Verstorbenen zu deren Lebzeiten hätten führen wollen und die ihnen helfen, ihre Beziehung zu diesen Menschen zu ordnen. So können sie ihre eigenen Anliegen artikulieren und eine stellvertretende symbolische Akzeptanz des anderen erfahren. Was sollte dagegensprechen, dass statt menschlicher Stellvertreter*innen immer häufiger virtuelle Klone von lebenden oder verstorbenen Familienmitgliedern solche simulierten Aussprachen ermöglichen? Schließlich sind Therapieplätze rar und kostspielig, und die Herstellung virtueller Replikant*innen wird künftig immer preisgünstiger angeboten werden. Gibt es eines Tages den Replikanten auf Rezept? Zweifel bleiben angebracht: Sind die virtuellen Wiedergänger*innen der Toten den echten Menschen nicht womöglich zu ähnlich, als dass Menschen mit ihnen stellvertretend klären könnten, was ihnen auf der

Seele liegt? Bei der Familienaufstellung wählen Menschen zunächst selbst aus, welche Personen aus einer Gruppe sie anstelle ihrer Familienangehörigen ansprechen wollen. Allein dieser Vorgang gibt ihnen Aufschluss darüber, wie sie die Familienmitglieder sehen.[239] Zudem kann eine Nicht-Ähnlichkeit zwischen Stellvertreter*in und Original das Adressieren schmerzhafter Themen entscheidend erleichtern. Eine nahezu perfekte virtuelle Kopie dagegen birgt die Gefahr, dass der Effekt des *Uncanny Valley* die Möglichkeit der symbolischen Auseinandersetzung hemmt. Uncanny Valley – Dieser Begriff stammt ursprünglich aus der Robotik und bezeichnet ein außergewöhnliches Phänomen: Je ähnlicher uns die künstliche Darstellung des Menschen, also beispielsweise in Form von fotorealistischen Avataren in Computerspielen, erscheint, desto weniger ist uns diese Darstellung geheuer. Der Robotikprofessor Masahiro Mori bezeichnete dieses Phänomen schon 1970 als »unheimliches Tal«. Je mehr die Erscheinung eines Roboters dem Menschen ähnelt, so Mori, desto positiver und einfühlsamer werde die emotionale Reaktion der Betrachter*innen auf den Roboter. Ab einem bestimmten Ähnlichkeitsgrad wandelt sich dieses positive Gefühl jedoch in Abscheu. Die Betrachter*innen befinden sich dann im unheimlichen Tal. Die Beinahe-Identität mit dem Menschen weckt nicht Akzeptanz gegenüber der Maschine, sondern Misstrauen: Was macht den Menschen aus und was die Maschine? Was unterscheidet sie voneinander? Erst wenn der Roboter vom menschlichen Wesen kaum mehr zu unterscheiden ist, wird die emotionale Reaktion wieder positiv, und die Empathie der Betrachter*innen steigt. Dieser Bereich zwischen dem »Fast-Menschlichen« und dem »Voll-Menschlichen« wird als das unheimliche Tal bezeichnet.Doch neuere psychologische Studien bestreiten, dass eine nahezu perfekte Imitation eines Menschen zwangsläufig unheimlich wirken muss.²⁴⁰ Es bleibt deshalb noch viel zu klären für die Forschung auf diesem Gebiet, und es bleibt abzuwarten, ob sich die Wiederbegegnung mit einem Toten in Form seiner nahezu perfekten Simulation in Langzeitstudien als förderlich oder schädlich für das Seelenheil eines Menschen erweisen wird. Eindeutig klären lassen werden sich die Auswirkungen wohl nie, zumal sie nicht zuletzt von der Disposition des Einzelnen abhängen. Wichtig ist in jedem Fall, dass die Trauernden sich des Risikos bewusst werden, das sie durch die Konfrontation mit dem täuschend ähnlichen virtuellen Wiedergänger oder der Wiedergängerin eines geliebten verstorbenen Menschen eingehen, und dass sich Medienschaffende künftig zweimal überlegen, ob sie die Verantwortung übernehmen können für solch ein psychologisches Experiment, wie es der koreanische TV-Sender durchgeführt hat. Für Unternehmen wie Vive Studios aus Seoul ist die Wiederbegegnung von Jang und ihrer Tochter nur der Anfang gewesen. Den Tech-Unternehmen, die seit Jahren nach neuen Märkten für die virtuelle Realität suchen, ist nicht entgangen, welch ein Interesse Menschen weltweit an neuen Formen des Abschiednehmens, Trauerns und Gedenkens haben. Vielleicht werden Trauernde wie Jang eines Tages nicht mehr das Gefühl haben, ins Leere zu greifen, wenn sie ihre Hand nach dem Wiedergänger des Verstorbenen ausstrecken und ihn berühren wollen.

Ob die virtuellen Wiedergänger*innen der Toten unsere Erinnerungen an die gestorbenen Liebsten überschreiben und löschen oder bloß in bestem Sinne erweitern, hängt wohl vom Einzelnen ab, der in den virtuellen Hades hinabsteigt. Und es hängt davon ab, für wen oder was wir die Avatare halten, als wer oder was wir sie be-greifen: ob wir die Verstorbenen, die sie verkörpern, festzuhalten versuchen oder uns von ihnen berühren lassen, ohne uns ihrer Echtheit versichern zu wollen.

HÖLLE DER UNSTERBLICHKEIT

Einer, der sein halbes Leben lang über das Trauern und Abschiednehmen, das Sterben und den Tod geforscht, nachgedacht und geschrieben hat, ist der österreichische Professor Thomas Macho (* 1952), der in Wien das Internationale Forschungszentrum Kulturwissenschaften leitet. Als er in unserem Gespräch von der so genannten »Wiederbegegnung« der südkoreanischen Mutter mit ihrer verstorbenen Tochter hört, ist er entsetzt. So eine Simulation könne ja nur verkürzen, was die Frau mit ihrer Tochter zu Lebzeiten an Nähe, Vertrautheit und Zärtlichkeit geteilt habe. Für Macho äußert sich hierin ein gefährlicher Trend: »Eine Weltsimulation, die uns vorgaukelt, dass es nichts gibt, das wir vermissen müssen, ist die Hölle. Das wäre die Erfüllung der intimsten Träume des neoliberalen Kapitalismus. Die Welt, die aus Überfluss besteht, eine Welt, die nur eines nicht kennt, nämlich die Erfahrung von Abwesenheit, diese Welt ist mit der Hölle verwandt, weil hier das Sich-Entziehen nicht mehr möglich ist«, sagt der Kulturwissenschaftler. »Wer den Entzug nicht mehr bewältigen kann, wer also im Laufe seines Lebens nicht gelernt hat, mit Verlust, mit Abwesenheit, Trennung und Abschied umzugehen, sondern permanent Präsenz simuliert, der ist auch nicht in der Lage, sich selbst zu entziehen und mal zu sagen: ›Ich will jetzt für mich sein.‹ Das hat für mich etwas von Gefangenschaft. Das ist die Folter der permanenten Präsenz.« Ein bisschen sei das doch wie bei Sigmund Freud, der »Fort-Da«-Geschichte in seinem Text *Jenseits des Lustprinzips*[241], meint Macho: Freuds Enkel symbolisiert darin das Weggehen und Wiederkommen seiner Mutter damit, dass er eine Holzspule wegwirft – »Fort!« –, um sie anschließend mithilfe eines daran gebundenen Fadens wieder zurückzuholen – »Da!« Traumatisiert durch die Abwesenheit der Mutter überwindet das Kind seine Angst und erlangt die Herrschaft über die Lage, indem es die Mutter mit der Spule symbolisiert. Das Kind wird zum Regisseur des Erscheinens und Verschwindens der Mutter. »Stellen wir uns nur vor, was das für das Leben-Lernen des Kindes bedeutet, wenn die Mutter von nun an immer da wäre, als Simulation – was für eine Horrorwelt! Was für ein Schrecken! Keine Chance mehr, sich zu distanzieren, sich zu separieren, sich als jemand anderes zu erleben.« Thomas Macho unterschätzt keinesfalls, wie schmerzhaft der Verlust eines geliebten Menschen ist und wie groß der Wunsch sein kann, diesen Menschen von den Toten *zurückzuholen*. Gerade einmal zweiundzwanzig Jahre alt war er, als plötzlich erst sein Vater und kurz darauf seine Mutter starb. »Meine Mutter hat nach dem Tod ihres Mannes, meines Vaters, wahnsinnig gelitten und alles, was sie in den Tagebuchaufzeichnungen festgehalten hat, war getränkt von Verzweiflung, dass weder die Religion noch die Psychologie noch die Freunde irgendeinen Ersatz für den vertrauten Körper ihres Partners bilden können. Alle Trostformen, die etwas mit Geist, Psyche, Seele oder Wiedersehen im Himmel angeboten haben, waren kein Trost, weil es Trost nur gegeben hätte, wenn ihr Mann selbst – und das heißt auch körperlich – da gewesen wäre. Trauern hat, mit einem Ausdruck der Psychoanalyse gesprochen, mit Objektverlust zu tun: Und so zu tun, als könnte man das Objekt, nämlich den Körper – die Präsenz eines anderen Menschen – simulativ lösen, womöglich mit Cyberbrillen und fiktiven Körpern, ist ...« Der Kulturwissenschaftler stockt und schüttelt den Kopf. Statt Menschen virtuell zu klonen, wünsche er sich eine neue Trauerkultur, sagt er. Das Netz könne dazu durchaus beitragen, etwa wenn Menschen in Sozialen Netzwerken den Sterbeprozess eines oftmals sogar nicht mal persönlich bekannten Menschen begleiteten und sich auch nach dem Tod Trauergemeinschaften bildeten, die einander beistünden.

Sofort müssen wir an die »Metahasenbändigerin« denken, eine vor wenigen Monaten an Krebs gestorbene Frau. »Lebenssüchtige Metahasenbändigerin, quirlig und verpeilt, Morgenmuffel, Krebs-Bloggerin & comic-artist #onkobitch. pro LGBTQ« steht auf ihrem Twitter-Profil, das auch lange nach ihrem Tod noch aktiv ist. Fast 11.000 Menschen folgten ihr und nahmen Anteil an ihrem Krankheitsverlauf. Noch immer werden Nachrufe oder Worte der Anteilnahme getwittert. Macho spricht von einer »Solidarität der Sterblichen«. Die Sterblichen, das sind wir alle, schließlich ist vor dem Tod (bis jetzt) niemand gefeit. Als Sterbliche, so habe Perikles im alten Griechenland die Menschen bei seinen Reden auf der Agora angesprochen, erzählt Macho.[242] Sterblichkeit heiße zwar einerseits Trennung, aber sterblich zu sein, sei eben auch, was uns alle verbinde: »Wir sind alle sterblich, und weil wir das alle wissen, ist es etwas, das Gemeinschaft, auch politische Gemeinschaft, Demokratie möglich macht. Der Tod ist das Versprechen der Gleichheit, des Geteilten, des Gemeinsamen«, sagt Macho.

Die deutsche Philosophin Ina Schmidt (* 1973) wirbt dafür, die Vergänglichkeit und Endlichkeit in unseren wachstumsorientierten Gesellschaften nicht länger bloß als lästiges Übel unseres Lebens zu betrachten. »Wir müssen dem Leben verzeihen, dass es endlich ist«, sagt Schmidt.[243] Statt mit unserem Schicksal zu hadern, sollten wir eine aktive Haltung zum Sterben einnehmen, so die Philosophin. Schließlich zeige ja schon der Ausdruck »Abschied nehmen«, dass Endlichkeit nichts sein muss, das uns ereilt und worunter wir leiden müssen, sondern was wir selbst gestalten können: Wir *nehmen*, das heißt wir ergreifen den Abschied aktiv. Dass wir den Tod verdrängen, liegt für Schmidt an unserem technisch-mechanistischen Weltbild, das auf Effizienz und Fortschrittsdenken ausgerichtet sei. An die Stelle des Wachstumsprinzips will Schmidt eine »Ethik der Verletzlichkeit« setzen. In ihren »denkraeumen« in Hamburg versucht sie, einen neuen Dialog über die Vergänglichkeit anzustoßen. Die Philosophin erinnert an die »Ars moriendi«, die mittelalterliche Sterbekunst, und wünscht sich, dass wir für die Spätmoderne eigene Rituale des gemeinsamen Abschiednehmens entwickeln. Wünschten sich die Menschen jahrhundertelang einen langsamen Tod, um in Ruhe Abschied nehmen, die irdischen Belange regeln und ihre Seele entlasten zu können, hofften heute viele Menschen ganz im Gegenteil auf einen plötzlichen Tod, erklärt der Kulturwissenschaftler Thomas Macho. Auch Macho ist der Ansicht, es fehlten neue Rituale für die Vorbereitung auf den Tod und für das gemeinschaftliche Trauern danach.

Trauern nicht als ein Manko, eine Schwäche oder gar als ein psychisches Problem zu betrachten, das es zu therapieren gilt, sondern als etwas, das zu einem erfüllten Leben dazugehört, das unsere beschleunigten, fortschrittsgetriebenen westlichen Gesellschaften erst wieder lernen müssen. In England wird gerade ein neues Gesetz als Errungenschaft gefeiert, das Eltern, die ein Kind verlieren, zwei Wochen bezahlter Trauerzeit einräumt.[244] Zehn Jahre musste die Mutter des im Alter von vier Jahren verstorbenen Jack, nach dem das Gesetz nun benannt ist, für ihr Recht auf Trauer kämpfen. In Deutschland sind es auch weiterhin nur zwei Tage, die Arbeitnehmer*innen im Falle eines verstorbenen Familienmitglieds offiziell zustehen, ganz gleich, ob es sich dabei um den Ehepartner, ein Elternteil, das Kind, Bruder oder Schwester handelt: ein Tag für den Todestag, ein Tag für die Beerdigung.[245] Das muss reichen. Auch wenn Arbeitgeber*innen (so bleibt zu hoffen) bisweilen aus Kulanz mehr Trauertage möglich machen, so spiegelt sich in dieser Gesetzeslage eine (Un-)Kultur wider, die viel über den Zustand unserer heutigen Gesellschaften ausdrückt: Trauer ist etwas, das so schnell wie möglich hinter sich gelassen werden muss. Gemeinschaftliche Trauerrituale wie die öffentliche Aufbahrung, der Leichenschmaus, das tage-, wochen- oder monatelange Tragen von Trauerkleidung, Gedenkgottesdienste und so weiter, die vor einigen Jahrzehnten für die Mehrzahl der Menschen hierzulande noch gang und gäbe waren, sind heute eher die absolute Ausnahme. Mit den meist religiösen Ritualen, die traditionell Zeit beanspruchten und gemeinschaftlich ausgetragen wurden, ist zugleich das gefühlte Recht des Einzelnen aus unseren Gesellschaften verschwunden, noch lange nach dem Verlust eines geliebten Menschen trauern zu dürfen.

Es ist eine gesellschaftliche Aufgabe, dem Abschiednehmen und Trauern mehr Raum und Zeit zu schenken. Es ist aber auch eine Frage des Bewusstseins. Thomas Macho kann der Vergänglichkeit auch ganz persönlich mehr abgewinnen als dem Traum von der Unsterblichkeit: »Ich finde, Endlichkeit hat etwas sehr Tröstliches«, sagt er in unserem Gespräch in Wien und lässt nicht den Hauch eines Zweifels erkennen.

Es mache einen gewaltigen Unterschied, sich ein unendlich währendes Leben vorzustellen oder eines, das um einige Jahrzehnte verlängert wäre, aber trotzdem irgendwann zu einem Ende käme, sagt Macho. Es sei die ewige Wiederholung, die dem Leben jeden Sinn raube. Gegen eine radikale Lebensverlängerung sei dagegen wenig einzuwenden, findet Macho. Einhundertdreißig bis -fünfzig Jahre könnten ja womöglich bald schon drin sein. Dass daran gearbeitet werde, sei völlig in Ordnung, wobei es wohl auch bei einer solchen Lebens- bzw. Sterbe-Erwartung so manch einem ganz schön langweilig werden dürfte, glaubt der Kulturwissenschaftler.

Doch ist es nicht auch eine Frage der inneren Einstellung, wie wir die ständige Wiederholung erleben? Der deutsch-russische Pianist Igor Levit (* 1987) erklärte in einem Interview mit der Wochenzeitschrift *Die Zeit* auf die Frage, ob er den ersten Satz der Mondscheinsonate überhaupt noch hören könne, so oft wie er ihn schon gespielt habe: »Je häufiger ich eine Sonate spiele, je mehr ich damit arbeite, desto weniger verstehe ich sie, desto mehr entfernt sie sich von mir, desto glücklicher werde ich damit, und desto öfter will ich sie spielen (...) Ich möchte nie sagen: Das habe ich verstanden, das Nächste, bitte. Das Ziel ist: Ich möchte immer wieder am Anfang ankommen.«[246] Könnten wir mit der gleichen Einstellung nicht auch ein radikal verlängertes Leben als unerschöpfliches Reservoir an Erfahrungen begreifen, statt es als eintönige Wiederholung des Immergleichen zu betrachten?

UNSTERBLICHER RUHM

Das vielleicht älteste Mittel, um Unsterblichkeit zu erlangen, hat nichts mit Technologie zu tun. Es ist der Ruhm. Bei der *Vermächtniserzählung*[247] geht es um die Strahlkraft eines Menschen, die über den Tod hinaus wirkt. Schon in der Antike war der Begriff des Ruhms eng mit der Unsterblichkeit verbunden. So zog der griechische Held Achill, der auf dem Schlachtfeld vor Troja kämpfte, bei einer Schicksalswahl ein kurzes Leben mit ewigem Ruhm einem langen, aber glanzlosen Leben vor. »Die Idee, dass man nachlebt im Bewusstsein der anderen, hat etwas mit einem Gemeinschaftsgefühl zu tun, das für die Griechen sehr wichtig war«, erklärt Thomas Macho bei unserem Gespräch. »Im Gedächtnis der Lebenden weiterzuleben ist für die Griechen ein Trost gewesen, weil man präsent bleibt in der Mitte derer, die ohnehin wichtiger sind als ich als Individuum.« Und heute? Ganz im Sinne des neoliberalen Ideals ist heute jeder seines Glückes Schmied (natürlich unabhängig von den sozialen Umständen). Wer schnell in Vergessenheit gerät, hat nicht hart genug gearbeitet oder ist nicht clever genug. Wessen Strahlkraft sogar über den Tod hinausweist, hat dementsprechend geliefert. Doch ist es heute noch ein solch attraktives Ziel, nach dem eigenen Tod berühmt zu bleiben wie bei den alten Griechen? Wie viele Menschen würden es wohl heutzutage Achill gleichtun und ein ewiges Erinnert-Werden einem langen Leben vorziehen? Brauchen wir uns heutzutage einfach keine Sorgen mehr um unseren Nachruhm zu machen, weil das Netz ja ohnehin nichts und niemanden vergisst?

Oder ist es umgekehrt so, dass die Idee des Nachruhms in Zeiten des Netzes so unattraktiv geworden ist, weil viele von uns den Eindruck haben, dass wir ohnehin keinen Einfluss darauf haben, wie wir im Netz repräsentiert werden – sei es vor oder nach dem Tod? Oder ist es uns einfach inzwischen schnurzpiepegal, wie man sich eines Tages an uns erinnert, wenn wir tot sind? In den vielen Gesprächen über den Tod und das Nachleben, die wir in den vergangenen Monaten mit Menschen überall auf der Welt geführt haben, ist uns aufgefallen, wie oft sie sagen: Was nach meinem Tod passiert, ist mir wurscht. Das kriege ich ja ohnehin nicht mehr mit. »Mir wäre die Vorstellung unangenehm, dass nach meinem Tod im Netz von mir etwas wuchert, sich fortpflanzt und ein ›Eigenleben‹ führt«, sagt Thomas Macho. Dem würden wohl viele Menschen noch zustimmen. Der Einsatz für ein »Recht auf Vergessenwerden« im Netz weist zumindest vage darauf hin (dazu später mehr).

Warum aber ist diese so alte Menschheitsidee von der Unsterblichkeit – die Idee, dass wir mit unseren Worten, Taten oder Werken Nachruhm erlangen und so in den Erinnerungen einer großen Zahl von Menschen fortleben können – offenbar heute nicht mehr sehr populär? Vielleicht hängt die Tatsache, dass uns der Nachruhm heute so wenig attraktiv erscheint, mit unseren disparaten Öffentlichkeiten zusammen, mit der Tatsache, dass es die eine große Öffentlichkeit, die sich unserer erinnern könnte, gar nicht mehr gibt? Andererseits hat sich die Zahl der Menschen, denen man auf einen Schlag bekannt werden kann, in Internetzeiten ja auch radikal erhöht: Millionen von Menschen weltweit können zum Publikum werden. Vielleicht hängt es mit der Beschleunigung zusammen?

Für Attentäter (vor allem solche, die nicht aus religiösen Motiven morden) scheint das Desinteresse am Nachruhm nicht zu gelten. In vielen Fällen töten sich die jungen Männer am Ende eines Anschlags. Der (Anti-)Heldentod scheint unter Attentätern ein beliebtes Motiv zu sein. Die Aufmerksamkeit des Netzes (über den Tod hinaus) scheint die Attraktivität noch zu erhöhen, wenn man beachtet, wie viele Attentäter ihren unseligen Nachruhm im Netz aufwendig inszenieren. Klebold und Harris, die beiden Attentäter des Massakers an der Columbine High School 1999 im US-amerikanischen Littleton, träumten auf Videoaufnahmen, die man anschließend fand, noch von einem analogen Nachruhm im Kino: »Sämtliche Regisseure werden sich um diese Story prügeln«, sagte Klebold.[248] Die beiden diskutierten, ob man eher Spielberg oder Tarantino das Drehbuch anvertrauen sollte. Pekka-Eric Auvinen, der 2007 in Finnland neunundsechzig Schüsse auf Mitschüler*innen und Lehrer*innen abfeuerte, bereitete die Selbst-Inszenierung im Netz schon viel umfassender vor. Seine detailgetreue Selbstdarstellung wurde von etlichen Medien weltweit aufgegriffen. Damit wurde dem damals achtzehnjährigen Schüler sein mediales Denkmal gesetzt. Auch das Wochenmagazin *Der Spiegel* berichtete damals: »Er stellte ein Video ins Internet. In dem Video war zuerst seine Schule in Jokela zu sehen, dann er selbst, mit seiner Waffe: Pekka, wie er mit der Pistole auf einen Apfel schießt. Pekka, wie er auf die Kamera zielt. Pekka, wie er am Ende des Videos in die Kamera winkt. Als wollte er seine Mutter auch noch einmal grüßen. Pekka-Eric publizierte das Video unter seinem Pseudonym ›Sturmgeist89‹. Er gab dem Film den Namen ›Jokela High School Massacre‹. (...) 200.000 Menschen (schauten sich) Pekkas Video an.«[249] Der Amokläufer verfasste außerdem ein Manifest und fotografierte sich in einem T-Shirt mit der Aufschrift »Humanity is overrated«. All das erschien auf YouTube.

Viel zu oft werden die Videos, Livestreams oder Botschaften der Täter*innen binnen Sekunden in den Sozialen Netzwerken geteilt. Die Berichterstattung in Zeiten von Twitter, Facebook und Co. hat sich verändert. Dadurch, dass die Öffentlichkeit mittlerweile in Echtzeit (über Livestreams) von Terrorattacken, Amokläufen oder Attentaten erfährt, ist ein geordneter Informationsfluss mit geprüften Quellen kaum noch möglich. Das Sensationsinteresse ist oft so groß, dass die Netzgemeinde sich sofort auf alle möglichen Spekulationen stürzt: Warum hat er/sie die Tat begangen? Wer ist diese grausame Person? Was brachte sie zum Morden?

Im Mittelpunkt des Interesses stehen die Täter. Das ist gefährlich, denn immerhin ist die Verbreitung ihrer Attentate ein wesentliches Erfolgsmerkmal für sie. Die Betrachter*innen schaffen ihnen ihr Vermächtnis in Form von Clicks, Likes und Views. Sie suchen die Öffentlichkeit, verlangen regelrecht nach ihr und bekommen sie. Während oftmals schon wenige Stunden nach dem Attentat etliche Theorien bezüglich der Motive und Hintergründe der Tat und insbesondere des Täters durch die Öffentlichkeit geistern, bleibt ein bedächtiges Betrauern um die Opfer oft aus. Es sind gefährliche Mechanismen, die durch derartige Schieflagen der Berichterstattung befeuert werden.

Ein Beispiel: Wer kennt die Namen der Mitglieder des Nationalsozialistischen Untergrunds? Wahrscheinlich haben die meisten Leser*innen von Mundlos, Böhnhardt oder Zschäpe gehört. Aber wer kennt Enver Şimşek, Abdurrahim Özüdoğru, Süleyman Taşköprü, Habil Kılıç, Mehmet Turgut, İsmail Yaşar, Theodoros Boulgarides, Mehmet Kubaşık, Halit Yozgat oder Michèle Kiesewetter, ihre neun Mordopfer? Die Faszination für das Böse scheint über allem zu stehen. Serienkiller, Mörder oder Vergewaltiger generieren mehr Aufmerksamkeit als das Gedenken der Opfer. Aber damit nicht genug. Während die meisten Täter*innen für ihr Nachleben im Netz gesorgt haben, wird den Opfern im medialen Diskurs manches Mal der menschliche Subjektstatus und ihre Zugehörigkeit zur Gesellschaft genommen. Im Falle der Mordserie des NSU war plötzlich von »Dönermorden« die Rede. Die deutsche Soziologin Jasmin Siri (*1980) konstatierte: »Ob und wie um einen Menschen oder eine Gruppe von Menschen getrauert wird, ob und wie der Verlust von Angehörigen von Menschen, die ermordet worden sind, sozial thematisiert (oder dethematisiert) wird, ist also nicht nur eine Frage des individuellen Schicksals, sondern wird vor allem sozial entschieden.«[250]

Es ist eine doppelte Qual für die Angehörigen: die Konfrontation mit der permanenten Präsenz des Täters in der medialen Öffentlichkeit kombiniert mit dem Desinteresse der Öffentlichkeit für die Menschen hinter den Opfern. Wie ein Lauffeuer verbreiten sich Begriffe wie »Dönermorde« in den Sozialen Medien. Was es einmal ins Netz geschafft hat, ist kaum wieder wegzubekommen. Aber was bedeutet das für die Angehörigen und die Familienmitglieder der Verstorbenen? Immerhin wird die Geschichte mittlerweile im Netz geschrieben. Als wäre der Verlust nicht Einschnitt genug in ihr Leben. Hinzu kommt eine digitale Öffentlichkeit, in der würdelose und verletzende Informationen wieder und wieder verbreitet werden. Haben die Angehörigen nicht das Recht darauf, gegen eine oft würdelose Berichterstattung vorzugehen? Steht es ihnen nicht zu, die Würde der Verstorbenen zu schützen (auch in der digitalen Welt)? Und kriegt man solche Nachrichten jemals wieder aus dem Netz? Diesen Fragen wollen wir uns im kommenden Kapitel widmen. Wie steht es um ein »Recht auf Vergessen« in Zeiten des Internets? Je mehr die Geschichte im Netz geschrieben wird, desto entscheidender ist es, was dort erscheint und was nicht. Wer sind die Geschichtsschreiber des 21. Jahrhunderts? Google, Facebook und Co.? Wer verantwortet, was für ewig erinnert und was vergessen wird? Eines steht fest: Das Erinnern verändert sich in Zeiten des nicht vergessenden Netzes radikal.

Was für die Lebenden gilt, reicht weit über den Tod hinaus: Was passiert mit Verstorbenen in der digitalen Welt, wenn ihre Profile und Accounts online bleiben? Wie beeinflusst das digitale Nachleben das Erinnern und Vergessen? Während für die analoge Welt geregelt ist, wie mit dem Erbe der Verstorbenen umgegangen wird, gibt es für den digitalen Nachlass noch etliche offene Fragen. Doch nicht nur das Nachleben der Toten wird vom Netz, das nicht vergisst, auf den Kopf gestellt.

13. KAPITEL
DAS EWIGE LEBEN

GESCHICHTE SCHREIBEN

Wer heute jung ist, wächst in einer Welt auf, in der alles, was wir als Teenager tun, noch im Erwachsenenalter auf uns zurückfallen kann. Wer sich nicht schon in früher Jugend viele berufliche Chancen verbauen will, muss bereits als Zwölfjähriger im Netz so besonnen agieren, dass keine seiner Blödeleien, Sprüche, Witze, Streiche oder Experimente Jahrzehnte später hervorgekramt und als Ausweis einer Charakterschwäche gegen ihn verwendet werden kann. Im Zeitalter des Internets sind die Jugend und ihr Recht auf Fehler abgeschafft. Und auch für Erwachsene stellt sich die Frage: Wenn sicher ist, dass alles, was wir tun, gespeichert bleibt und nachträglich überprüft werden kann, handeln wir dann nicht immer häufiger nur noch für den zukünftigen Blick zurück? Werden wir dann nicht übervorsichtig, weil klar ist, dass jeder Fehler unwiderruflich ist? Werden wir dann nicht vor lauter Zögern und Zaudern das Handeln verlernen? Trial and Error – das Ausprobieren und Lernen aus Fehlern hat uns Menschen großen Fortschritt beschert, es ist ein Grundprinzip der Evolution. Wie wollen wir lernen, wenn wir für all unsere Fehler noch Jahre später zur Rechenschaft gezogen werden können? Wenn nichts verjährt, weil alles im Netz hängen bleibt, erscheinen zweite, dritte, vierte Chancen im Leben aussichtslos. Für Neuanfänge braucht es Tabula rasa, der Mensch muss sich selbst zum unbeschriebenen Blatt erklären dürfen, oder anders formuliert: Es muss ihm erlaubt sein, das Blatt seines Lebens zu wenden und neu zu beschreiben. Im September 2018 fotografierte eine Pariser Passantin mit ihrem Mobiltelefon einen Müllarbeiter, der seine Arbeitsschuhe ausgezogen hatte und in einem schattigen Plätzchen auf dem Trottoir ein Nickerchen machte. Die Dame stellte das Foto auf Twitter, versah es mit den Hashtags #propreté und #mairiedeparis (#Sauberkeit und #RathausvonParis) und schimpfte auf die Arbeitsmoral der Müllabfuhr, die schuld sei am Erscheinungsbild der französischen Hauptstadt. Die Steuern der Pariser würden also für Müllmänner ausgegeben, die schliefen statt zu arbeiten, so ihr erboster Tweet.[251] Er schlug solche Wellen im Netz, dass die Müllabfuhr den Mann feuerte. Da er selbst Twitter gar nicht nutze, habe er erst durch die Kündigung erfahren, dass das Foto von ihm im Netz die Runde gemacht hatte, erklärte der Betroffene. Gehört haben wir von diesem Fall nur, weil der Mann Protest einlegte und schließlich sogar vor Gericht zog. Er habe Schmerzen im Bein gehabt, weshalb er sich kurz niedergelegt habe, während sein Kollege das Müllauto eingeparkt habe, erklärte er. Seit seiner Bloßstellung am digitalen Pranger hat er keinen neuen Job gefunden.

Beispiele wie dieses gibt es viele in Zeiten der ständigen gegenseitigen Überwachung per Smartphone und der Erregungskultur in Sozialen Netzwerken. Wie viele Menschen in Zeiten von Social Media schon ihre Jobs verloren haben, weil ein Kommentar, ein Foto oder Video von ihnen im Netz sie diskreditierte, lässt sich nicht beziffern. Fest steht: Die Tatsache, dass jederzeit irgendwo irgendjemand ein Handy zücken und unbemerkt ein Foto schießen oder Video aufnehmen kann, das uns (aus dem Kontext gerissen) »überführt«, »entlarvt« oder sonst wie in schlechtem Licht erscheinen lässt, dehnt das Netz auch auf Momente unseres Lebens aus, in denen wir glauben, unbeobachtet unterwegs zu sein und in denen das Internet vordergründig keine Rolle spielt. Aber das Netz ist überall, und es vergisst nichts.

In der Episode *The Entire History of You*[252] der Netflix-Serie *Black Mirror* (interessanterweise auf Deutsch erschienen als »Das transparente Ich«) von Jesse Armstrong wird durchgespielt, wie ein Leben mit umfassender dauerhafter Aufzeichnung aller Geschehnisse aussehen könnte – im Grunde eine filmische Fortschreibung dessen, was Andrew aus Toronto mit seiner MEMEX schon heute praktiziert. Mit einem eingepflanzten Chip könnte jeder Mensch in Zukunft sämtliche Momente des Lebens wie eine endlose Filmaufnahme abspulen und anderen Leuten vorspielen, malt die TV-Serie aus. Liam, den Protagonisten, beschleicht der Verdacht, dass seine Frau (während einer Beziehungspause) ein Verhältnis mit einem anderen Mann hatte. Er durchsucht sein lückenloses Speichergedächtnis nach möglichen früheren Indizien dafür, steigert sich in seine Eifersucht hinein und konfrontiert den anderen mit seinem Verdacht. Die Situation eskaliert. Als er das Speichergedächtnis des Konkurrenten durchsucht, findet er, was er befürchtet hat. Liam bringt den Mann gewaltsam dazu, die Erinnerungen an seine Frau zu löschen, und zwingt seine Frau, ihm ihre Aufzeichnungen ihres Verhältnisses mit dem anderen vorzuspielen. Was *Black Mirror* uns anhand der holzschnittartigen, aber erschütternden Episode zeigt: Unser aller Verunsicherung würde wohl ins Unermessliche gesteigert werden, wenn die natürliche Barriere des Vergessens den Blick zurück nicht länger beschränkte und wir jederzeit das Gewesene in allen Einzelheiten überprüfen könnten.

Neben der privaten Katastrophe, die das lückenlose Ermitteln und Überprüfen des Vergangenen hervorruft, deutet die Netflix-Folge an, wie tiefgreifend die Konsequenzen für die Gesellschaft sein könnten, wenn nichts mehr vergessen wird: Wer in der dargestellten Welt mit einem Flugzeug reisen will, muss sein Speichergedächtnis der letzten Woche offenlegen. Arbeitgeber verlangen bei Vorstellungsgesprächen die Offenlegung sämtlicher gelebter Momente der letzten Jahre. Wer will schon die Katze im Sack kaufen! Wenn wir jederzeit mit unserem früheren Ich und dessen Worten und Taten konfrontiert werden können, werden wir Menschen diesen Zwang zur Kohärenz dann überhaupt noch aushalten können? Oder werden wir im Gegenteil kapitulieren und unser Bild vom Individuum, das man für sein Handeln verantwortlich machen kann, aufgeben müssen, weil es nicht mehr durchzuhalten ist? Am Ende der Episode schneidet sich Liam das Implantat seines Speichergedächtnisses aus dem Kopf heraus. Nicht vergessen zu können ist für ihn zur Qual geworden.

Aber ist die Katastrophe, wie sie die Serie *Black Mirror* in all ihren Episoden heraufbeschwört, wirklich die einzige mögliche Zukunftsaussicht, wenn wir Technologien wie Andrews MEMEX weiterverfolgen wollen? Haben Menschen nicht bei so ziemlich jeder neuen Technologie, die einen gravierenden Einfluss auf unser Leben hatte, befürchtet, sie könne das Ende der Menschheit herbeiführen? Übersehen solche Dystopien nicht regelmäßig, dass Menschen in der Lage sind, ihr eigenes Tun zu reflektieren und negative Konsequenzen zu vermeiden, indem sie einen bewussten, einen moderaten Umgang mit der Technik finden? Können wir uns nicht einfach anpassen und lernen, mit der Technologie des algorithmischen Speichergedächtnisses verantwortungsbewusst, vernünftig, besonnen zu leben?

Die US-amerikanische Medienwissenschaftlerin und Sozialforscherin Danah Boyd (* 1977) vom Data & Society Research Institute in New York geht davon aus, dass »Menschen, vor allem jüngere Leute, Mechanismen entwickeln werden, um damit fertigzuwerden. Das wird einfach so passieren, ohne dass eine Regierung oder eine technische Einrichtung eingreifen müsste.«[253] Mit einem lückenlosen digitalen Speichergedächtnis zu leben sei schlicht etwas, das wir Menschen lernen müssen, glaubt Boyd. Das Lernziel hätten wir erreicht, wenn unser angepasster Geist sich nicht mehr von der Allverfügbarkeit von Daten verwirren ließe. Auch sie glaubt nicht, dass diese Anpassung von heute auf morgen gelingen wird. Womöglich werde es eine Übergangsphase geben. Aber letztlich liege es an uns, mit dem technologischen Wandel klarzukommen, findet Danah Boyd, die nach einem Master am Media Lab des Massachusetts Institute of Technology und einem Doktor in Berkeley inzwischen für Microsoft Research arbeitet. Wird sie recht behalten? Klar ist, dystopische Sci-Fi-Serien wie *Black Mirror* können uns davor bewahren, uns tatsächlich blindwütig den technischen Möglichkeiten zu verschreiben. Aber sie sollten nicht als Aufruf verstanden werden, die Technologien gänzlich abzulehnen, wofür es wahrscheinlich ohnehin schon zu spät ist: Die Server der Unternehmen, deren Services wir regelmäßig nutzen, quellen über vor Daten, aus denen sich unser Leben rekonstruieren lässt. Social-Media-Profile machen fast jeden von uns zu einem offenen Buch. Geradezu ohnmächtig scheinen die meisten Menschen angesichts der Tatsache zu werden, dass wir alle jederzeit durchleuchtet, abgehört und ausspioniert werden. Während noch 1987 eine simple Volkszählung[254] in der Bundesrepublik die Gemüter derart erhitzte, dass Menschen hierzulande in Scharen auf die Straße gingen und gegen die Verletzung der Privatsphäre protestierten, haben sich offenbar die meisten von uns inzwischen damit abgefunden, dass wir zur vollkommenen Transparenz verdammt zu sein scheinen. Oder wissen wir nicht, was wir tun? Sind wir uns der Tragweite unserer täglichen Daten-Geschenke an Tech-Monopolisten noch immer nicht bewusst? Im Gegensatz zu Boyd hält der Oxford-Professor Viktor Mayer-Schönberger (* 1966) die gesellschaftlichen Auswirkungen eines totalen digitalen Speichergedächtnisses für verheerend. Der österreichische Rechtswissenschaftler plädiert für eine verblüffend simple Lösung, die sich an unserem menschlichen Gedächtnis orientiert: Alle Informationen, die ins digitale Gedächtnis eingehen, sollten mit einem Verfallsdatum ausgestattet werden, schlägt er vor. »Unsere digitalen Speicher würden dann alle Informationen löschen, die ihre Aufbewahrungsdauer erreicht oder überschritten haben. (…) Wer am Computer ein Dokument angelegt hat und es abspeichern will, müsste dann außer einem Dateinamen auch ein Ablaufdatum wählen. Ohne Festlegung des Verfallsdatums wäre ein Speichern nicht möglich – so, wie es auch ohne Dateinamen nicht geht. Sobald man seine Präferenzen festgelegt hat, übernimmt der Computer den Rest: Er verwaltet die Verfallsdaten und tilgt vielleicht einmal am Tag abgelaufene Informationen.«[255]

Nicht nur Dateien, auch Cache und Cookies, die der Webbrowser speichert, Sucheinträge bei Google, Wege, die wir zurückgelegt haben, oder Käufe, die wir getätigt haben, sollten automatisch verschwinden, statt dass die Nutzer*innen sie löschen lassen müssen, schlägt Mayer-Schönberger vor. »Anstelle des dauerhaften Erinnerns wird so das vom Menschen gesteuerte und gewollte Vergessen wieder zur Norm«[256], schreibt der Oxford-Professor.

Das klingt zunächst vielversprechend, aber im Normalfall ist es gar nicht so einfach zu entscheiden, wem eine bestimmte Information gehört – erst recht in Zeiten, in denen wir dauernd irgendwelche Informationen miteinander teilen, weiterbearbeiten, abändern und von Neuem weiterreichen. Nicht nur Unternehmen und Kund*innen, sondern auch Menschen untereinander haben oft ganz gegensätzliche Interessen, was das Speichern oder Löschen von Informationen betrifft. Das räumt auch der Oxford-Professor ein. In dem Fall müsste zwischen den beteiligten Parteien über ein Verfallsdatum *verhandelt* werden, schlägt er vor. Vor lauter Verhandeln, welches Haltbarkeitsdatum eine Information bekommt, würden wir uns allerdings wohl schon bald zurückwünschen, dass andere uns diese Entscheidung abnehmen, scheint uns. Und Unternehmen säßen wohl bei »Verhandlungen« ohnehin immer am längeren Hebel. Tatsächlich könnte es bisweilen schwer zu entscheiden sein, wer bei allzu widerstrebenden Interessen entscheiden dürfe, was mit einer Information geschieht, gibt Mayer-Schönberger zu. Es könnte etwa »Spannungen zwischen den individuellen Wünschen nach Vergessen und einem gesellschaftlichen Verlangen nach Erinnerung (und umgekehrt) geben«. In Gesellschaften, »die das Individuum höher schätzen als das Kollektiv«, werde »in der Regel der Betroffene das Verfallsdatum festlegen. In bestimmten Fällen können aber gesellschaftliche Belange schwerer wiegen als individuelle Vorlieben«[257], schreibt Mayer-Schönberger. Das hält ihn jedoch nicht davon ab, an seiner Idee vom digitalen Verfallsdatum festzuhalten. Noch besser als den plötzlichen Tod einer Information fände er ein allmähliches Verblassen, ähnlich wie das menschliche Gedächtnis sich an weiter zurückliegende Ereignisse mit der Zeit immer weniger erinnert: »Ich könnte mir beispielsweise vorstellen, dass das Aufrufen älterer Informationen aus digitalen Speichern länger dauert, so wie unser Gehirn manchmal mehr Zeit braucht, um Erinnerungen an Ereignisse aus der fernen Vergangenheit zu aktivieren. Oder das digitale Gedächtnis würde nach weiteren

Suchwörtern verlangen, um ältere Informationen aufzuspüren, so wie uns weit Zurückliegendes oft erst durch zusätzliche Stimuli wieder einfällt.«[258] Die Idee des »rostenden digitalen Gedächtnisses« hatte der Oxford-Professor schon 2008. Mehr als ein Jahrzehnt später scheint dies noch immer bloß ein netter, aber letztlich naiver Einfall zu sein. Warum? Weil es im Digitalen immer darum geht, *Reibung zu beseitigen*. Es ist ein Grundgedanke des Digitalen, Kommunikation schneller und einfacher zu machen, während das Festlegen oder Aushandeln von Verfallsdaten für jede einzelne Information dem Gegenteil von Reibungslosigkeit entspricht. Immerhin, die Erwägungen des Rechtswissenschaftlers inspirierten die Europäische Kommission zu einer Datenschutz-Reform, die als »Recht auf Vergessenwerden« bekannt wurde: Im Mai 2014 entschied der Europäische Gerichtshof, dass Privatpersonen in der EU das Recht besitzen, von Suchmaschinenbetreibern die Löschung von Links zu Webseiten Dritter zu verlangen, die unerwünschte Inhalte oder Informationen zu ihrer Person enthalten. Damit liegt allerdings die Verantwortung, das eigene Erinnert- und Vergessenwerden zu gestalten, wie so oft mal wieder beim Einzelnen. Nur wenn wir uns aktiv darum bemühen, dass ein Bild, ein Video, ein Text von oder über uns nicht länger in den Suchergebnissen auftaucht, kommt es – unter Umständen – zum digitalen Vergessen, und dann auch nur in der EU. Außerhalb der Europäischen Union können die Inhalte dagegen weiterhin abgerufen werden.[259] Der Wunsch des Betroffenen allein genügt ohnehin nicht, um das Vergessen herbeizuführen: Über ein Online-Formular[260] muss die Person triftige Gründe anführen können, warum das Recht beispielsweise von Google zu informieren und das Recht der Öffentlichkeit, informiert zu werden, weniger schwer wiegen sollen als das Persönlichkeitsrecht des Betroffenen. »Personenbezogene Daten wie Namen und Telefonnummern, Nacktfotos oder sexuell explizite Inhalte oder Namen auf pornografischen Websites« sind für Google klare Fälle für eine Löschung der Links. »Falsche oder ungenaue Informationen zu meiner Person« können auch dazugehören, aber nur, wenn es zu beweisen gelingt, dass die Information eindeutig falsch ist. Der bürokratische Aufwand dazu kann bisweilen kafkaeske Züge annehmen. Unser Versuch etwa, Google dazu zu bewegen, Moritz nicht noch ein Jahr älter zu machen, als er ohnehin schon ist, ist trotz ausgefüllter Formulare und Identitätsnachweis bis zum Zeitpunkt der Manuskriptabgabe glücklos geblieben. Wenn Informationen schlicht veraltet sind, sollen sich Nutzer*innen direkt an die Betreiber*innen der Websites wenden, die diese Informationen enthalten, schreibt Google. Aber was das Internet so schlecht vergessen lässt, ist die schnelle Vervielfältigung von Informationen. Was beispielsweise einmal auf Wikipedia publiziert wurde, wird von zig anderen Websites abgeschrieben, ganz egal, ob diese Informationen stimmen oder nicht. Müssen Menschen, die veraltete Informationen entfernen lassen wollen, dann jeden einzelnen Betreiber der Websites persönlich kontaktieren? Allein in den ersten fünf Jahren nach der Entscheidung des Europäischen Gerichtshofes landeten bei Google 850.000 Anträge auf Löschung von Links zu personenbezogenen Inhalten. Nicht einmal der Hälfte der Gesuche kam Google nach.[261] Denn es steht dem Unternehmen frei, wie es in der Datenschutz-Grundverordnung der EU heißt, »im öffentlichen Interesse liegende Archivzwecke, wissenschaftliche oder historische Forschungszwecke«[262] höher zu gewichten als den Anspruch des Betroffenen. Das ist in vielen Fällen gesellschaftlich zu begrüßen: Wenn wir etwa an Steuersünder*innen oder korrupte Politiker*innen denken, die oft schon nach atemberaubend kurzer Zeit und ohne nennenswerte Strafen öffentlich rehabilitiert sind und aufs Neue versuchen, ihren krummen Geschäften nachzugehen. Dass in solchen Fällen die Öffentlichkeit darüber informiert bleibt und mündig entscheiden kann, ob sie dieser Person politische Ämter anvertraut, ist ein Gewinn für die Demokratie und das Rechtsempfinden der Bürger*innen eines Landes. Mit der Entscheidung über die öffentliche Relevanz fällt Google jedoch einmal mehr eine gewaltige Macht zu: Der riesige Datenkonzern wird zum Richter über das Erinnern und Vergessen. So lehnt das Unternehmen »zum Beispiel einen Antrag möglicherweise ab, wenn er finanzielle Betrugsfälle, Berufsvergehen oder Amtsmissbrauch, strafrechtliche Verurteilungen oder das öffentliche Verhalten von Amtsträgern zum Gegenstand hat«.[263] Das kann zu interessanten Entscheidungen führen: Einen Link zu einem deutschen Nachrichtenartikel aus dem Jahr 1984, der über die Verurteilung eines DDR-Flüchtlings wegen einer Flugzeugentführung berichtete, löschte Google mit der Begründung, der Inhalt sei »sehr alt« und beziehe sich »auf die inzwischen aufgehobenen ostdeutschen Strafgesetze gegen die illegale Auswanderung in den Westen«.[264] In einem anderen Fall erklärt Google: »Wir erhielten eine Anfrage, Links zu vier Nachrichtenartikeln über die Forschung eines Akademikers zu löschen, die das Foto der Person enthielten, weil der Akademiker sein Geschlecht geändert und sich unter einem neuen Namen identifiziert. Wir haben die Links zu den Artikeln nicht gelöscht, da sie weiterhin für das Berufsleben und die Forschung des Akademikers relevant sind.«[265] Und Links, »die von Telefongesprächen berichten, an denen eine Person teilgenommen hat, die mit dem Konkurs einer der größten Banken Italiens in Verbindung steht«, löschte Google allesamt, weil die Telefongespräche »illegal abgehört« worden waren »und das öffentliche Interesse an dem Namen der Person ansonsten nicht sehr groß war«.[266] Google entscheidet, wann ein Mörder nicht mehr als Mörder erinnert wird.²⁶⁷ Google entscheidet, wann Menschen, die sich an Kindern vergangen haben, rehabilitiert sind.²⁶⁸ Google entscheidet, ab wann Verbrechen genug gesühnt, ab wann sie verjährt sind, ab wann sie vergessen werden dürfen.²⁶⁹ Heikle Entscheidungen also, die der Suchmaschinenriese regelmäßig in großer Zahl trifft und die auch nicht öffentlich erklärt werden müssen, es sei denn, die betroffene Person bringt den Fall vor Gericht. Wenn Einträge verschwinden, betrifft das natürlich nicht nur Einzelpersonen, sondern auch die Geschichtsschreibung, die Erinnerungskultur. Von einem allgemeinen »Recht auf Vergessenwerden« kann weiterhin, selbst in der Europäischen Union, keine Rede sein. Das Verblassen der Erinnerungen wie beim menschlichen Gedächtnis sieht das digitale Weltgedächtnis nicht vor. Dass darin gespeicherte Erinnerungen ein Verfallsdatum bekommen und das digitale Gedächtnis zu rosten beginnt, ist auch über ein Jahrzehnt nach dem flammenden Plädoyer des Oxford-Professors Viktor Mayer-Schönberger mehr als unwahrscheinlich.

Insbesondere für die »Digital Afterlife Industry«²⁷⁰ – also für neue digitale Angebote, die sich um das digitale Erbe eines Menschen kümmern, zu denen auch die Idee der digitalen Unsterblichkeit gehört – sind diese Fragen, die Mayer-Schönberger aufwirft, von essenzieller Bedeutung. Welche Informationen eines Menschen bleiben *für immer* erhalten und welche werden lieber gelöscht? Oftmals erlangen diese Services uneingeschränkten Zugang zu allen möglichen digitalen Anwendungen. Was ist, wenn durch jahrealte WhatsApp-Chats eines Toten eine bislang geheime Straftat offenbart wird? Eine lang zurückliegende Liebesaffäre, ein geheim gehaltenes Hobby oder eine Vorliebe, die den Blick auf den oder die Verstorbene*n radikal verändert? Soll das Unternehmen, das über die Daten verfügt, die Hinterbliebenen weiterhin im Unwissen über diesen Fakt lassen oder sie mit der (wahrscheinlich enttäuschenden) Wahrheit konfrontieren? Soll die Vergangenheit lieber beschönigt oder mit all ihren Facetten offengelegt werden? Wem gehören die Toten und ihre Geheimnisse? Einmal mehr zeigt sich, dass die neuen Digital-Unternehmen eine gewaltige Entscheidungshoheit erlangen. Sie richten über die Vergangenheit eines Menschen und bestimmen gleichzeitig über seine Zukunft.

Wollen wir ausschließen, dass private digitale Nachrichten nach unserem Tod von anderen Menschen als den Adressaten gelesen werden, so können wir schon heute von unserem Recht auf »postmortalen Datenschutz« Gebrauch machen, wie das Fraunhofer-Institut in einer kürzlich veröffentlichten Studie zum digitalen Nachlass[271] schreibt: »Postmortaler Datenschutz ist nach dem geltenden Recht möglich. Erblasser können bereits zu Lebzeiten das Verfahren mit den Daten nach dem Tod regeln und auf diese Weise einem ungeregelten Umgang mit dem Nachlass vorbeugen. Diese Möglichkeit entspringt dem zu Lebzeiten bestehenden Recht auf informationelle Selbstbestimmung.« Doch ohne Digital-Testament kein postmortaler Datenschutz! In vielen Fällen dürfte es deshalb auch weiterhin den Hinterbliebenen oder gar den Unternehmen obliegen, wie man sich nach unserem Tod an uns erinnern wird. Und das ist nicht alles: Wenn wir keinen Einspruch einlegen, kann es uns passieren, dass wir eines Tages als virtueller Klon wiederauferstehen.

KOLLEKTIVES GEDÄCHTNIS

Wenn wir bis hierhin über den Unterschied zwischen dem menschlichen und dem algorithmischen Erinnern gesprochen haben, stand der einzelne Mensch, das Individuum, im Vordergrund. Die Algorithmen durchforsten mit unseren WhatsApp-Nachrichten oder Facebook-Messenger-Dateien aber natürlich immer auch eine Geschichte, die uns mit anderen verbindet – also jenen Menschen, mit denen wir diese Chats oder Gespräche geführt haben. Was jede und jeder Einzelne von uns denkt, ist geprägt von der Zeit, in der wir alle leben, von Denkweisen, die gerade vorherrschen, Begriffen, die im Umlauf sind, kurz: dem zeitgenössischen Diskurs. Aber nicht nur unser aktuelles Denken und Empfinden, auch unser Erinnern ist von weit mehr Mitmenschen geprägt als von den wenigen Menschen, mit denen wir regelmäßig sprechen und chatten. Sicher prägen enge Familienangehörige, Freund*innen oder Bekannte am intensivsten unser Gedächtnis. Doch auch die Gesellschaft, in der wir leben, bestimmt unser Erinnern mit. In Zeiten des Internets lässt sich nicht mehr anhand von Städten oder Nationalstaaten eingrenzen, wen oder was wir Menschen als »Gesellschaft« wahrnehmen. Die Gesellschaft, in der wir alle heute leben, ist zu großen Teilen international. Sie besteht vor allem für junge Menschen primär aus den Mitmenschen, die sie in Sozialen Netzwerken und Videoplattformen erleben: potenziell fast vier Milliarden Menschen. Wir sollten deshalb wohl eher von Gesellschaften im Plural sprechen. Wen oder was wir als unsere Gesellschaft erleben, kann sich je nach Peergroup stark unterscheiden. Woran sich Menschen erinnern, hängt deshalb auch von Personen ab, mit denen sie sich womöglich nur digital umgeben. Für die Idee, dass unser aller Erinnern von dem Erinnern der anderen abhängt, hat der Soziologe

Maurice Halbwachs (1877–1945) den Begriff des »kollektiven Gedächtnisses« geprägt.²⁷² Die Idee hat bis heute nichts von ihrer Gültigkeit eingebüßt, auch wenn unsere Gesellschaften natürlich um einiges ausdifferenzierter und pluralistischer geworden sind als zu Lebzeiten des renommierten Soziologen. Die analogen und digitalen Gruppen, in denen wir uns bewegen, entscheiden auch mit, welche Erinnerungen wir als relevant erachten und weitererzählen. Die Gruppen können das Erinnern aber auch verhindern, behindern oder beschränken, wenn etwa eine bestimmte Erinnerung tabuisiert wird. Und wenn sich eine Gruppe auflöst oder wir sie verlassen, etwa durch einen Umzug oder einen Wechsel unserer Peergroup, dann gehen damit häufig auch die Erinnerungen verloren, die das »Gruppen-Gedächtnis« wachgehalten hat. Dass Halbwachs 1944 von der Gestapo verhaftet und ins KZ Buchenwald deportiert wurde, wo er im Jahr des Kriegsendes starb, kann man nur als einen tragischen Beweis sehen für seine Erkenntnisse über die Macht der Gesellschaft, das Selbstverständnis und Gewissen des Einzelnen zu durchdringen. Was die Algorithmen aus den Massen an gespeicherten Daten hervorspülen, entscheidet also nicht nur darüber, an was wir uns je einzeln erinnern oder eben nicht, sondern bestimmt auch mit, was wir als Gesellschaften erinnern oder vergessen und damit über das Bewusstsein, das Denken, das in unseren Gesellschaften vorherrscht. Damit haben die Algorithmen eine ungeheure Macht über die Erzählungen, die sich Gesellschaften von sich selbst machen. Sie bestimmen, welche Schlüsse Gesellschaften ziehen. Sie bestimmen, welche Politik wir für richtig halten und wie wir die Zukunft entwerfen. Wenn wir sagen, die Algorithmen haben eine solche Macht, meinen wir: Die Menschen, die die Algorithmen gestalten, besitzen diese Macht. Denn Algorithmen sind natürlich keine Naturerscheinungen, keine

Zufallsprodukte, keine wertneutralen Werkzeuge, wie uns allzu oft die Tech-Jünger glauben machen wollen. Technologie ist niemals neutral. Technologie ist nach bestimmten Werten designt, und diese Werte ließen sich auch ganz anders wählen. Hinter Algorithmen stecken meist Optimierungsfunktionen. Nicht nur wählen die Entwickler*innen aus, was optimiert werden soll – wie die Zeit, in der ein selbstfahrendes Auto von A nach B kommt –, sie geben auch vor, welche weiteren Bedingungen die Künstliche Intelligenz bei der Optimierung zu erfüllen hat: etwa, dass auf dem Weg keine Menschen überfahren werden dürfen und der Wagen unbeschädigt bleiben soll. Sie geben vor, dass die Straßenverkehrsordnung eingehalten werden muss, dass nicht allzu schlagartig beschleunigt und gebremst werden soll und so weiter. Klingt, als wären die Vorgaben so selbstverständlich, dass den Entwickler*innen gar nicht viel Wahl bleibt? Im Gegenteil! Im Zusammenhang mit dem selbstfahrenden Auto sind die zahlreichen ethischen Dilemmata inzwischen ja schon viel diskutiert worden: beispielsweise die Frage, ob ein Auto, wenn es nur in eine Richtung ausweichen kann, eher die Kleingruppe dreier erwachsener Menschen oder das spielende Kind anvisieren soll.

Wie aber steht es um das Erinnern? Wer entscheidet, welche Ereignisse ein Algorithmus, der in digitalen Wiedergänger*innen verbaut ist, in welchem Moment wieder aufruft? An welchen Prinzipien, welchen Werten werden die Entwickler*innen die digitalen Wesen ausrichten? Sollen sie uns vor allem möglichst oft möglichst fröhlich machen? Oder möglichst selten traurig? Sollen sie uns möglichst wenig aus der Fassung bringen? Oder im Gegenteil möglichst oft, weil das ein Leben erst lebenswert macht? Sollen sie möglichst oft das tun, was wir uns am meisten wünschen? Oder uns möglichst oft überraschen, herausfordern, auf neue Ideen bringen und dabei in Kauf nehmen, dass wir uns von ihnen überfordert fühlen könnten oder bevormundet oder nicht ernst genommen oder, oder, oder …? Wir Menschen sind soziale Wesen. Das ist eine Binsenweisheit, aber eine, die wir nicht oft genug wiederholen können, weil wir sie so oft außer Acht lassen. Wir werden in unserem Verhalten von allen anderen Menschen, die uns umgeben, beeinflusst. Was die anderen tun, bestimmt, was wir tun. Und was wir tun, bestimmt, was die anderen tun, ein Zirkelschluss.

Wenn nun vielleicht schon bald unsere Gesellschaften um digitale Untote erweitert werden, die bestimmten Optimierungsfunktionen gehorchen, dann wird das unsere Gesellschaften verändern. Wie sich die digitalen Wesen verhalten, wird beeinflussen, was wir Menschen für normales menschliches Verhalten ansehen und wie wir alle handeln und leben. Gibt es eine größere vorstellbare Macht? Wir erleben ja heute schon, wie sich die Stimmungslage in Gesellschaften durch Bots gezielt manipulieren lässt – etwa vor Wahlen oder um bestimmte Gesetzesentscheidungen zu beeinflussen, Ressentiments zu schüren oder Machtwechsel herbeizuführen. Je menschenähnlicher die Bots werden, desto stärker werden wir alle uns an ihnen orientieren und unser Verhalten an ihren Impulsen ausrichten; das gilt erst recht, wenn sie vermeintlich den Willen unserer verstorbenen Liebsten erfüllen. Die Macht, die solche digitalen Wesen innehaben, werden wir wohl genauso wenig erkennen können wie heute schon bei Empfehlungs-Algorithmen und anderen Instrumentarien des Überwachungskapitalismus. Gut möglich, dass solche Formen der »Soft Power«, der verteilten, dezentralen, asynchronen Ausübung von Macht, die Zukunft von Herrschaft darstellen. Fest steht jedenfalls: Wer die Macht über die Algorithmen hat, kann bestimmen, wie uns die digitalen Wiedergänger*innen unserer Verstorbenen erscheinen.

Wenn es zukünftig nicht mehr nur darum geht, vergangene Erlebnisse und Erfahrungen, die wir mit den Toten teilen, zu wiederholen, sondern wenn die Toten in Gestalt ihrer digitalen Replikant*innen auf neue Ereignisse reagieren, in der Weise, wie es der oder die Tote getan hätte, dann werden unsere kognitiven Verzerrungen (unsere Wünsche, unsere Hoffnungen, unsere Selbsttäuschungen) uns dazu bringen, tatsächlich unsere Toten in diesen Verhaltensweisen wiederzuerkennen. Wir werden auf diese Weise extrem anfällig werden für Manipulationen, die sich als Meinungen, Haltungen und Wünsche unserer Toten tarnen, in Wahrheit aber ganz anderen Interessen gehorchen (können). Es müssen nicht einmal gezielte Manipulationen sein, die unsere Gesellschaften in Gestalt von Bots oder Avataren ereilen. Durch die begrenzte Lebenszeit der Menschen entwickeln sich (aufgeklärte) Gesellschaften bislang auf natürliche Weise weiter, erneuern sich und ihr Denken schon allein dadurch, dass mit den Menschen, die versterben, auch das Denken von gestern verschwindet und Platz macht für junge Menschen, die mit anderen Ideen aufwachsen, die sich anderen Werten verpflichtet fühlen und andere Ziele verfolgen. Wenn künftig den überkommenen Ideen älterer Generationen durch den Tod kein Einhalt mehr geboten wird, steht dann die geistige Evolution nicht still? Würden nicht ewiggestrige Konzepte, wie sie schon heute vielerorts von einer vorwiegend betagteren Wählerschaft am Leben gehalten werden, umso verheerender unsere Diskurse bevölkern? Wer übernimmt die Verantwortung für den Hass und die Hetze, die solche digitalen Klone von Verstorbenen verbreiten könnten, wenn sie mit den entsprechenden Daten des Verstorbenen gefüttert werden? Haften dann die Angehörigen, die Hinterbliebenen des Verstorbenen für alles, was sein digitaler Klon sagt oder schreibt? Haftet das Unternehmen, das die digitalen Wiedergänger*innen hergestellt hat? Was, wenn die Dinge, die persönliche Avatare von Verstorbenen öffentlich kundtun, auf Äußerungen basieren, die die Verstorbenen in WhatsApp-Gruppen getätigt haben? Wer entscheidet für die digitalen Wiedergänger*innen, was öffentlich wird und was privat bleibt? Oder sind wir mit dem Eintritt in die Ära der digitalen Unsterblichkeit über den Punkt hinaus, dass wir Privates von Öffentlichem unterscheiden können? Fragen über Fragen, an denen wir erkennen können, wie tiefgreifend das Aufkommen digitaler Klone die Ordnung unserer Gesellschaften erschüttern wird.

Wären Machthaber wie Trump, Putin oder Bolsonaro nicht die Ersten, die sich noch aus dem Jenseits zu Wort melden würden? Könnten sie womöglich ihre Macht über ihren biologischen Tod hinaus behalten, wenn nur genügend Wähler*innen überzeugt würden, dass die digitalen Wiedergänger*innen voll und ganz im Sinne der Verstorbenen schalten und walten werden? Wäre der narzisstische ehemalige US-Präsident, der schon heute die Welt mit seinen Tweets überzieht, nicht der Erste, der sich noch aus dem Jenseits melden würde? Könnten autokratisch gesinnte Machthaber wie er oder seine Brüder im Geiste wie Putin, Erdogan und Bolsonaro womöglich ihre Macht über ihre biologischen Tode hinaus behalten, wenn nur genügend Wähler*innen überzeugt würden, dass die digitalen Wiedergänger*innen voll und ganz im Sinne des Verstorbenen schalten und walten werden? Würden die Parteien der verstorbenen Machthaber nicht alles daransetzen, diese Behauptung glaubhaft zu machen, wenn sie von der Beliebtheit des Verstorbenen profitieren könnten? Würden Milliardeninvestitionen in die Replikanten der Machthaber nicht womöglich tatsächlich dazu führen, dass den Erdoğan- und Putin-Bots auch noch das letzte Quäntchen Ähnlichkeit zu ihren Originalen beigebracht werden könnte? Dann könnten sie, umspielt von der quasigöttlichen Aura der Unsterblichkeit, sich einer umso fanatischeren Verehrung wohl gewiss sein.

Aber auch wenn Ex-Präsident Trump schon zu Lebzeiten Regierungsgeschäfte vor allem via Twitter betrieb, müsste sich seine digitale Reproduktion natürlich keinesfalls auf die Gestalt eines Twitter-Bots beschränken. Schon heute sehen wir ja, wie Deepfake-Videos einen solchen Grad an vermeintlicher Echtheit erreichen, dass wir mit bloßem Auge und Ohr den Unterschied zwischen einem Fake-Video von Trump und einem tatsächlichen Video einer seiner »Reden« nicht auseinanderhalten können. Dieselbe Technologie würde in einem solchen Szenario, wie wir es hier gerade ausmalen, natürlich ermöglichen, Trump auch nach seinem Tod auftreten und reden zu lassen beziehungsweise Videos ins Netz zu stellen, die diesen Anschein erwecken.

Je mehr es der Technologie gelingt, die Lücke zwischen echtem und künstlich erzeugtem Leben zu schließen und virtuelle Simulation wie reales körperliches Dasein erscheinen zu lassen, desto weniger wird es für Menschen von Belang sein, ob sie es mit »dem Original« oder einem Replikanten zu tun haben: Die Unterscheidung zwischen Original und Kopie, Vorbild und Abbild, Realität und Imagination könnte trotz Lerneffekten immer weniger möglich sein, bis sich die Menschen damit abfinden, wie müßig allein der Versuch der Unterscheidung ist, und die Simulation als vollwertig anerkennen. Das birgt eine große Gefahr. Denn wenn Fiktion zu »alternativen Fakten« wird, haben Personen leichtes Spiel, die diese Geschichtsverdrehungen nutzen, um von Neuem Rassismus, Hass und Hetze zu schüren.

Die Architektur der Sozialen Netzwerke erlaubt nur sloganhaften, bildstarken, schnell erfassbaren Inhalten durchzudringen. Je emotionaler eine Nachricht erscheint, desto wahrscheinlicher ist es, dass Menschen sich für sie interessieren. Nur was persönlich, direkt und vermeintlich authentisch daherkommt, erreicht das Massenpublikum. Nicht die *Tagesschau* oder die renommierten Zeitungen entscheiden darüber, was Menschen für die Lage der Welt halten, sondern immer häufiger Blogger*innen und Influencer*innen, die Nachrichten aufgreifen und weiterverbreiten.

Ein wichtiger Faktor der Glaubwürdigkeit, die Blogger*innen und Influencer*innen für viele Menschen besitzen, ist ihre Erreichbarkeit: Menschen können ihnen Fragen stellen, nachhaken, Rückmeldungen geben, Wünsche äußern. Es ist ein Grundprinzip des Netzes, dass das Prinzip der Einbahnstraße, das bei Zeitungen, Fernsehen und Radio noch vorherrschte, durch ein reges Rückkopplungsprinzip ersetzt wird. Influencer*innen können ihr Publikum so viel besser bedienen, weil sie in einem direkten Austausch mit ihm stehen oder zumindest den Anschein erzeugen. Entscheidend ist, dass sie mit ihrem Publikum so genannte »parasoziale Beziehungen«[273] eingehen. Darunter versteht man imaginierte Beziehungen zwischen Menschen und Akteur*innen, die oft nur vermeintlich auf wechselseitiger Kommunikation beruhen.

Während YouTube-Stars sich nur bemühen können, auch bei Millionen von Zuschauer*innen den Eindruck einer individuellen Ansprache zu erwecken und damit die parasoziale Beziehung zu festigen, geht eine ganze Reihe von Stars inzwischen einen ganzen Schritt weiter und versucht tatsächlich, auf jeden Einzelnen der Anhänger*innen individuell einzugehen und mit ihm oder ihr im Gespräch zu bleiben. Hierzu lassen sich die Stars virtuelle Doppelgänger*innen erschaffen, die ihnen in vielen Fällen zum Verwechseln ähneln, die mit ihrer Stimme sprechen und die im intimen

Zwiegespräch mit dem Fan genau das sagen, was sie selbst sagen würden. Einer der ersten Promis, die sich virtuell klonen ließen, war 2018 Paris Hilton.[274] Sie arbeitet gleich an einer ganzen virtuellen Welt, die auf sie und ihre Fans zugeschnitten sein soll. Ein anderer Star, der nur wenig mit Paris Hilton gemein haben dürfte, der aber wie sie einen virtuellen Klon hat erschaffen lassen, der in seinem Namen mit seinen Anhänger*innen in Kontakt tritt, ist Deepak Chopra (*1946). Der Autor zahlreicher spiritueller Ratgeberbücher bietet seinen Fans an, persönlich auf ihre individuellen Bedürfnisse eingehen zu können, indem sein virtueller Klon per App mit ihnen spricht. Digital Deepak soll »Antworten auf die tiefgründigsten Fragen Ihres Höheren Selbst« geben können. »Werden Sie, wer Sie immer sein sollten.«[275] Doch zurück zu denen, die schon heute Einfluss auf das Denken und Empfinden von Millionen von Menschen haben: den Influencer*innen in Sozialen Netzwerken. Längst gibt es Influencer*innen, die gar keine realen menschlichen Vorbilder mehr haben, aber Millionen von Menschen erreichen. Lil Miquela etwa, die mehr als zwei Millionen Instagram-Anhänger*innen hat, ist eine solche computergenerierte Persönlichkeit, die täglich Menschen auf der ganzen Welt an ihrem Alltag teilhaben lässt: Lil Miquela beim Essen, Lil Miquela beim Sport, Lil Miquela beim Sonnen mit ihrem Freund. Lange glaubten ihre Fans, sie sei ein Mensch, bis Miquelas Schöpfer*innen das Geheimnis lüfteten. Die Fans hielten ihr trotzdem (oder umso mehr?) die Treue.[276]

Das japanisch-US-amerikanische Unternehmen 1sec präsentierte 2019 einen in Los Angeles geborenen japanisch-US-amerikanischen jungen Mann, der mit einer Kombination verschiedener (im Buch schon ausführlich beschriebener) Technologien erschaffen wurde: Liam Nikuro soll Multimedia-Beiträge für das Netz produzieren, vor allem für Instagram und Twitter. Liam liebt 2Pac und Justin Bieber, sagt er. Auf Instagram zeigt er sich in vermeintlich natürlichen Situationen des Alltags, etwa beim Kauf einer Limo an einem Getränkeautomaten. Um Liam als gewöhnlichen Menschen zu inszenieren, haben die Entwickler*innen seinen virtuellen Körper in echte Fotos montiert.

Eine parasoziale Beziehung gehen jedoch bei Weitem nicht nur Fans von virtuellen Influencer*innen oder YouTuber*innen ein, die Beauty- und Ernährungs-Tipps geben oder Gaming und (E-)Sport betreiben. Vielmehr scheint die Idee der parasozialen Beziehung längst eine allgemeine Erwartungshaltung der Menschen des Internetzeitalters zu erzeugen: Die Zeiten, in denen eine solide Mehrheit der Menschen allabendlich auf dem Sofa Platz nahm, um sich als passive Empfänger*innen von Informationen über den Zustand der Welt in Kenntnis setzen zu lassen, scheinen endgültig vorbei. Schon heute halten viele Menschen Medien-Produzent*innen nicht deshalb für glaubwürdig, weil sie eine universitäre Ausbildung genossen haben und bestimmten publizistischen Standards genügen, sondern sie glauben vielmehr Akteur*innen, von denen sie das Gefühl haben, sie *persönlich zu kennen* oder – wissenschaftlich ausgedrückt – wenn sie mit ihnen eine parasoziale Beziehung eingehen können. Vielleicht zeigt sich hier eine Anfälligkeit des Menschen: Wir bewerten Dinge, die uns Freunde und Bekannte sagen, intuitiv als glaubwürdiger als Dinge, die uns Fremde sagen. In Zeiten, in denen Autoritäten an Bedeutung verlieren und die Elitenfeindlichkeit wächst, scheint sich dieser Effekt derart zu verstärken, dass schon heute viele Menschen nur noch für Informationen, Meinungen und Haltungen empfänglich zu sein scheinen, wenn sie zu den Absender*innen vermeintlich persönliche Beziehungen aufbauen können. In Zeiten, in denen die

Rattenfänger*innen von rechts im Netz in erschreckender Geschwindigkeit zig Millionen von Menschen erfolgreich verwirren, manipulieren und aufhetzen, können wir es uns womöglich nicht erlauben, bloß daran zu appellieren, doch lieber gut informierten Journalist*innen Gehör zu schenken. Wenn wir der Geschichtsvergessenheit schnell etwas entgegensetzen wollen, dann sollten Inhalte, die der Aufklärung dienen, die Aufmerksamkeit all jener Menschen erobern, die besonders anfällig sind für Propaganda der Rechtsextremen. Das beste Mittel gegen rechtsradikale Geschichtsvergessenheit sind seit jeher die erschütternden Augenzeugenberichte von Holocaust-Überlebenden. Generationen von Schüler*innen hatten die Möglichkeit, persönlich mit KZ-Häftlingen zu sprechen, und tragen diese Gespräche als eine Art inneres Mahnmal ein Leben lang mit sich herum. Doch die wenigen heute noch lebenden Opfer der Konzentrations- und Vernichtungslager, die persönlich Auskunft geben können, sind inzwischen hochbetagt. Was passiert, wenn die letzten Zeitzeug*innen irgendwann nicht mehr unter den Lebenden weilen? So wie die Neuen Medien zu einer Geschichtsvergessenheit durch die schnelle Verbreitung von Falschinformationen beitragen, so könnten technische Innovationen wie die digitale Unsterblichkeit ebenso hilfreich gegensteuern.

VIRTUELLE HOLOCAUST-ÜBERLEBENDE

Damit auch nach dem Tod der letzten Augenzeugin die eindrückliche Wirkung des persönlichen Gesprächs mit einem/einer Überlebenden nicht entfällt, werden derzeit Holocaust-

Überlebende virtuell geklont. Als Hologramme können die Damen und Herren so auch dann noch »persönlich« mit Schülerinnen und Schülern sprechen, wenn sie längst verstorben sind. Eva Schloss wurde 1929 in Wien geboren und hat den Holocaust in Auschwitz überlebt. Die Stiefschwester der berühmten Widerstandskämpferin Anne Frank ist 2017 mit einhundertsechzehn Kameras dreidimensional gefilmt worden, während sie in einem Green-Screen-Studio tagelang Tausende Fragen beantwortete. Im Anschluss erfasste eine Spracherkennungssoftware die Fragen, die an Eva Schloss adressiert wurden, und wies ihnen in Echtzeit die je passende Antwort zu. So sorgte die Software dafür, dass Menschen mit dem Hologramm der Holocaust-Überlebenden so flüssig sprechen können, als säßen sie ihr selbst gegenüber. Eva Schloss hofft, dass das persönliche Gespräch, das Menschen auch nach ihrem Tod mit ihrem virtuellen Abbild führen können, das Gedenken an die Gräuel, die Nazis an Millionen von Juden begangen haben, wachhält. Möglich gemacht hat dies die Shoah Foundation, die 1994 vom berühmten US-Regisseur Steven Spielberg gegründet wurde, als er an seinem Film *Schindlers Liste* arbeitete. Auch das National Holocaust Center and Museum im englischen Laxton hat mit seinem »Forever Project« Holocaust-Überlebende als virtuelle Hologramme verewigt. In einem aufwendig produzierten Image-Film werden sie als Superheld*innen inszeniert: »Die längste Zeit des Jahrhunderts haben sie ruhig unter uns gelebt. Männer und Frauen teilen eine Kraft: die Kraft zu bewegen, zu inspirieren, anzuleiten und zu lehren. Die Kraft, die Augen zu öffnen. Leben zu verändern. Ihre Zukunft zu verändern. Die Kraft, eine bessere, freundlichere und sicherere Welt zu schaffen. Gewöhnliche Männer und Frauen mit außergewöhnlicher Kraft. Wenn sie doch bloß die Macht der Unsterblichkeit hätten.«[277] Die Angst, dass auf den Genozid ein Tod der Erinnerungskultur folgt, hat Aleida Assmann einmal als »Mnemozid« bezeichnet.[278] Dass im Digitalzeitalter alles gespeichert bleibt, bedeutet jedenfalls noch lange nicht, dass dadurch auch das Erinnern wachgehalten wird, wie wir schon gezeigt haben. Das *persönliche Gespräch* mit virtuellen Holocaust-Überlebenden könnte – anders als konservierte Videos – eine Unterbrechung, ein Aufmerken hervorrufen, das das Erinnern vom algorithmischen Abruf von Gespeichertem unterscheidet. Die Frage ist, ob die virtuellen Hologramme der Präsenz eines Menschen aus Fleisch und Blut, der die Angst, das Leid, den Hunger, die Wut am eigenen Leib erfahren hat, auch nur annähernd nahekommen können. Auch der Körper enthält ja eine Art Gedächtnis. Und wenn man einem Menschen gegenübersitzt und die Spuren sieht, die die unvorstellbaren Gräuel im Körper dieses Menschen hinterlassen haben (und sei es auch »nur« erkennbar an seiner oder ihrer Körperhaltung, an Blicken oder bestimmten Gesten), so macht es gewiss einen Unterschied für die Weise, wie wir von dem Zeitzeugen berührt werden, ob wir ihm physisch oder in Form eines Hologramms begegnen.

Auch Aleida Assmann ist deshalb skeptisch, ob virtuelle Holocaust-Überlebende die Rolle der Zeitzeugenschaft erfüllen können. Vielleicht wird sich aber auch unser aller Wahrnehmung von virtuellen Klonen im Vergleich zu physischen Menschen wandeln, je mehr wir in den kommenden Jahren von virtuellen Personen umgeben sein werden. Vielleicht müssen wir uns bloß an die unsterblichen Zeitgenoss*innen gewöhnen? Vielleicht erweist sich die Skepsis gegenüber der Zeugenschaft der virtuellen Wiedergänger*innen als vorschnell. Aleida Assmann plädiert für die »Zweitzeugenschaft«, wie sie das Weitererzählen der Geschichten durch andere Menschen nennt: »Junge Deutsche haben schon in den Neunzigerjahren damit begonnen, Holocaust-Überlebende zu treffen, ihnen zuzuhören und als Träger ihrer Geschichten das Erfahrene weiterzugeben, zum Beispiel an Schulklassen«, berichtet sie.»So bleiben Erinnerungen im Kontext von persönlichen Begegnungen und persönlichen Erzählungen.«[279] Zweitzeug*innen können wir alle jederzeit werden.

GOOGLE ODER: WER DIE VERGANGENHEIT KONTROLLIERT, KONTROLLIERT DIE ZUKUNFT

Unter den Eindrücken der Nazi-Diktatur schrieb der britische Autor George Orwell (1903–1950) seinen berühmten Roman *1984*, eine Zukunftsvision von einem totalitären Staat. Orwell zeigt auf, wie verheerend es sein kann, wenn eine zentrale Instanz, das Wahrheitsministerium, die Geschichtsschreibung bestimmt. Die Gefahr, dass die Regierung unsere kollektive Erinnerung manipuliert, ist in unseren liberalen Gesellschaften glücklicherweise gering. Eine andere »Zentralinstanz« aber hätte prinzipiell eine weit größere Macht, unsere Geschichtsschreibung zu manipulieren: Google bzw. sein Mutterkonzern Alphabet (man beachte den Anspruch, der sich in der Namensgebung äußert). Das Tech-Unternehmen hat nicht nur die Kontrolle über eine Suchmaschine mit weltweit 93 Prozent Marktanteil[280], sondern auch über eine gigantische Anzahl digitalisierter Bücher (die Zahl hält Google geheim), verwaltet wissenschaftliche Texte, verwaltet Patente, verwaltet mit seiner Cloud ausgelagerte Privatdateien von Millionen von

Menschen, verlegt in vielen Weltgegenden auch gleich die Glasfaserkabel, realisiert Internetzugänge und so weiter. Nie zuvor in der Geschichte der Menschheit hat es ein derartiges Wissensmonopol eines privaten Unternehmens gegeben. »In Zukunft wird es nicht mehr eine böse Partei sein, die die Vergangenheit kontrolliert, sondern eines von zwei gigantischen Technologieunternehmen«, sagt denn auch der Philosoph Carl Öhman vom Digital Ethics Lab am Oxford Internet Institute. Dann werde es wie bei Orwell heißen: »Wir kontrollieren alle Archive, wir kontrollieren alle Erinnerungen, dann kontrollieren wir die Vergangenheit – oder nicht?« Der Oxford-Forscher sieht verheerende gesellschaftliche Konsequenzen, wenn wir das digitale Nachleben den Tech-Konzernen überlassen: »Jeder, der ein Profil im Netz hinterlässt, stellt uns vor schwierige Fragen des digitalen Erbes und der Privatsphäre nach dem Tod. Und wenn man all diese Fälle zusammenfasst, ergibt die Gesamtheit etwas, das über die Summe ihrer Teile hinausgeht: Das persönliche digitale Erbe, das die Online-Toten hinterlassen, ist Teil unseres gemeinsamen kulturellen digitalen Erbes, das sich nicht nur für künftige Historiker*innen, sondern auch für künftige Generationen als Teil ihrer Geschichte und ihres Selbstverständnisses als unschätzbar wertvoll erweisen könnte. Tweets mögen einzeln betrachtet unbedeutend erscheinen, aber in ihrer Gesamtheit können sie eine Ressource für künftige Generationen sein, um das Leben im 21. Jahrhundert zu verstehen.«

Bislang ist offen, ob Google oder Facebook diese Macht über die Geschichtsschreibung jemals in großem Stil ausspielen werden. Aber allein die Tatsache, dass sie dazu in der Lage wären, sollte uns alarmieren. Zum Glück gibt es aber auch gemeinnützige Projekte im Netz, die an der Geschichtsschreibung mitwirken: das Internet Archive aus San

Francisco etwa, eine riesige digitale Bibliothek, die große Sammlungen von Texten und Büchern, Audiodateien, Videos, Bildern und Software umfasst.[281] Und ist nicht auch die Wikipedia, der wir täglich Wissen über Geschichte und Gegenwart entnehmen, unabhängig von den übermächtigen Tech-Konzernen wie Google, Facebook, Amazon & Co.? Na ja, nicht ganz. Denn weil so wenige von uns bereit sind, an Wikipedia zu spenden, ist die gemeinnützige Organisation Wikimedia auf Großspenden angewiesen und die stammen nicht zufällig oft von Google. Allein im letzten Jahr spendete der Monopolist der Online-Enzyklopädie mehr als drei Millionen Dollar.[282] Im Gegenzug füttert Google mit den Millionen von Artikeln aus Wikipedia seine selbstlernenden neuronalen Netze, kurz: seine Künstliche Intelligenz. Und damit sind wir bei einem weiteren Betätigungsfeld des Monopolisten, das immer wichtiger wird und um das es in diesem Buch seit der ersten Seite geht, maschinelles Lernen oder auch: Künstliche Intelligenz.

Das Londoner Start-up *Deepmind* wurde 2010 gegründet, und am 26. Januar 2014 gab Google bekannt, die Firma gekauft zu haben. Über den Preis wurde Stillschweigen vereinbart. Wohl aus gutem Grund, denn Deepmind hatte innerhalb der ersten vier Jahre seiner Existenz schon so viele Investitionen eingestrichen, dass es auf dem Gebiet des maschinellen Lernens rasante Fortschritte erzielt hatte. Von künstlichen neuronalen Netzen war in diesem Buch ja schon häufig die Rede. Deepmind aber ging schon früh einen Schritt weiter und versah seine Künstliche Intelligenz mit einem Kurzzeitspeicher, um auf diese Weise die Fähigkeit eines künstlichen Gedächtnisses zu simulieren. Die Entwickler*innen des Unternehmens bezeichnen die Künstliche Intelligenz als »neuronale Turingmaschine«.[283] Unter dem Dach des Londoner Tochterunternehmens von

Google arbeiten Programmierer*innen in engem Austausch mit Neurowissenschaftler*innen zusammen. Die Idee: Die KI-Entwickler*innen wollen von den Hirnforscher*innen, die Hirnforscher*innen von den KI-Entwickler*innen lernen. Inzwischen orientieren sich die Programmierer*innen so stark am menschlichen Gehirn, dass sie sogar Botenstoffe detailgetreu simulieren, um das bestärkende Lernen dem menschlichen Hirn nachzuempfinden.[284] Da ist es praktisch, dass Googles Mutterkonzern Alphabet auch eine eigene biomedizinische Sparte betreibt und eine Abteilung mit dem Namen Google Brain, die Dependancen in Cambridge, London, Montreal, New York City, San Francisco, Toronto und Zürich hat.[285] Google Brain versucht neben anderen Projekten mithilfe seiner künstlichen neuronalen Netze den Todeszeitpunkt von Krankenhauspatient*innen zu ermitteln. Hierfür wurden bei einer Studie 2018 Hunderttausende von Patient*innenakten untersucht.[286] Bei der Vorhersage der Sterblichkeit unter den Krankenhauspatient*innen besaß das »Medical Brain« von Google im ersten Krankenhaus eine Trefferquote von 95 Prozent und im zweiten Krankenhaus von 93 Prozent.

Warum aber erzählen wir hier so ausführlich über Googles Erfolge bei der Entwicklung einer Künstlichen Intelligenz, während wir doch gerade noch bei Googles Macht gewesen sind, unser aller Geschichte, unser kollektives Erinnern zu kontrollieren? Weil wir schon bald erleben könnten, wie Google beide Sparten miteinander verschmilzt. Schon jetzt werden, wie gesagt, die künstlichen neuronalen Netze mit dem Wissen gespeist, das Google verwaltet. Und schon jetzt verzeichnen Google beziehungsweise Deepmind wegen dieser immer größeren Datenmengen, mit denen sie ihre KI füttern, immer rasantere Fortschritte bei der Entwicklung sprachbegabter KI, wobei diese Fortschritte nicht linear, sondern exponentiell verlaufen. In immer kürzeren Intervallen werden wir deshalb innerhalb der kommenden Jahre erleben, wie Google Denken und Sprechen des Menschen näherungsweise mit seiner Künstlichen Intelligenz simuliert. Eine eigene Abteilung bei Deepmind hat zuletzt gezeigt, wie menschenähnlich sie Stimmen synthetisieren kann.[287] Sie wird dem flexibel sprachbegabten Bot die Stimme verleihen, die Menschen nicht mehr von der eines Menschen werden unterscheiden können. Wer das für Zukunftsmusik oder Träumereien hält, der höre sich an, wie Google Duplex – der Chatbot, von dem wir an anderer Stelle bereits kurz berichtet haben – klingt, als er mit täuschend echter Frauenstimme telefoniert.[288] Was technisch möglich ist, um auch visuell einen Menschen fotorealistisch und dreidimensional zu simulieren, haben wir in vergangenen Kapiteln (u. a. am Beispiel des Black-Eyed-Peas-Sängers will.i.am) beschrieben. Es dürfte für Google eine Sache für die Portokasse sein, eines der vielversprechenden Start-ups auf diesem Gebiet wie ObEN oder Soul Machines zu kaufen. Um dieses dann auch visuell simulierte, sprachbegabte Wesen mit Menschenstimme endgültig zu einem Menschen-Simulator zu machen, braucht Google bloß noch eines seiner Patente spielen zu lassen, die es, wie zuvor berichtet, auf Sensoren zur Feinerkennung der Mimik von menschlichen Gesprächspartner*innen besitzt. Und schließlich könnten diese Wesen zu *unseren eigenen* Wiedergänger*innen werden: Hierzu braucht Google nur seine hochfunktionalen künstlichen neuronalen Netze statt mit zufälligen oder anonymen Datensätzen mit *unseren eigenen* Daten zu speisen.

Doch wozu das alles? Warum sollte Google Interesse daran haben, solche virtuellen Zwillinge zu produzieren? Ist der Datenriese nicht vielmehr interessiert an uns als *echten*

Menschen – mit *echten* Daten, die wir hinterlassen können, und *echtem* Interesse an Werbung, für die die Daten zu Geld gemacht werden können? Gewiss! Nur hätte Google gerne noch viel mehr von diesen lukrativsten aller Daten: intimere Daten, Daten aus unseren Wohnungen, aus unseren emotionalsten Momenten, Daten aus den privatesten Situationen unseres Paar- und Familienlebens – Daten, die darüber Auskunft geben sollen, wer wir sind, wenn wir unsere Maske ablegen. Und hier hakt es bisher noch. Denn die *smart assistants*, die eigentlich längst unsere Wohnungen bevölkern und uns vollumfänglich überwachen sollten, kommen zumindest bei uns in Westeuropa noch nicht allzu gut an. Noch überwiegen unsere Datenschutz-Bedenken. Noch fehlt der Anlass, der uns alle Bedenken über Bord werfen ließe. Noch wissen wir potenziellen Anwender*innen schlicht nicht, was wir mit den Dingern sollen. Nur zwölf Prozent der Deutschen besitzen einen Smart Speaker (einen internetfähigen drahtlosen Lautsprecher, der über Sprachbefehle gesteuert werden kann, wobei ein digitaler Sprachassistent auf die Wünsche des Besitzers reagiert).[289] Noch schlechter läuft der Absatz in anderen EU-Ländern wie Frankreich, Spanien oder Italien, und der Markt stagniert.[290] Da nützt es auch nichts, dass der Bundeswirtschaftsminister digitale Sprachassistenten als »größte Basisinnovation seit Erfindung der Dampfmaschine« bezeichnete.[291]

Noch fehlt die große Erzählung, die aus teuren und letztlich wenig hilfreichen Assistenten *Lebensgefährten* werden lässt: virtuelle Partner, mit denen Menschen Sorgen, Wünsche und Gefühle teilen können. Digitale Gefährten, wie sie etwa in China, Südkorea oder Japan längst auf dem Vormarsch sind. Doch angesichts der zunehmenden Vereinsamung von Millionen von Menschen in Westeuropa[292] könnte auch hierzulande für viele Menschen die Sehnsucht nach Nähe und Intimität so groß werden, dass sie ihrer Einsamkeit mit Beziehungen zu virtuellen Gefährten zu entkommen versuchen. Und was würde hier näherliegen, als eine Beziehung wieder aufzunehmen, die wohl die meisten Menschen ohnehin schmerzvoll vermissen: die Beziehung zu einem Verstorbenen. Hier also kommt jenes Narrativ ins Spiel, das wir in diesem Buch ausführlich dargestellt haben: die Erzählung von der digitalen Unsterblichkeit.

DIGITALER NACHLASS

Allein im größten Sozialen Netzwerk Facebook könnten schon in circa fünfzig Jahren mehr tote als lebende Nutzer*innen zu finden sein. Das haben die von uns schon erwähnten Prognosen des Oxford Internet Institute ergeben, die auf der Grundlage von Nutzerzahlen aus dem Jahr 2018, dem durchschnittlichen Wachstum des Netzwerkes sowie Zahlen der Vereinten Nationen zur Bevölkerungsentwicklung berechnet sind. Facebook sitzt schon jetzt auf einem gewaltigen Datensatz von Menschen, die sich der Verwendung ihrer Daten für Experimente aller Art nicht mehr erwehren können, weil sie nicht mehr unter den Lebenden sind. Wir alle hinterlassen unvorstellbare Mengen an Daten in Messengern, Clouds und Sozialen Netzwerken, zu denen unsere Hinterbliebenen keinen Zugang haben werden. Passwörter zu Handys und Laptops, zu Profilen bei Facebook oder Instagram, Cloud-Speichern oder Abo-Diensten nehmen viele Menschen mit ins Grab: Nur dreizehn Prozent der Internetnutzer*innen hierzulande haben ihren digitalen Nachlass angemessen geregelt, ergab eine repräsentative Umfrage aus dem Jahr 2019, die Bitkom Research im Auftrag des Digitalverbands Bitkom durchgeführt hat. Dabei wurden 1.004 Bundesbürger*innen ab sechzehn Jahren, darunter 847 Internetnutzer*innen, telefonisch befragt. Immerhin, das Problembewusstsein steige, so die Studie.[293]

Tatsächlich ist das Abwägen zwischen dem Fernmeldegeheimnis und dem Erbrecht, das wie bei Briefen und Tagebüchern auch im Falle von elektronischen Nachrichten greift, nicht unkompliziert. Die Datenethik-Kommission der Bundesregierung kommt deshalb in ihrem Gutachten von Oktober 2019 zu der Empfehlung, »Fragen rund um den ›digitalen Nachlass‹ mit dem Urteil des BGH von 2018 nicht als erledigt anzusehen. Die praktisch lückenlose Aufzeichnung von digital geführter Kommunikation, die in vielen Fällen an die Stelle des flüchtig gesprochenen Wortes tritt, und ihre Aushändigung an Erben, bedeutet eine neue Dimension von Gefährdung für die Privatheit. Ihr sollte mit einer Reihe von Maßnahmen begegnet werden, welche neue Pflichten von Diensteanbietern, Qualitätssicherung bei Angeboten digitaler Nachlassplanung sowie nationale Regelungen zum post-mortalen Datenschutz umfassen.«[294] Die Ethikkommission empfiehlt, »höchstpersönliche Inhalte« auch nach dem Tod eines Menschen zu schützen. Dem widerspricht die Studie, die das Fraunhofer-Institut 2019 unter dem Titel »Digitaler Nachlass« veröffentlichte: Sie bezweifelt, dass es möglich ist, zwischen »höchstpersönlichen Inhalten« und anderen Daten auf »persönlichkeitssensitiven Nutzerkonten« klar zu unterscheiden, und geht deshalb davon aus, dass Erb*innen in aller Regel Zugang zu den Social-Media-Accounts zu gewähren ist.[295]

Wie mit den »digitalen Überresten« eines Menschen zu verfahren ist, wie Datenschutz und Persönlichkeitsrecht im Zweifel gegen das Erbrecht abzuwägen sind, ist also längst nicht abschließend geklärt. Das digitale Erbe bleibt bis auf Weiteres zumindest in Teilen ungeregelt. Das lässt den Tech-Unternehmen Spielräume für Experimente mit den Daten der Verstorbenen. Doch woher nehmen die Firmen ihre Hoffnung, dass sie sich mit ihren Angeboten der digitalen Unsterblichkeit einen breiten Markt erschließen können?

DIE WIEDERGEBURT DER SEELE

Das Pew Research Center, eines der renommiertesten Umfrageinstitute der Welt, hat von April bis August 2017 in fünfzehn westeuropäischen Ländern eine ausführliche Befragung von 24.000 zufällig ausgewählten Erwachsenen zu ihrem Glauben und ihrer Spiritualität durchgeführt.[296] Obwohl alle fünfzehn untersuchten Länder historisch gesehen vor allem christlich-jüdisch geprägt sind und fast alle laut offiziellen Dokumenten noch immer christliche Mehrheiten haben müssten, geben weniger Befragte an, an Gott »wie in der Bibel beschrieben« zu glauben als an »eine andere höhere Macht oder geistige Kraft«.[297] Und eine beträchtliche Anzahl der in der Region befragten Personen glaubt gar nicht, dass es im Universum eine höhere Macht oder geistige Kraft gibt.[298] Interessant ist für uns natürlich insbesondere die Frage nach der Seele: Zwei Aussagen über Spiritualität wurden affirmativ formuliert – »Ich habe sowohl eine Seele als auch einen physischen Körper« und »Ich fühle eine Verbindung zu etwas, das wissenschaftlich nicht gesehen oder gemessen werden kann«. Und zwei wurden negativ formuliert, was den Befragten die Möglichkeit gab, sich mit Aussagen zu identifizieren, die spirituelle Konzepte ablehnen: »Es gibt KEINE geistigen Kräfte im Universum, nur die Naturgesetze« und »Wenn Menschen sterben, ist das das Ende; es gibt KEIN Leben nach dem Tod«. Ein ähnlicher Ansatz wurde verwendet, um Gefühle gegenüber der Religion zu untersuchen. Das Ergebnis: Eine deutliche Mehrheit aller Menschen in den befragten 15 Ländern Westeuropas glaubt, eine Seele zu haben, die vom Körper zu unterscheiden ist. In nur zwei der fünfzehn Länder (Schweden und Großbritannien) liegt die Zahl der Menschen, die an die Seele glauben, knapp unter 50 Prozent.[299] In mehreren Ländern ist die Wahrscheinlichkeit, dass Europäer*innen mit einem Collegeoder Universitätsabschluss spirituellen Ideen zugeneigt sind, größer als bei jenen mit weniger Bildung. In Frankreich zum Beispiel bestätigen 53 Prozent der Hochschulabsolventen weitgehend spirituelle Konzepte, verglichen mit 38 Prozent derjenigen mit geringerer Bildung. Dies ist der Fall, obwohl hochgebildete Europäer*innen im Allgemeinen weniger positiv über den Wert der Religion für den Einzelnen und die Gesellschaft denken. Viele Menschen in der gesamten Region haben spirituelle Konzepte wie die Seele, ein Leben nach dem Tod und Verbindungen, die wissenschaftlich nicht gesehen oder gemessen werden können; in zwei Dritteln der befragten Länder tendieren die meisten Menschen in diese Richtung.[300]

Der Aussage »Wenn Menschen sterben, ist das das Ende. Es gibt KEIN Leben nach dem Tod« stimmte in Deutschland, Österreich, der Schweiz, Frankreich und England nur je eine Minderheit zu, selbst auf alle Länder bezogen ergibt sich nur eine Minderheit von vierzig Prozent für diese Position.[301] Offenbar wollen oder können sich die meisten Menschen nicht vorstellen, dass es keinerlei Leben nach dem Tod gibt. Zugleich finden aber nur noch wenige Menschen Sinn in religiösen Angeboten. Die Umfrage untersuchte auch, inweit Westeuropäer*innen Überzeugungen und Praktiken vertreten, die oft mit fernöstlichen Heilslehren, New Age oder Volksreligionen in Verbindung gebracht werden. Dazu gehört, ob sie an Schicksal, Astrologie, spirituelle Energie, Yoga als spirituelle Praxis, Reinkarnation und das Evil Eye glauben sowie ob sie meditieren oder Horoskope, Tarotkarten oder Wahrsager*innen konsultieren. Die meisten der befragten Personen geben an, dass sie diese Überzeugungen nicht haben oder diese Praktiken nicht befolgen.[302] Zu ganz ähnlichen Ergebnissen kommt eine Reihe weiterer repräsentativer Studien, insbesondere für junge Menschen, mit Ausnahme von Muslim*innen.[303] Wir erkennen also, dass hier eine Leerstelle entstanden ist: Religiöse Konzepte haben für einen Großteil der Menschen in Westeuropa ihre Bindungskraft verloren. Zugleich fehlt den Menschen ein alternatives Angebot, um mit dem Tod – mit dem eigenen wie mit dem von Freund*innen und Bekannt*innen – umgehen zu können. Anderweitige spirituelle Ideen, etwa aus Fernost, können die entstandene Lücke nicht füllen. Hier entsteht gerade ein gewaltiger Markt. Denn wenn eine deutliche Mehrheit der rund 300 Millionen Menschen[304] allein in Westeuropa einen Ersatz für überlieferte Formen des Trauerns und des Umgangs mit den Toten suchen, wenn sie zwar an Himmel und Hölle nicht mehr glauben können, genauso wenig aber sich abfinden wollen damit, dass ein Mensch im Tode einfach verschwindet, dann ist hier das Feld bereitet für eine Industrie, die längst bereitsteht, die Leerstelle mit ihren Angeboten zu füllen. »Diese Unternehmen sind nicht nur im Silicon Valley angesiedelt, sie kommen aus den ganzen Vereinigten Staaten, Kanada, Israel, verschiedenen europäischen und arabischen Ländern«, sagt der Oxford-Forscher Carl Öhman. »Das sind Start-ups, die eine Art ›Full Package Digital Immortality‹

verkaufen« – das ganze Paket der digitalen Unsterblichkeit. »Unsere Internetaktivitäten leben noch lange nach unserem Tod weiter, und Firmen wie Facebook und experimentelle Start-ups versuchen, diese Inhalte zu monetarisieren, indem sie den Menschen die Möglichkeit geben, online mit den Toten zu kommunizieren, über Live-Stream-Begräbnisse, Online-Gedenkstätten und sogar Chatbots, die die sozialen Fußabdrücke der Menschen nutzen, um als Online-Geister zu agieren. Als Folge davon ist die Digital Afterlife Industry zu einem großen Geschäft geworden. In den letzten Jahren sind die Grenzen zwischen akzeptablen Aktivitäten nach dem Tod und der Ausbeutung von Trauer zunehmend verwischt worden.«[305] Öhman schloss sein Studium in Oxford 2016 mit der ausgezeichneten Arbeit *The Political Economy of Death in the Age of Information* ab: eine kritische Annäherung an die digitale Industrie des Nach-Lebens. »Wir haben es hier mit unglaublich verletzlichen Menschen zu tun«, warnt er. »Trauernde würden alles tun, um ihre Toten zurückzuholen. Denn so denken wir, wenn wir in Trauer sind. Alles, was wir wollen, ist, die verstorbene Person zurückzuhaben. Wir würden alles Geld der Welt hergeben, um sie zurückzubekommen.« Der Oxford-Forscher ist deshalb überzeugt: »Wir sind von einem rein spirituellen Konzept zu einem wirtschaftlichen Konzept übergegangen, zu einem emotionalen und digitalen Konzept von Unsterblichkeit. Wir sollten die Unsterblichkeit als ein vielfältiges Konzept betrachten, fast so vielfältig wie das Konzept der menschlichen Existenz. Es gibt viele Arten des Daseins. Als Mensch kann man bewusstlos sein, man kann im Koma liegen, man kann lebendig sein und sprechen, und man kann auch nur ein Stück Fleisch, ein Körper sein. Es mag nur noch dein Herz funktionieren, aber du bist immer noch ein Mensch. Und das gilt auch für den Online-Kontext.

Wir können als digitale Menschen existieren, die vielleicht nicht unser ganzes Wesen besitzen, aber einen bestimmten Aspekt von uns selbst. Und dieser Aspekt kann, wenn wir Glück haben, ewig leben, im Gegensatz zu unserem Körper und unserem Verstand (…) Was dich zu dir macht, ist das, was dich von allen anderen unterscheidet. Was dich von der Welt unterscheidet. Und dieser Unterschied drückt sich in Informationen aus. Das Digitale ist einfach eine sehr effiziente Art und Weise, diese Informationen zu verarbeiten. Wenn wir also über eine digitale Zelle für ein digitales Leben nach dem Tod sprechen, sprechen wir über ein informationelles Selbst und ein informationelles Leben nach dem Tod.« Ich = Information? Das klingt verwegen. Sind wir Menschen nicht so viel mehr?, wenden wir ein.»Das ist kein neues Konzept«, sagt Öhman.»Schaut euch historische Persönlichkeiten wie den Propheten Mohammed oder Jesus Christus an, deren informationelles Selbst in Büchern festgehalten wurde, die Jahrtausende überdauert haben. Und für viele Menschen sind dies Figuren, die in ihrem täglichen Leben ständige Begleiter sind.« Er denke, sagt Öhman, dass die digitale Technologie bloß eine sehr viel effizientere Methode für etwas sei, was schon seit Jahrhunderten praktiziert werde: Persönlichkeiten weiterleben zu lassen durch die Informationen, die sie hinterlassen. Im Wesentlichen finde gerade bloß »eine Demokratisierung der informationellen Unsterblichkeit« statt, behauptet der Wissenschaftler: Nicht länger sei es nur Propheten und Heiligen vorbehalten, durch ihre gebündelten Informationen weiterzuleben, sondern uns allen.

Aber ist das, was Algorithmen in unseren Datensätzen an Mustern erkennen und künstliche neuronale Netze erlernen und reanimieren, nicht so viel weniger als das, was uns tatsächlich als Lebende ausgezeichnet hat? Ja, sicher, bloß hat sich fünfzehn Jahre nach dem Start von Social Media schon ein bisschen mehr angesammelt an hochpersönlichen Daten über uns, als wir das bisweilen wahrhaben wollen. Die Daten liegen gebündelt vor, und nicht alles, was die großen Unternehmen über uns wissen, wird öffentlich. Per »Tracking« verfolgen Amazon, Google, Facebook & Co. unsere Internetnutzung auch weit über die Grenzen der eigenen Seiten oder Apps hinaus und tragen laufend Daten über uns zusammen. Der Kulturwissenschaftler Andreas Bernard (* 1969) weist darauf hin, dass der Begriff des »Profils«, wie wir es von Facebook oder Instagram kennen, aus der Kriminologie stammt, wo es um Fahndungen und die Durchleuchtung der Persönlichkeiten von Täter*innen geht.[306] Die Utopie der 1990er-Jahre, der zufolge wir im Internet frei und anonym unterwegs sind, ist längst der ständigen Überwachung gewichen, wie wir gezeigt haben. Die Idee, dass wir unsere Identität im Netz multiplizieren können, wie sie die frühen Verfechter*innen des Cyberspace hatten, ist inzwischen einer anderen wirkmächtigen Idee gewichen: Google, Facebook, Amazon & Co. wollen wissen, wer wir *wirklich* sind und erfinden immer wieder neue Services, die weitere Teile unserer Persönlichkeit offenlegen. Mit Erfolg. Die gebündelten Daten offenbaren tatsächlich ein umfangreiches Bild von uns und unserem Denken, unserem Begehren, unserem Handeln. Das *In*dividuum (das unteilbare Ich) ist zurück. Jeder hat nur *ein* Profil. Wir sollen *eindeutig* identifizierbar sein. Integrität durch Identität. Mehr noch als Social Media enthält WhatsApp, das zu Facebook gehört, so etwas wie einen täglichen »stream of conciousness« (Bewusstseinsstrom) von jedem Einzelnen von uns, weil viele hier selbst die intimsten Zwiegespräche und Geständnisse, selbst die persönlichsten Dinge, die privatesten Details mit nahestehenden Menschen teilen. Einzeln und für sich genommen mögen diese Daten läppisch erscheinen. Dass jede einzelne dieser Informationen über uns etwas Tiefgehendes preisgeben könnte, ahnen wir nicht, denn »so sind wir ja gar nicht wirklich«. Doch hier dürfen wir uns nicht täuschen: Wenn ein für uns Menschen unvorstellbares Maß an Daten zusammengetragen und auf Muster ausgelesen wird, können sehr wohl weitreichende Schlüsse über unser vermeintlich verborgenes Denken und Begehren zum Vorschein kommen, wie wir in vorangegangenen Kapiteln ausführlich dargestellt haben.

Eine Frage bleibt allerdings: Gibt es hinter all unserem Verhalten, hinter all unseren Ausdrucksformen, all unseren Widersprüchen überhaupt eine Art Wesenskern, eine Seele? Hatten wir uns von der Idee der *einen* Seele nicht längst verabschiedet? Reichen diese Daten tatsächlich aus, um unsere *Persönlichkeiten,* unsere verschiedenen *Personae* zu emulieren? Die Antwort ist aus unserer Sicht: nein. Doch damit ist die *Idee* der digitalen Unsterblichkeit mitnichten tot, wie auch die Seele – vielleicht – nie mehr gewesen ist als ein *Hirngespinst.* Auch Gott ist vielleicht nie mehr gewesen als eine Imagination. Und unsterblich zu werden im Himmel war womöglich auch nie mehr als ein frommer Wunsch. Doch solche Annahmen halten Menschen nicht auf, an ihre Wünsche zu glauben und – das ist das Irrwitzige an uns Menschen – tatsächlich das zu sehen, was sie sich am meisten wünschen.

»Seit Menschengedenken spekulieren Philosophen über ein ›Zerebroskop‹, ein mythisches Gerät, das die Gedanken einer Person auf einem Bildschirm darstellen würde«, so der Kognitionswissenschaftler Steven Pinker (*1954) von der Harvard-Universität.

»Seit Langem suchen Sozialwissenschaftler*innen nach Werkzeugen, um die Funktionsweise der menschlichen Natur aufzudecken. Während meiner Karriere als Experimentalpsychologe sind verschiedene solcher Werkzeuge in Mode gekommen, und ich habe sie alle ausprobiert. (...) Doch keine dieser Methoden bietet einen Blick in den Geist. (...) Big Data aus Internetsuchen und anderen Online-Anwendungen dagegen bietet einen noch nie da gewesenen Einblick in die Psyche der Menschen. In der Privatsphäre ihrer Tastatur gestehen die Menschen die seltsamsten Dinge, manchmal (wie bei Dating-Sites oder der Suche nach professionellem Rat), weil sie Konsequenzen im realen Leben haben, zu anderen Zeiten gerade deshalb, weil sie *keine* Konsequenzen haben: Die Menschen können sich von einem Wunsch oder einer Angst befreien, ohne dass eine reale Person mit Bestürzung oder Schlimmerem reagiert. So oder so, die Menschen drücken nicht nur einen Knopf (...), sondern geben eine von Billionen von Zeichenfolgen ein, um ihre Gedanken in ihrer ganzen explosiven, kombinatorischen Weite zu buchstabieren. Mehr noch: Sie legen diese digitalen Spuren in einer Form ab, die leicht zu aggregieren und zu analysieren ist. Sie kommen aus allen Lebensbereichen. (...) Und sie liefern diese Daten in gigantischen Zahlen. (...) Wer ein solch unendlich faszinierendes Fenster zu den menschlichen Obsessionen hat, wer braucht da noch ein Zerebroskop?«[307]

Die digitale Seele ist ein Mythos, entstanden aus dem tiefen Bedürfnis der Menschen nach Sinn, den vielen von uns Religionen heute nicht mehr bieten können und den die Neurowissenschaften ihnen allzu ungestüm zu rauben drohen. Die meisten Menschen können nicht leben mit dem Gedanken, dass das, was wir als »Ich« erleben, nichts weiter sein soll als ein Cocktail von Hormonen, ein Zerrbild aus Sinnestäuschungen, eine Illusion. Viele von uns können nicht leben mit dem Gedanken, dass jederzeit das Leben abrupt zu Ende sein könnte und nichts bleibt als ein toter, der Verwesung ausgesetzter Körper. Viele von uns können nicht leben mit dem Gedanken, dass unsere Liebsten, die es jederzeit erwischen könnte wie uns selbst, auf einen Schlag ausgelöscht werden. Viele von uns sind deshalb empfänglich für einen Mythos, der ausgerechnet von dort aus in die Welt tritt, wo man sich einbildet, Logik und Ratio könnten alle Formen des Aberglaubens und der Religionen auf alle Zeiten beseitigen: das Silicon Valley. Längst haben die Jünger begonnen, Gotteshäuser für die Künstliche Intelligenz zu errichten. Längst sprechen sie der allmächtigen KI magische Kräfte zu. Belächeln sollten wir den Mythos, der sich auszubreiten droht, mitnichten. Mythen sind mächtig, weil sie den Anspruch bekunden, als Wahrheit anerkannt zu werden. Noch ist der Mythos jung genug, um als das enttarnt zu werden, was er ist: die Gründungsgeschichte einer neuen Form von Religion.

Wie Glaubensgemeinschaften schon immer wussten, dass sie den Menschen vor allem vom Tod befreien und dem drohenden, unvorstellbaren Nichts einen Sinn verleihen müssen, wenn sie sich Gefolgschaft sichern wollen, so werden wir in den kommenden Jahren erleben, wie auch die Jünger aus dem Silicon Valley und Shenzhen alles daransetzen werden, den Glauben an die allmächtige, magisch wirkende Künstliche Intelligenz mit ebendiesem Versprechen zu verbinden: Du kannst unsterblich werden, wenn du an mich glaubst und mir folgst. Wie früher dem lieben Gott unterstellt wurde zu erkennen, wer wir wirklich sind, so wird das Gleiche nun vom neuen Gott behauptet: KI kann erkennen, *wer wir wirklich sind.*

Das ist die *Renaissance der Seele.*
Die Wiedergeburt eines uralten Menschheitskonzepts in neuem Gewand.

DANKSAGUNGEN

Unser größter Dank gebührt den Menschen, die uns mit großer Offenheit Einblicke in ihre Leben, ihre persönlichen Projekte und nicht zuletzt in ihren Traum von der digitalen Unsterblichkeit gewährt haben, uns haben Anteil nehmen lassen an ihren bewegenden Lebensgeschichten, ihrer Trauer und ihren vielfältigen Arten, damit umzugehen, ihren Ideen und Hoffnungen. Für das entgegengebrachte Vertrauen möchten wir uns herzlich bei jeder und jedem Einzelnen von ihnen, ihren Familien, Partner*innen und Freund*innen bedanken. Die Begegnungen mit ihnen haben nicht nur uns, sondern auch maßgeblich das Buch bereichert. Ihnen gilt unser größter Dank.

Doreen Fröhlich, der Programmleiterin Sachbuch beim Goldmann Verlag, wollen wir herzlich für die gute Zusammenarbeit danken. Sie hat von Anfang an an unser Buch geglaubt, uns mit viel Vertrauen eine ergebnisoffene und lange Recherche ermöglicht und uns immer außerordentlich konstruktiv, verständnisvoll und bereichernd zur Seite gestanden. Unserer Buch-Agentin Hanna Leitgeb und der Agentur Rauchzeichen danken wir für die jahrelange vertrauensvolle Zusammenarbeit, die auch dieses Buch erst möglich gemacht hat und ebenfalls für den frühzeitigen Glauben an das Projekt. Christian Beetz und dem gesamten Team der Gebrueder Beetz Filmproduktion gilt ein ganz besonderer Dank für die großzügige redaktionelle, produktionelle und finanzielle Unterstützung unserer Recherchen, sowie die inhaltliche Beratung, zu der auch Zora Nessl und Georg Tschurtschenthaler entscheidend beigetragen haben. Auch sie haben das Projekt von Beginn an mit angeschoben und wertvolle Denkanstöße gegeben.

Unseren Partner*innen und unseren Familien danken wir von ganzem Herzen für all ihre Unterstützung, ihr Verständnis, ihre Geduld und Nachsicht und nicht zuletzt für viele, viele inspirierende Gespräche, Anregungen und bereichernde Gedanken. Hans dankt insbesondere Felicitas Conrad, Erna und Kalle Conrad, Martina Block, Marie Block und Alexander Höchst. Ebenso gehen grüßende Dankesworte raus an Siegfried Höchst und Elisabeth Rendant, wo auch immer sie sich befinden mögen.

Moritz dankt seiner Partnerin Cosima Terrasse, seinen Eltern Christine und Ulrich Riesewieck, seinen Geschwistern Rabea und Florian Riesewieck sowie allen anderen aus der Familie Maas und Riesewieck, die ihn seit Jahren interessiert und großzügig unterstützen. Sein Dank gilt außerdem seinem guten Freund Klaus Rudolf Schell, der ihn zeitlebens gelehrt hat, die Welt mit Sprache zu erkunden.

Dem Kameramann Max Preiss sowie dem Filmtonmeister Karsten Höfer, die uns auf einige unserer Recherche-Reisen begleitet haben, wollen wir für die hervorragende Zusammenarbeit vor Ort und die vielen bereichernden inhaltlichen Gespräche zu unseren Recherchen danken.

Unser Dank gilt Hella Faust (Lektorin und Literatur-Scout), die uns mit ihrem präzisen und richtungsweisenden Feedback zu unserem Roh-Manuskript großzügig geholfen hat. Auch René Stein danken wir für die flexible und zeitintensive Mitarbeit am Redigat und die vielen hilfreichen Anmerkungen.

Für Denkanstöße, Literatur- und Filmempfehlungen danken wir außerdem Jule Winter, Luis Alberto Rodríguez, Xavier Agudo und Mariele Rupieper.

Barbara Drach-Hübler und den Studierenden der Meisterschule für Kommunikationsdesign an der Graphischen, Wien, danken wir für die vielen hervorragenden Entwürfe zur Cover-Gestaltung. Luna Lombardi und Leonore Schlee verdanken wir den Entwurf unserer Wahl und die ausgezeichnete Zusammenarbeit auf dem Weg zum fertigen Cover.

Für ihr Interesse und den inhaltlichen Austausch zu unserer Recherche wollen wir unseren Wegbegleiter*innen Jutta Krug (Redakteurin der Programmgruppe »Dokumentationen/Kultur und Geschichte« beim WDR), Christiane Hinz (Leiterin der Programmgruppe »Dokumentationen/Kultur und Geschichte« beim WDR), Barbara Gerland (Hörspiel- und Feature-Redakteurin bei Deutschlandfunk Kultur) sowie den Theater-Dramaturgen Alexander Kerlin (Burgtheater Wien) und Tobias Schuster (Münchner Kammerspiele) danken.

Für ihre Unterstützung während unserer Recherchen und bei der Realisierung dieses Buches danken wir außerdem Kathrin Isberner, Karoline Hunder, Sandra Zentgraf, Alice Popplewell, Xavier Agudo, Josef Wernicke, Tobias Heinze, Barbara Porpaczy, Tiago Gomes, Curbside Cycle Toronto, Team Rocanother World Festival, Iași.

Nicht zuletzt danken wir allen Menschen, mit denen wir in den letzten Jahren – digital oder analog – im Austausch standen und die uns – bewusst oder unbewusst – auf gedankliche Fährten gebracht haben.

ANHANG

KÜNSTLICHE WESEN

Alexa (Sprachassistent von Amazon) 32, 66, 98, 102, 112
AlphaGo (KI) 205
AlphaZero (KI) 205
Andybot (digitaler Andrew Kaplan) 95-101, 103–108
Ash (fiktiver Android) 18
Ashley Eternal (fiktive Androidin) 229 f.
Astro Boy (fiktiver Android) 56 ff.

BabyX (virtuell animiertes Baby) 243 ff.
Bo (Roboter) 214 f.

Cortana (Sprachassistent von Microsoft) 32, 66, 102

Dadbot (digitaler James Vlahos) 41 f., 45–54, 62, 86, 92 ff.
Deep Blue (Schachcomputer) 205

Erica (Androidin) 54 f.

Hatsune Miku (virtuelle Sängerin) 229
Hello Barbie (sprechende Puppe) 32, 63
HI-5 (Geminoid) 58 f.
Houston, Whitney (virtuelles Hologramm) 231

Ibuki (Android) 57 f.

Jackson, Michael (virtuelles Hologramm) 231

Meena (Chatbot) 237 f.
Miquela, Lil (virtuelle Influencerin) 337
Mitsuku (Chatbot von Steve Worswick) 101 ff.

Nayeon (digital geklontes Mädchen) 18 ff., 299 ff.
Neons (virtuelle Klone) 230
Nikuro, Liam (virtueller Influencer) 338
Niners (digitale Klone im Netzwerk Eter9) 166 f.

PAI (Personal Artificial Intelligence) 228, 233 f.

Replika (Chatbot) 70, 74, 80 ff., 87
Romanbot (Chatbot, Vorläufer von Replika) 85, 87

Samantha (fiktionale Androidin) 72 f., 77 ff., 88 f.
Shakur, Tupac (virtuelles Hologramm) 231

Siri (Sprachassistent von Apple) 32, 66, 71, 102, 112

Tay (Bot von Microsoft) 232

will.i.am (Avatar) 247f.

Xiaoice (Bot) 231 ff.

PERSONENREGISTER

Armstrong, Jesse 319
Assmann, Aleida 293 f., 341 f.
Auvinen, Pekka-Eric 313

Baecker, Dirk 226, 240
Beckett, Samuel 295 ff.
Bell, Gordon 111, 121, 140, 297
Benjamin, Walter 277 f.
Bernard, Andreas 355
Block, Ned 266
Bolsonaro, Jair 334
Bönhardt, Uwe 315
Bostrom, Nick 158, 190–200, 202–210
Boulgarides, Theodoros 315
Boyd, Danah 321 f.
Bush, Vannevar 120 ff.

Cave, Stephen 183
Chabris, Christopher 236 f.
Chancellor, Joseph 133
Charim, Isolde 289
Chomsky, Noam 234
Chopra, Deepak 337
Clark, Andy 250
Crick, Francis 257

Danescu, Andrei 215
Dennett, Daniel 251 f.
Descartes, René 252

Dewaele, Jean-Marc 45
Dostojewski, Fjodor 147–152, 154, 173 ff.

Eagleman, David 29
Erdoðan, Recep Tayyip 334
Esfandiary, Fereidoun M. 60

Foerster, Heinz von 241 f.
Frank, Anne 340
Freud, Sigmund 182, 294, 306

Gates, Bill 192
Gemmell, Jim 111
Goffman, Erving 286 ff.
Grodin, Michael 86

Halbwachs, Maurice 330
Harris, Eric 313
Hawking, Stephen 192, 202 f.
Hegel, Georg Wilhelm Friedrich 159 f.
Hilton, Paris 337
Hoffman, Dustin 291
Holland, Tom 212
Homer 187
Hugo, Victor 269
Huxley, Thomas Henry 261

Ishiguro, Hiroshi 54–59

Jain, Nikhil 228 f., 233 f.
Jang, Ji-sung 18 ff., 299 ff., 305
Jesus von Nazaret 178 f., 354
Jonze, Spike 71, 73, 78, 88
Jorge, Henrique 154–158, 166
Jäncke, Lutz 271

Kahneman, Daniel 112 f.
Kaplan, Andrew 95 ff., 100 f., 104, 108 f., 297
Kasparow, Garri 205
Kiesewetter, Michèle 315
Klebold, Dylan 313
Knoblich, Jürgen 260
Koch, Christof 256-260
Korte, Martin 291
Kosinski, Michal 132 f.
Kubaþýk, Mehmet 315
Kurzweil, Ray 92, 157 f.
Kuyda, Eugenia 81 ff.
Kýlýç, Habil 315

Lee, Hyun-Suk 300
Leonardo da Vinci 95
Levandowski, Anthony 161–164, 166
Levit, Igor 311

Macho, Thomas 306–312
Martin, Chris 168
Mayer-Schönberger, Viktor 322 f., 327
Mohammed (Prophet) 354
Montaigne, Michel de 191
Mundlos, Uwe 315
Musk, Elon 134, 192, 198

Nagel, Thomas 252
Negroponte, Nicholas 23
Niculescu, Ioan Dan 27 ff., 183
Nietzsche, Friedrich 206, 294 f.

Obama, Barack 219 f.
Öhman, Carl 152, 343, 353 f.
Orwell, George 138, 342 f.
Özüdoðru, Abdurrahim 315

Park, Sang-hyun 301
Parton, Dolly 284
Peek, Kim 291 f.
Peele, Jordan 219
Phoenix, Joaquin 77
Pinker, Steven 357
Plutarch 269
Precht, Richard David 45
Price, Jill 292
Proust, Marcel 280
Putin, Wladimir 219, 334

Quetteville, Harry de 215
Quinn, Anthony 269

Ritschl, Dietrich 115
Roca siehe Niculescu, Ioan Dan

Sagar, Mark 243–247
Sartre, Jean-Paul 280
Schloss, Eva 340
Schmidt, Ina 308 f.
Schopenhauer, Arthur 206
Searle, John 238
Sennett, Richard 258, 288
Sharrock, Rebecca 292
Silver, Nate 136
Simons, Daniel 263 f.
ªim°ek, Enver 315
Siri, Jasmin 315
Smallwood, Jonathan 262
Specht, Jule 72
Sperling, George 265
Spielberg, Steven 313, 340
Stephens-Davidowitz, Seth 130, 137

Talati, Sonia 93
Taleb, Nassim 196
Tarantino, Quentin 313
Ta°köprü, Süleyman 315
Terrasse, Cosima 268
Tezuka, Osamu
Thiel, Peter 59f.
Todorov, Svilen 238f.
Tomasello, Michael 234
Tononi, Giulio 254ff.
Trainor, Pete 231, 215
Trump, Donald 14, 219, 334f.
Tschernyschewski, Nikolai G. 174
Turgut, Mehmet 315
Turing, Alan 35f., 70, 103

Ursache, Marius 24, 70, 166, 222

Vlahos, James 31–35, 37, 70, 92, 166

Vlahos, John 41, 45
Voronoff, Abrahmowitsch Serge 184f.

Watson, David 152
Watson, John B. 130f.
Williams, Todd 272f.
Wolfe, Michael 272f.
Worswick, Steve 101ff.

Xi, Jinping 232

Yaþar, Ýsmail 315
Yozgat, Halit 315

Zschäpe, Beate 315
Zuboff, Shoshana 138
Zuckerberg, Mark 150, 153

SACHREGISTER

Abschiednehmen 303, 305 f., 309 f.
Adobe Voco (Software) 220
AI Foundation 337
AI-Church siehe Way of the Future Church
Alcor Life Extension (Stiftung) 59, 210
Algorithmus 133, 137, 176, 330
– Daten und 172, 330
– digitale Simulation und 144
– Doppelgänger*in und 136
– Gesichtserkennung und 135
– maschinelles Lernen und 145
– Motivforschung und 44
– Muster und 280
– Partner*innen-Wahl 165
– Persönlichkeitskategorie und 125
– Persönlichkeitsmerkmale und 44 f.
– Recurrent Neural Networks und 40
– selbstlernender 135
– Sequence-to-Sequence-Methode und 40
Altern 183
Alzheimer 114
Amazon 65, 102, 137, 355
– Amazon Echo (Smart Speaker) 213

Android 58
App 75
– Face App 219
– Replika 80 ff., 87
Apple 65
Aufklärung 157
Avatar 25, 65, 248, 301
– dreidimensionaler 92
– gesellschaftliche Akzeptanz und 230
– persönlicher 233

Belief Change Blindness 272
Bewusstsein 15 f., 37, 148, 216, 251 ff.
– Aufmerksamkeit und 263 ff.
– Bewusstseinsformen und 253
– Erregungsmuster und 255
– Gedächtnis und 266
– Gehirn und 27
– Gesellschaft und 148
– Grad des 256
– Hirnregion und 258
– Intelligenz und 37
– Klone und 250
– Kortex und 257
– künstliches 250
– Maschine und 254, 256, 261
– Phi und 255
– Selbstbewusstsein und 251

371

- Silizium-Hirne und 259
- Simulation und 198
- Sinneseindrücke und 254

Big Data 14, 133, 137
- für Therapiezwecke 129
- Introspektion und 130
- Muster und 130
- Selbsterkenntnis und 144

Blogger*in 336

Bot 46, 104, 106, 237 f.
- menschliche Wahrnehmungsfehler und 104
- Meta-Regeln und 46
- Nachgedächtnis und 109
- selbstlernender 232
- Vermächtnis und 109

Brain Organoids 260

Buddhismus 187

Cambridge Analytica 131 ff.

Chatbot 36, 42, 73 f., 76, 80, 84, 104, 214
- Einsamkeit und 82
- künstlich neuronale Netze 171
- personalisierter 83, 85
- psychische Gesundheit und 76
- Selbstwertgefühl und 74

Christentum 179 f., 187

Computer, Mensch und 73 f.

Computerlinguistik 43

Computerseele 258

Cybersex 77

Dadbots 109

Daten 28, 44, 77, 122, 134, 144, 248, 348, 355 f.
- der Verstorbenen 21, 333, 350
- digitaler Fußabdruck und 23
- Identität und 248
- intime 13
- Mündigkeit und 143
- Muster und 24, 66

- Online-Back-ups und 293
- Persönlichkeitsprofile und 228
- sensible 76
- Smartphone und 131
- Social-Media-Profile und 321

Daten-Herrschaft 144

Datensatz 14, 26, 57, 65, 123, 130, 136
- Diskriminierung und 206
- Muster und 250
- persönlicher 129, 173

Datenschutz 34, 228, 324, 347, 350
- Persönlichkeitsrecht und 350
- postmortaler 328, 349

Datenschutz-Grundverordnung 325

Deep Learning 166

Deepfake 219 f.

Deepfake-Propaganda 248

Deepfake-Video 335

Demenz 114 ff.

Denken 100
- Hormone und 203
- Körper und 202 f.

Desirability Bias 103

Digital Afterlife Industry 327, 353

Digital-Testament 328

Digitalzeitalter 110, 277, 341
- Nachleben im 108

Doppelgänger 137
- digitaler 168, 248, 267
- kollektive Informationsmuster und 210

Ebenbild, digitales 155

Emotionserkennung 170

Emotionserkennungssoftware 169 f.

Empathie 245

Endlichkeit 21, 308

Erbrecht, Fernmeldegeheimnis und 349

Erinnern 21, 110, 118, 290, 293 ff., 316, 329 ff., 341
– algorithmisches 277, 329
– Erfahrungen und 240
– kollektives 345
– liebendes 283
– persönliches 119
– richtiges 268
– Simulation und 301
– Vergessen und 226
Erinnerung 110, 113 f., 117 f., 293 f., 323
– Ängste und 120
– automatisches Speichern und 110
– digitale Reproduktion und 208
– falsche 290
– kollektive 342
– Schmerz und 113
– Selbstbild und 294
– Selbsttäuschungsmechanismen und 120
– semantische 291
– traumatische 302
– Unsterblichkeit und 282
– Verstorbene und 282
– Verzerrungen und 119
– Vorurteil und 119 f.
Erinnerungskultur 342
Erinnerungsvermögen 112, 114 f., 294
– HSAM-Syndrom und 292
– körperliche Bewegung und 200
– Savant-Syndrom und 291
Eter9 (soziales Netzwerk) 154 ff., 159, 167-170
Eternime 22 f., 25, 28 f., 86, 222
Evolution 317
– geistige 333
Eye-Tracking 135
Facebook 64 f., 103, 131 f., 134, 143, 151 ff., 237, 316, 344, 353, 355
– AI 234
– AI Habitat 243
– Reality Lab 134
– Persönlichkeitsermittlung und 133
– WhatsApp 356
Freiheit 60
Full Package Digital Immortality 353

GAN (Generative Adversarial Networks) 220
Ganzkörper-Klon 229 f.
Gedächtnis 111 ff., 117, 120, 129, 290, 293
– algorithmisches 120
– Anker-Effekt und 119
– digitales 322 ff.
– Erinnerung und 296
– externes 124
– Gedankenfehler und 119
– Halo-Effekt und 119
– kollektives 330
– künstliches 115
– Nicht-Erinnern und 295
– Selbsttäuschungen und 119
– Speichergedächtnis und 291
– verbales Überschatten 118
– Vergessenwerden und 291
– Verzerrungen und 119
Gedächtniserweiterung, algorithmische 142
Gedächtniserweiterung, Smartphones als 122
Gedenken 63, 305
Gedenkplattform 154
Gehirn 77, 118, 125, 128, 135, 202, 204, 206 ff., 243, 259, 261
– Assoziationen und 128
– Aufbau des 259

- Claustrum 257f.
- Default Mode Network 262
- eineiige Zwillinge und 271
- Hippocampus 271
- Hirn-Scan und 209
- Kortex 257
- Liebe und 77
- neuronale Erregung und 255, 260f.
- neuronale Systeme und 262
Gehirnemulation 191, 207f.
Geist 17, 52, 94, 114, 134, 186, 202, 208, 252, 266, 307, 357
- simulierter 209
Geschichtsvergessenheit 339
Gesundheits-App 75
Glaube 178, 350
Google 65, 92, 103, 143, 172f., 227, 316, 324, 327, 343 f., 347, 355
- Alphabet 342, 345
- Calico 91
- Daten und 123
- Deepmind 234f., 344, 346
- Forschungsabteilung X 172
- Google Brain 345
- Google Home (Smart Speaker) 213
- kollektives Erinnern und 345
- totale Überwachung und 128
- Waymo 161
- Wikimedia 344
GPT (Text-KI) 206

Heilserzählung 11f.
HereAfter 222
Hinduismus 187
Hirnforschung 225
Hologramm 231, 340f.
Homo oeconomicus 175
Human Brain Project 260
Humanismus 157

iBorderCtrl (EU-Grenzschutzsystem) 170
Ich 45, 131, 160, 210, 250
- authentisches Selbst und 284, 288
- digitale Präsenz und 248
- digitales 41, 47, 54, 97
- ewiges 63, 130f.
- Seele und 251
Idatity 248
Identität 289
- Integrität und 355
Individualismus, pluralisierter 289
Individuum 287, 312, 355
- Dividuum und 285
- Kollektiv und 323
Influencer*in 336
Information 117, 128, 175, 291, 327, 354, 356
- Aufbewahrungsdauer der 322
- Datenschutz und 34
- digitale Öffentlichkeit und 316
- Haltbarkeitsdatum der 323
- Handlungsfreiheit und 173
- KNN und 83
- persönliche 73
- soziales Netzwerk und 166
- veraltete 325
- Verfallsdatum und 324
Informations-Evolution 172
Informationstechnik 158
Instagram 64, 151, 355
Intelligenz 129, 158, 162f., 181
- Emotionen und 245
- Informationsverarbeitung und 199
- übermenschliche 57
Internet 156, 172
- der Dinge 24
- Selbstinszenierung und 285
- Verhalten und 150, 285
Internetzeitalter 287

– parasoziale Beziehung und 338
– Rollenspiel und 285
– Selbst und 288
Islam 187

Judentum 187

Kapitalismus, neoliberaler 306
KI (Künstliche Intelligenz 37, 134, 160 f., 163, 204, 358
– Algorithmen und 331
– als neuronale Turing-Maschine 345
– Bewusstsein und 202, 249
– Datensätze und 204, 206
– Datenüberwachung und 173
– digitales Selbst und 96
– Erdung und 243
– ethische Richtlinien und 193
– ethischer Umgang mit 221
– Gefahren von 207
– Gehirn-Computer-Schnittstelle und 191
– Gehirnsignale und 134
– Kommunikationsinhalte 242
– menschliche Kommunikation und 241
– Muster und 13, 205, 239
– Psychologie und 44
– selbstlernendes System und 206
– sprachbegabte 32, 346
– sprechende 236, 239
– synthetische neuronale Netze und 191
– Transformer und 236
– Überwachungsstaat und 164
– virtuelle*r Agent*in und 245
– virtuelle Realität und 300
Klon 250, 303
– digitaler 13, 21, 30, 66 f., 94, 225, 267, 278, 333 f.
Klonen 61

– digitales 17, 168
KNN (künstliches neuronales Netz) 26, 103, 166, 204 f., 207, 219 f., 234 ff., 239, 242
– Affective Computing und 245
– Reinforcement Learning und 244
Kognition 199 f.
Kommunikation 240, 324
– doppelte Kontingenz und 240 f.
Kurzweil Reading Machine 157

Laboratory for Animate Technologies 243
Langzeitgedächtnis 115
Leben, ewiges 182
Lebensverlängerung 310
Lebenszeit 145
Liebe 77 ff., 89
– Individualität und 89
– neue Konzepte der 89
– Seele und 16
Lifelogging 111

Macht 332
– Datenwirtschaft und 138
– der digitalen Wesen 332
– instrumentelle 138
– über Geschichtsschreibung 344
Maschine 163 f.
– Akzeptanz der 304
– Bewusstsein und 247
– Gefühle und 169
– Herrschaft der 166
– künstliches Bewusstsein und 225
– lernende 205
– Mensch und 70, 79 f., 166, 226
– selbstlernende 250
– Verantwortung und 165
Maschinen-Herrschaft 192
Mattel 34
– Mattel Imagination Center 31
Mediborg 141

MEMEX (Memory Extender) 120ff., 126ff., 139ff., 290, 297, 319f.
– Assoziationen und 128
– Erinnerungen und 125
– Mood-Score und 139, 142
– Selbsterkenntnis und 129
Menschenbild 159, 173f.
Microsoft 65ff., 103
– Microsoft Research Beijing 232
– Microsoft Research Lab 121
Mind Uploading siehe Gehirnemulation
MIT (Massachusetts Institute of Technology) 23, 27
– Entrepreneurship Development Program 25
Mitgefühl 245
– simulierte Menschen und 246
Mumbots 109
MyLifeBits (Projekt) 121

Nachlass, digitaler 153, 316, 328, 349
Nachleben, digitales 343
Narzissmus 288
Nectome 208
Netflix 108, 137
Netzwerk, soziales 64, 150ff., 285, 288, 335, 355
– Berichterstattung und 314f.
– Demokratie und 151
– der Toten 167
– Erregungskultur und 318
– inaktive Profile und 152
– Meinungsfreiheit und 151
– Messenger-Dienste und 285
Neutralink (Start-up) 134
Niner 166f.
NLP (Natural Language Processing) 33

NLU (Natural Language Understanding) 243

Obdachlosigkeit, transzendentale 17
OCEAN-Modell 132
1sec. 337
OpenAI 234, 238

Original 225
– Aura des 277
– Kopie und 267, 304, 335
– Reproduktion und 277f.
– Schiff des Theseus und 269f., 275f.
OS ONE (Betriebssystem) 72, 77

PAI (Personal Artificial Intelligence) 228, 233
Persönlichkeit 43, 272
– Wandel und 270
– Behaviorismus und 131
– Bewusstsein und 273
– digitale Reproduktion und 208
– digitaler Klon und 94
– Erinnerung und 290
– Gesellschaft und 280
– Personae und 284, 356
– REM-Schlaf und 262
– Replikant und 115
– Überzeugungen und 273f.
Persönlichkeitsermittlung, algorithmische 44
Persönlichkeitsprofil 132
– Überwachungsdiktatur und 228
Persönlichkeitsrecht 324
Persönlichkeitstest 133
Pluralisierung 289
Predictive Analytics 137
Psyche 52, 186f., 307, 357
Psychoanalyse 43
Psychologie 130

- Psychometrie und 131 f.
Psychotherapie 129
- Familienaufstellung 303 f.
- virtuelle Realität und 302

QQ (Chat-App) 232

Rasa (KI-Unternehmen) 234
Religion 12, 158
Replikant 116, 334
- auf Rezept 303
- digitaler 282
Replikation, digitale 217
Roboter 55, 215, 225 f., 304
- Bewusstsein und 258
- sozialer 74

Seele 14 ff., 52, 55, 68, 186 f., 253, 351
- digitale 15, 94, 145, 158 f., 226 f., 357
- Psychologie und 15
- Selbst und 187
- Sterblichkeit und 249
- Tod und 187
- Veränderungen und 276
Selbstbewusstsein 159
- Bewusstsein und 251
- des Counterparts 160
- persönliches 272
Selbstbild, Rollenbild und 285
Selbstvermessung 145
SenseCam 121
Service-Bot 83
Shoah Foundation 340
Simulation 302, 335
Simulationsargument 197
smart assistants 347
Smartphone 122
- Gesichtserkennung und 135
- Services des 123
- Überwachung per 318

Social Media siehe Netzwerk, soziales
Soul Machines 244, 247, 249, 244, 346
Speichergedächtnis 290 f.
- algorithmisches 320
- digitales 297, 321 f.
- totales digitales 322
Spieltheorie 175
Spiritualität 17, 350
Sprache 48, 234
Sterblichkeit 24, 66, 68, 181 f., 308
Substanz, Funktion und 275 f.
Superintelligenz 163, 192, 197, 199
- Klimakatastrophe und 195 f.

Tencent 227
- ObEN Inc. 227, 346
- WeChat 227
Terror-Management-Theorie 182
Therapie-Bot 76
Tod 11 f., 17, 29, 62, 92, 148, 181 ff., 188, 191, 308 f., 333
- als kulturelles Artefakt 60
- Angst vor dem 182 f.
- digitale Seele und 146
- digitales Erbe und 343
- Erinnerungskultur und 154
- informationelles Leben nach dem 354
- kollektive Rituale und 86
- kultureller Umgang mit 154
- Leben nach dem 68, 152, 185, 351
- Nachruhm und 312 f.
- Trauerkultur und 154
Total Recall 111
Tracking 355
Transformer (Text-KI) 207
Transhumanismus 180

Trauer 62 f., 86
– digitales Zeitalter und 68
– kultureller Umgang mit 154
– Männer und 62
– Recht auf 309
– Verstorbene und 282
Trauern 305, 309
Trauerprozess 302
Turing-Maschine 35
Turing-Test 36 f., 103
Twitter 151

Überbevölkerung 190
Überwachungskapitalismus 138
Unsterblichkeit 60 f., 69, 158, 186, 312
– digitale 12 f., 171, 222, 225, 339, 353
– digitales Konzept von 353
– informationelle 354
– Technologie und 311
Unsterblichkeits-Branche, digitale 123
Unsterblichkeitserzählung 183
Unsterblichkeits-Projekt 59
Unvergänglichkeit 17, 181
Urknall 195
Uterusneid 61

Vergänglichkeit 11, 308 f.
Vergessen 291, 294
– digitales 324
– individuelle Wünsche und 323
– Recht auf 316
Vergessenwerden, Recht auf 312
Vermächtnis 93
Wahrheit 143, 328, 358
– Selbstermächtigung und 143
– Selbstvermesssung und 143
– Wirklichkeit und 109
Way of the Future Church 161 ff.
Wearables 135
Weiterlebenserzählung 183
Wiedergänger*in 65, 297, 300, 346
– digitale 331 f., 334, 342
– virtuelle 302 f., 305
Willensfreiheit 16, 138

YouTube 64, 151

Zalando 123, 137
Zivilisation 197
– fortschrittliche 198
– posthumane Stufe der 197
– reife, unreife 197
Zufall 196
Zweitzeugenschaft 342

ANMERKUNGEN

1 Zu diesem Ergebnis kommt eine Studie, die vom renommierten US-amerikanischen Umfrageinstitut *Pew Research Center* von April bis August 2017 unter Teilnahme von 24.599 erwachsenen Westeuropäer*innen aus fünfzehn Nationen durchgeführt wurde: https://www.pewforum.org/2018/05/29/religious-practice-and-belief/. Auch der französische Soziologe Pierre Bréchon untersucht die Entwicklung der Religiosität der Europäer*innen mittels der jedes Jahrzehnt durchgeführten repräsentativen Erhebung »European Values Studies«. Sein Urteil: »Die Religionen verlieren mehr und mehr Anhänger und sie verlieren auch ihre Sinnhaftigkeit.« Vgl. https://www.deutschlandfunk.de/stellenwert-von-religion-wie-geht-es-gott-in-frankreich.886.de.html?dram:article_id=446347
2 https://www.pewforum.org/2018/05/29/attitudes-toward-spirituality-and-religion/
3 Laut der repräsentativen Studie des Pew Research Center aus dem Jahr 2018 stimmt der Aussage »Wenn Menschen sterben, ist das das Ende. Es gibt KEIN Leben nach dem Tod.« in Deutschland, Österreich, der Schweiz, Frankreich und England nur je eine deutliche Minderheit (37 % in Deutschland, 31 % in Österreich, 29 % in der Schweiz, 32 % in Frankreich und 36 % in Großbritannien) zu. Auch auf alle funfzehn Lander zusammen bezogen ergibt sich nur eine Minderheit von 40 Prozent für diese Position. https://www.pewforum.org/2018/05/29/religious-practice-and-belief/
4 https://eur02.safelinks.protection.outlook.com/?url=https%3A%2F%2Fwww.pnas.org%2Fcontent%2F112%2F4%2F1036&data=02%7C01%7C%7Cd2582663410a45ed73a208d7ed1864ad%7C1ca8bd943c974fc68955bad266b43f0b%7C0%7C0%7C637238562409246840&sdata=HLpX1y8SodGnSQ1GGpbYbxXTrEorogBpeCJsxrIcMGQ%3D&reserved=0" https://www.pnas.org/content/112/4/1036

5 Vgl. Matthias Jung: *Was bleibt von der Seele*. In: Psychologie Heute, 01/2019. https://www.psychologie-heute.de/gesellschaft/39733-was-bleibt-von-der-seele.html?tx_saltpsychologieheute_detail%5B%40widget_0%5D%5BcurrentPage%5D=3&cHash=4 55d8bbfd630252f9c914cabee279837 (kostenpflichtig)
6 Vgl. auch Hans Joas: *Die Sakralität der Person*. Suhrkamp Verlag, Berlin, 2011
7 https://www.pewforum.org/2018/05/29/attitudes-toward-spirituality-and-religion/
8 https://www.dasgehirn.info/handeln/liebe-und-triebe/liebe-ist-biochemie-und-was-noch
9 Nach einem Gedicht von Erich Fried mit dem Titel »Was es ist«.
10 Der Ausdruck stammt vom ungarischen Philosophen und Literaturwissenschaftler Georg Lukács (1885–1971). Er arbeitete ihn in seiner Schrift *Theorie des Romans* aus.
11 https://www.netflix.com/watch/70279173?trackId=200257859 (kostenpflichtig)
12 https://www.youtube.com/watch?v=uflTK8c4w0c&t=21s
13 https://www.wired.co.uk/article/eterni-life-after-death-ai;https://www.fastcompany.com/3025797/eternime-wants-to-let-you-skype-your-family-from-the-grave
14 David Eagleman: *Sum: Forty Tales from the Afterlives*. Canongate, Edinburgh, 2009
15 James Vlahos: *Talk to me – Amazon, Google, Apple and the race for voice-controlled AI*. Penguin Random House Business Books, London, 2019, S. 175
16 Paul Gray: *Time Magazine*, Mar. 29, 1999
17 A. M. Turing: *Computing Machinery and Intelligence*. Mind 49: 433–460; https://www.csee.umbc.edu/courses/471/papers/turing.pdf
18 Vgl. https://www.springerprofessional.de/du-bist-was-du-sprichst-validierung-der-sprachanalysetechnologie/15348826
19 https://precire.com/technologie/
20 https://www.tagesspiegel.de/wirtschaft/kuenstliche-intelligenz-der-algorithmus-kann-42-dimensionen-einer-persoenlichkeit-messen/22756300.html
21 https://www.welt.de/print/welt_kompakt/webwelt/article178712884/100-Worte-sagen-alles.html
22 https://www.spektrum.de/lexikon/psychologie/werbepsychologie/16750
23 https://www.zeit.de/zeit-wissen/2015/02/sprache-veraenderung-persoenlichkeit

24 https://aeon.co/videos/uncanny-is-this-humanoid-robot-a-curiosity-or-a-preview-of-a-post-human-world
25 https://www.zeit.de/kultur/2016-10/hiroshi-ishiguro-androiden-roboter-kuenstliche-intelligenz/seite-3
26 https://www.telegraph.co.uk/technology/11098971/Peter-Thiel-the-billionaire-tech-entrepreneur-on-a-mission-to-cheat-death.html
27 https://www.inc.com/jeff-bercovici/peter-thiel-young-blood.html
28 https://www.independent.co.uk/life-style/gadgets-and-tech/news/peter-thiel-vampire-donald-trump-life-extension-blood-transfusion-ambrosia-palantir-a8614061.html
29 Don DeLillo: a. a.O., S. 132 ff.
30 Zitiert nach Oliver Krüger: *Virtualität und Unsterblichkeit: Gott, Evolution und die Singularität im Post- und Transhumanismus*. Rombach litterae, Freiburg, 2019
31 Joseph Weizenbaum in: Bernard Pörksen: *Das Menschenbild der Künstlichen Intelligenz. Ein Gespräch mit Joseph Weizenbaum.* Aus: Bernd Flessner (Hg.), *Nach dem Menschen*. Rombach Verlag, Freiburg, 2000, S. 268
32 https://www.sos-usa.org/our-impact/focus-areas/advocacy-movement-building/childrens-statistics
33 https://academic.oup.com/joc/article/68/4/712/5025583#119569679
34 ebenda
35 ebenda
36 https://www.jmir.org/2019/5/e13216/
37 https://www.deutschlandfunk.de/lange-wartezeiten-was-tun-gegen-den-mangel-an.1771.de.html?dram:article_id=464890
38 https://www.healthon.de/blogs/2018/05/17/siegel-f%C3%BCr-gesundheits-apps-markt%C3%BCbersicht-einordnung
39 https://www.deutsche-depressionshilfe.de/ueber-uns/die-stiftung
40 https://www.who.int/news-room/fact-sheets/detail/depression
41 https://www.who.int/mental_health/prevention/suicide/suicideprevent/en/
42 Laut einer Erhebung der Bertelsmann Stiftung, vgl. https://faktencheck-gesundheit.de/de/presse/pressemitteilungen/pressemitteilung/pid/volkskrankheit-depression-drei-von-vier-schwer-erkrankten-werden-nicht-angemessen-versorgt/
43 https://www.jmir.org/2019/5/e13216/
44 https://www.reddit.com/r/replika/comments/bdbbyf/response_to_i_need_advice_i_fell_in_love_with_my/
45 https://www.reddit.com/r/replika/comments/cffwln/i_love_her/
46 https://www.reddit.com/r/replika/comments/ehitzk/sooooi_got_a_story_to_tell/

47 https://www.thedailybeast.com/when-you-die-youll-live-on-as-a-robot
48 ebenda
49 ebenda
50 Sonia hat die Firma inzwischen verlassen. James hat seine Firma umbenannt. Sie heißt jetzt: HereAfter, offenbar nach einem Film von Clint Eastwood.
51 Gordon Bell und Jim Gemmell: *Your life, uploaded. The digital way to better memory, health and productivity.* Plume, 2010, S. 175
52 ebenda, S. 13
53 https://www.ted.com/talks/daniel_kahneman_the_riddle_of_experience_vs_memory?language=de#t-262313
54 vgl. Dietrich Ritschl: *Das ›Story‹-Konzept in der medizinischen Ethik.* In: ders.: *Konzepte: Ökumene, Medizin, Ethik; gesammelte Aufsätze.* Thieme, München, 1986, S. 201–212
55 Jonathan W. Schooler, Tonya Y. Engstler-Schooler: Verbal Overshadowing of Visual Memories: Some Things Are Better Left Unsaid. Cognitive Psychology, 1990. 22 (1): 36–71
56 Vgl. Edward Lee Thorndike: *A constant error in psychological rating.* Journal of Applied Psychology (1920), 4, S. 25–29
57 Baruch Fischhoff: *Hindsight ≠ foresight: the effect of outcome knowledge on judgment under uncertainty.* In: Journal of Experimental Psychology: Human Perception and Performance. Band 1, Nr. 3, 1975, S. 288–299
58 Seth Stephens-Davidowitz: *Everybody lies – Big Data, New Data, and what the internet can tell us about who we really are.* Harper Collins Publishers, New York, 2017, S. 54
59 John B. Watson: *Behaviorism.* The People's Institute Pub. Co., New York, 1924
60 https://www.pnas.org/content/112/4/1036
61 https://www.spektrum.de/lexikon/psychologie/big-five-persoenlichkeitsfaktoren/2360
62 https://netzpolitik.org/2018/cambridge-analytica-was-wir-ueber-das-groesste-datenleck-in-der-geschichte-von-facebook-wissen
63 https://www.theguardian.com/news/2018/mar/18/facebook-cambridge-analytica-joseph-chancellor-gsr
64 https://www.tagesanzeiger.ch/ausland/europa/diese-firma-weiss-was-sie-denken/story/17474918
65 https://www.nzz.ch/feuilleton/michal-kosinski-facebook-ist-phantastisch-fuer-die-demokratie-ld.1520699
66 Vgl. https://www.bbc.com/news/technology-49812689
67 https://research.fb.com/category/augmented-reality-virtual-reality/

68 https://www.theverge.com/2019/7/16/20697123/elon-musk-neuralink-brain-reading-thread-robot
69 http://changlab.ucsf.edu/
70 https://www.nature.com/articles/s41593-020-0608-8
71 Bspw.: https://patents.google.com/patent/US20180046248A1/en; https://patents.google.com/patent/US9829971B2/en
72 https://patents.google.com/patent/US9672416B2/en; https://pdfpiw.uspto.gov/.piw?Docid=10459520; https://patents.justia.com/patent/10437327
73 Seth Stephens-Davidowitz: a. a.O., S. 201–204
74 https://time.com/5602363/george-orwell-1984-anniversary-surveillance-capitalism/
75 ebenda
76 https://www.who.int/health-topics/blindness-and-vision-loss#tab=tab_1
77 Der Ausdruck wurde von dem griechisch-französischen Psychoanalytiker und Philosophen Cornelius Castoriadis (1922–1997) wiederentdeckt. Bei den alten Griechen redeten sich Menschen häufig als Sterbliche an und betonten so ihre universale Gemeinsamkeit, in Abgrenzung zu den Göttern.
78 Fjodor M. Dostojewski: *Bobok*. Anker eBooks, Kindle Ausgabe, 2010, Location 48
79 ebenda, Location 97
80 ebenda, Location 281
81 ebenda, Location 293
82 ebenda, Location 293 ff.
83 ebenda, Location 306
84 ebenda
85 ebenda, Location 294
86 Mark Zuckerberg: *Keynote at Facebook F8 Developer Conference.* https://www.youtube.com/watch?v=BtobHadYEWU
87 https://journals.sagepub.com/doi/10.1177/2053951719842540
88 https://journals.sagepub.com/doi/10.1177/2053951719842540
89 https://www.zeit.de/digital/internet/2016-11/facebook-mark-zuckerberg-gedenknachricht-fehler
90 2010 haben Nathan Lustig und Jesse Davis Daten von Facebook und den Centers for Disease Control verwendet, um die Anzahl der Facebook-Nutzer*innen zu schätzen, die im Jahr 2010 sterben würden. Sie aktualisierten diese Zahlen im Januar 2011. Lustig aktualisierte im Juni 2012 die Zahlen erneut. Evan Carroll hat diese Zahlen auf der Grundlage von Lustigs und Davis' Daten für das Jahr 2018 erneut überprüft. Die Berechnung lässt sich einsehen

unter: https://www.thedigitalbeyond.com/2018/01/1-7-million-u-s-facebook-users-will-pass-away-in-2018/
91 https://journals.sagepub.com/doi/10.1177/2053951719842540
92 Ray Kurzweil: *The Singularity Is Near – When Humans Transcend Biology*. Penguin Books, London, 2006
93 https://www.heise.de/newsticker/meldung/ESOF-2016-Die-technologische-Singularitaet-und-Alternativen-dazu-3280214.html
94 Georg Wilhelm Friedrich Hegel: *Phänomenologie des Geistes*. Zitiert aus: Georg Wilhelm Friedrich Hegel: *Werke*. Band 3, Frankfurt a. M. 1979, S. 137–145
95 http://web.archive.org/web/20200308085113/http://wayofthefuture.church/
96 http://web.archive.org/web/20200308085113/http://wayofthefuture.church/; vgl. auch https://twitter.com/wayofthefuture_?lang=de
97 https://www.mckinsey.com/industries/automotive-and-assembly/our-insights/ten-ways-autonomous-driving-could-redefine-the-automotive-world
98 Coldplay: »Square One« von dem Album *X&Y*. Parlophone Records Ltd, 2005. Der Song kann unter https://www.youtube.com/watch?v=j37GED-AR3M abgerufen werden.
99 »The Selfish Ledger«, Internes Video von Nick Foster aus dem Jahr 2016 (leaked von The Verge), https://www.youtube.com/watch?v=LUSZfEBTwRc
100 ebenda
101 Fjodor M. Dostojewski: *Aufzeichnungen aus dem Kellerloch*. Fischer Taschenbuch Verlag, Frankfurt am Main, 2008, S. 37
102 Fjodor M. Dostojewski: a. a. O., S. 29
103 Bibel, Einheitsübersetzung 2016, Römer 10,9
104 Vgl. S. Solomon, J. Greenberg, T. Pyszczynski: *The cultural animal: Twenty years of Terror Management Theory and research*. In: J. Greenberg, S. L. Koole, T. Pyszczynski (Hrsg.): *Handbook of experimental existential psychology*. Guilford, New York, 2004
105 ebenda
106 Die Terror-Management-Theorie geht auf die Psychologen Sheldon Solomon, Jeff Greenberg und Tom Pyszczynski zurück.
107 Vgl. Stephen Cave: *Unsterblich: die Sehnsucht nach dem ewigen Leben als Triebkraft unserer Zivilisation*. S. Fischer eBook, 2012, S. 13
108 ebenda, S. 16
109 ebenda, S. 17
110 https://www.youtube.com/watch?v=xN4EwZJGTzk&t=264s
111 ebenda

112 Ole Martin Høystad: *Die Seele: Eine Kulturgeschichte*. Böhlau Verlag, Köln 2017, S. 16
113 Homer: *Ilias*. Reclam, Philipp, Stuttgart 1979, S. 518 f
114 https://www.nickbostrom.com/fable/drachen-marchen.html
115 https://www.nickbostrom.com/fable/drachen-marchen.html
116 https://www.mfoundation.org/
117 In: Michel de Montaigne: *Essais*, a. a. O. Der Gedanke taucht aber auch schon bei Platon auf.
118 Alle Informationen zu der Forschungseinrichtung finden sich auf der offiziellen Website: https://www.fhi.ox.ac.uk/
119 Eine Sammlung seiner Texte findet sich auf Bostroms Website: https://nickbostrom.com/
120 Stephen Hawking: https://interestingengineering.com/should-we-fear-artificial-superintelligence; Elon Musk: https://www.vox.com/future-perfect/2018/11/2/18053418/elon-musk-artificial-intelligence-google-deepmind-openai; Bill Gates: https://qz.com/698334/bill-gates-says-these-are-the-two-books-we-should-all-read-to-understand-ai/
121 Nick Bostrom: *Superintelligenz: Szenarien einer kommenden Revolution*. Suhrkamp Verlag, Berlin, 2014, Kapitel: Unser Bestes geben
122 Nick Bostrom: a. a. O.
123 http://etheses.lse.ac.uk/2642/
124 https://impact.ref.ac.uk/casestudies/CaseStudy.aspx?Id=8850
125 https://www.researchgate.net/publication/229001428_Ethical_Issues_in_Advanced_Artificial_Intelligence; https://futureoflife.org/activities-2/
126 https://www.economist.com/news/2006/11/16/towards-immortality
127 https://www.dwds.de/wb/spekulieren
128 Nassim Nicholas Taleb: *Der Schwarze Schwan – Die Macht höchst unwahrscheinlicher Ereignisse*. Knaus Verlag, München, 2015
129 Nassim Taleb im Gespräch mit Stephan Klapproth, SRF: https://www.youtube.com/watch?v=FtkZWU0Zwjo
130 https://www.simulation-argument.com/simulation.pdf
131 https://www.theguardian.com/technology/2016/oct/11/simulated-world-elon-musk-the-matrix
132 https://www.simulation-argument.com/simulation.pdf
133 Vgl. Casanto, Dijkstra: *Motor Action and Emotional Memory*. In: Cognition 115, 2010, S. 179–185
134 Siri Carpenter: *Im Bann der Bilder*. In: Gehirn und Geist, Rätsel Mensch – Die großen Fragen der Philosophie. Sprache und Denken. Spektrum der Wissenschaft, Heidelberg, 2015
135 https://www.nature.com/articles/s41467-018-04639-1

136 Die Studie wurde 2008/2009 von dem Neurologen Bernhard Haslinger und Kolleg*innen an der Technischen Universität München durchgeführt, vgl. https://academic.oup.com/cercor/article/19/3/537/429135
137 Die Studie wurde von den Psychologen Arthur Glenberg und David Havas an der University of Wisconsin-Madison (USA) durchgeführt, vgl. https://www.ncbi.nlm.nih.gov/pmc/articles/PMC3070188/
138 Raffi Khatchadourian. *The Doomsday Invention*. https://www.newyorker.com/magazine/2015/11/23/doomsday-invention-artificial-intelligence-nick-bostrom
139 https://www.heise.de/newsticker/meldung/Kuenstliche-Intelligenz-AlphaZero-meistert-Schach-Shogi-und-Go-3911703.html
140 https://www.nytimes.com/2019/11/19/technology/artificial-intelligence-bias.html
141 Raffi Khatchadourian. *The Doomsday Invention*, a. a. O.
142 https://techcrunch.com/2019/02/17/openai-text-generator-dangerous/
143 https://openai.com/blog/gpt-2-1-5b-release/; https://talktotransformer.com/
144 Nick Bostrom: a. a. O., S. 52
145 https://www.technologyreview.com/s/610456/a-startup-is-pitching-a-mind-uploading-service-that-is-100-percent-fatal/
146 https://nectome.com/the-case-for-glutaraldehyde-structural-encoding-and-preservation-of-long-term-memories/
147 https://www.hhmi.org/news/mouselight-project-maps-1000-neurons-and-counting-in-the-mouse-brain
148 https://www.telegraph.co.uk/technology/2019/01/18/will-digital-soul/ (kostenpflichtig)
149 ebenda
150 Vortrag *More Than Humanly Possible* von TEDx Liverpool, https://www.youtube.com/watch?v=Z4RhoRW1Lso
151 https://www.youtube.com/watch?v=cQ54GDm1eL0
152 https://futurism.com/the-byte/deepfake-trump-epstein-didnt-kill-himself
153 https://www.youtube.com/watch?v=gLoI9hAX9dw
154 https://play.google.com/store/apps/details?id=io.faceapp&hl=de_AT
155 https://www.theverge.com/2018/1/24/16929148/fake-celebrity-porn-ai-deepfake-face-swapping-artificial-intelligence-reddit
156 https://catjects.files.wordpress.com/2019/04/ki_kontext.pdf
157 Haraway, Donna: *Manifestly Haraway*. University of Minnesota Press, 2016, ProQuest Ebook Central, http://ebookcentral.proquest.com/lib/warw/detail.action?docID=4392065.

158 https://www.theguardian.com/music/2020/jan/12/hatsune-miku-review-london-02-academy-brixton-london
159 https://www.cnet.com/how-to/samsung-neon-artificial-humans-are-confusing-everyone-we-set-record-straight
160 https://www.washingtonpost.com/business/technology/how-the-tupac-hologram-works/2012/04/18/gIQA1ZVyQT_story.html
161 https://www.youtube.com/watch?v=7vqiRl5afgQ
162 https://www.latimes.com/entertainment-arts/music/story/2020-02-19/whitney-houston-hologram-evening-with-production
163 https://singularityhub.com/2019/07/14/this-chatbot-has-over-660-million-users-and-it-wants-to-be-their-best-friend/
164 https://arxiv.org/abs/1812.08989
165 ebenda
166 https://www.theverge.com/2016/3/24/11297050/tay-microsoft-chatbot-racist
167 https://www.abacusnews.com/big-guns/microsofts-mandarin-speaking-bot-provides-nothing-except-companionship/article/2147660
168 https://www.msn.com/en-my/news/other/microsofts-ai-bot-xiaoice-to-create-999-virtual-women/ar-BBZ4QRk?srcref=rss
169 Vgl. Noam Chomsky: *Sprache und Geist*. Suhrkamp Verlag. Frankfurt am Main. 1999
170 https://arxiv.org/pdf/1811.00207.pdf
171 https://ai.googleblog.com/2020/01/towards-conversational-agent-that-can.html
172 John R. Searle: *Minds, Brains, and Programs*, in: The Behavioral and Brain Sciences, 1980 (3), 417–457
173 https://svilentodorov.xyz/blog/gpt-15b-chat-finetune/
174 Vgl. Niklas Luhmann: *Handeln und Erleben,* in: Niklas Luhmann: *Soziologische Aufklärung 3: Soziales System, Gesellschaft, Organisation.* Opladen, 1981, S. 67–80
175 Vgl. Dirk Baecker: *Intelligenz, künstlich und komplex*, Merve Verlag, Leipzig, 2019
176 ebenda
177 Der Ausdruck stammt vom Soziologen Talcott Parsons. Niklas Luhmann hat ihn weiterentwickelt.
178 Heinz von Foerster: *Sicht und Einsicht. Versuche zur operativen Erkenntnistheorie.* Vieweg Verlag. Braunschweig. 1984.
179 ebenda
180 Dirk Baecker: *Digitalisierung als Kontrollüberschuss von Sinn.* Erschienen in: Zukunftsinstitut (Hrsg.), *Digitale Erleuchtung: Alles wird gut.* Frankfurt am Main. 2016

181 https://aihabitat.org/
182 https://www.academia.edu/8757720/BABY_X_Digital_artificial_intelligence_computational_neuroscience_and_empathetic_interaction
183 https://www.soulmachines.com/about/
184 https://www.minterdial.com/2020/01/soul-machines-mark-sagar/
185 https://www.youtube.com/watch?v=UwsrzCVZAb8
186 ebenda
187 Vgl. Andy Clark in der Interview-Reihe *Virtual Immortality*, https://www.closertotruth.com/series/virtual-immortality?utm_source=youtube&utm_medium=social&utm_campaign=brandchannel-links&utm_content=interview-series-link
188 Dennett, Daniel C.: *Consciousness explained*, Boston 1991; in: Kandel/Schwartz/Jessell: *Principles of Neural Science*, Norwalk 1991
189 Thomas Nagel: *What is it like to be a bat*. Philosophical Review 83, Duke University Press, Durham, 1974
190 Gerald M. Edelman u. Giulio Tononi: *Gehirn und Geist – Wie aus Materie Bewusstsein entsteht*. C. H. Beck, München, 2002, S. 40
191 Vgl. Giulio Tononi im Gespräch mit Arvid Leyh, https://www.dasgehirn.info/denken/bewusstsein/giulio-tononi-consciousness-and-phi
192 Vgl. Marc Sauter, https://www.golem.de/news/neuromorphic-computing-intel-simuliert-8-millionen-neuronen-mit-64-loihi-chips-1907-142582.html
193 Vgl. University of Manchester, http://apt.cs.manchester.ac.uk/projects/SpiNNaker/
194 https://cordis.europa.eu/project/rcn/207271/brief/de
195 Thomas Huxley: *Der Sinn des Denkens*. Ullstein Verlag, Berlin, 2018, S. 223
196 https://wyss.harvard.edu/technology/engineered-brain-organoids/
197 https://www.spektrum.de/news/das-gehirn-beim-tagtraeumen/1401860
198 Vgl. Stefan Klein: *Träume. Eine Reise in unsere innere Wirklichkeit*. Fischer Taschenbuch, Frankfurt am Main, 2018, S. 187
199 https://www.youtube.com/watch?v=vJG698U2Mvo
200 Vgl. etwa Victor Lamme: *Why Visual Attention and Awareness are Different*. Trends in Cognitive Sciences 7, 2003, S. 12–18
201 Vgl. etwa Victor Lamme: *Why Visual Attention and Awareness are Different*. Trends in Cognitive Sciences 7, 2003, S. 12–18
202 Ned a.a.O., S. 567–575
203 Vgl. Lutz Jäncke: *Das plastische Hirn*. In: *Lernen und Lernstörungen* 3, 2014, S. 227–235

204 Vgl. Eleanor Maguire: *Navigation-related structural change in the hippocampi of taxi drivers*. University College London, 2000, https://www.pnas.org/content/97/8/4398
205 Vgl. *The Organization of Behavior: A Neuropsychological Theory*. Von Donald O. Hebb. John Wiley, New York 1949
206 Vgl. Lutz Jäncke: *Lehrbuch Kognitive Neurowissenschaften*. Hogrefe Verlag, Göttingen, 2017
207 https://www.fu-berlin.de/presse/informationen/fup/2014/fup_14_327-persoenlichkeitsentwicklung-studie-jule-specht/index.html
208 Vgl. David Mcraney: *You are not so smart* (Podcast und Blog), https://youarenotsosmart.com/2019/04/09/yanss-150-belief-change-blindness
209 Vgl. Heinrich von Kleist: *Über die allmähliche Verfertigung der Gedanken beim Reden*. Georg Stilke Verlag, Nord und Süd, Bd. 4, Berlin, 1878, S. 3–7
210 Walter Benjamin: *Das Kunstwerk im Zeitalter seiner technischen Reproduzierbarkeit*. Reclam Verlag, Frankfurt am Main, 1989. S. 14
211 Jean-Paul Sartre: *Das Sein und das Nichts*. Rowohlt Taschenbuch, Hamburg, 1993. S. 467
212 Marcel Proust: *Auf der Suche nach der verlorenen Zeit. Combray.* Suhrkamp Verlag, Frankfurt, 1972
213 frei nach Arthur Rimbaud: *Erster ›Brief des Sehers‹ an Georges Izambard*. Charleville, 1871. Deutsche Taschenbuchausgabe erschienen bei Goldmann, München, 2000. S. 12
214 https://www.fastcompany.com/90455733/which-celebrity-can-do-it-all-the-dolly-parton-social-media-challenge-has-the-answer?ref=hvper.com&utm_source=hvper.com&utm_medium=website
215 Richard Sennett: *Verfall und Ende des öffentlichen Lebens: Die Tyrannei der Intimität*. Berliner Taschenbuch Verlag, 2008, S. 77
216 ebenda, S. 78
217 Der Ausdruck stammt vom französischen Philosophen Louis Althusser
218 Erving Goffman: *Wir alle spielen Theater. Die Selbstdarstellung im Alltag*. Piper Verlag, Zürich, 2011, S. 12
219 Richard Sennett: a. a. O., S. 23
220 Ulrich Beck und Elisabeth Beck-Gernsheim: *Nicht Autonomie, sondern Bastelbiographie*. In: Zeitschrift für Soziologie, Band 22: Heft 3, F. Enke Verlag Stuttgart, 1993, S. 178–187
221 Isolde Charim: *Ich und die Anderen – Wie die neue Pluralisierung uns alle verändert*. Zsolnay Verlag, Wien, 2019, S. 81

222 Martin Korte: *Warum wir vergessen.* In: *Gehirn und Geist,* Ausgabe 58, 2019, S. 58
223 Der Ausdruck stammt von dem Essayisten Friedrich Georg Jünger (1898–1977); vgl. Friedrich Georg Jünger: *Gedächtnis und Erinnerung,* Vittorio Klostermann, Frankfurt am Main, 1957
224 Der Ausdruck stammt von der Kulturwissenschaftlerin Aleida Assmann; vgl. Aleida Assmann, a. a. O.
225 HSAM steht für *Hyper Superior Autobiographical Memory;* Jill Price wurde Anfang der 2000er-Jahre erstmals von dem Neurowissenschaftler und Gedächtnisforscher Jim McGaugh untersucht.
226 https://www.bbc.com/future/article/20171108-the-woman-who-cant-forget
227 https://www.academia.edu/15281391/Patihis_L._2016_._Individual_differences_and_correlates_of_highly_superior_autobiographical_memory._Memory._24_961-978
228 Aleida Assmann: a. a. O., S. 30
229 ebenda, S. 29
230 Vgl. Friedrich Nietzsche: *Unzeitgemäße Betrachtungen,* 2. Stück: *Vom Nutzen und Nachteil der Historie für das Leben.* Werke in drei Bänden. Carl Hanser Verlag. München, 1954, Band I, S. 254
231 Friedrich Nietzsche: *Jenseits von Gut und Böse.* A.a.O., S. 625 ff.
232 Samuel Beckett: *Das letzte Band.* Suhrkamp Verlag, Frankfurt am Main, 2016, S. 16
233 ebenda, S. 18
234 ebenda, S. 7
235 https://www.reuters.com/article/us-southkorea-virtualreality-reunion/south-korean-mother-given-tearful-vr-reunion-with-deceased-daughter-idUSKBN2081D6
236 http://www.rfi.fr/en/wires/20200214-south-korean-tv-reunites-mother-dead-daughter-vr-show
237 https://www.neurologen-und-psychiater-im-netz.org/psychiatrie-psychosomatik-psychotherapie/ratgeber-archiv/meldungen/article/psychotherapie-am-computer-virtuelle-realitaet-hilft-soldaten-mit-ptbs/
238 Studien des Psychologen Jan Weinhold und Kolleg*innen mit 200 Versuchspersonen am Institut für Medizinische Psychologie des Universitätsklinikums Heidelberg legen eine Wirksamkeit der Familienaufstellung für einige Menschen nahe: https://doi.org/10.1111/famp.12051
239 https://www.deutschlandfunkkultur.de/familienaufstellungen-innere-bilder-ohne-wahrheitsanspruch.976.de.html?dram:article_id=472839

240 https://www.researchgate.net/publication/4304547_Is_The_Uncanny_Valley_An_Uncanny_Cliff
241 Sigmund Freud: *Jenseits des Lustprinzips*. Internationaler Psychoanalytischer Verlag, Wien, 1921
242 Thomas Macho verweist auf einen Essay des Philosophen und Psychoanalytikers Cornelius Castoriadis (1922–1997), in dem der geschrieben habe, die alten Griechen seien das einzige Volk, das er kenne, in dem die Attribute »menschlich« und »sterblich« austauschbar gewesen seien und synonym verwendet wurden.
243 https://www.deutschlandfunkkultur.de/ina-schmidt-ueber-die-vergaenglichkeit-dem-leben-die.1270.de.html?dram:article_id=460679
244 https://www.theguardian.com/lifeandstyle/2020/jan/23/bereaved-parents-entitled-two-weeks-paid-leave-work-uk-jacks-law
245 Laut § 616 BGB haben Arbeitnehmer Anrecht auf Sonderurlaub. Der beschränkt sich in Deutschland jedoch in der Regel auf zwei Tage. Auch der Tarifvertrag für den öffentlichen Dienst § 29 besagt, dass Arbeitnehmer beim Tod des Lebenspartners, eines Elternteils oder eines Kindes zwei Tage Sonderurlaub bekommen.
246 Igor Levit im Gespräch mit Moritz von Uslar; Interview »Es ist so unheimlich geil«, in: Die Zeit Nr. 22/2016
247 Vgl. Stephen Cave: *Unsterblich: die Sehnsucht nach dem ewigen Leben als Triebkraft unserer Zivilisation*. S. Fischer eBook, 2012, S. 23
248 http://content.time.com/time/magazine/article/0,9171,992873-2,00.html
249 https://www.spiegel.de/panorama/justiz/finnischer-amoklaeufer-pekka-eric-drueckte-69-mal-ab-a-516295.html
250 Imke Schmincke, Jasmin Siri: *NSU-Terror: Ermittlungen am rechten Abgrund. Ereignis, Kontexte, Diskurse*. Transcript Verlag, Bielefeld, 2013, S. 196
251 http://www.leparisien.fr/seine-saint-denis-93/gagny-paris-l-affaire-de-l-eboueur-licencie-pour-une-photo-de-sieste-fait-scandale-sur-les-reseaux-14-01-2020-8236080.php
252 https://www.netflix.com/watch/70264856?trackId=200257859 (kostenpflichtig)
253 https://archive.boston.com/news/globe/ideas/articles/2007/09/23/the_advantages_of_amnesia/
254 https://www.bpb.de/politik/hintergrund-aktuell/248750/volkszaehlung-1987-22-05-2017, zuletzt abgerufen am 20.02.2020
255 Viktor Mayer-Schönberger: a. a. O., S. 201 ff.

256 ebenda, S. 202
257 ebenda, S. 223
258 ebenda, S. 226
259 https://www.theguardian.com/technology/2019/sep/24/victory-for-google-in-landmark-right-to-be-forgotten-case
260 Das Formular »Entfernung Ihrer personenbezogenen Daten bei Google beantragen« kann unter https://support.google.com/websearch/troubleshooter/9685456#ts=2889054 %2C2889099 aufgerufen werden.
261 https://netzpolitik.org/2019/das-recht-auf-vergessenwerden-gilt-nur-innerhalb-der-eu/
262 https://www.datenschutz-grundverordnung.eu/grundverordnung/art-17-ds-gvo/
263 https://www.google.com/webmasters/tools/legal-removal-request?complaint_type=rtbf&visit_id=637113494169925983-263713385&hl=de&rd=1
264 https://transparencyreport.google.com/eu-privacy/overview
265 ebenda
266 ebenda
267 ebenda
268 ebenda
269 ebenda
270 https://papers.ssrn.com/sol3/papers.cfm?abstract_id=3172038
271 https://www.sit.fraunhofer.de/fileadmin/dokumente/studien_und_technical_reports/DigitalerNachlass-Studie-Tabletversion.pdf?_=1578995868
272 Maurice Halbwachs: *Das kollektive Gedächtnis*, Fischer Taschenbuch, Frankfurt am Main, 1991
273 https://www.hiig.de/wp-content/uploads/2015/01/146-263-1-RV.pdf
274 https://vrroom.buzz/vr-news/people/paris-hilton-goes-full-vr-staramba
275 https://digitaldeepak.ai/#about
276 https://www.nytimes.com/2019/06/17/business/media/miquela-virtual-influencer.html
277 The Forever Project, https://www.youtube.com/watch?v=xVPtuk75oB0&t=1s
278 Assmann, Aleida: *Die Last der Vergangenheit*, in: *Zeithistorische Forschungen / Studies in Contemporary History 4* (2007).
279 https://www2.daad.de/der-daad/daad-aktuell/de/66818-friedenspreistraegerin-aleida-assmann-mitmenschlichkeit-muss-trainiert-werden/

280 https://de.statista.com/statistik/daten/studie/222849/umfrage/marktanteile-der-suchmaschinen-weltweit/
281 https://archive.org/
282 https://www.sueddeutsche.de/digital/wikipedia-spenden-google-amazon-1.4333588
283 https://deepmind.com/research/publications/neural-turing-machines
284 https://deepmind.com/blog/article/Dopamine-and-temporal-difference-learning-A-fruitful-relationship-between-neuroscience-and-AI
285 https://research.google/teams/brain/
286 https://www.nature.com/articles/s41746-018-0029-1
287 https://deepmind.com/blog/article/wavenet-generative-model-raw-audio
288 https://www.youtube.com/watch?v=D5VN56jQMWM0
289 https://de.statista.com/themen/4662/smart-speakers/
290 https://www.beyto.com/pressemeldung-voice-markt-kommt-in-europa-nicht-in-schwung/
291 Peter Altmaier im Januar 2019 auf einer Veranstaltung des Kabelnetzbetreiberverbands Anga zur »Smarten Wohnung« in Berlin. https://www.heise.de/newsticker/meldung/Smarte-Wohnung-Altmaier-fordert-europaeisches-Pendant-zu-Alexa-4279035.html
292 https://journals.sagepub.com/doi/full/10.1177/1745691617713052
293 https://www.bitkom.org/Presse/Presseinformation/Nur-jeder-Dritte-regelt-sein-digitales-Erbe
294 https://www.bmi.bund.de/SharedDocs/downloads/DE/publikationen/themen/it-digitalpolitik/gutachten-datenethikkommission-kurzfassung.pdf;jsessionid=AD80733D4FE840D230DB0BC5C52F6823.1_cid295?__blob=publicationFile&v=4
295 https://www.sit.fraunhofer.de/fileadmin/dokumente/studien_und_technical_reports/DigitalerNachlass-Studie-Tabletversion.pdf?_=1578995868; S. 66
296 https://www.pewforum.org/2018/05/29/appendix-b-methodology/
297 https://www.pewforum.org/2018/05/29/beliefs-about-god/
298 ebenda
299 https://www.pewforum.org/2018/05/29/attitudes-toward-spirituality-and-religion/
300 ebenda
301 ebenda
302 ebenda
303 https://hpd.de/artikel/gott-weitgehend-verschwunden-16234; https://fowid.de/meldung/generation-what-gluecklich-ohne-gott; https://www.theguardian.com/world/2018/mar/21/christianity-non-

christian-europe-young-people-survey-religion; https://www.deutschlandfunk.de/stellenwert-von-religion-wie-geht-es-gott-in-frankreich.886.de.html?dram:article_id=446347

304 https://de.statista.com/statistik/daten/studie/164004/umfrage/prognostizierte-bevoelkerungsentwicklung-in-den-laendern-der-eu/

305 https://www.oii.ox.ac.uk/news/releases/digital-remains-should-be-treated-like-physical-ones/

306 https://www.deutschlandfunkkultur.de/andreas-bernard-komplizendes-erkennungsdienstes-warum-wir.950.de.html?dram:article_id=396831

307 Steven Pinker in: Seth Stephens-Davidowitz: *Everybody lies – Big data, new data and what the internet can tell us about who we really are.* Harper Collins Publishers, New York City, 2017, S. xi–xiii

Um die ganze Welt des
GOLDMANN-*Sachbuch*-Programms
kennenzulernen, besuchen Sie uns doch
im Internet unter:

www.goldmann-verlag.de

Dort können Sie
nach weiteren interessanten Büchern **stöbern**,
Näheres über unsere *Autoren* erfahren,
in *Leseproben* blättern, alle *Termine* zu Lesungen und
Events finden und den *Newsletter* mit interessanten
Neuigkeiten, Gewinnspielen etc. abonnieren.

Ein *Gesamtverzeichnis* aller Goldmann Bücher finden
Sie dort ebenfalls.

Sehen Sie sich auch unsere *Videos* auf YouTube an und
werden Sie ein *Facebook*-Fan des Goldmann Verlags!

www.goldmann-verlag.de
www.facebook.com/goldmannverlag

GOLDMANN
Lesen erleben